U0153794

另眼看歷史 系列

從困境中奮起 ──
另眼看1945年後的東亞史

RISING BEYOND PLIGHT ──
A HISTORY OF EAST ASIA POST 1945

呂正理 (C L Lu)　著

 國立清華大學出版社
NATIONAL TSING HUA UNIVERSITY PRESS

明白過去，才能洞悉現在，並展望未來。

賀陳弘　序

　　今年適逢國立清華大學在台建校六十週年，剛剛獲選為今年度本校傑出校友的呂正理先生正好完成一本新作《從困境中奮起——另眼看 1945 年後的東亞史》，並邀我寫序。這可說是呂先生給母校校慶的一份特別賀禮，我當然欣喜應允了。

　　我知道呂先生在 2010 年已經出過第一本書《另眼看歷史》，從遠古寫到 1945 年。呂先生在清華時唸的是化學系，畢業後也是從事與化學相關的產業以及科技事業的經營管理，到六十歲時卻跌破所有人的眼鏡，跨界出版了這樣一本極富創意和見地的歷史書，並且一舉奪得 2011 年台北國際書展的非小說類大獎。清華辦學一向提倡跨領域的學習研究，當然十分高興校友獲得跨領域的傑出成就。

　　呂先生的這本新書是接續前一本書往下寫的。據他自己說，前一本是通史，現在這本是斷代史。我個人認為這本書難得之處，在於旁徵博引，既有宏觀視野，又兼顧到一些極重要的細節，並且把幾個不同國家或地方的歷史貫串起來。我猜想，這是他廣蒐了很多不同國家的文獻後又煞費心思整理，才能做到。這本書雖是探討嚴肅的史實，卻常常引用真實而有趣的故事來敘述，十分生動有味。對於一個人或一件事，呂先生往往引述不同的史料來源，從不同的角度來觀察呈現，讓事實自己說話而不輕易評論。這一點非常不容易，因為書中的人物有一半以上現在都還在世，必須尊重對待。

　　這次我因為答應寫序而讀到一本好書，心中無限歡欣，當然也希望推薦

給其他的讀者。很高興這本書使我對歷史有了更深刻的體會，特別是日本及韓國（包括北韓）的現代史。這本書與當代國際社會息息相關，寫得既嚴謹又淺顯，活潑有趣，對於從事任何行業的人都是開卷有益。對於希望能提升視野的年輕高中生和大學生來說，尤其值得一讀。

賀陳弘

2016 年春節，於新竹清華園

【序者簡介】賀陳弘，美國加州柏克萊大學博士，現任國立清華大學校長。

黃日燦　序

套句現在的流行用語，我可說是呂正理先生的「鐵粉」。

我與正理兄結緣相識，是在大約十年前成立的玉山科技協會高爾夫球隊裡。球隊成員大都是台灣科技業人士，每個月球敘餐會一次，揮桿健身之餘也閒話家常，兼擺龍門胡扯天下大小事，交誼又交流。正理兄童顏鶴髮，個性豪爽，笑口常開，是球隊裡大夥敬愛的業界前輩。當時，我只知他曾任職跨國企業多年，做到英商卜內門化學公司台灣總經理及中國區執行董事退休後，自行創業從事企管顧問，相當成功，又有子女克紹箕裘，是眾皆欣羨的有福之人。

2010年某日，我在搭機赴港出差的飛航途中，隨手翻閱《亞洲週刊》，赫然看到有一本《另眼看歷史》名列當年度十大好書。這是一本從遠古寫到近代第二次世界大戰結束的東亞通史新著，範圍涵蓋中、日、韓、台灣及周邊世界的多角互動，而作者居然是一位來自台灣的非專業歷史愛好者呂正理先生。

是我認識的呂正理球友嗎？抑或是巧合的同名同姓？一通電話解了疑惑，也辱蒙作者簽名贈送了《另眼看歷史》上、下兩冊的限量精裝版。拿到書後，我迫不及待地翻閱拜讀，一方面是因我個人對歷史亦甚有興趣，另一方面則是好奇科技人背景的正理兄究竟如何另眼看歷史。

結果，我可說是「不忍釋卷」，幾乎一口氣花了幾個晚上把上、下兩冊看完，還有「意猶未盡」的感覺。如同正理兄在該書自序所言，他寫《另眼看歷史》有三個目標，一是要寫一本客觀而簡要的通史，二是希望探討

各種不同的思想、宗教及價值觀，三是希望從歷史借鏡並加入他自己的觀點提供給讀者們參考。這三個目標，正理兄都達到了，而且是超標完成。

在《另眼看歷史》書中，正理兄旁徵博引，綱舉目張，把各個國家和地區的民族起源、思想潮流、朝代更迭，以及彼此之間双邊或多邊的的交織影響，以深入淺出的筆法生動地敘述鋪陳，讓讀者不但能瞭解東亞各地不同時代的縱向演變，而且對每一個時代裡各地橫向的牽引互動關係也都能有大致的掌握。從區域性的視野觀察，一國之興常即他國之衰，一地之強常即他地之弱，一事之利常即他事之弊，互為因果，各屬表裡。正理兄就是希望經由這種區域性剖析比較的方式，讓讀者能夠既客觀又宏觀地認識到東亞地區幾千年來的歷史脈動和發展軌跡，避免僅以單一國家的狹隘主觀去詮釋世界，讀者真是受益良深。

可喜可賀的是，正理兄持續了對東亞區域史的研究，繼《另眼看歷史》之後，現在又推出了新作《從困境中奮起——另眼看1945年後的東亞史》，從第二次世界大戰結束的1945年寫到上一世紀末的1999年，剖析了中、日、韓、台、港、澳等國家或地區的現代歷史，尤其是彼此之間的相互影響。這本新作銜接了《另眼看歷史》，並推移到1999年，觀察同樣敏銳，立論依然獨到。誠如正理兄在新作自序中所言，「二十世紀後半的歷史對現在的人更加息息相關，所以更需要跨越單一國家或民族的視角，以更寬廣的大區域視野來研究這一段歷史。」

對我們這一代人而言，這一段歷史既熟悉又陌生。熟悉的是這段期間發生的眾多事件，我們大致上都曾看過新聞報導，甚至有若干程度的親身經歷；陌生的是我們收到的新聞報導卻常受到政治或其他因素的扭曲干擾，以致於我們得知的消息資訊常有偏頗，與事實真相差異十萬八千里。透過正理兄明亮的眼睛和流暢的文字，我們得以快速地倒帶回顧過去這半個世紀的東亞歷史演變，重新檢視了東亞區域的大事紀及其來龍去脈，也更清楚瞭解到這些事件對各個不同國家和區域的牽連影響。

正理兄治學態度嚴謹客觀，處理題材資料審慎細膩，不帶政黨色彩，不偏個人喜好，敘事簡明扼要，析理清晰透徹，務求回歸本質，還原真相，

「有幾分證據說幾分話」，充分發揮了科學家實事求是的研究精神。若說正理兄是業餘的歷史愛好者，那他可是毫不含糊地把他身為科技人的專業能力完全融入到他筆耕撰寫歷史著作的每個層面。

正理兄把現代東亞史分成動盪、困惑和改革三個年代。從 1945 年到 1961 年的「動盪的年代」裡，國共內戰及朝鮮半島的韓戰顯然是改變東亞政治經濟生態的兩大事件。尤其是韓戰為何會爆發？它對美、日、中、蘇、台灣、南北韓等國相互關係的骨牌效應是如何？對整個世界大局的扭轉演變又是如何？在在值得探討深思。

第二個階段是從 1961 年到 1976 年的「困惑的年代」，最大的困惑當然是中國大陸長達十來年的文化大革命，把中國文化、社會和人際關係從根顛覆，鬧得天下大亂，影響既深且遠，至今餘波盪漾猶未了。文革究竟如何發生？所為何來？意義何在？很多謎團到現在都還未完全釐清。在中國之外，台灣和南韓的高壓統治，北韓的鎖國愚民，越戰擴大引發的美、日學生反政府劇烈抗爭等等，也都反映或衍生出各種思想的矛盾、對立和困惑。

第三個階段是 1976 年到 1999 年的「改革的年代」。在中國，毛澤東去世後由鄧小平第三次復出推動的「改革開放」，是破天荒的大轉變，造就了一個嶄新大國的崛起。在台灣和南韓，經過持續的政治改革和經濟發展，逐步建立了真正民主自由的政治體制。反觀日本，在戰後自由民主的基礎上卻未能進一步突破金權操縱，保守封閉的社會結構讓狂飆的經濟成長走向泡沫化，終於掉入了「失落的十年」，迄今尚在摸索尋求調整解套的出路。這一階段的「改革的年代」於千禧年後仍在進行中，有待正理兄未來的第三本書為我們指點迷津。

正理兄將新作的書名取為《從困境中奮起——另眼看 1945 年後的東亞史》，我特別擊掌叫好。上述的動盪、困惑和改革三階段的年代，仔細想來確實都是中、日、韓、台灣分別從困境中奮起的過程。國家和個人其實沒什麼不同，都會遭逢困境，必須努力克服，才能奮起。

我和正理兄一樣，並非專業的歷史學術工作者，但自認是個還算認真

的愛書人士，幾十年來也可謂是「閱書多矣」，累積的功力讓我能夠看到一本好書，立刻就有感覺。正理兄的新作，如同他的上一本著作《另眼看歷史》，就是這麼一本難得的好書，我有幸先睹為快，實為人生樂事。忝為正理兄的「鐵粉」，我不但要猛力按讚，更要「喫好逗相報」不藏私地推薦這本書給所有關心東亞、關心歷史、關心政治、關心財經的各界人士。

　　2016 丙申猴年開春伊始，就面臨弔詭難測的全球動盪，世界各地都充滿了疑慮困惑，似乎到了亟需通盤徹底改革的重要關頭。此時此刻，正理兄新作付梓出版，讓我們有機會以史為鏡，鑒往知來，何其幸運。

　　是為序。

黃日燦

2016 丙申年開春

【序者簡介】黃日燦，美國哈佛大學法學博士，眾達國際法律事務所主持律師，台灣併購與私募股權協會理事長。

自　序

　　首先要向讀者們說明，這是一本簡明的東亞區域史，主要敘述包括中、日、韓、台、港、澳等國家或地區的現代歷史，以及其間的多角交織互動，從第二次大戰結束寫起（1945 年），寫到上一個世紀末（1999 年）。

　　這是我的第二本著作。2010 年我曾經出版第一本書《另眼看歷史》（2015 年在大陸出簡體版，書名改為《東亞大歷史》），也是同樣寫東亞區域的歷史，不過是從遠古開始寫，寫到 1945 年。所以這第二本書是銜接第一本書繼續寫的。

　　我在這裡要特別說明，「區域史」與「國別史」或「民族史」有很大的差別。後二者當然很重要，每一個國家和民族都有讓人引以為傲的歷史，希望能不斷地傳承。但我個人認為，「區域史」也十分重要，能補「國別史」、「民族史」的不足。直接地說，所有國家的疆界都是人為劃定的，並隨時間而改變；所有的民族也都會隨著遷徙、戰爭、兼併、逃難及通婚而改變其組成，嚴格來說並沒有什麼純粹血統的民族。因而，人們對歷史的認知如果只侷限於某一特定的國家或民族，很容易失之偏狹。

　　我在上一本書裡曾經提到，將近一百年前，英國的名作家喬治・威爾斯（H. G. Wells）便是痛心歐洲人在學生時期學到的歷史都是偏狹的，間接導致第一次大戰，所以發憤寫下《世界史綱》（*The Outline of History*）。他的自序給我很大的衝擊，也是促成我寫了《另眼看歷史》的原因之一。從此以後，我總是誠摯地建議朋友和讀者們多讀鄰國的歷史，或是區域史、世界史，能學習從別人的角度來看待事物，而不僅是從自己的

觀點出發。誠如威爾斯所說:「如果沒有共同的歷史認知,絕不會有共同的和平與繁榮。」

如今我又寫了第二本書。我相信,二十世紀後半的歷史對現代的人更加息息相關,所以更需要跨越單一國家或民族的視角,以更寬廣的大區域視野來研究這一段歷史。

在這本書裡,我把戰後的東亞歷史分成三段敘述。第一段是從 1945 到 1961 年,我稱之為「動盪的年代」。

第二次大戰雖然結束了,緊接而來的卻絕對不是一個太平盛世。由於美國所代表的資本主義和蘇聯所代表的共產主義之間的矛盾,世界各國隨之分裂為兩個陣營,因而發生不斷的衝突和動亂,東亞區域尤其動盪不安。

在中國,國共內戰開打。在朝鮮半島,先是被分割為南北韓,然後又爆發韓戰,結果中國也被捲入,出兵抗美援朝。在台灣,二二八事變的悲劇和後來的白色恐怖造成人民長期的恐懼與不安。戰敗後的日本由美國佔領軍統治,是在這期間內東亞唯一幸運地不曾發生動亂的國家,並且因為鄰國戰亂而發戰爭財,迅速走上復興之路,不過也曾因糧食危機、共產黨活動熾烈、天皇可能受審退位、美軍基地抗爭問題,以及安保抗爭等事件而動盪不安。

第二段是從 1961 到 1976 年,我稱之為「困惑的年代」。

在中國,文化大革命從醞釀、爆發到結束,長達十幾年。但毛澤東究竟為什麼要掀起文革,不只外國人無法了解,就連中共其他的領導人也都困惑不已。在台灣和南韓,蔣介石和朴正熙都以「反共」為名,以戒嚴為工具,實施高壓統治,也都經由強行修憲而連任了五次總統及大統領,但統治的正當性使得人民十分困惑。至於北韓,金日成封閉國家,把自己打造成一尊神祇,人民卻越來越陷於恐懼和經濟匱乏之中,恐怕就更令人困惑了。

日本雖然漸成經濟大國,但種種病徵開始浮現。在金權政治之下,醜聞不斷。經濟發展後,伴隨而來的是環境污染和公害事件,以及弱勢團體的不平。在思想上,更出現了混亂。日本的學生受到全世界叛逆風潮的影

響，不斷地從事激進的反美、反戰、反政府、反體制的抗爭。極左翼團體如赤軍連頻頻肇事，極右翼分子如三島由紀夫又慷慨激昂地切腹自殺。種種情事，使得社會大眾無不困惑。

　　第三段是 1976 年之後的二十幾年，我稱之為「改革的年代」。

　　在中國，毛澤東去世，鄧小平推動「改革開放」。1989 年六四事件後改革雖然暫緩下來，但不久又重新啟動，並在九〇年代加速進行，造就一個新的大國崛起。在台灣，蔣經國決心推動「民主化、本土化」，台灣的政治風貌因而大變。在他死後，台灣繼續推動改革，朝向真正的民主、自由、繁榮而邁進。香港在九七回歸中國前，也在中、英激烈的爭執中進行了大幅度的政治改革。

　　在南韓，軍事強人全斗煥繼朴正熙之後同樣實施高壓統治，但他的後任盧泰愚迫於國內外的壓力，不得不開始進行部分的政治改革。南韓後來又經由直選而先後選出金泳三及金大中兩位文人大統領，取得政治及經濟改革更大的成功，迅速蛻變，破繭而出。

　　七〇年代操控日本政治的田中角榮曾經出版一本《日本列島改造論》，此後二十幾年間，日本所有的首相無不矢言要進行改革。然而，日本的政治及經濟終究是由金權所操縱，改革的成效不僅有限，反而逐漸走向泡沫化。1989 年，經濟泡沫吹到了頂點，然後破滅，日本從此迎來「失落的十年」。

　　總之，從 1945 到 1999 年間，東亞各國家或地區都經歷了三個階段，從動盪的年代、困惑的年代到改革的年代，最終都擺脫了困境而奮起，雖有先後，其結果是一樣的。但在奮起的過程中，各自內部卻產生了種種的新問題，相互之間也浮現對抗與摩擦，留下許多的變數，勢必又影響在後續二十一世紀的發展。這就是我對二次大戰後東亞歷史脈絡的一些概略見解。我對研究東亞區域的歷史興趣濃厚，但環顧四周，這樣的書卻不多見，所以就大膽地寫了這本書，並誠摯地希望有更多學有專精的人也來加入研究。不過我也必須申明，雖然我深自期許，希望盡量以客觀、嚴謹、全面而平衡的態度來寫書，可能還是不免有疏失或錯誤的地方。如果有讀

者和專家學者能不吝對我提出指正，我將非常感謝。

　　最近有一位好友送我一段文字，那是民國初年北大的一位教授陳衡哲女士在她的名著《西洋史》的導言裡寫的，原句是：「歷史不是叫我們哭的，也不是叫我們笑的，乃是要求我們明白它的。」這話說得太好了，和古人所說的「鑑往知來」相近，細細品味卻有另一番意思。我一向深信，唯有明白過去，才能洞悉現在，並展望未來。這也正是我寫這本書的目的。我誠摯地盼望，讀者們能從本書的系統性敘述裡明白過去幾十年中發生的歷史事件如何影響了今日的你我，並能從其中看見成功，看見錯誤，看見其背後的原因，看見現今種種對抗與衝突的由來，進而思考你我要如何才能共同創造更美好的未來。

　　是為序。

呂正理

2016 年春，於台北大屯山下

誌　謝

　　這本書之所以能問世，最要感謝的當然是六年前我出版第一本書《另眼看歷史》後，許多讀者和朋友給我的鼓勵，使我有信心接著又寫第二本。

　　由於此書包含東亞幾個不同的國家和地方，我非常感謝幾位不同背景的學者或專家願意來給我指導，其中包括日本的櫪場紀子女士，韓國籍的裴英姬女士，以及台灣的徐文路博士。在現代史裡，經濟發展是影響國家盛衰及社會脈動極重要的一環，所以我尤其要感謝清華大學的經濟系主任劉瑞華教授給我的指導與建議。這本書裡的地圖是我的外甥女楊景涵費心和我討論後畫出來的，我也感謝她。

　　我特別要感謝清華大學的校長賀陳弘博士，他不但熱心邀請我與清華大學出版社合作出版這本書，又為我寫了一篇序，我深受激勵。眾達國際法律事務所的主持律師黃日燦先生是亞洲頂尖的併購律師，也是我多年的好友，非常感謝他也跨界為這本書寫了一篇序。我從他們兩位及其他朋友身上看見，歷史是許多人共同的喜愛，無論是學人文、理工、農醫，還是法商。

　　當然，我也要感謝清華大學的教務長兼出版社社長戴念華博士和編輯王小梅小姐，由於他們的支持及協助，這本書才能如期面世。

　　最後，我要感謝現在正捧著這本書在閱讀的讀者們。任何人寫書，目的總是想要和讀者分享，尋覓知音。太史公司馬遷完成《史記》後，寫了一封信給朋友任少卿，其中說「欲以究天人之際，通古今之變，成一家之言。」又說要「藏諸名山，傳之其人，通邑大都。」我雖不敏，心嚮往之。

中華人民共和國

俄　羅

哈薩克斯坦

蒙　古

烏蘭巴托

烏魯木齊

吉爾吉斯坦

新疆維吾爾自治區

甘肅

內

塔吉克斯坦

阿富汗

克什
米爾

巴基
斯坦

寧夏回族
自治區

西寧

青　海

蘭州

中華人民共和國

西

西藏自治區

四川

成都

重慶
重慶

拉薩

新德里

尼泊爾

錫金 不丹

貴州

貴陽

加德滿都

印度

昆明

雲南

廣

孟加拉

印度

達卡

緬甸

越南

曼德勒

河內

南

寮國

仰光 清邁

永珍

泰國

註：俄羅斯、哈薩克斯坦、吉爾吉斯坦、
　　塔吉克斯坦等國於1991年前皆屬蘇聯。

邊地圖(1991年後)

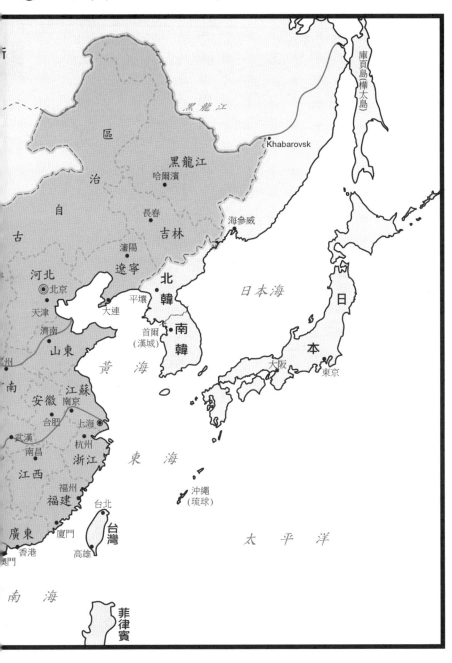

日本、南韓、北韓

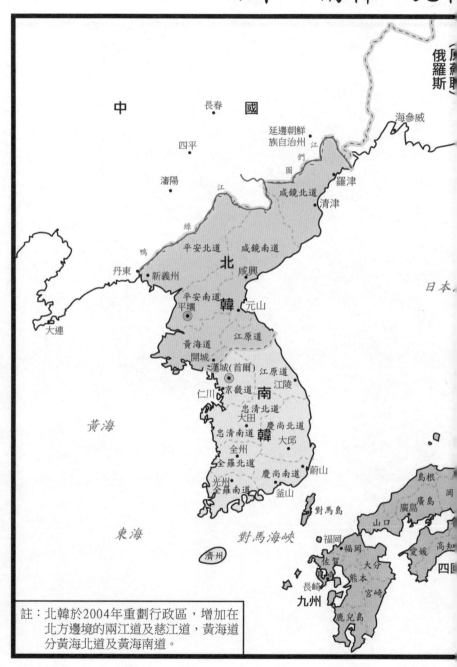

註：北韓於2004年重劃行政區，增加在
　　北方邊境的兩江道及慈江道，黃海道
　　分黃海北道及黃海南道。

周邊地圖(2004年前)

北方四島

北海道

札幌

函館

青森

秋田　岩手

山形　宮城

仙台

太平洋

新潟　日

福島

栃木

金澤　富山　群馬

石川　長野　茨城

本州　福井　岐阜　本　埼玉東京

山梨　東京　千葉

京都　滋賀　名古屋　神奈川　横濱

大阪　京都　愛知

大阪　三重　靜岡

奈良

歌山

沖繩列島

奄美

名護

那霸

台灣及部分福建地圖(2010年前)

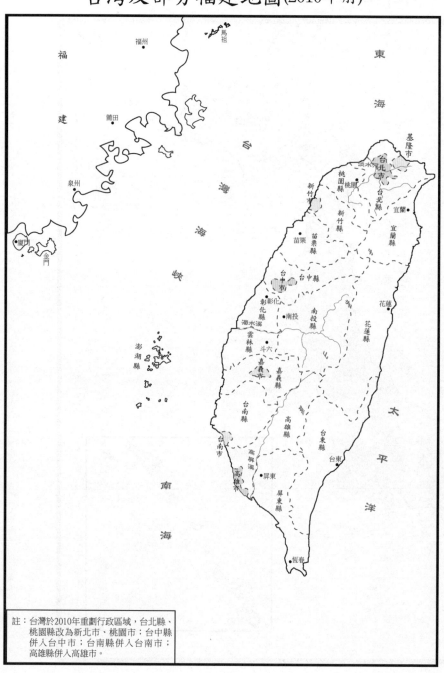

註：台灣於2010年重劃行政區域，台北縣、
　　桃園縣改為新北市、桃園市；台中縣
　　併入台中市；台南縣併入台南市；
　　高雄縣併入高雄市。

目　次

第一卷　動盪的年代（1945-1961）

第二卷　困惑的年代（1961-1976）

第三卷　改革的年代（1976-1999）

第一卷

動盪的年代
（1945-1961）

第 1 章
國共內戰

　　1945 年 8 月 6 日清晨，三架美國 B-29 轟炸機飛抵日本廣島市上空，其中一架飛機投下一枚原子彈。一瞬間，方圓數公里內所有的木造房屋化為齏粉，只剩下幾座殘破的鋼筋水泥建築物。據統計，當場死於非命的約有八萬人，受傷的也有六、七萬，其中大多在後來也不治而死。

　　緊接著，蘇聯突然對日本宣戰，並從 8 月 9 日凌晨開始出動飛機、大砲及地面部隊，進入日本佔據的滿州國，也就是中國的東北。對日本來說，蘇聯出兵也是一項致命的打擊。早在 1941 年日本就和蘇聯簽訂互不侵犯條約，因而期盼蘇聯會守約而不參戰。但蘇聯總書記史達林（Joseph Stalin, 1878-1953）先前之所以遲遲不出兵其實只是一方面在和美國總統羅斯福（Franklin D. Roosevelt, 1882-1945）討價還價，另一方面在等待最佳時機。當美國在廣島投下原子彈後，史達林認為機不可失，斷然下令進軍。

　　8 月 9 日，美國又在長崎投下第二顆原子彈。至此，日本只能接受盟軍提出的《波茨坦宣言》（Potsdam Declaration），同意無條件投降。8 月 15 日上午，裕仁天皇透過廣播電台播出錄音「玉音放送」，宣讀《停戰詔書》，訓令所有的皇軍放下武器。

國共在抗戰中的明爭暗鬥

日本投降後，中國舉國歡騰，但內戰的陰影也迅速蒙上。

回溯 1937 年國共聯合抗日，雙方其實都知道合作只是權宜之計，對日抗戰後終究仍須一戰。因而，雙方在抗戰八年期間已經衝突不斷，都在為日後的另一場戰爭做準備。這八年間雙方的明爭暗鬥，其實就是國共內戰的序曲，因而必須先敘述清楚。

蔣介石擔心共產黨在抗日戰爭中趁機坐大，所以一面打仗一面也嚴密地監視共產黨的動靜，企圖阻止其發展。然而，共產黨卻以驚人的速度擴充武裝力量，發展根據地。抗戰前，中共在華北的八路軍只有三萬人，1939年增加到了三十萬人，勢力範圍從十五個縣擴展到兩百個縣。同時，在華中的新四軍從原先的一萬人增加到十幾萬，活動於五十幾個縣。

針對中共的迅速擴充，國民黨頒布〈限制異黨活動辦法〉，又派政府軍大舉封鎖陝北共產黨的基地。但毛澤東態度強硬，宣稱：「人不犯我，我不犯人；人若犯我，我必犯人。」國共之間的衝突從此越加激烈，而無視於日軍大敵當前。舉一個例。根據中共元帥彭德懷後來口述出版的《彭德懷自述》，蔣介石命令國軍開到共軍盤據的太行山，預備「收復失地」。彭德懷卻起而反擊，於 1940 年 1 月率領共軍進行「反摩擦戰役」，殲滅國軍兩個師、一個旅、一個縱隊，只花了三天，自稱是取得一個「偉大的勝利」。

1940 年 10 月，國共又爆發「黃橋戰役」，原因是新四軍發展到江蘇北部時，與國軍部隊發生嚴重衝突。新四軍由大將陳毅、粟裕指揮，殲滅由韓德勤率領的國軍一萬多人。

蔣介石大怒，發出最後通牒，命令新四軍限期在年底前移防北上。毛澤東懷疑這是蔣介石的陰謀，要藉機與日軍聯手夾擊，所以決心抗命。但由於共產國際堅持國共合作，新四軍終於在 1941 年初同意移防北上，但已超過蔣介石所訂的期限。結果新四軍在安徽東南的涇縣茂林地區遭到國軍包圍，全軍覆沒，約八千人陣亡或被俘，只有二千人逃出；軍長葉挺被俘，副軍長項英在逃亡途中被隨從擊斃。

上述的「皖南事件」爆發後，蔣介石聲明新四軍違抗命令，襲擊友軍，必須接受軍法制裁，下令解散新四軍，取消其部隊番號。但毛澤東也

發表聲明，指稱這是國民黨的陰謀，重慶政府是在玩火，共產黨將重建新四軍。周恩來同時將事件訴諸於國、內外媒體，聲稱「同室操戈，相煎何急！」國共的明爭暗鬥於是成為中外矚目的焦點。

迪克西使團（Dixie Mission）

　　1941 年 12 月，珍珠港事變爆發，美國與中國從此並肩對日作戰，當然不願意見到國共繼續內鬥。當時美國駐華使館裡有一部分官員對蔣介石和國民黨十分不滿，其中以戴維斯（John P. Davies, Jr.）和謝偉志（John S. Service）為代表人物，被稱為「戴謝集團」。兩人都認為蔣介石根本沒有全力投入抗日，而中共是一支抗日的生力軍，也不是真正的共產黨，蔣介石卻意圖消滅中共。戴維斯甚至認為國民黨與共產黨將來在抗日戰爭後不免一戰，而中共必定戰勝國民黨，所以主張美國必須拉攏中共。美國羅斯福總統後來派史迪威（Joseph W. Stilwell）來華擔任中國戰區的參謀長，戴、謝兩人都在史迪威的辦公室裡擔任政治顧問。史迪威漸漸也不認同蔣介石敵視中共的態度，與蔣介石發生衝突。兩人後來又為了在中國戰區及滇緬遠征軍的軍隊指揮權問題而爭執，勢同水火，羅斯福總統為此頭痛不已。

　　1943 年 3 月，周恩來與戴維斯見面，表示歡迎美國軍方派觀察員到延安考察。戴、謝於是建議史迪威向蔣介石提議接受中共的邀請，但蔣介石立刻拒絕。羅斯福親自寫信向蔣介石提出同樣的要求，也遭到拒絕。不過從 1944 年起，盟軍在歐洲戰場的局勢逐漸打開，國軍在中國戰場卻連遭潰敗。羅斯福大驚，決定派副總統華萊士（Henry A Wallace）為特使，於1944 年 6 月抵達重慶，當面說派軍事觀察員到延安乃是軍事需要，如此才能取得中共的合作，準確地掌握軍事情報，以早日結束對日戰爭。美國在華北進行空戰而被擊落的軍機上的飛行員也需要中共協助營救，才能減少犧牲。蔣介石至此無話可說，只好勉強同意。

　　一個月後，美軍第一批觀察組由一名武官巴瑞特（David D. Barrett）

及政治代表謝偉思率領，到達延安。後來又陸續到了兩批，總共兩百多人。中共從毛澤東、周恩來以下全部動員熱烈歡迎觀察組人員（美方自稱為「迪克西使團」），稱之為「戰友」。謝偉思從此長期駐在延安，撰寫許多對中共有利的觀察報告，產生極大的影響。

在華萊士之後，羅斯福又派出赫爾利（Patrick J. Hurley）為特使以調停國共的衝突，希望雙方同心抗日；同時也請赫爾利協助調解史迪威和蔣介石之間的爭執。

赫爾利的調解任務

赫爾利受命後，決定先飛到莫斯科，以探詢蘇聯的態度。史達林接見他，說中共是「人造黃油式的共產黨」，與布爾什維克的共產黨不相似，也無法取代國民黨；蘇聯將全力支持蔣介石領導中國對日抗戰，不過建議考慮成立聯合政府，容納中共於其中。蘇聯外交部長莫洛托夫（Vyacheslav M. Molotov）也告訴赫爾利，中共不是真正的共產黨，又說蘇聯於 1943 年解散「共產國際」後，和中共已經沒有聯繫。赫爾利不勝欣喜，接著飛到重慶。

事實上，當初華萊士到中國之前，也曾訪問莫斯科，當時史達林對他也說過類似的話。美國駐莫斯科大使哈里曼（Averell Harriman）也常常引述莫洛托夫的話，說蘇聯和中共沒有什麼關係，對中共沒有什麼興趣。蘇聯的領導人無疑是蓄意要隱藏莫斯科與延安之間的聯繫，使外人相信中共不是真正共產黨，對中共仍然抱持某些希望。其實這也是史達林當時在亞洲的一貫策略，例如，越南胡志明所領導的「越盟」同樣被宣稱並不是共產黨，而是一心抗日，追求獨立的愛國主義者，連組織的名稱都不是共產黨。

不過當赫爾利到達重慶時，蔣介石對史迪威已經忍無可忍，決心要將他驅離中國，聲稱即使因而被迫單獨對日抗戰也在所不惜。羅斯福只好忍耐，同意召回史迪威，改派魏德邁（A. C. Wedemeyer）接任。赫爾利在蔣介石與羅斯福之間傳遞消息，間接促成史迪威被撤換，蔣介石欣喜之餘，

同意他應毛澤東的邀請到延安去，在國共之間進行調解。

　　毛澤東與赫爾利見面後，經過四次談判，達成五點重要協議。赫爾利於是由周恩來陪同飛回重慶，向蔣介石提出建議，主張停止國民黨一黨專政，將國民政府改組為聯合政府，以容納各黨派；又建議公平分配中國從盟軍得到的戰略物資。蔣介石卻斷然拒絕，堅持共軍一定要先接受整編為正規國軍才願意承認中共為合法政黨。毛澤東也堅拒蔣介石所提的任何代替方案，只接受討論成立聯合政府。和談遂陷入僵局。

　　史迪威雖然被召回，戴謝集團仍然極力拉攏美國與中共，甚至建議美國直接撥武器給中共，不必透過國民政府。赫爾利後來轉任駐華大使，獲悉戴謝兩人竟想要跳過他而安排中共與白宮直接聯繫，大怒，電告羅斯福總統，指稱有人蓄意鼓動中共拒絕和國民黨妥協。羅斯福下令調查，將所有涉及此事的官員全部調職。毛澤東也大怒，公然在報章上攻擊赫爾利偏祖國民黨，又批評蔣介石，說：「蔣先生總以為天無二日，民無二王，我不信邪，偏要出兩個太陽給他看看。」

重慶談判及《雙十協定》

　　1945 年 2 月，美、英、蘇三國的領導人羅斯福、邱吉爾（Winston Churchill, 1874-1965）及史達林在克里米亞半島的雅爾達（Yalta, Crimea）舉行會議。羅斯福這時其實已經重病在身，而勉強成行。為了促使史達林早日對日宣戰出兵，以減少美軍可能的傷亡，他同意讓蘇聯取得在遠東的特殊權益，包括租借旅順、大連，經營滿州鐵路，承認外蒙古獨立。羅斯福事先既未徵得中國的同意，事後也從未告知中國。一直到兩個月後羅斯福病逝，杜魯門（Harry S. Truman, 1884-1972）繼任，才告知中國有關雅爾達密約的內容。中國不論同不同意，只能接受。

　　8 月 14 日，也就是日本投降的前夕，蔣介石派宋子文、蔣經國到莫斯科與史達林簽訂《中蘇友好同盟條約》，同意遵照雅爾達密約讓蘇聯取得前述在中國的特權，也承認外蒙古獨立；不過取得交換條件，史達林承諾尊

重中國的主權及領土，保證支持蔣介石統一中國，不提供武器支援中共。史達林又保證日本投降後三個星期內開始從東北撤軍，並在三個月內完成。

條約簽訂後，蘇聯更不能公開支持中共，便轉而對中共施壓，要求與國民政府談判妥協。在中國國內，更是舉國人民殷殷期盼和平。在此情況下，毛澤東只好同意和周恩來一起飛往重慶，與國民政府展開會談。

然而，國共之間的互信早已蕩然無存，所以談判從一開始就已經注定失敗。雙方談了四十三天，在 10 月 10 日簽訂了三個《會談紀要》（或稱《雙十協定》），雖然明白地說要避免內戰，實際上只是空話。最重要的是，雙方都不可能在對日受降的問題讓步。因而，在重慶談判進行中內戰越打越激烈。《雙十協定》簽訂後的第二天，國、共的一場大內戰正好打完；共軍劉伯承、鄧小平部隊在山西著名的上黨古戰場擊敗國民黨的閻錫山部隊，擊斃三萬五千人。

對日受降問題

有關對日受降的問題，也必須回溯，從波茨坦會議說起。

1945 年 7 月，美、英、蘇三國領袖又在德國的波茨坦（Potsdam）開會。由於英國首相邱吉爾所領導的保守黨在戰後第一次大選意外地被工黨擊敗，因而波茨坦會議是由美國新任總統杜魯門、英國新首相艾德禮（Clement R. Attlee）及蘇聯的史達林三人共同主持，在會後發布《波茨坦宣言》，要求日本無條件投降。

波茨坦會議中也討論如何處理已經投降的德國、如何共同對付日本，以及日後利益如何劃分。對於日本投降後盟軍如何分區受降，三人也達成一些默契。當初羅斯福和邱吉爾在雅爾達會議中與史達林談判時完全居於下風，這時杜魯門和艾德禮都是新人，結果當然對蘇聯更是有利。這些默契無疑對後來東亞及全世界的歷史發展產生重大的影響。

日本宣布投降前夕，遠東盟軍統帥麥克阿瑟（Douglas MacArthur）依據杜魯門的指示，發布命令，要求在日本本土、沖繩、太平洋諸島、

菲律賓和朝鮮半島北緯三十八度以南的日軍必須向麥克阿瑟所率領的美軍投降；在中國地區和越南北緯十六度以北的日軍必須向蔣介石所領導的中國軍隊投降；在中國東北滿州和朝鮮半島北緯三十八度以北地區的日軍必須向蘇聯投降；在東南亞其他地區的日軍必須向蒙巴頓（Louis Mountbatten）將軍所領導的英國軍隊投降。

實際上，在日本尚未投降之前受降爭奪戰早已展開。中共第十八集團軍（原八路軍）總司令朱德在 8 月 10 日連續發出七道命令，指示解放軍攻擊日軍，逼其投降，並收繳武器。蔣介石大驚，也緊急發出命令，要求第十八軍團所屬部隊「應就原地駐防待命」，不許擅動，不許向敵人收繳槍械。蔣介石卻同時命令各戰區的國軍「積極推進，勿稍鬆懈。」毛澤東大怒，指稱蔣介石是在公然挑動內戰，拒絕接受命令。

蔣介石「以德報怨」

當時，蔣介石也秘密派人緊急聯絡日軍在華派遣軍總司令官岡村寧次，取得其合作，命令日軍抗拒共軍逼降繳械。8 月 15 日，就在日本天皇玉音放送前一小時，蔣介石在重慶對全國軍民及全世界發表廣播演說，強調「不念舊惡」。他說：「我們一貫聲言，只認日本黷武的軍閥為敵，不以日本的人民為敵。……。要知道如果以暴行答覆敵人從前的暴行，以侮辱答覆他們從前錯誤的優越感，則冤冤相報，永無終止，決不是我們仁義之師的目的。」

不僅如此，蔣介石也指示要協助盡快把日本在中國境內的二百三十萬軍民全部護送回國。蔣介石雖然沒有說出「以德報怨」的話，後來日本官方及民間卻都以這四個字來形容蔣介石胸懷寬大，感念他的恩澤。不過有很多人直接指出，「以德報怨」主要還是出於政治考量。蔣介石看見共產黨已經成為心腹大患，昨日的敵人日本卻是可用之資，因此無論如何都要爭取日本的合作，以共同對付共產黨。

然而，這時共軍在華北、華中地區擁有近百萬的正規軍和二百二十萬

民兵，國軍部隊卻大多在西南後方，對受降極為不利。國軍急著要趕到華北、華中，但共軍控制住幾條重要的鐵路、公路，使得國軍無法迅速移動。美國見到情勢緊急，派輪船、飛機協助運送國軍到各大城市。但共軍全力阻擋，國共衝突於是急速升高。

馬歇爾來華調解

國共的正面衝突使得美國輿論譁然，赫爾利遭到多方指責，於 11 月宣布辭職。杜魯門立刻任命馬歇爾將軍（George C. Marshall）為特使，到中國繼續調解國共的紛爭。馬歇爾在二次世界大戰中擔任羅斯福總統的幕僚長，立下巨大的功勳，獲頒五星上將，備受各方尊敬。他到達中國兩天後，國共便恢復談判。雙方迅速達成協議，在 1946 年 1 月簽署「停戰協定」，同意立即停止一切戰鬥。

國共兩黨接著又與其他各黨派及無黨派人士代表共同舉行「政治協商會議」，通過決議，對於政府之改組，政治民主化，軍隊國家化，國民大會之召開及憲法草案之制訂都達成部分的共識。至於軍隊的裁撤和整編問題，也決定由國共各派一人為代表，與馬歇爾共同成立三人小組來討論；後來又決定將政府軍及共軍分別整編為九十個師及十八個師。

國、共協商如此順利，使得中國人民欣喜異常，以為和平在望。但實際上國共仍是邊談邊打，衝突並沒有停止過，在東北尤其問題嚴重。

東北的問題與第二次停戰令

東北的問題根源在蘇聯的軍隊。當初史達林承諾蘇聯軍隊在日本投降後三個月內完全撤出東北，蘇聯遠東軍總司令馬林諾夫斯基（R. Y. Malinovsky）卻一直駐軍停留，完全沒有離開的打算。馬林諾夫斯基堅持日本在東北所辦的各種工廠及建設都是蘇聯的戰利品，將價值超過美金二十億元的戰利品拆卸後運回蘇聯，連同所有的日本工程師及技術人員一併

擄走，許多日軍也被俘虜到西伯利亞。

　　蔣介石派熊式輝為代表，帶領蔣經國等人前往東北，詢問馬林諾夫斯基何時撤軍，以便國軍接防；但馬林諾夫斯基只是推託阻撓。熊式輝要求同意國軍在大連、營口等港口登陸，馬林諾夫斯基說由於共軍不受蘇聯控制，所以不能保證國軍安全。蘇聯反而要求中國同意與蘇聯經濟合作，希望取得更多東北的特權，以為蘇聯撤軍的先決條件。如此這般拖過一個多月，蔣介石只得向杜魯門控訴蘇聯違約背信。美、英兩國對蘇聯施壓，蘇聯最終同意在 1946 年 2 月 1 日完成撤軍。

　　蘇聯表面上說與中共不相干，實際上在暗中幫助中共。趁著國軍受阻，毛澤東下令八路軍、新四軍從熱河、察哈爾、山東急行軍趕到東北。林彪奉命將原有的和新近趕到的部隊組成一支「東北民主聯軍」。毛澤東自己說，原先東北的共軍只有十幾萬人，1946 年 3 月已經增加到五十萬人。同時，共產黨發動土地改革，沒收地主的土地，獲得絕大多數農民的支持。蘇聯把投降的七十萬日軍的現代化武器裝備暗中轉到共軍的手裡，共軍戰力由此迅速壯大起來，蘇聯於是宣布逐步撤軍。俄軍每撤離一地，共軍隨即進佔，長春和瀋陽遂先後落入共軍手中。俄軍完全撤出東北時已是四月底，比原先的承諾又晚了三個月。

　　情勢危急中，蔣介石請美國以軍艦將國軍在西南滇緬的精銳之師運到秦皇島，然後從山海關進入東北。5 月，國軍名將杜聿明、孫立人及陳明仁共同率領三十萬大軍在四平街和林彪指揮的共軍展開激戰。共軍大敗，國軍進佔長春。四平街之戰後，國軍繼續追擊共軍，馬歇爾卻在此時要求國軍停止追擊，以免妨礙國共之間的談判。蔣介石被迫發布第二次停戰令，共軍因而獲得喘息的機會。

國民黨的內鬥及蔣經國的崛起

　　國民黨內部的鬥爭，其來有自，並沒有因為抗戰及國共內戰而稍緩。馬歇爾來中國之前對此已經略有所聞，到了中國後，親眼看見，更加失望。

當時在軍隊裡，有被稱為「天子門生」的黃埔系將官，大多氣焰萬丈；有地方軍閥出身的統帥，如李宗仁、白崇禧、閻錫山，對天子門生敢怒不敢言，而時時提防；也有少數從美國軍校畢業的將官，如孫立人，處處遭到打壓、排斥。在財經、金融方面，可說是孔、宋家族壟斷一切。在黨政方面，有所謂的 CC 系、政學系等。此外，又有一個蔣介石極力想要培植的兒子蔣經國，使得國民黨的內鬥更加複雜。

蔣經國於 1925 年國共第一次合作之後前往蘇聯留學，在 1937 年西安事變後又回到中國。在蘇聯居住的十二年間，他曾經加入共產黨，也曾因國共分裂而公開指控他的父親蔣介石是「叛徒」及「反革命分子」，宣稱和蔣介石脫離父子關係。蔣經國回國後，大部分的國民黨人無法忘記他的過去，蔣介石卻無條件原諒了兒子，刻意安排他的出路。1939 年起，蔣經國擔任「贛南行政專員」，管轄江西南部十一個縣，嚴厲禁煙、禁賭、禁娼，興辦教育，發展經濟，政績斐然，引起中外注意。1944 年，蔣介石提出「一寸山河一寸血，十萬青年十萬軍。」的口號，號召青年從軍，成立九個師，配備全新的美式武器。蔣經國擔任其中樞紐的訓練總監部政治部主任，權勢逐漸高漲。

由於蔣經國在蘇聯的特殊經歷，蔣介石在二戰結束後派他跟隨宋子文到莫斯科與史達林簽訂《中蘇友好同盟條約》，又隨熊式輝到東北與馬林諾夫斯基談判交接事宜，已如前述。但史達林對中國的保證無非是謊言，馬林諾夫斯基的強橫霸道也使得東北的局勢越來越不利，結果蔣經國不但沒有功勞，反而一敗塗地，摔得灰頭土臉。

民心的向背

關於如何對付中共，蔣介石與馬歇爾兩人的觀念其實是南轅北轍。蔣介石向來認為對付中共只有徹底消滅一途，不能給予喘息的機會。馬歇爾卻始終認為國共談判以達成和平共處，乃是第一要務。六月停戰令後來很快又失效，而馬歇爾仍然竭盡一切力量在斡旋，但蔣介石明顯地已經沒有興

趣。

國民黨中由陳果夫及陳立夫兄弟所控制的 CC 系一向最跋扈，也最反共。東北的失敗，讓 CC 系更加振振有辭反對國共談判，卻更引起馬歇爾的反感。1946 年 7 月，一個獨立的小黨「民主同盟」的領袖李公樸和聞一多雙雙遭到暗殺，後來查出是國民黨特務所為。馬歇爾再也無法忍受，建議杜魯門總統對國民政府採取武器禁運，杜魯門立刻同意。這項禁運實施了一年多，到 1947 年 11 月才恢復交運。

蔣介石後來曾經一再地說，1946 年的第二次停戰令和美國武器禁運嚴重打擊國軍的士氣，中共因而坐大，最終導致國民黨在內戰中失敗。雖然有部分史家同意這樣的說法，但有更多的人認為，國民黨的失敗有其他更重大的原因，不能把責任推給馬歇爾。民心的向背尤其是國民黨失敗的根本原因。

抗戰勝利後，國民黨派到各地負責接收的官員及特務機關窮凶極惡，任意以漢奸罪名逮捕人，藉機搜刮、勒索。說是接收，其實是劫收。相對地，共產黨軍紀嚴明，一再重申「三大紀律」和「八項注意」。所謂的三大紀律，是一切行動聽指揮；不拿群眾一針一線；一切繳獲要歸公。所謂的八大注意，是說話和氣；買賣公平；借東西要還；損壞東西要賠；不打人不罵人；不損壞莊稼；不調戲婦女；不虐待俘虜。共軍如有違反規定，必將受到處罰，嚴重的甚至被處死。總之，蔣介石仗恃的是軍隊的力量，毛澤東爭取的是人民的支持，對比十分明顯。政府收復了土地，卻失去了人心。一來一往，國、共之間逐漸你消我長，形勢逆轉。

沈崇案——馬歇爾離華

儘管美國實施武器禁運，國共談判仍然沒有進展。蔣介石認定中共完全沒有意願接受調處，只是利用馬歇爾壓迫國軍對共軍讓步，利用談判爭取時間。毛澤東、周恩來獲得喘息後，在談判中態度也越來越強硬。在此期間，美國的形象在中國人民的心目中也越來越差。這當然有一部分和中共

的刻意負面宣傳有關，不過在日本投降後一年四個月，俄軍也完全撤離了八個月後，美國卻仍有大批軍隊繼續留駐中國，不免被輿論攻擊。

　　1946 年的聖誕夜，北京發生一起大學女生沈崇疑似被兩名美國大兵強姦的案子。北京學生立即罷課，全國各地的大學同時響應，掀起前所未有的反美風潮。國民黨說沈崇案乃是中共所導演的。部分清流學者如胡適等主張這是一個屬於法律的犯罪事件，不是政治事件，不應藉此鼓動反美情緒。曾經留學美國的上海市長吳國楨對媒體說，蘇聯佔領東北時，強姦蹂躪中國婦女難以計數，是不是也要抗議？但民族主義情感既被激發，美國成為眾矢之的，一時已經無法平息。

　　沈崇案發生後四天，馬歇爾向杜魯門提出辭呈，杜魯門立刻同意召回馬歇爾。馬歇爾其實早已灰心，預備要辭職，沈崇事件只是壓垮駱駝的最後一根稻草。不過在當時及後來都有很多人懷疑沈崇案是一個刻意製造的事件。沈崇極可能是共產黨地下分子，奉命引誘兩名美國兵，而不是被強姦。

　　馬歇爾黯然離開中國，回到美國後，杜魯門立刻發表他為國務卿，顯示並不認為馬歇爾調停國共的任務是一項失敗，而要賦予他更重要的任務。國、共兩黨都大吃一驚。

國民黨整編軍隊的失策

　　1946 年 11 月，國民大會在南京舉行，選出代表，通過憲法。共產黨和民主同盟拒絕參加。次年 3 月，國民大會又集會選舉總統、副總統。蔣介石被推為總統候選人，沒有人敢和他競爭。問題是各方人馬都爭著要競選副總統，竟有六位候選人。蔣介石屬意故總理孫中山先生的兒子孫科，但最後卻是桂系大老李宗仁當選。這次大選再一次暴露了國民黨內部各派系之間的矛盾。共產黨隔岸觀火，喜不自勝。

　　國民黨軍隊中的非嫡系一向被認為是「雜牌軍」，受蔣介石的「天子門生」歧視。蔣介石的心腹大將陳誠尤其是「天子門生」的代表人物，被稱為「小委員長」。陳誠操守清廉，自信而固執，在抗戰結束後擔任軍政

部長，立即發布命令，將投降的偽軍（即是日軍在中國培植的傀儡政權部隊）及抗日有功的游擊隊一律解散。數十萬官兵頓時失業，一部分人只好解甲歸田，但有更多人憤而投奔共產黨。

馬歇爾來華調處時，曾經與國、共達成裁軍的協議，陳誠奉命負責其事。但陳誠裁撤、整編的國軍大多是非嫡系的部隊，又採行混編的方法，將各集團軍中的軍、師、旅等對調，目的是使高級將領與過去的子弟兵脫勾。非嫡系於是認定蔣介石是處心積慮要消滅「雜牌軍」，拼命抵制。到了後來，竟連一些黃埔軍系的軍官也被裁員，以致失業，無以維生。1947年5月，南京發生一起「哭陵事件」，震驚國、內外。四百多名被裁員的黃埔軍系將、校級軍官集體到孫中山的陵墓前祭拜下跪，哭訴遭到不公正的對待，有人自殺，也有人連妻子都不保。國民黨在事件發生後也無法妥善處置，於是又有一大批人投奔共產黨。

內戰轉劇

馬歇爾既已離華，國共內戰再也無人阻擋，於是進入全面作戰。毛澤東這時將共軍改稱為「人民解放軍」，分為西北野戰軍（一野，彭德懷任司令員兼政委）、中原野戰軍（二野，劉伯承任司令員，鄧小平任政委）、華東野戰軍（三野，陳毅為司令員兼政委）、東北野戰軍（四野，林彪為司令員，羅榮桓為政委）、華北人民解放軍（聶榮臻為司令員，薄一波任政委）等五大主力。國民政府也宣布全面動員勘亂。

解放軍在各地屢敗國軍。陳毅、劉伯承聯兵縱橫於山東；聶榮臻與政府軍在平漢鐵路沿線展開激烈戰鬥；彭德懷將國軍閻錫山部隊困於山西。不過包圍陝北多年的國軍將領胡宗南卻攻入延安，迫使毛澤東退出，扳回一城。但毛澤東把中共中央改設在陝甘寧邊區，繼續親自指揮全國各地的戰爭。

總體而言，戰況逐漸對國軍不利，攻守易位。國軍之所以敗多於勝，原因很多，無法一一列舉，不過可以舉例說明。以下就舉其中一個代表性的

戰役，1947 年 5 月發生的孟良崮戰役為例來說明。

孟良崮戰役及其代表性意義

　　孟良崮在山東臨沂附近的沂濛山區中。國軍抗日名將張靈甫率領配備全套美式武器裝備的精銳整編七十四師三萬人，深入敵境，遭遇陳毅、粟裕指揮的共軍十幾萬人。由於寡不敵眾，張靈甫帶領部隊轉至孟良崮，共軍隨後四面包圍。蔣介石獲知後又驚又喜，一面命令張靈甫堅守，吸住共軍，一面命令方圓一百公里內的國軍四十幾萬人火速馳援，對共軍展開反包圍，預備裡外夾攻。一時雙方大軍雲集，千鈞一髮。

　　然而，張靈甫堅守三天而援軍仍然不至，以致彈盡援絕，水糧俱乏。共軍發起最後進攻時，張靈甫寫下遺書與妻子訣別，舉槍自盡。整編七十四師全軍覆沒。蔣介石為此痛心疾首，毛澤東卻手舞足蹈。

　　如果只算正規軍，孟良崮戰役中周邊一百公里內國軍總人數大約是共軍的三倍。實際上，共軍還發動了八十幾萬名「支前民工」，其中只有小部分是隨軍民工，大部分是臨時徵集的農民。正當共軍拼死阻擋國軍馳援的部隊時，這些支前民工協助挖戰壕，架設通訊網，運送糧食、彈藥，搶救傷兵；也有破壞道路，甚至用徒手拿鐵鍬挖深溝，以阻滯國軍機動部隊前進，使得大部分的國軍無法及時趕到孟良崮。

　　支前民工是共軍獨享的助力，不是國民黨所能奢望的。共產黨為解決中國盤根錯節的土地問題，決定採取劇烈的手段，鼓動解放區的佃農、貧農參加階級鬥爭，清算過去剝削他們的地主、富農。參與者剛開始或許有些膽怯，然而清算一旦展開，膽子就漸漸大起來。階級敵人被打傷、打死、掃地出門後，農民的身家性命就和共產黨綁在一起了。許多農民相信，共產黨如果失敗，國民黨必將展開報復，因而只有拼死幫共產黨打敗國民黨。

東北局勢的逆轉

　　東北戰局對國軍更是不利。林彪率共軍再次渡過松花江,與國軍在長春、四平街惡戰。國軍雖然擊退共軍,素為共軍忌憚的孫立人卻被蔣介石調離東北。蔣介石接著任命陳誠為參謀總長兼東北行轅主任。陳誠到了東北,意氣風發,卻將杜聿明也調離,並以小過失為由將陳明仁論處貪污罪,撤職查辦。國軍在東北的三名傑出將領至此全部被調離戰場,將士為此人人忿忿不平,士氣低落。

　　日本關東軍佔據東北時,曾經組訓當地的人民,成立「滿軍」部隊。日本投降後,有十幾萬滿軍原已編入地方的保安部隊,但陳誠一向的政策是消滅偽軍,竟下令將滿軍也全部裁撤。一大批滿軍官兵頓時失去生活依靠,於是也紛紛加入共軍。

　　1947年冬,國軍與共軍在瀋陽大戰,國軍大敗。蔣介石大怒,將陳誠撤職,轉調到台灣。但國民黨既失掉民心,又失掉軍心,無論再換什麼人來也已經無濟於事了。

貪腐的孔、宋家族

　　國民黨在財經施政方面所犯的錯誤,比戰場上的錯誤還要嚴重。

　　日本侵華期間在佔領區發行各種貨幣。日本投降後,國民黨規定這些「偽幣」必須在一定期間內兌換政府發行的法幣,但兌換率極不合理,使得百姓蒙受巨大的損失。國、共內戰轉劇後,政府為了支付龐大的軍費,不斷增加法幣的發行量,造成了惡性通貨膨脹,法幣對美金的匯率從1945年初的1:20一路狂貶到1947年初的1:18,000,貶值九百倍。公務員及升斗小民全都受害,豪富之家卻藉機套購黃金及外匯,囤積居奇,貪污舞弊,其中尤以孔、宋兩家最為不擇手段。當時有一位素負清望的知識分子傅斯年在報紙上發表一篇文章〈這個樣子的宋子文非走開不可〉,轟動一時。文章摘要如下:

　　　　古今中外有一個公例,凡是一個朝代,一個政權要垮台,並不由於革命

的勢力，而由於他自己的崩潰！有時是自身的矛盾、分裂，有時是有些人專心致力，加速自蝕運動，惟恐其不亂。……。國民政府如果不承認失敗，是誰也不相信的。政治的失敗不止一事，而用這樣的行政院長，前有孔祥熙，後有宋子文，真是不可救藥的事。……。

今天連資本家也有許多同情共產黨，開萬國未有之奇，宋子文把他的政府伺候得這樣子的，人民不必說了，他心中反正沒有人民的。……我向社會廣泛提議徹底調查上海及他地以及國外，所有豪門權族之「企業」是些什麼內幕？他們的營業範圍如何？他們的外匯得自何處？

我真憤慨極了，一如當年我在參政會要與孔祥熙在法院見面一樣，國家吃不消他了，人民吃不消他了，他真該走了，不走一切垮了。

當時大學教授的薪資與學生的公費追不上物價，因而示威遊行，學潮洶湧。有識之士都知道國民黨已經無藥可救，共產黨必然取得勝利。事實上不止中國人痛恨孔、宋兩家，美國人也是一樣氣憤。據說杜魯門曾經私下對記者大罵孔、宋家族個個都是賊，從美國援助中國抗戰的錢中偷走數億美元，然後投資於紐約的房地產。

孔、宋兩家腐蝕中國的根基，其實很早便已經種下惡因。宋氏三姊妹中的大姊宋藹齡嫁給孔祥熙，二姊宋慶齡嫁給孫中山，三妹宋美齡嫁給蔣中正；宋子文又曾任財政部長及行政院長。孔、宋無疑是中國的第一豪門，但宋慶齡看不下自己家人的貪腐，選擇與共產黨站在一起。

金圓券風暴

1948 年 8 月，國民政府開始發行「金圓券」以取代信用破產的法幣。政府禁止私人持有黃金、白銀及外幣，限期至九月底兌換金圓券，違者沒收。政府同時宣佈凍結工資及物價，禁止罷工。

為了要嚴格執行，政府在廣州、上海和天津分別成立經濟管制區，派大員督導，其中最重要的上海地區由蔣經國實際負責。許多善良的百姓一開

始便在銀行前排隊，乖乖地將私蓄的家當都拿出來換金圓券；但也有一些百姓心中不安，採取觀望的態度。蔣經國下令鼓勵檢舉違反經濟管制者，派員突擊檢查各地市場、倉庫、工廠，逮捕奸商，槍斃部分重犯，雷厲風行。管制小組聲稱「只打老虎，不打蒼蠅。」將上海地下社會頭子杜月笙的兒子杜維屏逮捕入獄，罪名是囤積居奇，投機炒作。孔、宋家族在上海從事進出口貿易的孔令侃也被捕。宋美齡立刻親自趕到上海，迫使蔣經國釋放孔令侃和杜維屏，只罰他們繳交罰款。經濟管制的措施於是無法再推行下去。

金圓券在發行十個月後貶值將近十萬倍，是世界金融史上最荒唐的一幕。事實證明，當初選擇違背政府法令，不願兌換金圓券的人才是聰明的，而決定把一生的積蓄獻出來支持國家政策的無數百姓卻在這場風暴中沒頂。人民對政府最後的一點點向心力已經喪失了。

對蔣經國來說，金圓卷風暴又是一項無比沈重的打擊。無論他和部屬是如何地志向高遠，日夜努力，結果看來卻是替政府設下騙局，害慘百姓。當年他在新贛南建立的聲譽，至此全部輸光。據他的部屬回憶，他幾乎天天喝得爛醉，又哭又笑，不斷地說：「我怎麼對得起老百姓？」

遼瀋、淮海、平津三大戰役

金圓券風暴後，共軍開始在戰場上取得決定性的勝利。

國軍原本在 1946 年初有四百多萬人，但在內戰中逐漸被消滅，或投降中共，只減不增，到 1948 年初只剩下不到三百萬人。反之，原本只有一百多萬人的解放軍雖然也有傷亡，卻因補充迅速而逐漸增加，到 1948 年初已經超過三百萬人。情勢已經逆轉。

陳誠在東北戰敗後，國軍在東北只能困守在長春、瀋陽等少數幾個大城市，被共軍「以鄉村包圍城市」。1948 年 3 月，共軍再次攻陷四平街，切斷長春所有的外援，開始長時間的封鎖，歷時七個月。圍城期間，毛澤東命令林彪嚴禁糧食、物資進城，也嚴禁百姓出城，務必「要使長春成為死

城」，長春市民因而大多餓死。9月，毛澤東指示發起「遼瀋戰役」，分別攻陷錦州、長春及瀋陽，於11月初結束戰役。依據共軍的估計，國軍四十七萬人被殲滅。然而這個數字並不包括百姓在內，光是長春一個城市，據估計市民餓死就超過了三十萬人。

遼瀋戰役剛結束，毛澤東又指示發起「淮海戰役」。劉伯承、鄧小平、陳毅率領共軍六十萬人，與國軍八十萬人大戰兩個月，殲滅國軍五十五萬人。國軍將領杜聿明被俘投降，名將黃伯韜、邱清泉自殺。比淮海戰役（國民黨稱之為「徐蚌會戰」）稍晚，林彪、羅榮桓、聶榮臻又率領解放軍在「平津戰役」大勝國軍，同樣只花了兩個月。國軍二十七萬人被殲滅，另有華北總指揮官傅作義率領二十五萬人不戰而降。

在遼瀋、淮海、平津三大戰役中，支前民工對共軍又發揮了巨大無比的助力。以淮海戰役為例，共軍雖然只有六十萬正規軍，據估計農民所組成的「支前民工」竟達到五百四十萬人，是正規軍的九倍。其中常備民工約二十萬人，二線轉運民工一百三十萬人，臨時徵集的民工三百九十萬人。

民工不止是挖斷道路，破壞鐵軌，搶救傷兵，搶設電線，像驢馬般地運送糧食、武器、彈藥，也有部分上第一線衝鋒，這就是中共的「人海戰術」。國軍看見民兵像海浪一樣地湧過來，用機關槍掃射，用大砲轟擊，又丟擲手榴彈對付。但機關槍膛和砲口會發燙，丟擲手榴彈的手會發酸，心會發軟，人會崩潰。然而，只要一停手，解放軍便踩著地上無數的屍體衝過來。國軍不是投降，便只有自殺或被殺了。

中共的間諜網

1948年11月，就在遼瀋戰役剛結束後，國民黨的一位要員陳布雷服下過量的安眠藥，自殺身亡。陳布雷擔任蔣介石的機要侍從長達二十年，幾乎包辦蔣介石每一篇重要的文告和書信，被稱為蔣介石的「文膽」，同時也參與許多重要的決策。身居如此重要職位，陳布雷卻是虛懷若谷，清廉自持，從不以威勢壓迫他人，也從不利用權力為自己圖利，所以家境一直貧

困。

　　陳布雷留下十幾封遺書，其中說他之所以選擇自殺主要是因為他的身體病弱，長期為失眠所苦。但他也委婉地說國民黨已經走到窮途末路，而自己又油燈枯盡，無法再作任何貢獻。陳布雷之死，代表了國民黨內少數有良心的知識分子的無奈和對國家的徹底絕望。不過在陳布雷的身上另有一件事不能不說。

　　在陳布雷死前一年，他所鍾愛的小女兒和女婿都被發現有共產黨間諜的嫌疑，雙雙被捕。蔣介石大吃一驚，甚至親自參加審訊，最後決定從輕發落。但陳布雷死前可能不知道，中共早已在他的周邊布下綿密的間諜網。他的妹夫兼貼身秘書翁祖望其實是一名潛伏的共產黨間諜。翁祖望的長子也是中共地下黨員，在軍事委員會政治部擔任秘書工作。翁祖望的女兒和日後的女婿也都是共產黨員。這位女婿後來改名喬石，正是八〇年代中共的政治局常委兼國務院副總理。

　　陳布雷身居要津，當然知道必須守口如瓶。但無論他如何地小心翼翼，也無法阻止具有共產黨間諜身分的親人竊取情報，或是提供假情報，影響其判斷和心情。

　　事實上，陳布雷身旁的布置只不過是中共間諜網中的一小環。當時由於國民黨政權貪腐不堪，即使是黨、政、軍要人的親戚、子女也大多失望至極，選擇加入共產黨，或是參加其外圍組織。中共於是派他們在其親人的身邊，以親情為掩護展開地下工作。因而，共產黨對於國民政府的一舉一動無不一清二楚。國軍將領在前線戰場上所獲得的指示，共軍將領也往往同步獲知，因而國軍不敗也難。總之，共產黨的間諜戰、情報戰做得如此出色，不能不說也是國民黨失敗的重大原因之一。

中共建國

　　國民黨土崩瓦解之快，連毛澤東都沒有料到。1946 年 7 月，毛澤東曾經宣稱預計五年內從根本上打倒國民黨，最後卻只花了不到三年。如前所

述，民心的向背決定了誰勝誰敗，以及敗方崩潰的速度。

　　國軍全面敗退聲中，蔣介石於 1949 年 1 月被迫辭去總統職位，離開南京返回家鄉浙江奉化縣溪口鎮，但仍舊保留國民黨總裁的職務。李宗仁代理總統，積極想要和中共談判，夢想與共產黨隔著長江分治中國。但代表國民政府前往北平談判的國民黨要員張治中、邵力子等人卻認為大勢已去，乾脆一起投共。緊接著，解放軍渡過長江，席捲華南地區。除了少數地區之外，中共已經控制了整個中國大陸。

　　10 月 1 日，毛澤東、周恩來以及其他中共的領導人站在首都北京紫禁城的城樓上，宣布成立「中華人民共和國」。

國民黨轉進台灣

　　蔣介石雖然被迫辭去總統職位，實際上仍然在暗中操控，布置台灣以為退路。李宗仁代理總統，只是虛位，實際上沒有什麼人向他報告。黨、政、軍要員不是投共，就是仍然聽命於蔣介石。許多人紛紛前往溪口鎮，專程向蔣介石表示效忠。在東北戰敗的陳誠這時擔任台灣省主席，開始為蔣介石籌畫經營台灣。孫立人這時也在台灣，任陸軍訓練司令部總司令。

　　蔣介石又命令蔣經國前往上海，與中央銀行總裁俞鴻鈞合作，將庫藏的黃金、白銀和外幣分次偷偷搬走，輾轉運到台灣。據估計，蔣介石從大陸運出黃金約有四百七十萬兩，另外白銀和外幣約當黃金三百五十萬兩，兩者合計價值約為當時的美金五億元。這些黃金、白銀有一部分就是當初在發行金圓券時由百姓手中收繳的。代總統李宗仁獲悉黃金被偷運後，大發雷霆，但已經來不及阻止。運抵台灣的黃金、白銀，日後用於軍費、政府開銷，以及發行新台幣的準備金，對國民黨台灣政權產生巨大的穩定作用。

　　除了搬運黃金之外，蔣介石也下令將北平故宮博物院中許多的精品裝入三千大箱，送到台灣。這些精品大多是文化瑰寶，難以估計其價值，現藏於台北的故宮博物院。

　　1949 年 12 月，蔣介石宣布中華民國政府已經遷到台北，並繼續統治台

灣、澎湖，以及福建部分外島，如金門、馬祖。海峽兩岸從此處於分裂分
治的狀態。

第 2 章
麥克阿瑟統治下的日本——兼述冷戰的起源

　　日本天皇發布終戰詔書後兩個星期，美國在太平洋戰爭中的英雄麥克阿瑟飛抵日本，出任盟軍總司令部（General Headquarters, GHQ）最高司令官。1949 年 9 月初，日本投降儀式在東京灣停泊的美國軍艦密蘇里號（USS Missouri）上舉行。日本派外相重光葵代表政府，參謀總長梅津美治郎代表軍方，簽署了降伏文書。麥克阿瑟正式進行接管，從此成為日本的太上皇，新任的日本首相東久邇宮稔彥親王只能聽命行事。

麥克阿瑟與 GHQ

　　麥克阿瑟到任後不久，GHQ 發出命令逮捕主要戰犯，共三十九人。前首相東條英機也在名單之內，接獲通知後開槍自殺未遂，被送往醫院急救。有人在報紙上公開批評東條英機如果真的想死，就應該在天皇下詔當天從容自殺，而不是臨到被逮捕才驚慌失措地自殺。自殺又不成，越發可恥。

　　GHQ 接著又發出「自由指令」，頒布有關言論和新聞自由的備忘錄，

要求立刻禁止軍國主義的教育，釋放政治犯，廢除思想警察；又要求將過去從事鎮壓的內務省官員和警察全部革職。東久邇宮首相收到這一連串的指令，不知如何是好，於是知難而退，率領內閣總辭，由幣原喜重郎繼任。幣原在戰前曾經擔任外相，採行「協調外交」，被軍部指斥是「軟弱外交」，但與英、美等國交好。

麥克阿瑟接著又頒布「五大改革」，其中包括給予婦女選舉參政權；制訂勞働組合法，准許勞工組織工會及罷工的權力；廢除治安維持法，禁止司法秘密審問；推動教育民主化，經濟民主化。GHQ 在後來又陸續頒布其他命令，如釋放政治犯，開放言論、集會、結社自由；公布新選舉法；下令解散財閥；進行農地改革等等。

GHQ 佔領日本初期的政策，是要徹底消除軍國主義，將日本改造為一個民主、自由、和平的國家。日本的聯合艦隊、參謀本部和所有的陸軍部隊，總計二百六十九萬人全部被勒令解甲返鄉。GHQ 規定，戰前日本中、小學校發給學生的教科書裡凡是有軍國主義色彩的部分，一律用墨塗黑，有時甚至塗到整頁都是黑的。

從十二月起，報紙開始奉令連載 GHQ 所製作的《太平洋戰爭史》，講述的內容是從日本出兵滿州到太平洋戰爭結束為止的日本軍閥罪惡史。同時，廣播電台也奉令播放由 GHQ 所製作的《真相正是如此》節目，內容也是類似。許多民眾第一次獲知日本皇軍於戰爭中在海外的種種暴行，如南京大屠殺、菲律賓的巴丹半島死亡行軍事件（Bataan Death March）等，震驚萬分，不過還是半信半疑。

戰爭責任問題

GHQ 指名要逮捕戰犯的行動因東條英機自殺未遂而遲緩了下來，但從 11 月下旬起又開始點名包括前首相廣田弘毅、小磯國昭，前陸軍大將板垣征四郎、土肥原賢二，前關東軍司令官本庄繁等戰犯，以及數十位出身外務省的官員和財界要人。前首相近衛文麿也收到逮捕令，卻決定拒絕受審

而服毒自殺。

　　GHQ 為了要淡化近乎是國教的神道，頒布了一項〈神社與國家分離指令〉。在 GHQ 示意之下，天皇也於 1946 年元旦發布了一道詔書（後來被稱為《人間宣言》），其中說：「朕與爾等國民間之紐帶，始終依靠相互之信賴和敬愛而結合，並非只依靠神話和傳說而產生，亦非基於天皇為現御之神，……。」總之，天皇說他也只是凡人，並不是神。1 月下旬，GHQ 又公布了有關極東國際軍事裁判法庭（International Military Tribunal for the Far East）的條例。許多人原本就擔心天皇會被送上法庭受審，GHQ 一連串的動作讓這些人越來越害怕。

天皇的戰爭責任

　　事實上，從日本出兵侵略中國開始，一直到太平洋戰爭結束，十幾年來裕仁天皇曾經多次召開御前會議，親自參與重要的決策。因而，許多二次大戰的戰勝國都認為天皇也應該列為戰犯之一，接受審判。羅斯福總統和美國的輿論也都認為天皇的責任無可推卸。

　　天皇本人其實也沒有想要迴避戰爭的責任問題。麥克阿瑟到達日本約一個月後，天皇就經由祕密安排，主動前去拜訪他。根據麥克阿瑟在多年後寫的回憶錄，天皇坐下來，接過麥克阿瑟遞給他的煙，用顫抖得很厲害的雙手點燃，完全無法掩飾內心的不平靜，卻開門見山地說：「我是日本在戰爭進行期間對於政治和軍事方面所作出的一切決定和行動負完全責任的人；來到這裡，是向你所代表的那些國家投案，並接受審判的。」麥克阿瑟大受感動，對天皇印象深刻。

　　第二天，日本和國際媒體都刊登了天皇與麥克阿瑟會面的照片，引起各界震撼。然而，外務省所發布的新聞中並沒有提到天皇這樣的談話。許多學者認為，當時日本政府刻意在記錄中刪去這段談話，原因是怕各同盟國據此要求天皇上法庭受審。

　　日本國內漸漸也有些人提出天皇不能逃避戰爭責任的看法，不過大部分

的日本人仍是繼續無條件擁戴天皇。許多人開始直接寫信給麥克阿瑟，表達他們擔憂天皇被送上法庭。其中部分信件的內容摘錄如下：

> 「如果天皇有什麼萬一，我們國民必將失去生命的價值。」
> 「如果有陛下出庭受審的事情發生，今後將不只是對閣下，還有所有的美國人，抱持著永遠的憎惡。」
> 「不可審判天皇陛下，天皇陛下沒有責任。」

有一位著名的小說家武者小路實篤也寫了一封公開信給麥克阿瑟，發表在雜誌上，信中有一段話讓麥克阿瑟不得不重視：「一旦陛下不存在，美國想在十年內從日本撤軍，首先便不可能。我認為這不是理論，而是事實。」

麥克阿瑟收到這些信之後，漸漸得到一個結論：如果天皇作為戰犯受審而被絞死，那麼日本很可能爆發沒完沒了的戰爭，屆時盟軍即使有一百萬人也沒有用。極東國際軍事裁判法庭尚未開庭，麥克阿瑟已經秘密寫報告回國，明確表達不贊成審判天皇。

日本新憲法的制訂

麥克阿瑟到日本後不久，便示意日本官員修訂憲法。幣原首相於是指派一個委員會來起草，不過交出來的草案處處顯示只是要保持現狀。麥克阿瑟勃然大怒，立刻召見 GHQ 民政局長惠特尼（Courtney Whitney），說不能再繼續把起草新憲法的任務交給日本人，指示改由民政局負責，並限期完成。麥克阿瑟又指示新憲法必須符合三個大原則。第一，天皇只是象徵而無實權，保留天皇世襲制度；第二，日本永久放棄交戰權，不再擁有軍隊；第三，主權在民，廢止皇族外的貴族封建世襲制度。

惠特尼於是召集二十幾名官員，只花了一星期時間就在 1946 年 2 月完成新憲法草案。惠特尼接著率領 GHQ 官員到達外相吉田茂的官邸，直接表明 GHQ 的提案容許些微修正，但不考慮其他任何提案。GHQ 的作風可說

是強橫霸道，草案的內容裡說「天皇是象徵」對日本的官員來說無異是晴天霹靂，許多大臣主張嚴詞拒絕。幣原首相前往 GHQ 拜會，要求緩和，但麥克阿瑟態度強硬。幣原向天皇請示，天皇卻說做為象徵亦無不可，幣原於是同意全盤接受 GHQ 的憲法草案。

國會選舉及公職追放

1946 年 4 月，日本在新頒布的選舉法之下舉行第一次大選。共產黨、社會黨、自由黨、進步黨，以及其他將近三十個小黨紛紛參選。鳩山一郎所領導的自由黨獲勝，成為第一大黨，鳩山預備組閣。不料麥克阿瑟突然發出一份「革除鳩山」的備忘錄，其中說在戰前曾經發生一個「瀧川事件」，京都大學教授瀧川幸辰因為言論遭到迫害，而鳩山是當時的文部大臣，應當要為此事負責。鳩山也曾參與侵略中國，並參與壓制日本國內的民主活動，因而不能擔任首相。

麥克阿瑟發出備忘錄是根據 GHQ 稍早頒布的「公職追放令」，其目的是要將凡是被認為在戰前曾經協助軍部發動戰爭的人，或被認為言論、思想有問題的人，一概排除在新政府之外。

鳩山無奈，只得推薦外相吉田茂代替自己為自由黨主席，兼任首相。吉田茂同意等將來追放令一旦取消就歸政於鳩山。不過兩人在日後卻為此而發生紛爭，鳩山認為吉田茂未能遵守承諾。

吉田茂

吉田茂的出身背景極為特殊，自稱有三個父親：生父是政治家兼大實業家；養父是新世代的商人，大阪第一富豪；岳父是明治維新大功臣大久保力通的次子，政界的重量級人物。他的養母出身漢學世家，所以自幼受嚴格管教，熟讀中國古書。他的兄長又是日本著名的企業小松製作所（Komatsu）的創辦人。如此顯赫的家世，使得他在年輕時便以「桀驁不

馴」、「獨斷獨行」出名。

　　但他也是一個冷靜的現實主義者。他因為長期出使國外，十分清楚英、美等大國的實力，主張日本在對外侵略時，絕對不可與英、美兩國為敵。日本軍部卻在 1936 年與德國簽訂一項「防共協定」，以共同防堵共產國際輸出革命。吉田茂大失所望，斷言這個協定必然會導致日本錯誤地和德國、義大利站在同一陣線，最終將走向和英、美交戰的不歸路。

　　吉田茂後來決定完全離開政府，但仍受到軍部的嚴密監視，甚至被短暫拘捕。日本果然如他所預料，一步一步走向與英、美敵對，走向太平洋戰爭，走向戰敗及崩潰。不過吉田茂的「親英、美派」背景使得他成為戰後日本與美、英之間的重要橋樑。吉田茂在擔任首相後和麥克阿瑟更是建立了親密的私交，日本因而得到美國強力的支持，得以順利進行善後及政治、經濟改革。

　　1946 年 11 月，在吉田茂主政之下，日本議會審議並通過 GHQ 草擬的新憲法，隨即公布。這部新憲法的基礎是君主立憲制，採取行政、立法、司法三權分立。憲法中的第九條明白規定日本永遠放棄以發動戰爭或武力行使的方式作為解決國際爭端的手段。日本只保留部分自衛的軍力，稱為「自衛隊」。

糧食危機及農地改革

　　明治維新初期，日本的農民大部分是自耕農或半自耕農，而佃農只佔約四分之一。經過不斷地兼併，到了二次世界大戰時，淪為佃農的人數已經超過一半。許多大地主不自己耕種，將農地租借給佃農耕作，抽取的田租超過一半以上的收成。佃農受到壓榨，終日辛勤工作卻過著窮苦的日子，心裡不平。因而，共產主義思想很容易散布。

　　日本的人口在明治初期第一次超過三千萬，此後迅速增加，到了二次大戰前已經超過七千萬。同一期間，糧食生產增加有限，因此無法自給自足。日本併吞台灣和韓國後，從兩地進口補充，算是解決了問題。但日本

戰敗後，不再擁有殖民地，糧食短缺就不可避免了。

　　1944 年，也就是戰爭結束前一年，東亞各國天候異常寒冷，農作物收成嚴重短缺。日本也不例外，收成只剩下前一年的三分之二，所以是雪上加霜。幣原內閣有大臣不小心對媒體說糧食恐怕不足，也許會餓死一千萬人，引起社會恐慌，黑市米價飆漲。吉田內閣成立後，立刻面對空前的糧荒危機。在共產黨的鼓動之下，有二十五萬人於 1946 年 5 月勞動節在東京都示威，高唱「紅旗歌」，宣稱要解放日本。吉田茂緊急向麥克阿瑟求救，麥克阿瑟轉而向杜魯門總統求救，表示美國如果不能運送米糧到日本，他只有辭職一途。杜魯門於是下令運送將近一百萬噸的糧食到日本，暫時解救了危機。

　　但吉田茂公開發言斥責發起示威的群眾，又激起強烈的抗爭。日本共產黨在背後推波助瀾，規劃在次年 2 月發動總罷工，號召全日本所有產業工會的勞工加入，總人數預計將達到六百萬。甚至有部分政府裡的中、下級官員也報名參加。吉田茂再次向麥克阿瑟求援，麥克阿瑟斷然下令禁止罷工，一股赤焰狂潮因而暫時受挫。

　　GHQ 的幕僚有人研究歷史，認為亞洲地區的農民動亂與佃農制度有密切的關係。日本歷史上的「土一揆」、「德政一揆」本質上就是農民暴動。日本如果不改革，共產黨必將坐大。麥克阿瑟因而要求日本政府進行農地改革，強制收購地主的土地，再便宜賣給自耕農，目標達成「完全自耕農」。在 GHQ 的強行推動之下，日本的農地改革取得極大的成功。經過五年，全國的佃地只剩下十分之一。十年內，農業生產增加一倍。農地改革的成功，為日本後來社會穩定、經濟起飛打下堅實的基礎。

　　1947 年 4 月，日本戰後第二次大選，社會黨和民主黨聯合而獲得勝選，執政約一年半後卻因為涉入一項「昭和電工案」賄賂醜聞而垮台。1949 年 1 月，吉田茂率領自由黨，並吸收部分民主黨人士，在第三次大選中取得超過一半的國會席次。吉田茂一人獨大的時代於是來臨，其後執政長達三年八個月。

東京審判

極東國際軍事裁判法庭第一次開庭是在 1946 年 5 月，地點在東京，受審戰犯中最重要的是二十八名所謂的「甲級戰犯」。法官由中、美、英、法、蘇、澳洲、印度等十一個國家指派。1948 年 11 月，法庭做成最後判決，結果有七名戰犯被判絞刑，其中包括前首相東條英機，陸軍大將板桓征四郎、土肥原賢二等；十六名被判終生監禁，其中包括前陸軍大將荒木貞夫、小磯國昭、梅津美治郎，以及前大藏大臣賀屋興宣等；另有兩人被判有期徒刑。

極東國際軍事裁判法庭也審判了三千四百多名乙級和丙級戰犯，分處死刑或徒刑。朝鮮人和台灣人在戰時都是日本殖民地的子民，被徵調去為天皇作戰，所以也有一百四十八名朝鮮人被判有罪，二十三人被處死；一百七十三名台灣人被判有罪，二十六人被處死。

在東京審判之前一年，盟軍已經在德國紐倫堡（Nuremberg）召開過軍事法庭，審判曾經擔任納粹德國軍政首長的戰犯，控告他們犯下密謀罪、戰爭罪以及種族屠殺罪等，在當時引起極大的爭議。一些國際知名的大法官或學者提出質疑，認為這是「戰勝者的正義」，或說是報復，缺乏正當性。部分法官拒絕受邀審理。

同樣地，東京審判也引發不平之鳴。不只是受審的戰犯不服，許多日本人也不服。在部分戰犯的家人心目中，尤其認為自己的父祖為國家和天皇效忠，絕對是英雄，只不過是戰敗而已。在審理的各國法官之中，也有認為這項審判是不公平的。

天皇退位或留任問題

遠東國際軍事法庭審判戰犯期間，有關日本裕仁天皇是否應該受審引發更多的討論。

　　美國羅斯福總統不但認為天皇應為戰爭負責，還主張廢除天皇。但繼任的杜魯門卻同意麥克阿瑟的看法，認為天皇有助於日本的穩定，傾向不追究天皇的責任。前述的糧食危機更使得杜魯門擔憂日本被赤化，因而請麥克阿瑟要求裕仁天皇留任。據說天皇獲知一部分甲級戰犯在遠東軍事法庭宣判書中被判處極刑後，心中痛苦，已經寫好一篇〈謝罪詔書草稿〉，表示後悔發動戰爭，向國民謝罪，準備要引咎退位了。這篇草稿卻在吉田茂等人勸說之下被封存起來。吉田大聲斥責主張天皇退位者乃是「非日本國民」。

　　儘管如此，日本國內還是有許多人認為天皇必須擔負責任。日本東京大學教授，後來曾任最高法院院長的橫田喜三郎說：「雖然天皇本身並非希望戰爭，但考量實質上戰爭的準備與開始，都與天皇有深厚的關聯，終究是無法推卸責任。」

　　東京大學校長南原繁對學生演講，也認為天皇應該擔負道德及精神上的責任。有些人甚至認為，天皇如果不擔負責任，將對日本的社會風氣產生負面的影響。日本的學者原彬久在他的著作《吉田茂傳》中引述天皇的近臣村井長正的說法：

> 日本在世界各國造成莫大的犧牲，陛下若是不吭一聲，佯裝什麼也不知情，實在過於不合情理。……。不然，如同這股開始出現的風潮一般，今後我國必定會面臨一個不負責任的時代。……。假設天皇趁機退位，戰後日本的樣貌必然會有極大的轉變。藉由天皇退位，日本至少可以向國內外償還一些道義負債，是具有決定性的重要轉機，甚至可以為恢復獨立的國民建立一個全新的道義基礎。

　　然而，天皇自始至終從來沒有公開表示過要引咎退位，也從來不曾道歉過。

財閥解體

　　日本的大企業大部分是由家族掌控經營，在戰前都和政府關係密切，漸漸膨脹，形成所謂的「財閥」。二次大戰期間，這些企業紛紛轉而從事軍需工業，如槍枝、大砲、彈藥、坦克、飛機、軍艦等。

　　在美國的眼中，「財閥體制」是軍國主義的溫床，家族的支配力尤其危險。三井、三菱、住友、安田四大財閥尤其是 GHQ 關注的焦點，受到不斷地施壓。GHQ 一開始並沒有強制執行，而是要求財團自行解體，但威脅如果不接受「勸告」，GHQ 將強制執行。在此壓力之下，安田財團並沒有怎麼抵抗就宣布配合，並發表自行解體的方案；三井、三菱卻奮力抵抗，希圖減輕或延緩。

　　吉田茂這時公開發言，為財閥辯護。吉田甚至在外務省裡成立了一個特別委員會，網羅一批傑出的經濟學者寫成研究報告，反駁美國的政策，認為必須有強力的統制作為才能盡快恢復日本的經濟。不過 GHQ 仍然在1946 年 4 月成立「持株會社整理委員會」，強令被指定的財閥把所持有的股票交由此一委員會處理，並在市場上公開銷售。9 月起，十二個月內總共有八十三家大企業遭到整肅，被強迫分拆成許多小公司。例如，三井被拆分為兩百多個會社，三菱被拆分為一百三十幾個會社。不過持株會社整理委員會決定銀行和信託公司不適用排除集中法，這正是日本財閥在幾年後藉銀行之力，合併原先被分拆的公司，而能復活的關鍵因素之一。

　　GHQ 不只整肅企業，也整肅企業主。松下電器株式會社創辦人松下幸之助也列在名單中。以下就以他為例來說明當時的企業及企業主所面臨的問題。

　　松下幸之助只有小學畢業，在二十四歲時自行創業。二次大戰後，松下電器已經擴展到擁有六十個工廠，兩萬六千名員工。由於松下電器在戰時也曾經參與製造軍用飛機和船舶，因而被 GHQ 指定為「限制公司」，松下幸之助個人及公司所有的資產全部被凍結。1946 年 7 月，GHQ 又命令將松下幸之助免職。

　　松下電器的員工深怕創辦人被解職後公司將會崩潰，因而自動發起簽名運動，攜帶了一萬五千人簽名的請願書，向 GHQ 陳情，要求解除對松下本

人的整肅。GHQ 大吃一驚，經過調查後決定解除對松下本人的整肅令。雖然如此，松下電器仍是被 GHQ 強迫將旗下的三十幾家子公司分別獨立，其中包括後來的三洋電機公司。

不過當時由於黑市猖獗，原料短缺，企業大多必須在黑市中以高價購買，因而成本高，無利可圖。松下電器也是連年流血經營，財務狀況極度惡化。松下本人博得「欠債大王」和「欠稅大王」雙重稱號，幾乎失去鬥志，每日借酒澆愁。員工每月領取微薄的薪資，面對黑市的翻騰物價，也是難以養家活口。

正在松下電器奄奄一息時，GHQ 的政策突然發生了大轉變。1949 年，GHQ 發出解除松下列名在「財閥家族」裡的命令，松下遭受凍結四年的公司及個人資產又可以自由運用。松下喜出望外，再一次步入坦途，最終將公司經營成為世界級的大企業。與松下同時，其他三菱、三井等財閥也都逐漸獲得解禁，在幾年內又回復原狀。

美國佔領政策大轉彎

事實上，GHQ 並不只是對財閥放寬而已，而是改變幾乎所有對日本的佔領政策，而其中經過一年多的醞釀。

1948 年 3 月，正當 GHQ 雷厲風行地展開各種改造日本的措施時，美國國務院派了一位政策企畫局局長喬治‧肯南（George Kennan）為特使到東京。肯南對麥克阿瑟說，美國評估了世界及亞洲近年來的發展情勢，認為有必要改變對日本的佔領政策，並傳達了華盛頓的指令，大致如下：

- 各項改革與免職應適可而止。
- 及早結束戰犯審判。
- 盡速復興日本經濟，強化其貿易。
- 盟國將經由和談使日本獨立，GHQ 要盡快還政於日本政府。
- 希望日本重整軍備，但須確保美軍在沖繩等地的基地。

麥克阿瑟大吃一驚，立刻與肯南發生爭執，因為肯南所提的新指令與 GHQ 過去兩年半在日本的佔領政策幾乎完全相反，等於是否定他過去所有的成就。麥克阿瑟對日本新憲法尤其引以為豪，如果日本重整軍備，等於完全違背其中第九條規定日本永久放棄戰爭的條文。

美國為什麼會突然改變對日本的政策呢？這就必須從二次世界大戰之後，美、蘇逐漸發生衝突，關係惡化，最後導致「冷戰」的歷史說起。冷戰不只影響日本，也嚴重影響亞洲各國及全世界其後數十年的歷史，因此有必要說明清楚。以下簡單敘述其由來。

戰後美、蘇之間的緊張關係

二次大戰中，史達林藉機對美國要脅，予取予求，越到戰爭後期越明顯。在德黑蘭會議及雅爾達會議中，蘇聯都在談判桌上獲得極大的利益。如上一章所述，波茨坦會議時杜魯門由於是新上任，一時還無法掌握狀況，只能追認雅爾達密約的內容，並做出其他讓步。

但史達林並不滿足，仍是野心勃勃，不只在中國東北暗中支持中共對抗國民黨，也企圖染指伊朗和土耳其。伊朗是重要的產油國，美、英、蘇三國在二次大戰時都以保護油源為名派兵進入伊朗。戰爭結束後，美、英兩國依約撤軍，蘇聯卻不肯撤，又藉機要求與伊朗合辦石油公司，其行徑一如在中國東北所作所為。至於土耳其，蘇聯主要是希望能取得其境內的博斯普魯斯（Bosphorus）和達達尼爾（Dardanelles）海峽的控制權，以便從黑海自由通行到地中海。史達林派兵到兩國邊界，直接逼迫土耳其簽訂雙邊條約。伊朗和土耳其面臨危機，都向美國求援。杜魯門正在思考如何因應，史達林恰好在莫斯科發表一篇重要的演講。時間是 1946 年 2 月初，史達林說：

> 資本主義國家由於不平衡的發展，通常經過一段時間就要引起世界資本主義體系內部均勢的劇烈破壞。那些自認沒有足夠原料和市場的國家通常都

企圖以武力來改變現狀，以重新劃分勢力範圍，因而分裂為兩個敵對陣營，發生戰爭。……。由於資本主義世界經濟體系的第一次危機，發生了第一次世界大戰；由於第二次危機，發生了第二次世界大戰。

史達林言下之意，是資本主義世界體系還要再發生一次新的世界大戰。美國的政界和媒體大肆評論，認為史達林的演說是一項好戰的聲明，充分表明他對資本主義根深柢固的仇視。

肯南的「長電報」及邱吉爾的「鐵幕演說」

兩週後，美國國務院收到一位駐蘇聯大使館官員喬治‧肯南的一封電報，長達八千字。在這封後來稱為「長電報」（Long Telegram）的電文裡，肯南詳細地描述蘇聯在戰後的形勢，分析其背後的思維，預測其未來政策走向，並提出美國因應之道。肯南說：

> 它（即蘇聯）對理智的邏輯無動於衷，對於武力的邏輯卻高度敏感。由於這個原因，當它在任何時地遭遇到強大的阻力時，可能輕易地就退卻了。所以，如果敵手有足夠的力量並且明白表示預備出手，很少有必要真正去動手。

肯南又認為，共產主義世界就像有害的寄生蟲，靠吃有病的組織細胞維生。因此，美國不但要正視自己的內部問題，不可冷漠地坐視社會中的諸多匱乏，更要設法解決歐洲各國對國家安全的擔憂，提供他們必要的指引，以免蘇聯從中得利。肯南的「長電報」引起美國白宮和國務院超乎尋常的重視。

又過兩週，英國前首相邱吉爾在美國密蘇里州富爾敦市（Fulton, Missouri）發表演說，講題是〈和平的砥柱〉（The Sinews of Peace）。邱吉爾說：

> 從波羅的海邊的斯德丁（Stettin）到亞得里亞海邊的的里雅斯德

（Trieste），一道橫貫歐洲大陸的鐵幕已經降下。這道鐵幕的後面散佈著所有中歐、東歐古老國家的首都——華沙、柏林、布拉格、維也納、布達佩斯、貝爾格勒、布加勒斯特和蘇菲亞。這些著名的都市及其周邊的居民無不位於我稱之為蘇聯勢力範圍圈之內。……。

　　土耳其和波斯（即伊朗）已經接獲來自莫斯科的一些令人震驚、困惑的要求，感受到重重的壓力。我不相信蘇聯想要戰爭。他們要的是戰爭的果實，使其權力和信條得以無限擴張。我從此次大戰中觀察蘇聯，深信他們最尊敬的莫過於實力，而最缺乏敬意的莫過於軟弱。

在這場著名的「鐵幕演說」中，邱吉爾呼籲西方國家團結合作以對抗蘇聯勢力，其內容與「長電報」正好互相呼應。當他演說時，杜魯門全程陪同，並且為他做開場白，顯然心裡已有打算。

不久後，杜魯門下令正式照會蘇聯，表明不惜以武力來對付侵略。史達林果然退卻，召回在伊朗和土耳其的軍隊。伊朗和土耳其對美國表示感謝，美國的政治及商業勢力於是大舉進入這兩個國家。史達林自認吃了大虧，與美國之間的敵意越來越浮現。

冷戰開始——杜魯門主義、馬歇爾計畫和莫洛托夫計畫

繼土耳其、伊朗之後，希臘也向美國告急。杜魯門於是在 1947 年 3 月對美國國會發表一篇重要的演講。杜魯門說：

　　美國外交政策的首要目標，是為我們自己和其他國家創造條件，從而可以過著一種免於受壓迫的生活方式。……。我們的勝利，阻止了少數國家想要將自己的意志和生活方式強加在別的國家和人民身上。

杜魯門要求國會撥款美金四億元，以提供給希臘、土耳其等國經濟及軍事援助，「杜魯門主義」（Truman Doctrine）於是出台。三個月後，美國新任的國務卿馬歇爾又在哈佛大學發表演講，提出一項復興歐洲的計畫。馬

歐爾說：

> 我們的政策並不是要反對任何國家或主義，而是要對抗飢餓、貧窮、絕
> 望和混亂。我們的目的應當是要恢復世界的經濟運作，從而使自由體制賴以
> 生存的政治和經濟條件得以出現。……。我保證，任何願意協助此一復興工
> 作的政府必能獲得美國政府的充分合作。但任何意圖阻撓別國復興的國家不
> 能期望從我們獲得援助。

「馬歇爾計畫」（Marshall Plan）展開後，美國開始提供歐洲各國經濟
援助，其中包括無償援助及貸款。據統計，總金額達到一百三十億美金。
歐洲各國因而迅速揮別貧窮和飢餓，從廢墟中重新站起來。

史達林一開始對馬歇爾計畫並不排斥，甚至允許波蘭、捷克、南斯拉夫
申請參加馬歇爾計畫。不過他漸漸懷疑馬歇爾計畫背後還有引誘東歐國家
脫離蘇聯軌道的圖謀，因而斷然禁止所有東歐國家參與。但東歐國家大為
不滿，蘇聯不得不從 1947 年 7 月起和各國分別簽訂經濟、貿易合作協定，
並提供貸款。這些合作協定被統稱為「莫洛托夫計畫」（Molotov Plan），
與馬歇爾計畫針鋒相對。

馬歇爾計畫及莫洛托夫計畫各自提出後，西方資本主義經濟圈和東歐共
產主義經濟圈分別形成。後來美國與西歐各國於 1949 年成立北大西洋公約
組織（NATO），屬於軍事聯盟。又過了六年（1955 年），蘇聯與東歐各國
才成立華沙公約（Warsaw Pact）組織，以對抗北約。雙方壁壘分明，不過
總是盡量避免大規模的軍事衝突，以免引發第三次世界大戰，所以被稱為
「冷戰」，持續數十年。

冷戰形成後的美國對日佔領政策

肯南在送出「長電報」之後不久就被調回美國，受到重用。1947 年 7
月，肯南又在《外交事務》期刊（*Foreign Affairs*）上匿名發表一篇文章，
其中主張美國必須準備長期而有耐性地執行「圍堵」（Containment）政

策，以對抗蘇聯及共產集團的擴張。「圍堵政策」自此又成為冷戰期間美國最重要的策略之一。

　　正是這一位肯南，在 1948 年 3 月來到東京，與麥克阿瑟會面，要求改變對日本的佔領政策。杜魯門總統這時已經決定把日本視為今後「在亞洲制止共產主義發展的防波堤」。麥克阿瑟無論如何反對也無法改變杜魯門的心意，只能接受命令。

　　GHQ 事實上分為兩派人馬。其中以民政局（GS）的局長惠特尼為首的改革派一向包容共產黨，但以參謀第二處（G2）處長韋樂比少將（Charles A. Willoughby）為首的另一派卻是堅決反共。GHQ 對日本政界及財界發布公職追放令，據統計約有二十一萬人。GS 和 G2 多年來一直為追放名單而發生激烈的爭執。GS 一意要驅逐軍國主義者，G2 考慮到將來要對抗共產黨，主張保留部分日本的保守勢力。不過這份名單不免也被吉田茂利用。當時 GHQ 將公職追放分為 A 項到 G 項，一共七種。不過還有一種被稱為「Y 項」，據說是依吉田首相的個人意思而置於追放之列。Y 就是「吉田」的英文名 Yoshida 的開頭。

　　美國對日政策改變後，公職追放起了很大的變化。G2 壓倒 GS，開始逐步解除公職追放令，讓原先所謂的軍國主義者回到政界和財界，得以參加重建日本的行列。韋樂比和 G2 大權在握，轉而把公職追放令用於彈壓日本的共產黨和左傾團體。

　　美國的政策改變當然也影響到東京審判。1948 年 11 月，極東法庭宣布判處七名甲級戰犯死刑，並在一個月後全部絞死；另有十幾名遭判徒刑者被關在東京的巢鴨監獄中服刑。原本還有四十幾名所謂的「准甲級戰犯」，預備分批再審，極東法庭卻宣布審判已經全部結束，不再有其他的審判。第二天，這些人就被從巢鴨監獄放出來了，其中包括後來擔任日本首相的岸信介。巢鴨監獄裡的其他戰犯後來也大多被釋放出獄，重新回到政界和財界，漸漸又開始呼風喚雨。

「道奇路線」新經濟政策

美國對日本佔領政策的新口號是「復興重於改革」，更希望日本在復興經濟後能儘速重整軍備，以成為美國在遠東的戰略盟友。1949 年 2 月，美國陸軍部長羅耶爾（Kenneth Royall）和底特律銀行總裁道奇（Joseph Morrell Dodge）聯袂訪問日本，正是為了這兩個目的。

兩人尚未到訪，美國政府已經發出命令給麥克阿瑟，要求推動「穩定經濟九原則」，內容包括均衡預算、加強徵稅、穩定工資、加強物價及外匯管制、增加輸出、增加糧食供應等。道奇來到東京的身分是特使，負責推動上述的財經措施，不過最迫切的任務是解決戰後一直無法解決的黑市猖獗問題，並徹底控制通貨膨脹。

道奇到任之後，立刻否決吉田內閣在競選時曾經承諾要採取的寬鬆財經政策，例如減免稅捐、增加公共預算支出等。同時，道奇又逼迫日本政府解雇中央和地方多餘的公務員。道奇認為，若不這樣就無法救日本經濟，日本人民必須「忍耐再忍耐，過艱苦的生活」。不論日本政府官員怎麼反對，為民請命，甚至有多名內閣官員以辭職抗爭，道奇也堅決不肯讓步。

當時日圓的匯率沒有一定的標準，隨不同產品出口而有不同的匯率，並且是由美國隨意決定的。道奇一錘定音，規定美元兌日圓的匯率為 1：360。此一固定匯率對日本的出口貿易是一劑強心針，一直維持到 1971 年才改為變動匯率。

在「道奇路線」大刀闊斧的改革下，不但大批公務員失業，也有許多民間企業倒閉，或為了節省支出而裁員，員工因而失業。日本因此引發嚴重的勞資糾紛，但通貨膨脹卻也迅速得到控制。據說有一天報紙上報導有一個小偷闖空門，偷走現金，卻沒有偷走其他值錢的物品。道奇知道後非常開心。他認為，這表示通貨膨脹已經穩定，人民對貨幣有信心了。到了 1949 年下半年，黑市價格已經不再高騰，人民日常生活逐漸安穩，日本經濟振興的基礎因而確立。

國鐵三大事件

道奇改革期間，政府裁員最大的目標就是國有鐵道公社的員工。國鐵預備從 1949 年 6 月起分兩梯次裁撤十二萬人。說來可憐，國鐵當時六十幾萬員工中有很多是為了吸收戰後從海外返國的軍人而安插的。這些人即將被裁員，大為恐慌，於是開始罷工，進行激烈的抗爭。但國鐵在短短兩個月中卻連續三次發生奇怪的案件，分別稱為下山事件、三鷹事件和松川事件。

在下山事件中，國鐵總裁下山定則於失蹤一天後被發現陳屍於常磐線的鐵道上，明顯地被火車碾過。GHQ 斷定下山是遭到謀殺，但實際上究竟是自殺還是他殺，至今眾說紛紜，真相已經無法得知。三鷹事件是在國鐵的三鷹站發生，一輛無人的電車突然自動行駛，造成附近二十名居民傷亡。松川事件發生在國鐵東北本線的松川站，一輛列車突然脫軌翻覆，造成駕駛和助手三人死亡，許多乘客受傷。

日本警方調查後宣稱這三個案子都是共產黨陰謀發動的，並且逮捕了二十幾個嫌犯。但有人認為，背後其實是美國的陰謀，目的是要製造事件，藉機整肅共產黨。無論事實為何，日本媒體的報導和輿論的批評都把這三個事件指向共產黨，日本許多百姓對共產黨原本還抱持好感，至此迅速轉為惡劣。日本共產黨的命運也由此急轉直下。

日本共產黨的末路

日本共產黨的領導人德田球一曾經在獄中被關了十八年，戰後出獄，對群眾發表演講，提出日本共產黨的口號「糧食比憲法重要！」共產黨一下子博得許多飢餓的老百姓和媒體的支持。GHQ 當時正在積極進行自由改革，包括容許集會、結社、言論的自由，當然不加干涉。1946 年 1 月，一位在中國共產黨革命聖地延安居留多年，強烈反對日本侵略中國的野坂參三和毛澤東握別，返回日本，受到三萬人盛大歡迎。野坂提出一項新口號，「要成為人人所愛的共產黨！」一時又成為風潮。日本共產黨聲勢扶搖直上，野坂成為日本共產黨的第二號領導人。

如前所述，日本社會黨於 1947 年大選中擊敗執政黨而組閣。在社會黨

中有很多是親共分子，所以社會黨的勝利也是共產黨的勝利。在 1949 年又一次的大選中，吉田茂領導的民主自由黨雖然獲勝，共產黨也得到破紀錄的三十五個眾議院席次。不過這時中國共產黨已經在三大戰役中擊潰國民黨，正要揮軍渡過長江，並且明白表示建國後將一面倒向蘇聯。美國大失所望，對共產黨敵意大增。

國鐵事件發生後，日本共產黨仍然到處演講，進行活動，公然鼓吹革命。1950 年 5 月底，共產黨在美軍陣亡將士紀念日當天聚集二百多個左翼團體，約一萬五千人，在皇居前廣場發動群眾抗爭大會。麥克阿瑟大怒，決定要驅逐共產黨，發出指令免除德田球一、野坂參三等二十幾名共產黨人的公職。其他在學校、公營事業和私人企業裡的共產黨員也被驅逐，總共達到數萬人之多。有些人被約談，卻不敢到案，因而被通緝，從此不知去向；也有一部分人轉而從事地下活動。德田球一和野坂參三最後也都逃亡到中國。

正當 GHQ 開始在日本大肆鎮壓共產黨的時候，韓戰爆發了。北韓軍隊於 6 月 25 日跨過北緯三十八度線，入侵南韓。美國杜魯門總統立刻決定派美軍參戰，並以麥克阿瑟為統帥。韓戰是麥克阿瑟軍旅生涯中另一項重大的試煉；對日本來說，卻是一個巨大的機會。

第 3 章
韓戰始末

韓戰的起因，可說在波茨坦會議時就已經種下。美國和蘇聯並沒有問過哪一個韓國人的意見，就直接決定分別在南、北接受日本投降，因而導致後來的南、北分治。

回溯韓國的歷史，自從西元七世紀末新羅王朝滅掉高句麗和百濟，結束三國時代後，除了少數幾十年之外，朝鮮半島基本上只有一個統一的國家。不過在其間的一千多年裡韓國的外患不斷，從南、北兩個方向來，韓國人強烈的民族意識因而逐漸形成，特別是日本在韓國實施三十五年的殖民統治，對韓國人刺激更強烈。因而，波茨坦會議中的決定及後續發展，無論如何是絕大多數韓國人無法接受的。

日據時代的韓國海外獨立運動

由於日本殖民時期採用高壓和血腥的手段統治，許多韓國志士紛紛逃亡，在海外進行各種獨立運動。各路人馬原本是各行其是，後來於 1919 年共同協議在上海合併成立大韓民國臨時政府，主要人員有李承晚、金九、李始榮、金奎植等。

李承晚（1875-1965）出生現今北韓境內的黃海道，自稱是李氏朝鮮時

代的王族後裔。他很早就參加獨立運動，也曾赴美留學，獲得博士學位。大韓民國臨時政府成立時，李承晚被選為臨時大統領。不過他漸漸和本土派人士格格不入，後來只好離開上海，前往美國，長期擔任臨時政府駐美代表，實際上被排斥在權力圈之外。

金九（1876-1949）也出生在黃海道，祖先是安東金氏，在李氏朝鮮時代曾經是掌權的勢道家族，顯赫一時。安東金氏再往前追溯，是新羅時代的王族嫡系後裔。金九因而具有比一般人更強烈的民族意識，曾經在中日戰爭期間領導一個秘密組織，以暴力和暗殺的手段在中國進行抗日活動。金九指揮的韓國志士發動過兩次爆炸事件。其中一次在東京向日本天皇的車隊投擲炸彈，雖然沒有炸到天皇，內大臣卻受重傷。另一次是在上海日僑舉行慶典時投擲炸彈，結果日本上海派遣軍司令官被炸死，日本公使也受重傷。金九因而是日本政府頭痛的恐怖分子，卻是所有韓國人心目中的抗日英雄。中國的國民政府遷往重慶後，韓國臨時政府也跟著遷往重慶，並由金九擔任主席。國民政府協助金九組建一支韓裔的「光復軍」，參加對日抗戰。戰爭末期，光復軍號稱已有十萬人，預備伺機回到韓國對日作戰。

韓國也有很多愛國志士逃亡到中國東北及蘇聯，接受共產國際的資助和訓練，對日展開游擊戰，不過派系多而互不統屬。共產國際不滿各派系相互鬥爭，命令所有在滿洲的朝鮮共產主義者全部加入中國共產黨。1931年，有一位名叫金成柱的朝鮮青年也在滿洲加入中國共產黨，不久後改名為金日成。

金日成（1912-1994）出生於現今平壤市萬景台的一戶農家，七歲時跟著父親移居到滿州。他參加東北抗日聯軍，組織祖國光復會，屢立戰功。1937年，金日成率領所屬部隊越過邊境回國發起「普天堡戰役」，襲擊日軍，並成功地撤退。金日成的名聲從此響徹朝鮮，是廣大人民心目中的英雄，被蘇聯認定是未來的領袖之一。

戰後美、蘇分佔南北韓

　　如前所述，蘇聯於 1945 年 8 月 9 日對日宣戰後便出兵中國東北。同時，蘇聯也派一部分軍隊跨過鴨綠江，另有一部分從朝鮮東北部的元山港登陸，進佔平壤。美軍隨後由陸軍中將霍奇（John R. Hodge）率領七萬二千人從仁川登陸，抵達漢城。

　　蘇聯軍隊進駐北方後，海外的共產黨人紛紛歸國，與留在國內的地下黨人齊聚於平壤，共同組成北朝鮮共產黨；但其中成分複雜，有國內派、蘇聯派、上海派、延安派、滿州派等，並在暗中互相鬥爭。10 月 14 日，金日成在平壤市民大會上第一次出現於大眾面前，並發表演講。市民們爭先恐後地要來看金日成。根據以往的報導，眾人都以為金日成是五十多歲的老人，但出現在台上的卻是一位只有三十三歲的青年，因此許多人以為這個金日成是假冒的。這時金日成其實只是一名普通書記，上面還有一些資深元老，位階都比他高，如崔庸健、金策等，但這些人的名氣都遠遠不如金日成。此後兩個月內，金日成的地位迅速爬升，崔庸健等人反而漸漸屈居其下。

　　北朝鮮共產黨成立時，在平壤另有一個朝鮮民主黨也成立，黨員人數遠遠超過共產黨，達到十幾萬人。朝鮮民主黨的黨魁曹晚植從日據時代起就從事非暴力的民族獨立運動，屢次進出監獄，被稱為「朝鮮的甘地」，備受人民尊崇。蘇聯在佔領初期選擇與曹晚植合作，命令崔庸健、金日成協助他成立朝鮮民主黨，滲入其組織。

　　美軍佔領的南方這時黨派林立。左翼人士迫不及待準備建國，由呂運亨領導成立了「朝鮮人民共和國」；右翼的幾個黨派整併成「韓國民主黨」（簡稱「韓民黨」），以宋鎮禹、金性洙等為領導人，聲稱擁護在重慶的韓國臨時政府。共產黨人朴憲永也成立了「南朝鮮共產黨」。此外還有幾十個小黨。美國軍政府自認是唯一的合法政府，不承認朝鮮人民共和國，也不承認韓國臨時政府，但允許各政黨自由從事政治活動，因而一團混亂。等到李承晚和金九分別從美國和中國回來後，政局就更加紛亂了。

　　李承晚在滯留美國的期間和部分美國政界、軍界、媒體人士所建立的個人關係，在戰後開始發生作用。李承晚被美國緊急送到日本，與麥克阿瑟

會面後，又乘專機回到漢城。

　　金九卻沒有李承晚那樣幸運。日本突然投降，金九一方面固然欣喜，另一方面卻是悵然若失。在國民政府的支持之下，金九向美國請求，希望把一部分光復軍改編後，由美國安排運送回國，以協助美軍受降。美國卻拒絕了，並且規定所有流亡臨時政府的人員，包括金九和光復軍總司令李青天都只能以個人的名義回國。光復軍所有的準備計畫都是空忙一場，於是解體。

　　韓民黨內有人支持金九，也有人支持李承晚，相持不下。金九與李承晚原本就不和，後來芥蒂更深。金九在韓國民間雖然有很高的聲望，美國軍政府卻發現他反對外國干涉韓國，主張獨立建國，態度強硬，和美國的政策差距很大，因而對金九逐漸疏遠。

朝鮮五年信託統治案

　　1945 年 12 月，美、英、俄三國外長在莫斯科開會，會後發表「朝鮮五年信託統治方案」，決定將韓國交付美、英、俄、中四國託管五年。

　　金九立即召集南方所有的黨派集會，發起反託管運動，聲稱凡是主張託管者都是民族的叛徒，要求承認臨時政府是合法的政府。金九又發起罷市、罷工，掀起激烈的抗爭活動。美軍司令霍奇將軍對金九至為不滿，要求李承晚出面緩解反託管運動。不久後，一向支持金九的韓民黨領袖宋鎮禹突然遭暗殺而死。韓民黨裡支持李承晚的派系於是抬頭，金九的勢力反轉下降。朴憲永原先也參加金九發起的反託管運動，但在接到蘇聯的指示後突然轉彎，公開表示支持莫斯科外長會議的決定。南方的反託管行動從此逐漸冷卻下來。

　　在北方，曹晚植也強烈反對託管，雖經崔庸健和金日成勸說仍不願妥協。蘇聯軍部大怒，將曹晚植軟禁後又關入獄中。曹晚植在四年後不幸去世，但死因不明，有說是病死，也有說是遇害。

　　美、俄雖然達到託管的共識，對於接著要如何託管卻有不同的意見。雙

方談判破裂，於是各行其是。

動盪的局勢

　　1946 年 2 月，蘇聯在北方成立「北朝鮮臨時人民委員會」，以金日成為委員長。金日成發布命令，開始實施土地改革，沒收地主、富農的土地，分配給七十幾萬戶貧農、佃農耕種。8 月，史達林電召金日成和朴憲永到莫斯科，當面下達指示。兩人回國後不久就與其他同志共同改組共產黨，又吸收其他左翼黨派，分別成立「北朝鮮勞動黨」及「南朝鮮勞動黨」（以下稱為北勞黨及南勞黨）。北勞黨在北方一黨獨大，南勞黨在南方領導工人、農民進行抗爭運動。

　　美國在南方成立軍政府的諮議機構，稱為「南朝鮮民主議院」，以李承晚為議長，金九為副議長。金九主張南、北合作，經由過渡政府而建立統一的國家。李承晚卻認為南、北合組臨時政府不過是為共產黨鋪路，只有單獨在南方建立政府才能避免蘇聯統治整個朝鮮半島。對於土地改革的問題，南方各政黨爭執尤其劇烈。金九主張以適當的價格收購地主的土地，無償分配給農民。韓民黨內當權派主張「有償收購，有償分配。」一批思想激進的黨員不同意，憤而退黨。南朝鮮共產黨的主張和北朝鮮一樣，主張「無償沒收，無償分配。」

　　在紛擾之中，共產黨和左派人士開始發動示威遊行及罷工。美國軍政府立即派軍隊鎮壓。據統計，1946 年發生至少一百七十起罷工事件，有將近十二萬人被捕，四千多人喪生。朴憲永奉史達林的命令而組成南勞黨之後，更進一步擴大工農運動。

　　但在同一時間，南方也逐漸出現暴力的右翼組織，如「西北青年團」、「大同青年團」、「朝鮮民族青年團」等，以恐怖手段暗殺左翼政治人物，襲擊參加罷工的工人和農民。意識形態的歧異逐漸朝兩極發展，開始撕裂國家，使得社會動盪不安。

南、北分裂

美國和蘇聯在第一次談判破裂後，又於 1947 年 5 月進行第二次談判。這時美國的「杜魯門主義」已經揭起，「馬歇爾計畫」正要推動，冷戰即將展開，談判自然無法得到任何共識。美國於是把韓國問題提交聯合國討論，建議在朝鮮半島舉行全面選舉，等新政府產生後美、蘇的軍隊都必須撤離韓國。

蘇聯一向主張成立聯合政府，但是要經由談判，而不是經由選舉。從蘇聯看來，當時北方的人口大約是八百萬，而南方是一千六百萬，如果進行全面選舉對北方政權不利。

然而，聯合國安理會經過討論後，決定不顧蘇聯的反對而同意美國的建議。聯合國又派出一個臨時委員會到朝鮮半島進行調查，但蘇聯拒絕臨時委員會前往北朝鮮。聯合國於是根據臨時委員會的報告書，在 1948 年 2 月通過決議案，同意在南方單獨進行選舉。

金九大怒，在聯合國決議通過後立刻發表一篇〈告三千萬同胞書〉，堅決反對南朝鮮進行單獨選舉。金九並與金奎植等又共同致函金日成，建議南、北進行直接協商。金日成也在北方發動數百萬人的集會反對聯合國的決議，並提議舉辦一次南、北會議。

金九和金奎植無視於美國霍奇將軍和李承晚的反對，率領南方的政黨代表團抵達平壤，參加南、北聯席會議。會後雙方一致發表聲明，反對南方進行單獨選舉，反對成立單獨的南方政府。然而，美國和李承晚的政策已定，任何人反對也是無用。1948 年 5 月，南韓在美國坐鎮之下舉行大選，選出 198 名「制憲國會」的代表；又在 7 月通過憲法，然後選出李承晚為大統領。同年 9 月，北韓在蘇聯的主導之下選出金日成為國家主席。南、北韓於是正式分裂。

「濟州四、三事件」及「麗水、順天事件」

　　戰後韓國的人民普遍失業，南北都一樣；又由於農作物欠收，導致飢荒嚴重。美國軍政府接管後，任命的官吏和警察大多貪污腐敗，通貨膨脹的嚴重情形和日本沒什麼兩樣。種種情況，使得人民普遍不滿。左派領導的抗爭活動越來越激烈，而右派政客利用軍警和極端分子壓制左派，其所採取的暴力行為達到毫無人性的地步。在許多因抗爭而導致的悲劇中，最悲慘而具代表性的莫過於發生在濟州島的「四、三事件」。本章以下就以此為例詳述其經過。

　　濟州島是位於朝鮮半島南方外海的一個小島，距離陸地約八十五公里，島上居民大多是貧農和佃農。對他們來說，南勞黨主張無償分配土地的政策有極大的吸引力，所以大多起而響應，也有很多人直接入黨。在美國軍政府和右派分子看來，濟州島已經被赤化了。

　　1947年3月1日，南勞黨以紀念日據時代的「三一事件」抗暴運動為由，在各地發起抗爭活動。濟州島也有三萬人參加。不料警察對示威群眾開火，造成六人死亡，多人受傷，南勞黨於是又發動大罷工。美國軍政府認為事態嚴重，從外地派出大批警力，右翼團體如「西北青年會」等也加入，展開逮捕行動。一年之間，總共拘捕了二千五百人，並進行恐怖刑求，導致多起致死的事件，使得人民更加憤恨。南勞黨決定發動武裝起義，組織「人民自衛隊」。

　　1948年4月3日清晨，濟州島人民自衛隊約四百人突然攻擊警察局和政府機關，殺死數十名警察。美軍司令部斷然下令出動軍警鎮壓。李承晚在5月當選大統領之後，宣布戒嚴，並從外地增派大批軍警到濟州鎮壓叛亂，實質上是進行大屠殺。無論是被認定為叛亂分子，或是窩藏叛亂分子，或是叛亂分子的家人，一概格殺勿論，無分老少婦孺。有一部分村莊遭到滅村的厄運。

　　「濟州四、三事件」中究竟有多少人受害，許多歷史家紛紛提出不同的估算數字，不過一般認為，大約有六萬人慘遭殺害，佔濟州島當時人口的五分之一。濟州島的房屋約有七成遭到焚燬。

　　「濟州四、三事件」正在高潮時，也連帶爆發了「麗水、順天事件」。

10 月，駐守在全羅道麗水郡的國防警備隊接到命令，限期開往濟州島去鎮暴。但許多官兵同情濟州島民，並不認同政府的命令，左翼軍官於是率領二千人反叛，攻佔警察局和政府機關，殺害官員和右翼分子數十人。不久，鄰近的順天郡也落入叛軍手中。李承晚立刻調動大規模的政府軍前往鎮壓，在平亂後又繼續追捕叛軍和滋事分子。據統計，前後約有八千人被殺。

由於李承晚和後來歷任的韓國政府都把濟州島事件列為禁忌，人民也不敢公開談論。一直到 2000 年盧泰愚總統任內，韓國才特別立法，由政府著手調查真相。至今濟州島已經成為韓國著名的遊覽勝地，但遊客中有很多人並不知道這一段悲慘的歷史。

北韓南侵前的南韓局勢

在朝鮮半島南部發生的無數次的抗爭事件中，南勞黨無疑是扮演了關鍵的領導者、籌畫者及煽動者等多重角色，而蘇聯是其背後的指導者，並指示北勞黨提供一切支援。濟州四、三事件和麗水、順天事件之後，抗爭活動從和平示威轉為武裝起義。

1949 年 1 月，蘇聯決定把軍隊撤出北韓。金九趁機提出要求美軍也從南韓撤出，並再次主張南、北協商。南韓的國會議員及民眾熱烈響應，美國不得已也宣布將分期從南韓撤軍。6 月 26 日，金九突然在漢城自家住宅中遭到刺客槍殺。刺客安斗熙是現役的陸軍少尉，屬於右派極端分子，和李承晚脫不了關係。如此赤裸裸的政治謀殺，使得國內、外震驚。

南勞黨這時已經被宣布為非法組織，無法在南韓正常活動，因而與北勞黨合併，成為單一的朝鮮勞動黨，由金日成和朴憲永分別出任正、副委員長。兩人決定鼓動人民起義，組織「人民游擊隊」。政府軍的對策是實施焦土策略，焚燬大片農民的房屋，使游擊隊沒有資源可用。農民被集體遷入所謂的「戰略村」，不准隨意出入，如此達到截斷游擊隊與百姓之間聯繫的目標。政府軍接著圍剿人民游擊隊，使得游擊隊遭到重大挫敗，只能潛伏

地下，或退到北方止痛療傷。

　　採行焦土政策和「戰略村」以對付游擊隊的作法，在二次大戰後最早是由英國人在馬來亞對付馬共，後來美國也用來在菲律賓與政府軍一同對付「虎克黨」（Huks），又在越南對付越共。不過結果不一，在馬來亞及菲律賓有成效，在越南卻徹底失敗。

韓戰爆發

　　1949 年 10 月 1 日，毛澤東在北京紫禁城的城樓上宣布成立「中華人民共和國」的那一刻，對金日成是極大的刺激。金日成野心勃勃，無日不想統一朝鮮半島，又自認北韓的武力遠超過南韓，因而不斷地向史達林和毛澤東表達南侵的企圖，卻未獲兩人同意。史達林擔心北韓南侵將會拖蘇聯下水。毛澤東認為當務之急是跨海奪取台灣，消滅蔣介石勢力；北韓南侵可能引起美國干涉，連帶影響中共出兵攻打台灣的計畫。金日成無可奈何，只能焦急地等待，但在等待中終於看見一個機會。

　　1950 年 1 月，美國國務卿艾奇遜（Dean G. Acheson）突然在一場演講中宣稱「美國關心的是從菲律賓到沖繩、日本、阿留申群島的戰略防線，對其他地區沒有防禦的責任。」依照他的說法，台灣和朝鮮半島都在這條防線之外，也就是說都不在美國的防禦範圍之內。艾奇遜的聲明大出史達林意料之外，金日成也受到鼓舞。幾天後，金日成在平壤舉行的一次餐會中刻意拿著酒杯走到蘇聯駐北韓使節的面前，激動地說中國的革命事業已經完成，統一朝鮮卻不知要等到何年何月，要求前往莫斯科當面向史達林請求協助。兩個星期後，史達林說願意接見金日成。

　　根據史達林的另一項指示，北韓運送大批的黃金、白銀和礦石到蘇聯，用以購買價值一億四千萬盧布的大批武器彈藥，準備打仗。這些武器都經由海上運到北韓，據說是刻意保密，不告知毛澤東。3 月底，金日成和朴憲永聯袂前往莫斯科，向史達林說李承晚政權已經遭到全民唾棄，在南韓潛伏的游擊隊二十萬人等待起義，解放南方的時機已經來到；又說美國並

沒有不計代價捍衛南韓的決心。史達林雖然表示同意，卻要求兩人到北京去，看中國怎麼說。

5 月中，金日成和朴憲永又到北京。金日成自信滿滿地說只要中國同意他出兵，不需要什麼幫助。他認為美國不會出兵參戰，戰事應該很快就結束。但毛澤東警告說一旦北韓發動戰爭，美國必定會參戰，到時候中國將無可避免被拖下水。毛澤東心中顯然對此事十分不快，但史達林既然表態了，已經無從反對。

5 月底，南韓舉行第二次國會大選，結果執政黨慘敗，反對黨和無黨派竟得到超過七成的國會議員席次。人民對李承晚政權的厭惡十分明顯。金日成因而再一次認定時機已經到來，下令出動十個步兵師和大批坦克、砲兵部隊，在空軍掩護之下，於 5 月 25 日跨過北緯三十八度線大舉南侵。韓戰爆發。北韓軍勢如破竹，三天內便攻佔漢城。南韓軍隊一路敗退，到 7 月底已經退到半島東南一角，釜山外圍的洛東江一帶，岌岌可危。

美國參戰

北韓南侵的消息震驚了全世界。美國總統杜魯門獲悉後，毫不猶豫地立即下令出動海、空軍，又命令第七艦隊進入台灣海峽，以防備中共渡海攻擊台灣，同時阻止蔣介石挑釁中共。7 月初，美國陸軍中將沃克（Walton H. Walker）也率領第八集團軍，從半島南端登陸。

同時，聯合國安理會也通過決議譴責北韓的侵略行為，建議各國派出部隊，並設立聯合司令部，統一指揮。杜魯門提名由麥克阿瑟擔任聯軍統帥。除了美國之外，英國、法國、加拿大、澳洲等十幾個國家也都派出少數軍隊參戰；蔣介石也要求派兵參戰，卻被拒絕了。

9 月中，麥克阿瑟下令出動軍艦和數百架飛機，掩護聯軍四萬多人在仁川登陸。十天後，聯軍攻克漢城。北韓在洛東江集結了十三萬大軍，與堅守的美軍及南韓部隊僵持了兩個月，已如強弩之末，後路又突然被斬斷，於是崩潰，數萬人被俘。麥克阿瑟下令聯軍繼續北上，於 10 月初越過了三

十八度線，打到北韓境內。

　　戰情急轉直下，金日成驚惶失措，緊急向史達林和毛澤東求救。但史達林回覆說北韓只能向中國求助，同時發電報給毛澤東，要求中國派軍隊到朝鮮，金日成也火速派特使到北京。

毛澤東決定派志願軍參戰

　　毛澤東擔憂的事終於來了，究竟是要派兵救北韓，還是袖手旁觀？現代的學者研究蘇聯和中國已經解密的檔案，特別是史達林和毛澤東之間的電報往來，大致歸納當時談判和決策的情況如下。

　　10 月 2 日，毛澤東召集政治局常委開會討論，並在會前擬好一份電報給史達林，電報中同意以志願軍的名義出兵。不料大部分與會的人都反對，主張不可貿然與美國為敵。毛澤東只好收起第一份電報，另外擬第二份電報，委婉地對史達林表示暫時不能出兵。史達林收到電報後至為不滿，再次要求中國出兵，說蘇聯是中國的後盾，中國不用懼怕美國，否則將來不會有機會解放台灣。

　　10 月 5 日，毛澤東又召開一次政治局的擴大會議，出席的人大多仍是建議不要出兵。會議進行同時，周恩來奉命飛往黑海，到史達林的別墅裡直接和他會談。當時林彪正在蘇聯養病，所以也參加。周恩來直接表明中國內部大多反對，所以還是不出兵為宜。林彪也說北韓可能必須準備在支撐不住後到北方森林裡長期打游擊戰。史達林大失所望。周恩來收拾行李飛往莫斯科，預備轉機回國，沒想到在莫斯科接到北京來的電報，說政治局已經通過決議，要出兵朝鮮了。

　　原來毛澤東已經決定要不顧一切出兵到北韓，又為了要獲取支持，派專機連夜把彭德懷從西安接到北京。彭德懷是軍中備受尊敬的元老，參加會議時直接發言表示支持出兵，東北的高崗和其他將領也表示支持。毛澤東直接地說，不能眼看鄰國滅亡而見死不救。與會眾人知道已經無法阻擋，只得同意。10 月 8 日，毛澤東正式發布彭德懷為「抗美援朝志願軍」總司

令。

　　周恩來於是留下來和蘇聯討論軍火供應的相關問題。史達林同意提供中國需要的大砲、坦克和全新的武器、裝備，也提供鴨綠江以北地區的空中掩護，但鴨綠江以南的地區所需的空防必須等兩、三個月準備才能提供。這和先前史達林的承諾已有出入，使得毛澤東極為不滿。彭德懷也知道過了鴨綠江之後，中國軍隊極可能完全暴露在美軍的空中攻擊之下，無法還手，但也只能冒險踏上征途。

　　毛澤東為什麼在關鍵的時刻選擇出兵朝鮮呢？

　　一種說法是如史達林所說，唇亡齒寒。北韓如果滅亡，下一個可能就輪到中國。不過還有一種說法，毛澤東建國之後，新中國百廢待舉，需要蘇聯援助，卻怕史達林認定他是「狄托第二」，所以只得出兵朝鮮，以取信於史達林。

狄托事件

　　說到這裡，本書必須先簡單敘述一下史達林和南斯拉夫的狄托之間衝突的經過，因為這是共產世界的一件大事，影響深遠。

　　二次大戰後，南斯拉夫雖然和東歐各國一樣都被關入鐵幕，但有一個很大的不同點。南斯拉夫主要是靠自己的力量奪取政權的，所以對蘇聯依附的程度比較小。南斯拉夫的領袖狄托（Josip Broz Tito）與鄰國義大利為了的里雅斯德（Trieste，是一個深水港，在義大利東北角）的歸屬問題而爭執不下，又在希臘策動游擊戰，卻沒有得到史達林的支持，因而對史達林出言不遜。史達林大怒。南斯拉夫希望加入馬歇爾計畫，卻被史達林否決，狄托更加失望。

　　南斯拉夫與鄰國保加利亞、阿爾及利亞等交好，史達林卻不願看見南斯拉夫在共產陣營裡以老二自居，時時防範他們過於親近。但狄托我行我素，取得阿爾及利亞同意提供基地，讓南斯拉夫派兵駐紮，事先根本不和蘇聯商量。史達林震怒。狄托派副手去向史達林解釋，但拒絕道歉。蘇聯

揚言制裁，狄托卻下令停止提供本國的情報資料給蘇聯，公然挑釁老大哥。

　　史達林再也無法忍耐，於 1948 年 3 月下令從南斯拉夫撤回所有支援的專家和軍事顧問團，聲言與南斯拉夫決裂，並對之採取經濟封鎖。史達林嚴厲批判狄托：「背叛馬列主義，採行民族主義的道路。」美國趁機對南斯拉夫提供經濟援助，狄托欣然接受，不過仍奉行共產主義，並沒有加入西方陣營。狄托知道，南斯拉夫保持共產體制是最後一道的紅線，不能踩過去，否則蘇聯必將出兵入侵。

毛澤東和史達林的關係

　　毛澤東很清楚，史達林對他恐怕比對狄托還要不信任。自從中共建黨以來，毛澤東和蘇聯支持的共產國際派向來格格不入。中共在長征途中舉行「遵義會議」，逼總書記博古下台，蘇聯只是被告知。毛澤東後來成為中共最高的領導人，也不是史達林欽定的。國共內戰初期，史達林並不相信中共有能力推翻國民黨，所以刻意和中共保持距離，沒想到毛澤東最後卻打垮了蔣介石。但史達林懷疑毛澤東和狄托一樣，不是真正的馬列主義者，又懷疑美國在背後拉攏中共。

　　1949 年 12 月，毛澤東乘坐長途火車到達莫斯科，第一次見到史達林。在此之前，毛澤東是中共領導階層當中唯一不曾到過莫斯科的人。他雖然頂著無產階級革命成功的耀眼光環而來，卻懷著忐忑不安的心情。不料史達林對毛澤東非常冷淡，除了第一天和毛澤東見面說一些話，又在自己的七十大壽慶典時請毛澤東坐在身旁，此外並沒有特別安排和他見面、討論。

　　毛澤東到莫斯科的主要目的是想修改國民政府在 1945 年和蘇聯簽訂的《中蘇友好同盟條約》，取消裡面的不平等條款，並尋求蘇聯對新中國的援助。但史達林對毛澤東不理不睬，把他安置在郊外的一棟別墅裡，每天無事可做。毛澤東惱怒至極，對蘇聯官員發飆，說他被叫來莫斯科，難道只是為了天天「吃飯、睡覺、拉屎」三件事嗎？在此期間，蘇聯的新聞媒體對毛澤東來訪沒有什麼報導，西方媒體卻唯恐天下不亂，發布新聞說毛澤

東被軟禁了。

　　史達林得到報告後，吃了一驚，開始改變對毛澤東的態度，指示《真理報》專訪毛澤東，讓莫洛托夫提議乾脆廢棄和中國的舊約，另訂新約，並且對新中國提供三億美元的貸款。1950 年 1 月，周恩來奉令率領代表團抵達莫斯科，和蘇聯正式展開談判。毛澤東在莫斯科前後有一個多月時間，說來真正是難熬。

抗美援朝

　　1950 年 9 月下旬，也就是北韓和聯合國軍隊正在激戰當中，毛澤東經常徹夜難眠，一個人坐到天亮，手拿著煙一根接一根，眼睛盯著牆上的中國和朝鮮地圖，心中不斷地為出兵還是不出兵而掙扎。

　　蘇聯雖然和中國簽訂了新條約，仍然沒有採取什麼具體的行動支援新中國。史達林和金日成密謀發動戰爭，但是到最後才知會毛澤東，並要求中共參戰，逼中共與美國在戰場上相見，其圖謀再明確不過了。但中國可以不出兵嗎？違抗史達林的旨意將會對新中國帶來怎樣的後果？毛澤東無法想像，最後還是決定「抗美援朝」。

　　事實上，中國在麥克阿瑟出任聯合國軍統帥後，已經迅速地在東北布置了五十萬大軍。聯合國軍登陸仁川後，中國總理周恩來宣布中國將堅決地和北韓站在一起，並且警告美國說絕不會坐視美軍越過三十八度線。但麥克阿瑟認為周恩來的警告不過是虛聲恫嚇。

　　10 月中，麥克阿瑟飛到威克島（Wake Island）與杜魯門總統會面，當面告訴杜魯門不用擔心中國人會出兵，又說朝鮮半島的戰爭即將結束，聯軍在感恩節（11 月的第四個星期四）之前可以回家。

志願軍挺進南方

　　聯合國軍在麥克阿瑟的指揮之下，不但越過三十八度線，又一路繼續北

上。10 月 18 日黃昏，志願軍開始悄悄地跨過鴨綠江。兩天後，聯合國軍攻佔平壤，越來越接近中國的邊界。到了 11 月，志願軍已有三十萬人，聯合國軍卻毫無警覺而繼續北上，正好踏入中國志願軍與北韓軍隊（以下合稱「中朝聯軍」）設下的陷阱。聯合國軍在西線的清川江和東線的長津湖分別中伏，大敗，一路往南逃，潰不成軍。第八集團軍司令沃克將軍在撤退的途中意外身亡。麥克阿瑟提名由李奇威將軍（Matthew Bunker Ridgway）接任，杜魯門立刻同意。

中朝聯軍雖然得勝，卻因為空中幾乎沒有任何掩護而遭到美軍飛機轟炸，也有將近三萬人陣亡。12 月初，中朝聯軍攻佔平壤。彭德懷身經百戰而小心謹慎，原本希望停留在三十八度線以北，等蘇聯空中支援接上後再行南下。史達林和金日成卻透過毛澤東催促他繼續追趕敵人，彭德懷只好命令大軍繼續挺進。

李奇威也是身經百戰的名將，受命三天後就到了朝鮮戰場，立刻下令放棄漢城。等中朝聯軍渡過漢江後，李奇威又下令炸毀漢江大橋，以阻止敵軍繼續增援，並截斷其補給線。1951 年 2 月，兩軍沿著北緯三十七度線在原州、砥平里等地展開決戰。中朝聯軍再一次暴露在聯合國軍飛機、大砲的猛烈攻擊下，傷亡更是慘重。

彭德懷終於無法忍耐，緊急搭乘專機回到北京，在清晨驅車到毛澤東的住處，不顧衛兵的阻攔，直接闖入臥室叫醒酣睡中的毛澤東，請求撤回三十八度線以北。毛澤東只好同意。韓戰由此轉折，從攻城掠地的運動戰轉為持久的陣地戰。

杜魯門撤換麥克阿瑟

杜魯門從一開始出兵到朝鮮半島起就打定主意只打有限度的戰爭，深怕背後的蘇聯參戰而引發第三次大戰。韓戰前一年，蘇聯在哈薩克成功試爆了原子彈，比美國在廣島投下原子彈只晚了四年，所以杜魯門更怕美、蘇之間從傳統戰爭演變成為互投原子彈。

史達林也不想引發第三次世界大戰，所以小心翼翼地避免和美國發生正面衝突。後來蘇聯派空軍到朝鮮半島北部參戰，但要求飛機都漆上中國空軍的標誌，飛行員都穿中國空軍制服，並避免出聲交談，深怕被截聽而知道蘇聯參戰。美國其實也很快就知道蘇聯空軍參戰了，但軍方高層下令飛行員不准揭穿，假裝不知道。

然而，麥克阿瑟的想法卻和杜魯門背道而馳。麥克阿瑟曾經多次建議要大規模轟炸中國東北，動用原子彈轟炸中國的大城市，又建議邀請蔣介石的軍隊參戰，而這些正是杜魯門極力想要避免的。杜魯門下令官員未經許可不得隨意發表任何有關朝鮮問題的評論，麥克阿瑟卻繼續口無遮攔，又肆無忌憚地批評中國，措辭強烈而無禮。麥克阿瑟甚至寫信給一位國會議員，表示不明白為什麼不許蔣介石的部隊參戰，這位議員收信後隨即在眾議院公開宣讀。

麥克阿瑟給人的印象一直是高高在上，囂張跋扈，連總統也不看在眼裡。杜魯門忍耐了六年，至此已經無法再忍耐。1951 年 4 月，杜魯門在徵詢軍中元老馬歇爾和布萊德雷將軍（Omar Nelson Bradley）之後，宣布解除麥克阿瑟的職務，由李奇威繼任。

麥克阿瑟「老兵不死」演說及聽證會

麥克阿瑟被撤職的消息傳出後，美國輿論譁然。麥克阿瑟離開東京，準備前往機場搭機回國時，二十五萬日本人夾道相送。許多人揮舞著美、日兩國的國旗，淚流滿面。麥克阿瑟途經夏威夷、舊金山時，歡迎的場面更是盛大。麥克阿瑟到了紐約，據說有上百萬人走上街頭，向他致意，並藉此向杜魯門表示不滿。

參、眾兩院安排麥克阿瑟在聯席會議中發表演說，七十一歲高齡的麥克阿瑟直接攻擊政府不接受他的建議，不准他下令轟炸中國東北，不讓蔣介石的六十萬大軍參戰，不想求勝。他自稱是「老兵不死，只是逐漸凋零。」麥克阿瑟的演講既震撼又感傷，使得許多民眾越加同情他，認為杜魯門是

一個懦弱無能、可惡至極的總統。

　　但麥克阿瑟的說法並非無懈可擊。美國的媒體在後來逐漸深入報導，社會大眾對整個事件的印象漸漸轉變。1951 年 5 月，美國參議院舉行聽證會，邀請麥克阿瑟和相關人士前來作證，等於是杜魯門和麥克阿瑟之間恩怨的大對決。馬歇爾和布萊德雷也受邀來作證。

　　馬歇爾為杜魯門辯護，說麥克阿瑟堅稱擴大與中國的戰爭絕對不會導致和蘇聯大戰，是一個非常危險而毫無根據的假設。當初麥克阿瑟不是也信誓旦旦，說聯合國軍即使越過三十八度線中國也不可能出兵嗎？中國出兵的速度卻超乎任何人的想像。麥克阿瑟堅稱蔣介石的軍隊可以和中共的軍隊對敵。布萊德雷反駁說，正是蔣介石的軍隊丟掉了大陸，棄甲丟盔逃到台灣。布萊德雷又說，假如依照麥克阿瑟的計畫實行，擴大戰爭，美國就會被迫「在錯誤的時間，錯誤的地點，和錯誤的敵人打一場錯誤的戰爭。」麥克阿瑟在聽證會上幾乎無法招架，頭頂上的光環很快就失色了。

板門店《朝鮮停戰協定》

　　1952 年，美國舉行大選。杜魯門身心俱疲，宣布放棄競選連任，民主黨也因為韓戰不知何年何月才能結束而失去民心。二次大戰的另一位英雄人物艾森豪將軍（Dwight D. Eisenhower, 1890-1969）於是趁機而起，代表共和黨參選，當選為美國總統。

　　艾森豪在競選期間明白表示，選後將盡快結束韓戰。實際上，雙方的代表早在麥克阿瑟離開戰場不久後就坐上了談判桌。和談是在距離漢城北方六十公里的一個小村落板門店舉行。不過雙方一邊談，一邊持續惡戰，規模並未減小。上甘嶺之役是其中具代表性的戰役，也是最後的一場大戰役，估計雙方死傷都在兩萬人左右。

　　1953 年 3 月，蘇聯總書記史達林病逝，享年七十五歲。史達林可說是一手推動韓戰，並且逼使中國跳入火坑，史達林之死意味戰爭即將結束，也意味發戰爭財的機會已經沒有了，紐約和東京的股市大跌。到了 7 月，

北韓、中國、聯合國軍三方終於在板門店簽署了《朝鮮停戰協定》，同意南、北韓仍以北緯三十八度線為界，分開統治，等於是回到了戰爭前的原點。

韓戰的回顧

韓戰總共打了三年又一個月，是二次世界大戰以來規模最大的一場戰爭，涉及二十幾個國家。各國在戰後都公布了韓戰的規模和死傷的統計，但數字不一，出入很大。不過大致來說，美軍前後參戰的人數接近一百萬人，南韓兩百萬人，其他聯合國軍的十幾個參戰國加總人數也超過十萬人。中國人民志願軍前後約有兩百萬人參戰，北韓軍的人數也相當。至於死亡或失蹤的人數，據估計，美軍約為十五萬人，南韓超過一百萬人，其他聯合國軍不超過兩萬人。中國人民志願軍的傷亡人數大約為四十萬人，北韓軍民達到將近一百萬人。

韓戰中受害最大的當然是南、北韓，除了大量的死傷之外，遭到經濟、社會的損失更是無法估計。戰爭使得南韓國家喪亂，孤兒寡婦數以百萬計，另有幾百萬失業的人口流落街頭，都在掙扎求生存。北韓的情況也一樣。

至於戰費，據估計美國竟花掉超過美金兩百五十億元，比美國推動馬歇爾計畫復興歐洲的花費還要多一倍。中共花掉的戰費雖然比美國少很多，據估計也有二十億美元。由於才剛結束國共內戰，中共可說是財政空虛，一無所有，所以這筆錢等於是一個天文數字。中共原以為韓戰是中共出人，蘇聯出錢，不料史達林卻要求蘇聯和中共各自負擔一半軍費。毛澤東大失所望，心中憤怒到達極點。因而，從「抗美援朝」的第一天起中共就逐日逐月累積龐大的債務，而根本無力支付，只能向蘇聯貸款，在以後逐年償還。中共和蘇聯之間日後反目相向，就此埋下一個遠因。

第 4 章
日本復興

　　韓戰爆發後，最大的受益者無疑是日本。如前所述，冷戰開始後，美國決定對共產集團進行圍堵，因而對日本的佔領政策大轉彎，希望協助日本快速復興經濟，並且重整軍備，以成為美國在遠東的戰略盟友。中國出兵抗美援朝，使得美國對中共僅存的一絲幻想完全破滅，更加堅定要扶植日本的決心。

韓戰帶來的「特需景氣」

　　道奇在整頓日本經濟的過程中採行緊縮政策，雖然解決了通貨膨脹的問題，但無數的企業倒閉或大量裁員，導致失業嚴重。這時唯一能夠解決此一危機的辦法只有迅速地打開外銷市場。韓戰爆發，正好提供了一個「特需景氣」，一下子解決了所有的問題。

　　韓戰開始後，聯軍統帥麥克阿瑟仍然在東京的辦公室裡遙控指揮，並帶領了一個龐大的幕僚團進行後勤補給作業。日本各種工業的規模和水平都居亞洲之冠，又有地利之便，因而聯軍所需的戰爭物資和服務幾乎都在日本就地取材。據統計，1950 年韓戰爆發後，盟軍發出給日本的「特需訂單」金額超過美金十六億。至於採購的品目，原先只有食品、紡織品、機

動車輛、鋼鐵、砲彈、通信器材等，後來又增加了飛機、船艦和各種大型武器。

此外，聯軍幾乎佔用日本 80-90％的機場和海港設施，用以運輸補給；機場不足，便協助日本擴建了二十個機場；港口設備不足，又如火如荼地擴建。其他道路、橋樑等也就不用贅述了。總之，韓戰對日本是一場甘霖；開打後的第二年，日本的國民生產總值（GNP）就已經回復到戰前的水準。

財閥復活

拜韓戰之賜，日本大財閥如三井、三菱、住友、丸紅等也在國家復興的過程中復活了。舉三菱為例，原本在 GHQ 進駐日本後已經被分拆為一百三十九社，但隨著美國佔領政策的改變，又經由集團的銀行體系三菱銀行主導，逐漸重新兼併原先旗下的會社。韓戰促使三菱集團更加速整合，到了 1954 年，有四家重量級的三菱會社合併成為「三菱商事」，成為集團的龍頭。同樣地，「三井物產」也成為三井集團的龍頭。三菱、三井於是回復成為日本企業界的巨無霸。

在原先日本四大財閥中，只有安田財閥無法再起。推究其原因，最主要是在 1945 年 GHQ 要求財閥自行解體時，安田的本社「安田保善社」認為 GHQ 的政策既定，無可轉圜，所以並未奮力抵抗就宣布自行解體的方案。

對照安田的順服，三菱當時已經病重的社長岩崎小彌太（創辦人岩崎彌太郎的姪兒）卻仍然固執地抵抗，說道：「如果日本政府命令三菱解體，我不得已只能聽從；但如果是佔領軍總司令部命令解體，我絕對拒絕。」小彌不久病死，但死後不過數年，他的意志力化為集團再起時的一股強大推動力量。

日本戰債的賠償問題

　　日本投降後，各國紛紛要求日本賠償損失。中國是其中最大的受害者，別的不說，單單死亡人數就超過兩千萬，但蔣介石早已說過要寬大為懷，不念舊惡。中共大怒，聲稱蔣介石沒有資格代表人民說話。南韓、北韓和菲律賓、越南、印尼、馬來亞等，也都要求賠償。然而，日本戰敗後國家殘破，並且飢荒及失業嚴重，哪來的錢賠償？

　　當時有一個怪現象。蘇聯總共只參戰六天，並不曾遭受什麼損失，卻在出兵後便從滿州拆除了包括鋼鐵廠、機械廠、化學工廠、發電廠等整廠的設備，全部運回蘇聯，據估計價值超過美金二十億元。不過蘇聯宣稱這些只是戰利品，另外還要再向日本要求賠償戰費。

　　從日本投降起，美國為了協調日本的戰債賠償問題，前後指派了三個調查團，發表了三次調查報告。第一次報告主張採用類似蘇聯拆遷滿州工業設備的辦法，建議讓日本只保留少數必要的鋼鐵、鐵路、發電廠及部分軍事設施，其餘全部拆除，以賠償各國。第二次報告也採用同樣的原則，只是建議讓日本可以保留更多設備。第三次報告卻完全改變，主張拆遷設備減至最低，改採供給日本原料，使其生產各國所需的物品，作為賠償。

　　美國的建議對日本越來越友善，引起許多戰勝國抗議。但美國之所以改變政策，背後有一個非常實際而重要的原因。當初蘇聯不僅在滿州拆遷工廠，在德國境內也同樣把許多工廠連根拔起；但蘇聯根本沒有足夠的財力和技術能力可以重建這些工廠，所以大多數的設備和零件都棄置在蘇聯及其佔領區內的鐵路兩旁，成為廢鐵。蘇聯最後只得停止拆遷尚未被拆除的工廠，允許在佔領區內的工廠照常運作，而取走部分的產品，當作賠償戰債。

　　美國當然不願看到同樣的錯誤繼續在日本發生。更重要的是，美國對日本的佔領政策在後期發生了大轉變，已如前述。總之，美國是要把日本打造成為在遠東圍堵共產主義的一座堅強堡壘，拆遷日本的工廠和軍事設施因而與美國的基本政策完全抵觸。美國後來乾脆命令麥克阿瑟不准為賠償而拆除任何設備。日本自從戰敗後，全國有數千家工廠被列入拆除的名單中，日夜擔憂，至此鬆一口氣。

　　這時美國已經感受到，美軍佔領日本的時間越久，日本人民對美國的敵意就越深。美國如果真正想要日本人願意併肩一起反共，就必須讓日本早日脫離美軍的佔領，成為一個獨立的國家，並與各國簽訂和約，建立正常的外交關係。

　　那麼戰債賠償問題要如何解決？回顧第一次世界大戰結束後，英、法等戰勝國對戰敗的德國予取予求，在《凡爾賽和約》（Treaty of Versailles）中訂下嚴苛的條款，以致於德國人民不但無法負荷，心中又深覺屈辱，納粹政權（Nazi）遂藉機而起。有許多政治家和歷史學家認為這是釀成第二次世界大戰的一個遠因，也是必須記取的教訓。美國因而公開表示希望各國盡量寬大，不使日本背負過重的負擔。

美、日談判

　　1950 年 4 月，杜魯門任命杜勒斯（John F. Dulles）為國務院顧問，專門負責處理遠東事務和對日和約之事。有關《舊金山和約》（Peace Treaty of San Francisco）的談判從此展開。

　　杜勒斯受命後，於 6 月到達東京，與吉田茂先行交換意見。杜勒斯明白要求日本盡快重整軍備，加入反共的行列。吉田茂卻認為現代化的軍備需要龐大的資金，日本如果過早武裝軍備，那麼經濟必然發展緩慢，無法達到美國希望日本復興的初衷。同時，美國在 1946 年強逼日本通過新憲法，其中第九條明文規定日本必須「永久放棄戰爭」，連自衛的權利也沒有。因而，日本如果同意重整軍備就必須修憲，而修憲必定遭到國會和人民的反對。

　　杜勒斯到日本之後沒幾天，韓戰爆發了。麥克阿瑟為了要將部分駐日美軍投入朝鮮戰場，直接下令日本政府成立七萬五千人的警察預備隊和八千人的海上保安隊，以替補撤出的美軍。雖然在名稱上並不是軍隊，日本實際上已經踏出重整軍備的第一步。

　　韓戰也使得日本與各國之間訂定和約的問題越來越迫切。1951 年初，

杜勒斯再度到東京。吉田茂當然樂意藉美國的影響力與各國簽訂有利於日本的和約，但仍拒絕重整軍備。杜勒斯極端不滿，請吉田茂一同前去拜會麥克阿瑟。不料麥克阿瑟竟替吉田茂幫腔，說美國要求於日本的，不應該是建立軍事力量，而是善用其經濟力及製造軍需品的能力；又說日本既已制訂和平憲法，不可能再重建無限制的軍事力量。美國白宮、國務院和國防部官員都認為麥克阿瑟說話「愚蠢」，憤怒至極。兩個月後，杜魯門便將麥克阿瑟撤職。

《舊金山和約》、〈吉田書簡〉及《美日安保條約》

　　1951 年 9 月，全世界五十二國在舊金山集會，其中四十八國在會後與日本共同簽訂了《舊金山和約》。合約中第一條聲明，各國和日本之間的戰爭狀態從和約生效之日起終止。

　　蘇聯原本就認為美國主導和約締結是不懷好意，在會議中數度提議又遭到否決，憤而拒絕簽字。蘇聯的代表格羅米科（Andrei Gromyko）甚至激動地說，《舊金山和約》是在「為下一次戰爭而作準備」。蘇聯的附庸國波蘭、捷克當然也拒絕簽字。澳洲代表卻發言說蘇聯只和日本交戰幾天就從滿州、朝鮮搜刮了無數的日本資產，根本沒有權利談如何簽訂對日和約，各國代表團一致喝采。

　　舊金山會議時，國民黨政權早已敗退到台灣，以英國為首的部分國家選擇承認中共，反對蔣介石派人參加舊金山和會。另一方面，美國不承認中共，又正在朝鮮半島和中共打仗，所以不讓中共參加舊金山和會，希望日本和台灣簽訂和約。然而，吉田茂雖然願意和台灣建立友好關係，並不希望和北京政權疏遠。吉田茂後來在他所寫的回憶錄《回想十年》裡解釋他當時的想法：「我認為中共政權現在雖然和蘇聯好像很好，但中國人在本質上跟俄國人是冰炭不容的；中、蘇兩國終究勢不兩立。因而，我不希望把日本和中共政權的關係弄得太惡劣。」

　　實際上，美國當時和中共才是真正的冰炭不容，所以杜勒斯直接對吉田

茂提出警告，說除非日本保證和台灣的國民政府簽訂和約，承認台灣，美國國會就不可能批准美、日和約。吉田茂因而被迫寫了一封信給杜勒斯，保證與國民政府締結條約，這就是所謂的〈吉田書簡〉。據說杜勒斯不放心，所以親自草擬這封信的內容，請吉田茂照抄，並希望他不要擅自修改。

　　《舊金山和約》簽訂同時，日本和美國也單獨簽訂了《日美安保條約》；其中日本表示為了阻止外來武力的攻擊，同意提供基地給美軍駐守，美國也同意負責日本的安全。安保條約簽訂後，美軍從「佔領軍」變成了「駐紮軍」，又引發了日本的領土和主權的新問題。例如，沖繩有大批美軍駐紮，由美軍自行管理，日本卻宣稱主權還是在日本。在後來數十年中，美、日政府為此不斷地發生爭執，日本民間也不斷地激烈抗爭。

日本戰債賠償問題的最後解決

　　日本戰債賠償的問題其實在舊金山和會中並沒有獲得解決。美國原本希望各國都和美國一樣，放棄對日本求償，然而由於東南亞國家強烈反對，只好在和約中規定日本有賠償的義務和責任，但細節留待日後和各國逐一單獨討論，分別解決。不過和約在時間上沒有硬性規定，也沒有嚴格統一的條款，因而日本在後來分別與亞洲各國談判時便佔了極有利的條件。對美國來說，和約既已簽訂，日本將來要如何賠償就與美國無關了。

　　1952 年 4 月，日本與台灣政府單獨簽訂《日華平和條約》（台灣稱為《中日和平條約》）。蔣介石早在戰爭結束時就決定要「以德報怨」，又為了要爭取日本支持其在聯合國的代表權，宣布放棄對日本求償。但中共聲明不承認日本和台灣簽訂的條約，更不同意對日本放棄求償權。

　　1954 年到 1959 年之間，緬甸、菲律賓、越南都和日本簽定了賠償協定，分別獲得數千萬到數億美元的賠償，不過並不是現金，而是提供商品或服務，分五到十年支付。寮國和高棉也分別和日本簽定經濟技術合作協定，獲得無償援助。至於韓國、馬來西亞、新加坡等，獲得賠償及貸款的時間就更晚了。

　　總之，由於美國的袒護，日本是在戰爭結束十年後才開始賠償鄰國因遭受其侵略而蒙受的損失。日本賠償的金額加總，最多不過是二十六億美元。相對來說，在日本賠償鄰國之前，美國給日本的援助金額早已遠遠超過這個數字。

吉田下台

　　舊金山和會結束後，吉田茂返抵國門，數十萬人手持國旗夾道迎接，齊呼萬歲。吉田首相的聲望達到了頂點，但也由此盛極而衰。

　　日本與美國簽訂的兩項條約中的部分條款，例如美軍繼續佔領的沖繩、小笠原群島和一些租借基地的主權問題，以及重整軍備問題，其實都有極大的爭議性。不僅國內有許多人民反對，在國會中遭到反對黨議員砲轟，即便是在執政黨內也有許多不同的意見。不過對吉田茂而言，最大的威脅莫過於鳩山一郎又重返政壇。

　　如第2章所述，吉田茂之所以能夠擔任自由黨黨魁兼首相，是因為當年領導自由黨在大選中獲勝的鳩山一郎遭到麥克阿瑟指名追放公職。鳩山要求吉田出面執掌政權時，吉田也同意一旦鳩山的追放令獲得解除便立即歸還政權。1951年8月，也就是舊金山和會的前夕，GHQ頒布最後一批解除公職追放令的名單，鳩山一郎的名字也在其中。不過鳩山一郎卻在此前不久因腦溢血而倒下，必須靜養，只好讓吉田暫時繼續掌握政權。

　　不過鳩山等了很久，吉田卻似乎一點也沒有要交還政權的意思。鳩山周圍的人漸漸失去了耐性，兩個陣營於是開始互相叫陣。1952年10月，日本舉行大選，自由黨在眾議院獲得240個席次，雖然超過總席次的一半，卻比原先285席少了45席，可說是大敗。究其原因，是因為吉田和鳩山兩派嚴重對立，推出超額的候選人，分散了力量。大選之後，鳩山決定組成「反吉田」勢力，要把吉田拉下馬來。

　　1954年初，日本爆發一件「造船疑獄」案，牽涉到政商勾結，黑金舞弊。自由黨內要員多人被傳訊，接受調查。檢察官要求逮捕涉嫌受賄的幹

事長佐藤榮作，不料吉田首相竟要求法務大臣犬養健下令延緩逮捕佐藤。該案因而不了了之，自由黨的形象卻嚴重受損。一部分反吉田勢力無法忍受，計畫另組新黨，吉田茂卻下令將其中的核心人物岸信介和石橋湛山都開除黨籍。反吉田勢力於是都退黨而在 11 月另組「日本民主黨」，以鳩山一郎為總裁。即使到了這步田地，吉田還要據隅頑抗。但這時連吉田的親信有部分人也無法苟同，認為「並不是有總裁，才有黨；而是先有黨，才有總裁。」吉田茂眾叛親離，只得辭職，從此退出政壇。

五五年體制

　　對於日本來說，1955 年是既重要而又特別的一年。

　　吉田茂下台後，鳩山一郎終於得償宿願擔任日本首相，但自由黨和民主黨之間仍然紛爭不斷。日本全國性和地方性的財經團體，如經濟團體連和會（經團連）、日本工商會議、關西經營者協會等，這時擔憂保守政黨的內訌將使得日本社會黨、共產黨和勞工運動趁機壯大，於是紛紛強烈建議兩黨以大局為重，整合為一。

　　韓戰之後，日本財經團體的力量越來越大，自由和民主兩黨都仰賴他們提供「政治獻金」，當然不敢忽視他們的聲音，因而被迫坐在一起開會，互相討價還價。同一時間，分裂已久的社會黨左、右兩派在勞工團體的壓力之下也一樣被迫討論合併，並率先在 1955 年 10 月宣布組成統一的「社會黨」。自由和民主兩黨只得加速談判，而於 11 月合併成立「自由民主黨」（簡稱「自民黨」）。兩邊陣營分別推出候選人競選總裁，最後由鳩山一郎獲得勝選。

　　日本的政治生態歷來都是多黨競爭，經過 1955 年的整合，轉變為自民黨和社會黨兩大陣營的對抗。此後將近四十年間，右派的自民黨一直是執政黨，左派的社會黨則是主要的在野黨。「五五年體制」於是形成，是一個超穩定的政治體制，也是日本之所以能夠在後來取得經濟飛躍成長的一個重要基石。

鳩山內閣與日、蘇復交

　　鳩山一郎在高舉「反吉田」的大旗時，也對吉田的施政提出批判。首先，對於吉田茂百般抗拒美國希望日本重整軍備的要求，鳩山一郎認為是不可思議。一個獨立自主的國家，當然是要靠自己的力量保衛自身的安全，而不是永遠依賴美軍駐守。鳩山甚至提出要修憲，以達到重整軍備的目的。其次，鳩山認為日本既是一個獨立自主的國家，就應當掌握自己的外交方向，而不是隨著美國起舞。日本與蘇聯及中國之間外交關係的改善尤其是當務之急。

　　關於重整軍備的問題，吉田茂實際上是採用迴避修憲的手法而達到擴張武力的目的。1952 年 11 月，吉田在國會中答詢時，強詞奪理地解釋說，為了自衛而保有「戰力」是違憲，但為了自衛而保有「實力」，卻是符合憲法；又說，警備隊和保安隊都不能算是「戰力」。一年後，吉田茂把警備隊、保安隊擴大整編為國家自衛隊，又解釋說自衛隊當然是軍隊，卻是「實力尚未達到戰力的軍隊」，所以還是合憲。日本名記者原彬久批評這件事，說：「領導人將白的說成是黑的，黑的說成是白的，國民則是照單全收。」

　　日本成立陸、海、空軍自衛隊是依照《日美安保條約》的規定，同時也設立了防衛廳，相當於其他國家的國防部。但鳩山一郎仍不滿意，主張修改憲法，以便名正言順地重整軍備。然而，國會中社會黨和其他的改革派卻以維護和平及保護憲法為由，激烈反對。日本憲法規定，修憲案必須要有超過三分之二的國會議員票數才能通過，但社會黨的議員席次超過三分之一。因而，鳩山一郎無論怎樣地努力和掙扎，只能吞下修憲失敗的苦果。

　　修憲失敗後，和蘇聯復交便成為鳩山一郎的重要目標。這時，正巧蘇聯國內發生一件大事。新任的蘇聯總書記赫魯雪夫（Nikita S. Khrushchev, 1894-1971）於 1956 年 2 月突然在克里姆林宮舉行的蘇聯共產黨第二十次代表大會上激烈地批判史達林，明顯告示了蘇聯的內、外政策

即將發生巨大的改變。鳩山首相於是派出代表前往，與蘇聯討論復交相關事務。在最後的關頭，鳩山首相抱病搭機前往莫斯科，但最終並沒有達成和蘇聯簽訂和約的願望。鳩山希望蘇聯同意歸還有領土爭議的色丹、齒舞等北方四島，也沒有如願以償。不過雙方總算回復了邦交，蘇聯又終於點頭，同意讓日本進入聯合國。

　　鳩山完成了使命及心願，但自知健康惡化，來日無多，因而在回國後發表引退宣言，在國人一片掌聲之中退出政治舞台。

岸內閣

　　鳩山引退後，自民黨內有岸信介、石橋湛山和石井光次郎三人出馬競選總裁。日本歷史學者半藤一利在他的著作《昭和史》中說這次選舉中「金錢亂舞」，三個候選人各自用來買票的金額分別達到日幣一億、六千萬及四千萬圓。也有其他的報導指稱，候選人無不以當選後要如何分配黨和政府的職位為誘餌，吸引附從者。日本的「金錢政治」因而是以此次選舉為起點。

　　石橋湛山最後擊敗岸信介而當選為總裁兼首相，但在兩個月後突然病倒。有人建議他援引前例，指定由岸信介代理，等病好了再回任。但石橋拒絕這個建議而決定直接引退，岸信介於是在 1957 年 2 月接任。岸信介在日本戰敗後是二十八名甲級戰犯之一，被關在巢鴨監獄裡，等待判刑，幸而被釋放，這時竟成為自民黨總裁兼首相。

　　岸信介在戰前是大日本帝國的忠實擁護者，復出後也以恢復大日本帝國昔日的光榮為職志。在他上台後，日本防衛廳計畫將陸上自衛隊增加到十八萬人，空軍飛機和海軍艦艇數目也都比原來加倍。岸信介欣然同意，他甚至說，憲法並未禁止日本為自衛而擁有核武器。

　　不過岸信介已經看見鳩山一郎努力要修憲而無法過關，所以決定改以修訂《日美安保條約》為目標。他在擔任首相後不久就親自飛往華盛頓，與美國總統艾森豪及國務卿杜勒斯展開會談。

基地抗爭問題

實際上，日本有很多人民一開始就反對《日美安保條約》。1952 年 5 月，東京皇居廣場發生一個「血腥勞動節事件」。數萬人參加示威反對活動，與警察發生衝突。警察竟對群眾開槍，射殺一人，又逮捕了一千兩百多人。在此之後，東京的早稻田大學、新宿車站和大阪、名古屋等地也接二連三發生集會抗爭事件，示威群眾和左翼學生對警察投擲火焰瓶，演成城市戰爭。

依據《日美安保條約》，美軍除了繼續佔領沖繩、奄美及小笠原諸島之外，也四處租借基地，遭到各地居民和左翼團體劇烈抗爭。以下介紹其中發生最早，也最具代表性的一個「內灘鬥爭」事件。

內灘村是位於石川縣西部靠海的一個小漁村。1952 年底，美軍開始進駐，以其海域作為實彈射擊的試射場。吉田政府原先說只要暫時使用四個月，次年 6 月卻宣布將永久徵用，並命令居民在限期內遷出試射場區範圍之外，也不准在試射場區內捕魚。內灘村民一千多人於是進行靜坐抗議，另有一千多名石川縣和日本各地方的工會會員和左翼學生前來支援，政府派警察阻擋和彈壓。

當時美軍在日本本島租借的基地已經超過七百個，範圍遼闊，從南方的長崎、福岡到北方的札幌、函館，平均每一縣有十幾個。日本共產黨、勞農黨、日本勞動組合總評議會（簡稱「總評」）和其他左派團體藉機聯合在東京召開反對軍事基地的大會。日本全國學生自治會總聯合（簡稱「全學聯」）也集會聲援內灘村的抗爭。人民反美、反政府的風潮越演越烈。

前述的《昭和史》一書中引用一項數字比較，十分有趣。事實上，內灘村每年的漁獲量價值還不到二百萬日圓，而美軍使用試射場付給日本政府的金額已經接近二億圓，是漁獲價值的一百倍。如果從金錢的角度分析，所謂的基地抗爭是為了什麼，實在是莫名其妙。然而，對於內灘村民來說，金錢不是爭議所在，他們是要捍衛先祖傳下來的土地和自己生活的權

力。突然間，出現了一句「金錢一年，土地萬年。」的口號，基地問題從此無法善了。四年後，日本政府只得投降，把內灘村基地歸還給村民。

《警職法》改訂事件

岸內閣成立後，和美國不斷地互訪，積極討論如何修訂《安保條約》，高調表示反共，引起蘇聯、中共和北韓的不滿。中共直指《安保條約》是美帝國主義支配日本的不平等條約，鼓動日本左派對政府強力抗爭。蘇聯要求日本保持中立。日本社會黨則主張應該廢除《安保條約》，而不是修約。

1958 年 10 月，日本國內爆發一件大事。岸信介突然提出一個《警官職務執行法》的修正案，內容主要是要求大幅強化警察的職權，讓警察可以隨時調查可疑的人物，或對看似危險的人採取適當行動。岸首相的思維，似乎是要回復戰前警察的權力，以強力的手段維持公共安全及社會秩序。但在反對黨和左派團體看來，岸內閣無疑是因為擔憂在修訂《安保條約》時引起反對運動而預作鎮壓的準備。輿論於是一片韃伐聲。社會黨拒絕審議提案，還號召總評、全勞、全日農等六十幾個團體，組成一個「國民議會」，在全國各地同時發起集會，反對修改《警職法》。共產黨和全學聯也都動員抗爭。連自民黨非主流派的閣員，如池田勇人、三木武夫等，也都因為反對該法案而不惜辭職。

《警職法》修正案最終闖關失敗，岸信介卻仍決心非要通過修訂《安保條約》不可。為此，他自知必須先整合自民黨內的主流派與非主流派，不惜寫下誓約書，當著自民黨的幾位重要成員及前來見證的財經界大老面前說，只要「安保改訂」能夠過關，將立刻辭職。自民黨內的非主流派人物於是開始回籠，與主流派目標趨於一致。

安保鬥爭

　　但民間反對「安保改訂」的力量也加速集結，前述的「國民議會」正是其中的領導者。國民議會在全國各縣、府、市、村、町成立了各層級的「共同鬥爭組織」，不到一年之間從數十個暴增到超過一千六百個。全民抗爭運動從此風起雲湧，越來越血腥暴力化。

　　岸信介卻無視於抗爭活動，而於 1960 年 1 月飛到華盛頓，與美國逕行簽約。新約與舊約的差別，主要是舊約未規定期限，新約訂期限為十年；新約不但明確規定美軍對日本的防衛義務，也規定日本有提供並保護美軍基地的責任；最後，新約規定日本必須維持足以對抗可能遭受攻擊的武力。換句話說，日本可以重整軍備了。

　　岸信介如此地膽大妄為，引發排山倒海般的反對聲浪。但他已經豁出去，只關注如何在法定期限內通過安保新約，下定決心要在國會中強行表決。5 月 19 日夜晚 10 點，日本眾議院召開特別委員會，響起通知開會的鈴聲。反對黨不但全員拒絕參加會議，還強行把議長押入議長室，不讓他主持會議。執政黨於是招來數百名警察，強行將議長救出來，送上大會的議長席，宣布開會。幾分鐘後，法案就在午夜凌晨通過了。

　　法案通過一個月後即將自動生效，日本在這一個月間陷入極度的動盪不安。民眾的訴求從「反對安保！」轉為「打倒岸信介！」安保鬥爭到了最高潮時，全國沸騰，到處有集會。全學連發動一萬七千人佔領國會，警察以棍棒、噴水車、催淚瓦斯驅散學生。岸信介要求自衛隊出動，卻遭到防衛廳長拒絕。6 月 18 日，反政府群眾三十幾萬人擠滿在國會四周的廣場和街道上，嘶聲力竭，激動萬分。但午夜一過，安保新約自動生效，群眾再怎樣也已經無法挽回。

　　美、日正式交換新約後，岸信介遵守承諾，宣布辭職。池田勇人接著當選為總裁，兼任首相。池田在內閣成立後提出一句「寬容與忍耐」的口號，正是日本擾嚷多年之後最需要的。到了年底，池田又發表新政府的施政目標，提出「國民所得倍增計畫」。嗅覺敏銳的新聞媒體報導說：「政治的季節已經結束，經濟的季節正在開始。」大部分參加示威的群眾都開始去找工作，一個嶄新的時代即將來臨。

日本經濟的復興及池田內閣的「國民所得倍增計畫」

　　本書在此必須補述池田上台前日本經濟的發展情況。如前所述，韓戰提供了日本「特需景氣」，使得輕工業和重化工業都迅速發展，基礎建設也得以強化。吉田茂對美國百般推託，不肯進行重整軍備，不必花大把錢在國防上面，使得日本更能集中力量發展經濟。

　　韓戰結束後，景氣雖然短暫停止，不久後卻有幾輪新的景氣來到。1955 年起，日本出現「神武景氣」，意思是說從神武天皇以來，從來就沒有過這樣好的景氣。以這一年為例，日本造船業接到的國外訂單成長了三倍，達到二百三十萬噸，總價約美金五億，位居世界第一。事實上，神武景氣的主要原因是日本於韓戰期間積極投資於生產設備，使得規模增大，技術革新，大幅降低成本，增強日本出口的競爭能力。日本內需也突然增加，出現購買家電的熱潮，其中電冰箱、洗衣機和黑白電視機被稱為新的「三神器」，比美日本神話中天孫降臨人間所帶來的三神器──寶劍、寶鏡及寶玉。

　　1956 年 7 月，中東發生「蘇伊士運河危機」（Suez Crisis）。埃及突然宣布將運河收歸國有，英、法兩國聯合以色列出兵。紐約和東京股市突然暴升，帶動房地產，開始一波「造錢」的運動。但戰爭突然結束，景氣急凍，過度的投資者哀鴻遍野，日本進入所謂的「鍋底不況」。但 1958 年起「岩戶景氣」又來到。

　　「岩戶景氣」的稱呼也和日本的神話有關。天照大神曾經因弟弟素戔嗚尊的惡行，怒而自行幽居於「天岩戶」的岩洞中，從此六合長暗，不再有晝夜。天地間八十萬大神惶恐，於是共同迎接天照大神出岩戶，將素戔嗚尊逐出天界，日光於是重現於人間。岩戶景氣持續的時間比神武景氣還要久，一直到 1961 年底，長達四十二個月。除了上述的家電產業之外，重化工業如汽車、鋼鐵和石油化學業也蓬勃發展。此外，由於中產階級出現，日本消費大眾漸增，也引起流通業的革命，百貨公司、量販店形成一股新

風潮。

　　綜合來說，在 1950 至 1960 的十年間，日本的經濟快速成長。以 1960 年來看，日本的工業生產雖然落後於美國和西德，但已經超過英國、法國，並且有部分產品，如收音機、電視機、人造纖維及船舶等，在世界上都佔有重要的地位。鋼鐵業雖然起步不久，也儼然有急起直追的態勢。

　　不過池田上台後在國會發表演講，說日本每人的國民所得還只有美國的八分之一，必定要在十年內達到所得加倍。具體的數字，就是希望把國民總所得從 1960 年的十三兆日圓增加到二十六兆日圓。

　　事實上，日本國民所得在過去十年的成長已經超過兩倍有餘，所以只要今後每年的經濟成長率維持在過去的水準，池田的計畫並不難達到。後來日本經濟成長每年都超過 10％，所以人均所得在六年內就不只倍增，已經從 480 美元增加到超過 1,000 美元了。

第 5 章
中共建國初期的摸索道路

　　中共在 1949 年建國，剛開始並沒有立刻實施共產黨一黨專政，而是經由召開「人民政治協商會議」（簡稱「政協」），成立一個聯合政府，將共產黨、各民主黨派、民眾團體、產業界、文化界、海外華僑等都納入。政協擬定了新政府的《共同綱領》，等於是一般國家的臨時憲法條文，其中也沒有寫入社會主義或共產主義。

　　直到 1954 年，中共才召開第一次全國人民代表大會，正式通過一部新憲法以取代上述的《共同綱領》，確立社會主義原則和民主集中制。

建國初期的「聯合政府」

　　中共也不是到了建國時才說要組織聯合政府。1945 年 4 月，毛澤東在中共七大中做政治報告，宣讀一篇長文〈論聯合政府〉。這篇文章雖然承認最終目標仍是要推動社會主義和共產主義，卻也明白地說：「只有經過民主主義，才能到達社會主義。」毛澤東說他不怕資本主義發展，而是嫌中國的資本主義太少，「一定要讓私人資本主義經濟在不能操縱國計民生的範圍內獲得發展的便利，才能有益於社會的向前發展。」

　　中共之所以提出聯合政府的主張，有一部分是為了要拉攏國民黨以外的

各民主黨派和國、內外的資本家。蘇聯當時也在東歐扶植了許多以聯合政府形式運作的新政權，作為過渡到社會主義的一種手段。當初列寧發動十月革命後，也是先建立一個聯合政府。

劉少奇也曾經在 1949 年 4 月奉毛澤東之命到天津會見許多工商界人士，發表著名的「天津講話」。這時共產黨取代國民黨指日可待，而國家百廢待舉，工人失業嚴重，共產黨自然希望藉資本家擴大投資生產以達到穩定經濟的目的。不過劉少奇在談話中竟說：「失業的工人要求你們資本家復工，就是要求你們剝削他們一下。現在的工人有人剝削比沒有人剝削好，沒有人剝削他更痛苦。」此一「剝削有功論」，在後來成為劉少奇的政敵每次用來攻擊他的要害。

總之，政協所制訂的共同綱領可說是以〈論聯合政府〉的內容為依據，確定採取「新民主主義」，實行所謂的「人民民主專政」。

民主黨派人士這時有大批進入政府的組織中。例如，人民政府主席為毛澤東，副主席除了劉少奇、高崗之外，還有三位是民主人士，包括宋慶齡在內。周恩來是政務院總理，四位副總理中共產黨員和民主人士各半。其他政治委員、部長中，有更多的民主人士。不過在軍事方面，中共不讓非共黨人士介入。

在財經方面，共同綱領的原則是「公私兼顧，勞資兩利」。政務院也設立了外資企業局、私營企業局等單位，並起草了「私營企業暫行條例」。但這個條例根本沒有實施過，因為不久中共就迫不及待地發動「土地改革運動」，清算地主、富農；又掀起「三反」、「五反」運動，清算部分的資產階級。以下先說明「土改運動」。

土改運動

1950 年 6 月，劉少奇在政協會議提出〈關於土地問題的報告〉；不久又公布〈土地改革法〉，全國立刻掀起狂風暴雨般的土改運動。

中共將農民劃分為地主、富農、中農、貧農、雇農等階級。土改的目

的是要重新分配土地，從地主、富農轉移到貧農和雇農手中，而採取「村村見血」的暴力手段。富農在部分的地區仍然受到保護，不過一旦被劃為「地主」，那就厄運臨頭了。中共派出大批的土改工作隊，到全國各地的農村，組織貧、下、中農，對「土豪劣紳」進行公審，以辱罵、毆打及種種酷刑逼使其供認，然後宣布罪狀。重者當場槍斃，輕者沒收土地，逮捕入獄，或掃地出門，從此永世不得翻身。

　　國家雖然有法令，但具體的實施細則和認定標準並沒有訂清楚，也不一定照章行事，土改工作隊因而可以隨意發揮。土改隊的成員有許多是社會最底層的流氓、乞丐等，結合一幫赤貧的農民，為了自身的利益而無所不用其極，中國兩千多年來的地主鄉紳階級於是被徹底摧毀。中共中央也安排幹部和知識分子組團，「自願」到各地參加土改，稱為是一種「學習」。中共當局特意派人在過程中觀察，看這些人是否能通過此一「土改關」。如果有人同情地主，那就是打擊貧、下、中農的反革命，可能被開除黨籍，或送去勞改，因而沒有人敢為地主鳴冤。

　　土改運動在 1952 年底大致完成後，據統計，全國有三億貧農、雇農無償獲得約七億畝的土地，每人平均獲得兩畝多。這些農民感激零涕，成為此後擁護中共政權的堅實基礎。至於究竟有多少地主、富農被清算鬥爭，全國並沒有可靠的統計數字。不過後來有學者研究，說僅僅在江蘇南部就有大約二萬八千人被鬥爭，其中一萬四千人被逮捕，三千二百人被判死刑，七千六百人被判徒刑或拘禁。一般認為，在鬥爭大會中當場被打死或自殺的人數超過被判死刑的人。江蘇南部的人口大約佔全國人口數的 3%，讀者可以由此自行估算全國被清算、鬥爭和死亡的數字。

「三反」、「五反」運動

　　「三反」、「五反」運動是在 1951 年底起次第推展的。當時土改運動正達到最高潮。

　　「三反」是指反貪污、反浪費、反官僚主義，這是針對黨、政機關和國

營企業的幹部，也就是要清洗內部的階級敵人。反貪污是其中的重點，毛澤東說：「全國可能要槍斃一萬到幾萬貪污犯才能解決問題。」要求中央和地方單位都交出一定數目的「大老虎」、「中老虎」、「小老虎」。上面既然在數字上有明確的指示，各級政府只能努力達成，最好是超標，於是採取暴力方式毆打、逼供。結果全國有十幾萬人認罪，其中有少數人被判死刑，但估計有數千人自殺。

「五反」是反行賄、反偷漏稅、反竊盜國家財產、反偷工減料和反盜竊國家經濟情報。這是針對不法的資產階級，也就是要整肅外部的敵人。毛澤東長久以來對資產階級的仇視，從以下這段話可以明顯看出：「資產階級……盛氣凌人，向我們猖狂進攻起來。現在已經到時候了，要抓住資產階級的小辮子，把它的氣焰整下去，如果不把它整得灰溜溜、臭哄哄的，社會上的人都要倒向資產階級方面去。」

五反運動進行當中，同樣是採取「逼、供、信」的方式。結果全國有數十萬人遭到調查，被判刑或處死，估計也有數千人自殺。許多資本家挨不住整肅，或被裁定要繳交鉅額的違法罰金而無法支付，只得接受政府提議公私合營，實際上就是被收歸國有。

五馬進京

新中國的三大巨頭是毛澤東、劉少奇和周恩來，其中毛的思想總是最激進的。「新民主主義」原本是毛澤東自己創造的一個過渡體制，但毛很快就想將之拋棄，要推動農業合作化，將工商業收歸國有。在他看來，劉、周兩人思想還停留在鞏固新民主主義的階段，使他十分失望。

舉一個例。東北局第一書記高崗指示東北要領先全國向集體化發展。部分黨員建議允許黨員雇工，勤奮工作而發展成為富農，高崗一概否決。劉少奇卻說，現階段仍是私有制的社會，國內還有嚴重的失業問題，不但要允許資本家「剝削」失業的工人，也要鼓勵農民雇工，不怕有人發展成為富農。高崗大怒，直接向毛澤東投訴，並且把劉少奇在前述天津講話的

「剝削有功論」加油添醋向毛報告。據高崗說，毛澤東氣得發抖。

毛澤東認為劉、周思想保守，卻行事專斷，於是決定要削奪兩人的權力。1952 年 8 月起，毛開始將一些地方大員調入北京。西南局第一書記鄧小平奉命接任為政務院副總理，西北局第二書記習仲勳為中央宣傳部部長，中南局第二書記鄧子恢為中央農村工作部部長，東北局第一書記高崗為國家計劃委員會主席；華東局第一書記饒漱石為中央組織部部長。毛澤東此舉是一石二鳥之計，不但削奪劉、周的權力，又削去各地方的山頭勢力。高崗分管原先周恩來掌管的政務院二十個部會中的八個，尤其炙手可熱。當時有傳言：「五馬進京，一馬當先。」高崗正是當先的一馬。

毛澤東接著訓令劉、周，說此後一切大事都必須事先請示中央，而凡是用中央名義發出的文件、電報，都必須事先給他看過，否則無效。由此可見，毛對劉、周的不滿已經不是一朝一夕。

1953 年 6 月，毛澤東召開政治局會議，發表講話，直接說從此不准再提從新民主主義走向社會主義，聲稱「要在十到十五年使資本主義絕種」；接著又召開全國財經會議，直接把財政部長薄一波撤職，逼劉少奇自我批評，檢討種種錯誤。高崗、饒漱石等人都在會中猛烈批判劉少奇。

高饒事件

高崗與劉少奇其實早就不合，目睹劉少奇被迫認錯，大喜，以為可以取而代之。會後，高崗又在私下攻擊劉少奇、周恩來，甚至到處串連，企圖拉攏鄧小平、陳雲、林彪、葉劍英等人以扳倒劉少奇。鄧、陳、葉大驚，認為問題嚴重，於是向毛澤東報告。

事實上，毛澤東並沒有要罷黜劉、周的意思，只是要藉高層改組以掌握大局，並確立自己想要的激進改革路線。這時他認為高崗野心勃勃，結黨營私，於是決定反過來整肅高崗。「高饒事件」因而成為中共建國後第一個重大的黨內鬥爭事件。

毛澤東其實想要整肅高崗已經蓄積很久了，只不過當史達林在世時，毛

澤東有所顧忌，不敢動手。

　　高崗年輕時，曾經和劉志丹共同在陝北創建共產黨的根據地。國共內戰時，高崗奉令前往東北，擔任林彪的副手，對解放東北有巨大的功勞。遼瀋戰役後，高崗留在東北，一人身兼黨、政、軍三職，是名符其實的「東北王」。韓戰期間，高崗負責抗美援朝的後勤工作，協調蘇聯的支援，又建立了功勳。但毛澤東左右有很多人說，高崗在東北已經建立了一個自己的獨立王國，同時又和史達林走得太近。

　　1949年9月，香港有一些資本家組團到東北訪問，之後又到北京向毛澤東報告旅行的觀感。他們說，東北秩序井然，但完全沒有中國的味道，反而像是蘇聯的土地。東北的廣場和街道上根本就沒有毛澤東的肖像，只看到史達林的肖像。到了12月，毛澤東乘專列火車前往莫斯科參加史達林七十大壽慶典，沿途經過瀋陽，毛特別請同行的蘇聯特使一起下車。毛澤東站在街道上，果真看見所有高大的房屋上懸掛的都是史達林的巨幅肖像，而自己的肖像一張也沒有。毛澤東大怒，讓人帶話給高崗，說滿州現在還是屬於中國的。

　　高崗時常越過毛澤東而和史達林直接聯絡，也時常寫報告給史達林，其中包括對一些中共高級幹部的批評。毛澤東到達莫斯科之後，史達林竟親手將這些報告文件全部交給毛澤東。沒有人知道史達林為什麼要這樣做，但高崗的命運因此早已決定了。

　　劉少奇在1953年被迫自我檢討時，史達林已經死了三個月，但高崗並沒有警覺到靠山已倒，因而犯錯，自掘墳墓。1954年2月，中共在北京開會，由劉少奇、周恩來主持，在會中高崗、饒漱石都遭到嚴厲的批評。高崗回家後企圖舉槍自殺未遂，但幾個月後仍是服下大量安眠藥而死。一年後，中共又作出決議，將高、饒兩人開除黨籍。

「冒進」和「反冒進」

　　高饒事件之後，毛澤東和劉少奇仍是為農業政策而爭執不下。

　　回溯 1953 年 10 月，就在劉少奇被批判後不久，毛澤東決心推動農村集體化，鼓勵農民組成「農業合作社」，同時推出「統購統銷」的搭配政策。僅僅一年後，全國農業合作社的數目就從一萬多個暴增到四十八萬個，有七千萬農戶參加，佔全國農戶總數的 60％。毛澤東喜不自勝。劉少奇和主管農業的副總理鄧子恢卻認為，農民好不容易分到土地，沒有幾年就被收回，必將影響生產意願，所以不贊成「冒進」的農業政策。

　　毛澤東大怒，批評劉、鄧，說：「在全國的農村中，新的社會主義群眾高潮就要到來。我們某些同志卻卻像小腳女人，東搖西搖地在那裡走路，老是抱怨旁人說走快了，走快了。」但鄧子恢毫不畏懼，仍然堅持己見，當面頂撞毛澤東，主張農業合作化發展速度不宜過快。

　　正當中國農村出現上述的「社會主義高潮」時，全國各大都市的工商業也迅速響應，迎向公私合營和合作化的高潮。以北京為例，單單在 1956 年 1 月 10 日一天當中，就有將近一萬八千家私營的工商業被批准為公私合營。兩天後，北京有超過五萬個手工業個體戶加入合作社，數目超過全市手工業者的 95％。北京市長彭真率領各行各業向毛主席報喜，上海立刻決定加緊腳步追上。

　　中共當時模仿蘇聯，正在推動一個五年經濟計畫（1953-1958），毛澤東卻希望能提早完成目標，因而計畫不斷地膨脹，結果欲速則不達。

　　以農業為例，毛澤東以為加速農村合作化可以使得農業生產飛躍成長，實際上正好相反。如鄧子恢所預料，許多農民並不是心甘情願，而是被迫加入合作社，所以一開始就抵制合作化，在加入合作社之前先宰殺所有的牲畜，吃進肚裡；加入合作社後又怠工。事實上，當蘇聯在 1930 年代初期強行開辦集體農場時，這些現象也同樣發生。除了糧食之外，各地方也提出了棉花、煤炭、鋼鐵等的超額計畫產量，但同樣問題重重。

　　有些學者把 1955 年到 1956 年初中國因制訂誇大的經濟計畫而出現的農業、工商業失序稱為「小躍進」。周恩來和陳雲於是也加入劉少奇，勸毛澤東停止「冒進」。毛澤東大為光火，一再警告他們「不要潑冷水」，但周恩來說就是要用冷水洗洗，劉少奇也說有些人腦子太熱了。

正當中國為「冒進」和「反冒進」爭執不下時，蘇聯突然發生了一件驚天動地的大事。新任總書記赫魯雪夫在蘇共二十大宣讀一份《秘密報告》，竟對死去三年的史達林提出嚴屬批判。這一事件不僅影響蘇聯本身，連中共和所有的共產國家也都受到影響，可說是鋪天蓋地。因而，本書以下必須先敘述其前因後果。

史達林和大清洗

赫魯雪夫為什麼要批判史達林？若要說明其原因，又必須回溯史達林統治蘇聯時的暴行。

1934 年 12 月，蘇聯最有人氣的政治明星，政治局委員兼列寧格勒書記基洛夫（Sergey Kirov）遭人刺殺而死，詳情至今不明。史達林藉機發動一場規模空前的政治大清洗（Great Purge），把所有的異己和可能的反對分子剷除殆盡。大清洗一直延續到 1940 年，短短數年內，至少有七十萬人被處決，另有數百萬人被逮捕，被流放，或被送到遍布全國，稱為古拉格的勞改營中（Gulag labor camps）。受害者包括各級黨工、政府官員、軍中各級將領、社會人士、知識分子、東正教教徒、地主、富農，以及若干少數民族。當初列寧在十月革命後任命的六位政治局委員中有五位死於非命，只剩下史達林自己一人。紅軍的五位元帥中也有三位被處死。

大清洗之後，史達林身邊的人開始從事造神運動，對史達林阿諛諂媚、頌揚、崇拜。史達林也欣然接受。

克里姆林宮的新主人赫魯雪夫

赫魯雪夫在帝俄時代生於烏克蘭（Ukraine）的鄉下地方，是一個貧農兼礦工的兒子。他曾經投入紅軍，參加革命推翻了帝俄，後來擔任黨工。在史達林先後與托洛斯基（Leon Trotsky）、布哈林（Nikolai Bukharin）等人不斷地鬥爭過程中，赫魯雪夫始終與史達林站在同一陣線，因而一路

竄升。大清洗時，赫魯雪夫先後擔任莫斯科及烏克蘭的黨委書記，所以也參與其事，至少下令處決或逮捕了十幾萬人。

　　史達林晚年時，赫魯雪夫已經是他身邊的幾個權力核心分子之一。赫魯雪夫後來承認，當蘇聯造神運動展開時，自己也跟著大家高呼：「史達林萬歲！」和「史達林，生身之父！」之類的口號，但心中十分反感。

　　史達林去世後，克里姆林宮裡形成一個集體領導的「三頭馬車」：馬林科夫（Georgy M. Malenkov）、貝利亞（Lavrentiy P. Beria）及赫魯雪夫。貝利亞實際上是史達林在世時蘇聯的第二號人物，權勢極大。在他所執掌的內務部中，秘密警察組織尤其令人畏懼。不過在幾個月後馬林科夫和赫魯雪夫就聯合起來，共同鬥垮貝利亞。馬林科夫隨後取得執政，但兩年後赫魯雪夫又聯合其他人逼馬林科夫退位，開始掌權。

赫魯雪夫執政初期的中、蘇關係

　　1954 年 9 月，赫魯雪夫第一次訪問中國，率團參加中華人民共和國建國五週年的盛大慶典。他帶來一份大禮，公開宣稱要以五年時間援助中國進行一百四十一項工業建設計畫，目標是要使中國工業化，加速成為經濟強國。這些項目都是大型的重、化工業和國防工業，包括鋼鐵廠、煉油廠、發電廠、機器廠、汽車廠、坦克工廠、飛機零件廠等。

　　事實上，史達林在韓戰末期就已經答應要協助中國進行這些計畫，並同意把這些列入第一個五年經濟計畫中。赫魯雪夫掌權以後，命令加速與中國談判，到他將要訪問中國前幾天才終於定案。

　　赫魯雪夫顯然是極力要討好中共，但在訪問期間對中國卻留下非常負面的印象。根據赫魯雪夫在後來寫的回憶錄，他不等到回莫斯科就私下和同志們說：「我們同中國的衝突不可避免。」這個結論是他從毛澤東的插話和置身其中的氣氛中得到的。毛澤東無論是在會議或是閒談中都使得他認為，毛不會忍受任何中國共產黨以外的共產黨在世界共產主義運動中佔優勢，那怕是只有一點點優勢。至於周邊的氣氛，他感受到的是：「殷勤得令

人肉麻，周到得無微不至，可就是沒有真情。」

1955 年，蘇聯又和中共簽訂幾份協議書，同意繼續幫中國進行國防及經濟建設，又同意從旅順港撤軍。赫魯雪夫雖然對毛澤東有很深的疑慮，但在國、內外還有很多敵人，必須和中國維持良好的關係。

蘇共二十大及《關於個人崇拜及其後果》的秘密報告

貝利亞和馬林科夫掌權時間雖然都很短，卻已經開始在改革史達林時代的暴政，包括停止迫害少數民族，平反冤、假、錯案，改善農民的生活等。赫魯雪夫上台後同樣繼續改革，包括停止在各加盟共和國中強行推動俄羅斯化政策。赫魯雪夫甚至親自率團訪問南斯拉夫，與狄托重修舊好。

不過在過去幾年平反冤、假、錯案的過程中，史達林時代恐怖大清洗的真相逐漸曝光。社會大眾知道越多，越是憤恨難消，紛紛要求追究相關的責任。但蘇共高官或多或少都參與了這些迫害活動，每個人都擔心被追查，心理上承受莫大的壓力，因而逐漸得到一個共識，決定要揭露史達林的惡行，企圖藉以的擺脫自己的責任。政治局委員們最後決定由赫魯雪夫在蘇共二十大開會期間進行「秘密報告」。

蘇共二十大是在 1956 年 2 月召開的。在十幾天的會期中，並無任何人指名對史達林提出任何批判。不過赫魯雪夫在總結報告中指出，由於國際形勢發生了巨大變化，資本主義國家向社會主義過渡有可能不須經過武裝起義，而可以採用和平的手段，未必不能避免戰爭。與會的代表們聽到這種「和平過渡」的說法都大吃一驚。

二十大的最後一天，2 月 24 深夜，赫魯雪夫突然發出請柬，召集黨代表到會議大廳，聽他宣讀一份報告。他整整講了一晚，直到第二天東方既白才結束。據說，赫魯雪夫開始宣讀《秘密報告》後不久，所有的人就全部豎起耳朵聽，深怕漏掉任何一句話。會議大廳一片肅靜，靜到連一根針掉到地上都可以聽得到。

赫魯雪夫報告的標題是《關於個人崇拜及其後果》，其中一開頭就譴責

史達林時代的個人崇拜，說：「誇大某個人的作用，把他變成具有神仙般非凡品質的超人，是和馬克思列寧主義的精神相違背的，是不能容許的。這個人似乎無所不知，洞察一切，能代替所有人的思考，能做一切事情，他的行為沒有半點錯誤。多年來，我們養成了用這樣的觀點去看待人，具體地說就是這樣看待史達林的。」

赫魯雪夫又指稱史達林性情粗暴，無所不用其極地迫害他所謂的「人民敵人」，而「定罪的主要依據，實質上唯一的證據就是被告本人的『自供』，然而這種『自供』後來經查明，乃是對被告施行肉刑逼出來的，這種做法與現代法學的一切標準是完全違背的。」

尤有甚者，「一個人的專橫也就慫恿了另外一些人的專橫，把成千的人大批逮捕和流放，不經法庭審訊和正規調查就處以死刑等等。……。事實證明：許多濫用職權的事都是根據史達林的指示做的，根本不顧黨的準則和蘇維埃法制。」

最後，赫魯雪夫呼籲所有人要根除個人崇拜，在共產黨的組織中從上到下都必須嚴格遵守列寧所教導的「集體領導」原則。

中共對蘇共二十大及《秘密報告》的反應

蘇共召開二十大時，有五十五個共產國家兄弟黨依照慣例派代表參加。赫魯雪夫宣讀《秘密報告》時並沒有邀請其他兄弟黨的代表參加，不過在報告後立即知會各國的代表團。中國的代表團是由朱德和鄧小平率領，讀了報告後私下議論紛紛，但不敢公然表示意見。

鄧小平回到北京後，立刻向政治局提出報告。毛澤東於是召開會議，專門討論要如何因應《秘密報告》所產生的影響。毛澤東說，赫魯雪夫的報告「揭開了蓋子」，讓人們知道蘇聯和史達林也不是不會犯錯，從此兄弟黨必須各自決定要如何搞社會主義，不一定用蘇聯那一套。但赫魯雪夫同時也「捅了摟子」，因為各兄弟黨都沒有思想準備。毛澤東又說，史達林有功也有過，起碼是七分功，三分過，至少不像赫魯雪夫在《秘密報告》中的

描述，好像一點功勞也沒有。他又說，這樣大的事，蘇聯事前沒有和任何兄弟黨商量是非常不對的。

　　毛澤東雖然不滿，和大部分的人一樣還是認為應當支持蘇共，並決定發表一篇文章，以表明中國共產黨的立場。4 月初，《人民日報》刊出〈關於無產階級專政的歷史經驗〉。文中對蘇共二十大表示肯定，特別讚揚有勇氣揭露個人崇拜問題。文章又說，個人崇拜是人類歷史所留下來的腐朽遺產，必須與之長期鬥爭。為吸取個人崇拜的教訓，必須反對教條主義，學習馬克斯列寧主義，保持獨立思考的能力。

　　赫魯雪夫作出《秘密報告》後，在蘇聯引起軒然大波。共產黨過去宣傳史達林像神一樣的崇高，在報告裡竟一無是處。無論是共產黨員或老百姓，一時實在難以接受。中共適時刊出這篇文章，表達了明顯的支持和擁護，對蘇聯和赫魯雪夫可說是雪中送炭。《真理報》將全文翻譯後刊出，並印成小冊子，發行二十萬冊。東歐各國也表示無比的重視。

《論十大關係》及「雙百」方針

　　4 月下旬，毛澤東又在政治局會議上提出《論十大關係》的報告，其中說中國此後要「以蘇為鑒」，走自己的社會主義建設道路。

　　回溯 1955 年底，劉少奇由於看見「小躍進」引發許多爭議，決定分別邀請中共中央和國務院三十幾個部、委的首長到他的住所，聽取他們報告實際的情況和問題，並深入地和官員們討論。會議往往從白天開到晚上，又從晚上開到凌晨。毛澤東知道劉少奇每日挑燈夜戰後，也做同樣的安排，前後聽了兩個多月的匯報。因而，一般認為《論十大關係》的內容是他經過深思熟慮後寫成的，充分代表他當時的思想，十分值得深入探討。

　　「十大關係」當中，包含了五項經濟關係和五項政治關係。

　　經濟關係中最重要的是討論重工業、輕工業和農業之間的關係。論文中說，必須適當地調整這三者之間的投資比例，發展更多的輕工業和農業，才能有利於民生。其次說到分配關係，重點是必須要兼顧國家、生產單位

和生產者，取得其間的平衡。談到農民的關係，毛說不能像蘇聯一樣把農民挖得太苦，取得太多而給得很少。至於中央和地方的關係，應當在鞏固中央領導的前提下，盡量多給地方權力和獨立性。

在政治關係當中，毛澤東提出共產黨和民主黨派之間要能長期共存，互相監督。民主黨派要有發表意見的機會，與共產黨之間既鬥爭又團結。談到中國與外國的關係，毛認為中國要必須有選擇性地學習外國先進的科學技術和企業管理的方法，但不能完全照搬。

在發表《論十大關係》同時，毛澤東又宣稱：「藝術問題上的百花齊放，學術問題上的百家爭鳴，我看應該成為我們的方針。」所謂的「雙百」方針於是成為中共發展藝術及科學的指導原則。在此之前，毛澤東曾經發動幾波整風運動，如批判電影《武訓傳》，批判古典文學《紅樓夢》，整肅「胡風反革命集團」等，使得文藝界人士心驚膽戰。這時毛澤東突然主動提出「百花齊放，百家爭鳴」，不免使得這些人一方面欣喜，另一方面卻是半信半疑。

中共八大會議

回顧歷史，毛澤東曾經在延安時期發動「整風運動」，歷經三年，之後便確定了他在黨裡最高領導人的地位。1945 年 6 月，中共在延安召開「七大」，當時劉少奇負責有關修改黨章的報告，在報告中大力頌揚毛澤東的英明和豐功偉業，建議把「毛澤東思想」寫入黨章之中，確立為黨的指導思想，和馬克斯、列寧主義並列。劉少奇、周恩來、朱德等人在分別作報告之後都高呼：「毛澤東同志萬歲！」中共黨內開始發展出對毛澤東的個人崇拜。毛澤東後來領導共產黨擊敗國民黨而建國，又獨排眾議決定抗美援朝，成功地擋住聯合國軍隊，威信因而大增，逐漸成為一尊神祇。

1956 年 9 月，中共舉行「八大」。會議中，毛澤東獲選繼續擔任中央委員會主席、國家主席和軍委會主席，仍是集黨、政、軍大權於一身。不過為了和蘇聯二十大的步調一致，實踐反對個人崇拜，大會也決定修改

黨章，把「七大」時放進黨章裡有關「毛澤東思想」的部分刪除，並重申「集體領導」的原則。事實上，毛澤東的所作所為有很多是仿效史達林。赫魯雪夫突然在《秘密報告》裡全面否定史達林，等於也部分否定毛澤東。但毛澤東和中共其他的領導人一樣，也贊成赫魯雪夫反對個人崇拜。有部分近現代史的學者指出，八大會議中刪除毛澤東思想其實是毛本人的意見。不過當時毛澤東的內心中究竟是真的贊同？還是迫於形式不得不表態？恐怕沒有人知道。

八大中另有一件事值得注意，就是毛澤東決定成立一個新的書記處，以鄧小平為總書記，並提升他為政治局常委，與當時四位中央委員會的副主席劉少奇、周恩來、朱德、陳雲並駕齊驅。上述有關八大修改黨章的報告，就是由鄧小平負責擬稿、宣讀的。此後十年，鄧小平一直擔任書記處總書記，是毛的左右手，曾經被毛當眾稱為「副帥」，地位特殊。換句話說，毛澤東此後十年中無論發動什麼政治運動，都需要仰賴總書記率領各級黨委貫徹他的意志，所以鄧小平無法推託責任。

八大也接受了陳雲所提出的一個報告，後來被稱為「三個主體，三個補充」，簡單地說，就是以集體經濟、計畫生產、國家市場為主體，個體經濟、自由生產、自由市場為補充。八大的路線，明顯地從社會主義高潮中退燒。毛澤東的思想已經轉向，後來在對一些工商業人士談話時，甚至說如果國營企業、公私合營和合作社不能滿足社會的需要，「可以消滅資本主義，又搞資本主義。」

然而，1956年下半年在東歐的波蘭及匈牙利又有兩個重大的事件發生，結果竟影響中共的路線又再轉向。這兩個事件影響既是如此巨大，自然也要說明其中經過。

波蘭動亂

當年史達林在蘇聯進行大清洗時，很多東歐國家的領導人同樣也在國內進行大清洗。赫魯雪夫的《秘密報告》曝光後，這些國家也受到衝擊。人

民紛紛要求國家領導人承認過去的錯誤，為千千萬萬無辜受害的人們進行平反，也有要求擺脫蘇聯強加在他們頭上的生活模式。面對這樣突如其來的情況，一些東歐國家的領導人真正是不知所措，動亂於是難以避免。波蘭是最先發生動亂的國家。

　　波蘭共產黨雖然採取了許多因應的改革措施，人民還是極端不滿。1956 年 6 月，波蘭中西部的波茲南（Poznan）地方爆發一場大規模的罷工事件。數萬人在遊行後衝破監獄，搶奪武器。政府立即出動軍隊鎮壓暴亂。波共總書記歐查布（Edward Ochab）為了順應人民的要求，同意辭職，又請剛剛獲得平反而出獄的前總書記戈慕爾卡（Wladyslaw Gomulka）接任，並改組政治局，但完全沒有知會蘇聯。

　　戈慕爾卡開始推行急進的改革政策，並要求與蘇聯建立對等的關係。赫魯雪夫擔心如果波蘭失控將在東歐引起連鎖反應，在 10 月中親自飛到華沙，同時又命令軍隊開往波蘭，一時間劍拔弩張。赫魯雪夫氣勢洶洶，認定波蘭在搞反革命，波共前後兩位總書記雖然低聲下氣，卻態度堅定，不接受赫魯雪夫的威脅。

　　赫魯雪夫沒有料到，毛澤東獲知波蘭動亂的消息後，竟召見蘇聯大使，明白地說反對蘇聯出兵干涉波蘭。赫魯雪夫當然不願和中共發生衝突，這時又認為波蘭新領導人雖然強硬，還不至於引領波蘭脫離社會主義的陣營，所以還能接受，於是下令撤軍。波蘭的危機瞬間解除。

匈牙利革命

　　波蘭的問題雖然暫時解決了，赫魯雪夫對中共的態度卻耿耿於懷，因而請中共派代表到莫斯科會商。毛澤東派劉少奇和鄧小平前往。然而，就在兩人到達莫斯科後，匈牙利又發生了另一場動亂。

　　匈牙利的動亂無疑是波蘭事件傳染的。10 月下旬，在匈牙利的首都布達佩斯（Budapest）有大學生發起遊行，結果竟聚集了二十萬人。群眾高呼和波蘭一樣的口號「俄國佬滾回去！」同時又要求前任總理納吉（Imre

Nagy）回任。匈共總書記格羅（Erno Gero）拒絕，結果引發暴亂。蘇聯的軍隊和坦克應格羅的請求而開進布達佩斯。全國各地於是掀起總罷工，要求蘇聯軍隊撤出。納吉呼籲民眾冷靜，靜待政府和蘇聯談判，期盼能有和波蘭動亂一樣的結局。

劉少奇、鄧小平這時也被邀請參加討論對兄弟國動亂的對策。兩人徵得毛澤東同意，和赫魯雪夫作成一致的決定，同意不干涉匈牙利，撤出軍隊。然而就在撤軍後的第二天，布達佩斯突然又發生暴亂，一萬多名武裝群眾以暴力殺害警察、軍人以及部分的蘇聯人；據說群眾的武器很可能是西方國家提供的。赫魯雪夫和劉少奇等人又緊急會商，並改變原先的決定，一致同意再次派遣軍隊前往匈牙利，以「整頓秩序」。

納吉獲知蘇聯再次出兵之後，竟宣布匈牙利退出華沙公約組織，又要求美、英、法等國出面協助匈牙利。

納吉這樣的宣布，等於是自殺。回顧 1949 年，美國領導西歐國家成立北大西洋公約，蘇聯除了抗議之外並沒有什麼動作。等到 1955 年西德也決定加入北約，赫魯雪夫只好成立華沙公約組織，以確保共產主義國家的集體安全。波蘭動亂當中，戈慕爾卡主動表示要留在華沙公約組織中，赫魯雪夫雖然不滿，還可以忍耐。如今納吉不但要退出華沙公約，又公然請西方資本主義國家介入，在赫魯雪夫和毛澤東看來，是真正的「反革命」，已經無法再坐視了。

納吉被捕，一年半後被槍決。匈牙利革命以悲劇收場，其他置身於鐵幕中的東歐國家再也不敢發出改革的聲音。

波、匈事件對中共的影響

波蘭和匈牙利事件接連發生，毛澤東一下子堅決地反對蘇聯干涉兄弟國，一下子又贊成蘇聯派出軍隊和坦克去鎮壓反革命，態度完全逆轉，也說明了這兩個事件對毛澤東產生了極大的衝擊。毛澤東原來是支持赫魯雪夫的變革，現在卻越來越擔心過度批判史達林最終將導致社會主義陣營分

裂，也將危害到中共，危害到自己。

匈牙利革命到達關鍵時刻時，南斯拉夫的狄托忽然發表演講，反對蘇聯干涉別國內政，又說除了史達林的路線之外，社會主義還有一些其他的道路。這樣的說法，毛澤東當然無法同意。當時中共正好在召開八屆二中全會，毛澤東於是發表談話。他說：

> 關於蘇共二十次代表大會，我想講一點。我看有兩把「刀子」，一把是列寧，一把是史達林。現在，史達林這把刀子，俄國人丟了。戈慕爾卡、匈牙利的一些人就拿起這把刀子殺蘇聯。……。帝國主義也拿這把刀子殺人，杜勒斯就拿起來耍了一頓。這把刀子不是借出去的，是丟出去的。我們中國人沒有丟。……。列寧這把刀子現在是不是也被蘇聯的領導人丟掉一些呢？我看也丟掉相當多了。
>
> 東歐一些國家的基本問題就是階級鬥爭沒有搞好，那麼多反革命沒有搞掉，沒有在階級鬥爭中訓練無產階級認清敵我，分清是非，分清唯心論和唯物論。現在呢？自食其果，燒到自己頭來了。

毛澤東又說，史達林功高於過，「不能一棍子打死」。針對狄托的說法，毛澤東提出反駁，認為蘇聯社會主義的政治和經濟政策都是正確的，並不需要修正，錯誤只是在於發展出「教條主義」。因而，共產主義者一方面要堅決地反對「教條主義」，另一方面也要堅決地反對「修正主義」對共產主義發起進攻。

重提「百花齊放，百家爭鳴」

1957 年 2 月，毛澤東又發表一篇講話，題目是〈關於正確處理人民內部矛盾的問題〉。對於反革命分子，毛認為只有消滅一途。對於知識分子，毛卻又表示要積極爭取，並希望知識分子能改造自己，以利與工人、農民團結一致。最後，毛又特別把一年前曾經提過的「百花齊放，百家爭鳴」方針重新提出來，希望知識分子能夠反映他們的思想意識，讓民主黨派監

督共產黨。

　　毛澤東的文章發表後，民主人士仍是遲遲不敢表示意見。毛於是又發出一項指示，說必須在黨內發起整風運動，並歡迎非共黨員參加，以協助共產黨整風。毛甚至提出「知無不言，言無不盡；言者無罪，聞者足戒；有則改之，無則加勉。」的說法，鼓勵放膽批評。中共中央統戰部為此舉辦一系列十三場的座談會，邀請民主人士和知識分子參加。

　　在此之前，中共曾經決定讓三份重要的報紙恢復民營性質，將《大公報》、《光明日報》、《文匯報》都交由民主黨派主辦。這時共產黨又一再表態，民主黨派逐漸相信毛主席是認真地要聽取外面的聲音，於是有了回應。民主人士中以中國民主同盟（簡稱「民盟」）勢力最龐大，成員紛紛發言。《光明日報》總編輯儲安平下令在九個城市中舉行座談會，預備收集資料給中共提意見。

　　事實上，毛澤東明顯地是要設計布局，引誘所謂的「右派分子」入彀。民主人士正在紛紛發言時，卻不知道毛澤東已經在 5 月中寫了一篇文章〈事情正在起變化〉，秘密發給黨內的高級幹部，其中說：

> 　　最近這個時期，在民主黨派中和高等學校中，右派表現得最堅決最猖狂。……。我們還要讓他們猖狂一個時期，讓他們走到頂點。他們越猖狂，對於我們越有利益。……。什麼擁護人民民主專政，擁護人民政府，擁護社會主義，擁護共產黨的領導，對於右派說來都是假的，切記不要相信。

大鳴大放

　　也是在 5 月，民盟副主席章伯鈞，兼交通部長及《光明日報》社長，在中央統戰部舉辦的座談會上提出對共產黨的批評意見。他說，現在工業方面有很多設計院，可是政治上就沒有設計院，建議成立一個設計院來討論一些政治上的基本建設。他又認為大學裡的黨委制度應該檢討。章伯鈞對改簡體字也有意見，說如果文字改革問題等同於社會主義、共產主義，那

麼他沒有意見；但如果是文化問題，就應該多討論。民盟另一位副主席兼
《文匯報》社長羅隆基也發言，建議成立一個特別委員會，追查各種運動
中的錯誤及偏差，並接受人民申冤。

章伯鈞的「政治設計院」和羅隆基的「平反委員會」後來都分別成為
他們被清算鬥爭的主要罪狀。不過民主人士「大鳴大放」的最高點是在 6
月初儲安平提出的「黨天下」批判。儲安平以〈向毛主席和周總理提些意
見〉為題發表談話。他說：

> 　解放以後，知識分子都熱烈地擁護黨，接受黨的領導。但是這幾年來黨
> 群關係並不好，而且成為我國政治生活中急需調整的一個問題。這個問題的
> 關鍵究竟何在？據我看來，關鍵在「黨天下」這個思想問題上。……。在全
> 國範圍內，不論大小單位，甚至一個科一個組，都要安排黨員做頭兒。事
> 無巨細，都要看黨的顏色行事，都要黨員點頭才算數，是不是太過分了一
> 點？……。我認為這個黨天下的思想問題是一切宗派主義現象的最終根源，
> 是黨和非黨之間矛盾的基本所在。

反右運動

儲安平的意見全文刊登在報紙上，如石破天驚，震動朝野。據說毛澤東
讀了以後好幾天睡不著覺，於是決定開始收網，在《人民日報》上寫了一
篇短文〈這是為什麼？〉，其中說：

> 　有極少數人對社會主義是口是心非，心裏嚮往的其實是資本主義，腦子
> 裏憧憬的是歐美式的政治，這些人就是今天的右派。在「幫助共產黨整風」
> 的名義之下，少數的右派分子正在向共產黨和工人階級的領導權挑戰，甚至
> 公然叫囂要共產黨「下台」。他們企圖乘此時機把共產黨和工人階級打翻，把
> 社會主義的偉大事業打翻，拉著歷史向後倒退，退到資產階級專政，實際是
> 退到革命勝利以前的半殖民地地位，把中國人民重新放在帝國主義及其走狗

的反動統治之下。

「反右運動」的號角於是吹響全國。由於毛澤東曾經說：「右派大約占百分之一、百分之三、百分之五到百分之十，依情況而不同。」這百分之一到百分之十就成了各省、各縣、各單位揪出右派分子的寬廣範圍。鄧小平這時是總書記，被毛澤東指定為推動「反右運動」的總負責人。據估計，全國被劃為右派分子的人數達到五十五萬人，其中的第一號及第二號人物，自然是章伯鈞和羅隆基。

凡是被劃為右派分子的人，必定要不斷地參加開會，接受批評，直到願意認錯，寫成檢討書上繳。有些人丟掉職位，有些被降級，大部分被強迫接受「勞動教養」。舉一個例。儲安平被拔除《光明日報》總編輯的職位後，奉命在北京的一個小胡同裡養羊，並且被迫學習，接受批判，或是自我批判。章伯鈞有一位女兒張詒和在三十年後出版一本著作《往事不如雲煙》，其中寫到儲安平，說：「他有頭腦，但社會不要他思考；他有精力，但國家不要他出力；他有才能，但國家不要他施展。」一個錯誤的時代裡發生的錯誤悲劇，躍然紙上。

反右運動的影響

毛澤東發動「反右運動」之後洋洋得意，說：「讓大家鳴放，有人說是陰謀，我們說，這是『陽謀』，因為事先告訴了敵人。牛鬼蛇神只有讓它們出籠，才好殲滅他們，毒草只有讓它們出土，才便於鋤掉。」

反右運動中受害的不只是被劃為右派分子的五十五萬人。這些人的家屬、親戚、朋友也連帶受害，在生活、就學、就業都受到歧視，甚至被下放勞改。因而，全國有三百萬人以上遭到連累。

親戚朋友如果不想受到連累，那就必須和右派分子劃清界限，或是主動舉發右派分子及其「罪行」。為了自保而出賣至親好友，甚至誣告、構陷的例子，數不勝數。第一號大右派分子章伯鈞受到意想不到的民盟同志出

賣尤其多，不禁感嘆這些人在決定出賣他之前，「先要吃掉良心」。但出賣人者恆被出賣，最終民主人士能逃過劫難者，寥寥可數。如儲安平一類的人，滿腦子的理想，但不識時務，最終證明只是呆子。從此以後，知識分子噤若寒蟬，只求自保，不敢再為國家獻策。

毛澤東公然示範玩弄陰謀詭計而得逞，許多共產黨員因而認為，政治人物不必講誠信，欲達目的可以不擇手段。一種負面的社會風氣於是在全國形成，影響既深且遠。

鄧小平作為毛澤東的副手，是這時反右的急先鋒。在毛澤東「引蛇出洞」的階段，鄧小平參與其中，鼓勵民主人士、文藝人士暢所欲言；在反右運動開始後，又將整風帶向中央與地方，帶向農村和工廠，帶向各級學校，甚至邊疆地區，因而株連極廣。事實上，鄧小平在上一年底剛剛親歷匈牙利暴動，斷定是屬於「反革命」事件，所以當毛澤東說：「這是一場大戰，不打勝這一仗，社會主義是建不成的，並且有出『匈牙利事件』的某些危險。」的時候，鄧小平也認為「必須使鬥爭繼續深入下去」。

二十幾年後，鄧小平成為國家的領導人，開始親自為他當年整肅的數十萬反右分子平反，坦然承認自己所犯的錯誤，不過仍然堅持反右運動是有必要的。他說：「同志們可以回想一下，……，這個時候出來一股思潮，他的核心是反對社會主義，反對黨的領導。有些人是殺氣騰騰的啊！當時不反擊這種思潮是不行的。問題出在哪裡呢？問題是隨著運動的發展，擴大化了，打擊面寬了，打擊的份量也太重。」

第 6 章
大躍進、大饑荒及中蘇交惡

1957 年 10 月，蘇聯在事前極端保密的情況下成功地發射了世界上第一顆人造衛星「史普尼克 1 號」（Sputnik 1），震驚全世界。

美國和蘇聯從二次大戰結束後就開始軍事競賽，其中也包括核武、導彈、太空火箭等。「史普尼克 1 號」發射成功無疑標誌著蘇聯已經追上，甚至可能超越美國；社會主義各國無不振奮，資本主義國家都開始擔憂。美國決心急起直追，與蘇聯之間的競賽從此越加激烈。

蘇聯發射「史普尼克 1 號」的時機，正是在十月革命四十週年的前夕。赫魯雪夫大舉邀請全世界八十幾個國家的共產黨代表前往莫斯科，在紅場舉行慶祝大典。毛澤東親自率領一個龐大的代表團前往，團員中包括劉少奇、周恩來、鄧小平等人。

超英趕美，東風壓倒西風

事實上，赫魯雪夫的地位並不穩固，即使在黨內也有很多敵人。就在十月慶典之前四個月，蘇聯便發生過一次流產政變，赫魯雪夫差一點被推翻。當時莫洛托夫和馬林可夫等在中央主席團開會中突然提議罷黜赫魯雪夫，但赫魯雪夫拒絕下台，要求召開中央全會投票以決定去留。國防部長

朱可夫元帥（Georgy Zhukov）這時全力支持赫魯雪夫，派軍機火速把全國各地的中央委員接到莫斯科。赫魯雪夫於是反敗為勝。

赫魯雪夫不只在國內有人要推倒他，在東歐也有一些國家的共產黨領導人不聽他的號令，因而不能不拉攏毛澤東。為了取得毛澤東的支持，赫魯雪夫不惜和他簽訂一項秘密協議，約定逐漸移轉相關的核能及導彈技術，並將在 1959 年交付一枚原子彈給中共。毛澤東大喜，於是在十月革命四十週年大會中當眾說共產黨國家必須有一個頭，蘇聯就是這個頭；又說中國的經驗不足，沒有資格當頭。

毛澤東看似在對蘇聯老大哥表示謙虛和效忠，但言行之間總讓人覺得他是在和赫魯雪夫互爭高下。赫魯雪夫宣稱蘇聯預計在十五年內能趕上，或超越美國的經濟生產。毛澤東立刻回應，說十五年後中國也可以趕上，或超過英國。他又大放厥詞，發表「東風壓倒西風」的論調，說：「這個世界上有兩股風，東風和西風。我們中國有一種說法，不是東風壓倒西風，就是西風壓倒東風。我認為，現在國際形勢的關鍵是東風壓倒西風。這就是說，社會主義的力量，已經大大勝過資本主義的力量。」

談到戰爭，毛澤東更是語出驚人。他說絕對不用怕戰爭，也不用怕原子彈；無論是什麼戰爭，社會主義國家都會取勝，美國不過是一隻「紙老虎」。他舉中國為例，說：「如果帝國主義把戰爭強加於我們，而我們現在六億人，即使我們損失其中三億人又怎麼樣？戰爭嘛，若干年後，我們培育出新人，就會使人口得到恢復。」毛發言後，會場上一片靜默。但會後捷克和波蘭共產黨領導人都向赫魯雪夫說，他們的國家人口也不過一千多萬人，到時不是減少一半，而是全部喪生，要如何恢復？

杭州、南寧、成都、漢口會議

毛澤東矢志要超英趕美，回國後決定要再一次推動社會主義高潮，加速建設，不許有人繼續「反冒進」。1958 年 1 月起，毛澤東分別在杭州、南寧、成都、漢口召集部分中央和地方的領導人開會。

在杭州，上海市長柯慶施領頭對毛澤東表態支持「社會主義建設新高潮」。毛澤東嚴厲地指責薄一波，說不再聽他主張什麼預算平衡那一套。

在南寧，毛澤東從會議一開始就要求所有的人不要再提「反冒進」，說這是政治問題，一反就洩了氣，六億人一洩氣不得了。他警告說如果有人繼續反冒進，「離右派只有五十米」，所有的人聽了不免心驚膽戰。毛澤東又公開羞辱周恩來，說：「你不是『反冒進』嗎？我可是反『反冒進』的。」眾人立刻圍剿周恩來，周恩來只得自我批評，承認錯誤。

在成都，柯慶施又領頭諂媚毛澤東。他說：「相信毛主席要相信到迷信的程度，服從毛主席要服從到盲從的程度。」劉少奇也說：「主席比我們高明得多，不論是從思想、觀點、作用、方法哪一方面，我們都比他差一大截。我們的任務是認真向他學習。」當初赫魯雪夫在「秘密報告」中痛斥個人迷信，不過兩年，中國又再度興起了造神運動。

這時周恩來不知道已經認錯幾回了，但毛澤東還不放過，要他繼續自我審查。根據當時一位秘書回憶，周恩來不知道如何是好，所以心情沮喪，幾次暗自垂淚。周恩來從延安起開始跟隨毛澤東，恐怕再也沒有比這時更難熬了。最後，他決定加入對毛澤東崇拜的隊伍，於1958年5月召開「八大二次會議」時當著一千多名代表說：「中國幾十年革命和建設的歷史證明，毛主席是真理的代表。離開或者違背他的領導和指示，就常常迷失方向，發生錯誤，損害黨和人民的利益。我所犯的多次錯誤就足以證明這一點。」毛澤東終於點頭滿意了。

八大二次會議總路線——多快好省地建設社會主義

總之，毛澤東在各地方一路開會，主要的目的是確定沒有人再敢反對他。南寧會議中，有一份報告提到：「計畫的中心是調動一切可能調動的積極因素，大力組織工、農業生產高潮，迎接新的『大躍進』的一年，為第二個五年計畫高速度地發展生產建設鋪好道路。」「大躍進」的號角於是響徹全國。

在中共的歷史上，建黨初期幾乎每年開一次全國代表大會，但六大、七大分別在 1928、1945 年召開後，中間都空了很多年沒有開會。1956 年八大開會時，有人提議將來在大會之間也多開幾次會，並獲得通過。不過像這樣在大會之後又開會，八大二次會議是僅有的一次，此後不曾再發生過。

毛澤東其實對八大一次會議非常不滿，他在會前提出「多、快、好、省」的口號，八大的決議內容中卻完全不提這四個字。毛於是重新訂調，決定八大二次會議的總路線為「鼓足幹勁，力爭上游，多快好省地建設社會主義」，把「多、快、好、省」四個字明確地寫進裡面。然而，後來中共仍是犯了和先前同樣的錯誤，只有「多、快」，沒有「好、省」。

「大躍進」的兩個主軸是大辦人民公社和大煉鋼鐵，都在 1958 年火熱。實際上，另一個「大辦水利」的運動早在前一年已經開始。

大辦水利工程

水利工程是發展農業的先決條件，農民當然支持。在毛澤東號召之下，全國掀起熱潮，乾旱、貧窮地區的農民尤其希望藉此改變命運。當時有許多水庫和灌溉系統工程在完成後確實有助於開墾土地，增加收成，嘉惠農民。然而，有些工程卻是只憑腦殼發熱，並沒有事先清楚地思考，完善規劃，以致於失敗。越是巨大的工程，越是從政治的著眼點出發，只是為了逢迎拍馬，所以失敗得越悽慘。

舉一個例。政府預備在三門峽建造黃河水壩，認為可以達到蓄水兼發電的雙重目的，但必須強迫居住在上游預定淹沒區的數十萬人大遷徙。不過當時有許多學者專家堅決反對在黃河建造超級水壩，其中以清華大學的水利系教授黃萬里為代表。黃萬里說，由於黃河的河水裡泥沙含量太高，如果政府執意建造三門峽，不久水庫就會大量淤積泥沙，並將危害到上游的渭河流域。渭河流域就是戰國時代以來所稱的關中平原，號稱「沃野千里」，如有萬一，損害將難以估計。

然而，三門峽黃河水壩最終還是從 1957 年 4 月開始興建，而在 1960

年 9 月開始啟動蓄水。不幸的是，如黃萬里的預料，一年半後水庫中淤積泥沙已經開始回堵到渭河河口。渭河河床不斷地墊高，甚至高過兩岸地面，成為「懸河」。上游只要下雨，便很容易決堤，淹沒兩岸的農田，釀成大災害。此後數十年，政府不斷地投入大量的資金和人力搶救，但泥沙淤積的問題永遠無解，水患也永遠無解。

　　再舉一例。甘肅省是中國最乾旱的省分之一，只有在南端的洮水流域有豐沛的水資源。甘肅省的黨、政官員提出一個宏大而荒誕的計畫，建議修建一條巨大的運河，把洮水引上山，再連通到甘肅中部和東部的黃土高原，如此便可以創造出一千五百萬畝的良田。

　　這項計畫於 1958 年 6 月開始後，每日有十幾萬農民在深谷中，在高山上，憑著萬丈的熱情，企圖使用簡單的工具來建造一條「山上的運河」。中央政府官員不斷為此一「改造自然」的偉大工程打氣，全國有二十個省派員前往觀摩。任何人唱衰「引洮上山」都可能被認為是右傾機會主義者在興風作浪，必將遭到整肅。然而，這項工程艱鉅的程度遠遠超過無知官員們的想像，最終在 1961 年夏天被迫停工。在三年施工期間，有數千人死亡，死因有累死、病死、凍死、受傷不治而死。在後來，有更多人是在發生大饑荒時餓死。

人民公社

　　1958 年起，中共開始討論如何將各地的農業合作社整併，升級成為像蘇聯的大型集體農場。據說最早進行合併的是位於河南信陽地區遂平縣的嵖岈山區。當地原有二十七個農業合作社，各社的邊界時常發生糾紛，沒有任何一個社能單獨進行水利工程。遂平縣委書記於是軟硬兼施，把二十七社，九千多戶農家，四萬多人整併成為一個「嵖岈山大社」，後來又改名為「嵖岈山衛星農業社」。

　　「衛星」是從蘇聯發射人造衛星之後開始流行的一個用語，代表大突破、大發展的意思。當時關於整併後的集體農場全國各地用語並不統一，

有「大社」、「農業社」、「衛星社」等名稱。據說毛澤東喜孜孜地到處視察，有一天到了河北徐水縣七里營，看見一個招牌上寫著「七里營人民公社」，說：「『人民公社』這個名字好！」「人民公社」的名稱於是在全國一體通用。

1958 年 8 月，中共通過一項《關於在農村建立人民公社的決議》，各地自此紛紛以超高速度成立人民公社。僅僅兩個月內，全國七十四萬個農業生產合作社合併成為二萬六千個人民公社，平均每社大約二萬人。人民公社是農村一個行政單位，下設生產大隊，生產大隊之下又有生產隊。原則上所有的生產資料，如農具、牲畜、種子、肥料等都歸集體所有。有些人民公社連住家、家具也都歸公，不許有任何自留地。生產的勞動工作由人民公社統一分配，所有的人在大食堂一起吃「大鍋飯」。

放衛星

在當時，中國北方種植小麥一般每畝產量大約是一百五十斤；在南方種水稻，最多也不過是四百至五百斤。毛澤東在 1957 年親自訂了一個目標，希望在十年後達到小麥每畝四百斤，水稻每畝八百斤。不過在 1958 年初，湖北省麻城縣就宣稱每畝水稻產量可達到八百斤。麻城縣立刻被表揚為模範縣。到了 6 月，嵖岈山宣告在小麥實驗田裡獲得突破，達到二千一百斤；幾天後，又宣稱達到三千五百斤。《人民日報》刊出此一新聞後，各地的人民公社紛紛「放衛星」，掀起虛報畝產的競賽。

也是在 6 月，一位科學家錢學森在報紙上具名刊出短文，說根據他的計算，太陽光如果善加利用，理論上可以使糧食生產達到畝產幾萬斤。

錢學森是當時中國最頂尖的科學家，享譽國內外，負責發展原子彈和衛星的計畫，所以他的文章一經發表，對農民「放衛星」產生加溫的效果。7 月底，虛報畝產數字已經超過一萬斤。8 月，有人宣稱達到新紀錄超過三萬斤，然後立刻有人加到四萬、六萬。最後竟衝破十萬斤。這些浮報的數字實在難以令人相信，但毛澤東怎麼會相信呢？根據毛的一位秘書後來的回

憶文章,毛自己說是在看了錢學森的文章後才相信的。

毛澤東後來漸漸擔心,農民生產這樣多糧食,要怎麼才吃得完?他在下鄉訪問後,指示說:「以後就少種一些,一天幹半天活,……。社員可以多吃糧,一天吃五頓也行嘛!」又鼓勵大家敞開肚皮吃飯。許多公社於是遵照指示,讓社員大吃特吃,一天吃掉原本三、四天的份量,吃不完就拿去餵豬,或是倒掉。

數字雖然會騙人,事實卻是無法抹去。不管「放衛星」如何吹噓,1958年中國的糧食生產每畝仍然不超過三百斤。大躍進的種種錯誤中,各地的人民公社又如此地糟蹋糧食,大饑荒已經不遠了。

大煉鋼鐵

有關工業的生產目標,各方提報的數字也是一次比一次高。南寧會議所提的數字已經很高了,成都會議、八大二次會議、北戴河會議又不斷地往上加。以鋼鐵生產為例。1958年鋼鐵計畫生產的最後數字是一千零七十萬噸,是前一年實際生產量的兩倍。經濟計畫部門認為只要1959年的鋼鐵產量再翻一番,達到二千五百萬噸就可以超過英國,所以寫了一個報告,標題是〈兩年超過英國〉。毛澤東欣然同意,下令計畫生產一噸都不能少。

問題是國內所有的煉鋼廠都已經投入生產了,但是總產能遠遠不夠,那麼要如何衝刺才能達到目標產量一千零七十萬噸呢?有人提議在全國各地都建造簡易的小高爐,以土法煉鋼。這個建議竟然被接受了。

各省市的領導人於是奉令緊急動員人民「大煉鋼鐵」,估計全國約有四千多萬人,建造了五十多萬個小高爐。白天時,有許多人在守護小高爐;有些人被派去挖煤礦或撿煤渣,在森林裡砍樹或撿枯木,甚至拆樓板、床板,拿去當燃料。又有些人被派去蒐集廢鐵,或是沒收各家的鐵製鍋碗瓢盆,甚至農耕用具,一概投入高爐之中。到了晚上,紅色的高爐火光照耀天空,從南到北,由東至西,無分城市或鄉村。許多人民公社一面繼續放衛星,一面又把農民抽調去參加大煉鋼鐵,大片的農田因而荒廢休耕。中

國離大饑荒又近了一步。

赫魯雪夫對大躍進的評價

赫魯雪夫在晚年回憶說，蘇聯原本很高興地看見中國迅速崛起，經濟蒸蒸日上，人民生活水平提高，沒想到中共突然實施大躍進，使得農業衰敗，工業解體。他說，雖然大躍進是中國自己內部的事，但如果能和蘇聯事先交換意見應該是有益的，結果連他也是看見報刊上的報導，才知道有關大躍進的事。

赫魯雪夫自稱是集體農場的始作俑者，深知其中的錯誤。史達林死後，蘇聯已經在集體農場政策上開始鬆綁，讓農民保有部分的自有地。赫魯雪夫引述列寧的話，說只有在高度機械化的基礎上才有可能把農民組織成為合作社。中國比蘇聯還要貧窮落後，農民大多是用手拿鋤頭和木犁種田，也不是每戶都有耕犁，有什麼條件搞集體化？

對於土法煉鋼，赫魯雪夫尤其不以為然，說「簡直是一場瘟疫」。他認為，這是遙遠的年代以前的冶煉業，在這樣粗陋條件下產出的鐵，成本和品質都是問題，也達不到工業用鋼鐵所需的規格。

赫魯雪夫雖然持負面的看法，東歐有些國家卻對大躍進十分好奇，也想學著做。其中保加利亞不聽赫魯雪夫的勸阻，一心一意也要辦人民公社和大煉鋼鐵，只是實施的規模稍小。六個月後，保加利亞耗盡自己的錢，果然如赫魯雪夫預言那樣，回來向蘇聯求援。赫魯雪夫不得不還是提供援助，以免保加利亞破產。

中、蘇關係惡化

赫魯雪夫對大躍進的冷嘲熱諷，毛澤東當然聽見，也難掩心中的憤怒。不僅如此，兩人的關係也因為其他問題意見不合而開始惡化。

1958 年 7 月，蘇聯向中國提出一項建議，希望在中國南方建造一座無

線電台,以便和在太平洋巡弋的蘇聯潛艇保持聯繫。赫魯雪夫說,這樣做符合社會主義陣營的共同利益,不料毛澤東聽後大怒。

　　赫魯雪夫忘記了一件事。史達林在世時,也曾經好幾次建議由蘇聯在中國建廠,製造罐頭、工業零件之類的產品,卻遭到毛澤東拒絕。毛澤東堅持由蘇聯提供貸款和技術,由中國人自行建廠。史達林發現他先前的懷疑是對的,毛澤東是一個百分之百的民族主義者,把捍衛國家主權當作第一等大事;相對地,國際共產主義的共同利益只是次要。史達林在和毛澤東爭論時,赫魯雪夫不只一次勸他不要觸動毛澤東民族主義的敏感神經;等到赫魯雪夫當家,卻忘了自己當年對史達林的勸告。

　　毛澤東拒絕蘇聯的提議後,赫魯雪夫決定放下身段,親自飛到北京和毛澤東當面溝通,毛澤東的態度卻十分高傲。據赫魯雪夫回憶,所有的會談幾乎都是在毛澤東的游泳池畔進行。毛澤東一面在水裡游來游去,一面向赫魯雪夫炫耀人民公社的偉大成就,說:「我們現在發愁的不是糧食不夠吃,而是糧食多了怎麼辦?」赫魯雪夫雖然泳技低劣,也只能脫下衣服,穿上泳褲,全程奉陪。赫魯雪夫最後同意提供貸款、技術和設備,讓中國人建造此一無線電台,不過這項工程終究還是沒有進行。

　　赫魯雪夫又提出另一項建議,希望蘇聯的潛艇可以在中國某些港口靠岸,以便加油、整補。毛澤東更加生氣,說這樣有損中國的主權和顏面,百年來列強帶給中國的恥辱,正是像這一類的要求。兩人於是不歡而散。

金門砲戰(八二三砲戰)

　　就在赫魯雪夫離開北京後不到三星期,毛澤東突然在沒有預警的情形下於8月23日下令砲轟金門。金門是在中國福建外海,非常靠近廈門的一個小島,但是控制在蔣介石政權的手中。這不過是個彈丸小島,在兩個小時內竟落彈四萬餘發。蔣介石下令回擊。雙方正在進行砲戰中,美國對中共提出嚴重警告,又派出六艘航空母艦進駐台灣海峽。

　　赫魯雪夫又驚又怒。驚的是毛澤東輕舉妄動,可能破壞他一向希望緩和

與美國關係所做的努力；怒的是他在北京時毛澤東根本沒有提過有關金門之事，砲轟前也不曾知會。事實證明，中國對「蘇聯老大哥」沒有半點尊敬，不過使得赫魯雪夫更生氣的事還在後面。

在金門砲戰（或稱八二三砲戰）中，也發生了海戰和空戰。台灣的空軍使用一種由美軍提供的「響尾蛇」導彈，其中有一枚發生故障，掉落在地面上，被中共軍隊拾獲。蘇聯自認導彈的技術不如美國，所以要求把這枚導彈送到蘇聯，以便拆解，研究其中的秘密。但中國人也想研究，說等研究完後會送給蘇聯。但蘇聯不斷施壓，中國不得不把導彈提早送去。蘇聯人收到後卻發現其中少了一個非常關鍵的元件，中國人說是元件可能在運送過程中遺失，蘇聯人卻認定是中國人私藏而不願交出。

這個小小的事件大大地刺傷了蘇聯人的感情。過去蘇聯人自認對中國如兄弟般地對待，支援無數的建設項目，提供貸款、設備，派遣數千名專家，從來都沒有保留任何秘密。如今，中共在戰場上獲得了一點點戰利品，卻不肯和蘇聯共享，千方百計地拖延，最後又說謊。赫魯雪夫自稱這時對中共的失望達到頂點，已經開始在心中問自己，是否要繼續協助中國發展核能技術，並且在一年後依約交出一枚原子彈給中共？

蘇共二十一大

1959 年 1 月，蘇聯共產黨召開第二十一次大會，周恩來率領中共代表團參加。在會議中，赫魯雪夫明白地表示反對大躍進，說：「社會不能不經過社會主義發展階段就從資本主義跳到共產主義。」據他自己後來說，這樣挑明批判，主要是希望「打預防針」，讓東歐兄弟黨停止對大躍進有不切實際的幻想。

周恩來也被安排上台講話。事實上，這時大躍進在中國造成的嚴重後果已經逐漸顯現。全民大煉鋼鐵造成經濟上巨大的損失；人民公社裡部分農民完全失去積極性，以怠工、私藏糧食來抵制。不過周恩來在幾個月前「反反冒進」的政治運動中被迫一再檢討、認錯，才剛剛獲得毛澤東的原

諒。在這種情況下，他上台要說什麼呢？當時跟隨周恩來去擔任翻譯員的閻明復後來回憶，他不得不反駁赫魯雪夫，讚揚大躍進的偉大成就。通篇演講其實都是違心之論。

中、蘇之間雖然有歧見，兩國還是簽訂了新的經濟合作協定。蘇聯承諾將於八年內協助中國進行冶金、化學、石油、發電、機械製造等數十個大型建設計畫，總值大約五十億盧布（約等於五十五億美金）。中國將提供商品給蘇聯，以償付設備及貸款。

廬山事件

根據中共發布的 1958 年全國的工業及農業產值數字，大躍進取得絕對的成功。許多官員卻憂心忡忡，強烈地懷疑這些數字的真實性。許多高官決定親自回到故鄉去考察，一探究竟。國防部長彭德懷也在這一年底回到家鄉湖南湘潭。他發現問題嚴重，各地颳起幾股黑風——共產風、浮誇風和強迫命令風。共產風就是人民公社把生產資料盲目地集中起來，使農民失去積極性。浮誇風就是「放衛星」，集體造假。強迫命令風就是各級幹部為了達到目的，用毆打、虐待的手段對待農民和婦女。彭德懷視察時，許多鄉親直接向他申訴，對他產生極大的衝擊。

1959 年 5 月，彭德懷訪問東歐，也見到赫魯雪夫。他一向有話直說，所以把自己的在國內的觀感告訴了赫魯雪夫和一些東歐的領導人。7 月初，毛澤東在廬山召開政治局擴大會議，彭德懷也參加。在開會前，彭德懷和一些同志私下談論，越談越認為問題嚴重，於是直接寫了一封長信給毛澤東。彭德懷雖然盡量措辭委婉，但還是有些比較激烈的字句，例如：「政治掛帥不可能代替經濟法則。」

毛澤東把彭德懷的信印發給與會人員，讓大家討論，結果有許多人發言支持彭德懷的意見。彭德懷自己也數度發言，越說越激動，甚至觸及到敏感的個人崇拜問題。他說：「浮誇風、小高爐等等，都不過是表面現象；缺乏民主、個人崇拜，才是這一切弊病的根源。」

在盧山會議之前不久，赫魯雪夫終於下定決心，通知停止協助中國發展核武器，也取消交付一枚原子彈的承諾。毛澤東接獲報告，受到極大的刺激。盧山會議中，毛澤東又陸續收到報告，說赫魯雪夫和一些東歐領導人在報刊上大肆攻擊中國的大躍進，彭德懷訪問東歐時的部分發言可能被利用了。毛澤東大怒，決定發難。

彭德懷發出「萬言書」後第九天，毛澤東在大會上發表嚴厲的講話，直接批評彭德懷是右傾機會主義者，屬於反黨性質，又指責他把有關人民公社的負面材料交給赫魯雪夫，「裡通外國」，以至於中國遭到外人的批評和侮辱。毛澤東厲聲說道：「假如辦十件事，九件是壞的，都登在報上，一定滅亡，應當滅亡。那我就走，到農村去，率領農民推翻政府。你解放軍不走，我就找紅軍去，我就另外組織解放軍。我看解放軍會跟我走。」又說：「我一個兒子被打死了，一個兒子瘋了，我看是沒有後的。始作俑者是我，應該是斷子絕孫。」

毛澤東說出這樣極端的話，所有與會的人都驚呆了。但大家都知道，他說有一個兒子被打死的事和彭德懷有關係。

毛澤東和彭德懷的恩怨

毛澤東有兩個兒子，大的叫毛岸英，小的叫毛岸青。兩人的母親楊開慧不幸被國民黨特務殺害，當時岸英只有八歲，岸青七歲。兩兄弟輾轉流浪到上海，相依為命，只能靠賣報、撿破爛，替人家打掃房子掙口飯吃。後來兩人被送交給一位基督教的牧師收養，不幸被虐待，時常遭到毆打。岸青因而腦部受傷，導致後來精神失常。

事實上，毛澤東忙於革命，在妻子死後就不曾見到過這兩個孩子。當時許多中共要員的子女都是過著顛沛流離的生活，隨時有生命的危險，毛澤東的兩個兒子並不是特例。共產國際為了解決此一問題，使得中共的領導人都能夠安心革命，決定把他們的子女送到莫斯科的一所兒童院。岸英、岸青因而和劉少奇、瞿秋白等人的小孩都在這個兒童院裡長大。

　　毛岸英長大後加入蘇聯紅軍，晉升為陸軍上尉。1945 年 10 月，毛澤東染病，史達林派飛機送兩名醫生來為毛澤東治療，同時送毛岸英回國。毛澤東抱病親自到機場去，二十年來第一次見到兒子，兩人緊緊地擁抱，激動不已。

　　1950 年，毛澤東決定派人民自願軍到朝鮮。毛岸英曾經留學蘇聯，又通曉英語，自認有助於抗美援朝戰爭，自告奮勇參戰。毛澤東把他託付給自願軍統帥彭德懷。彭德懷當然是小心翼翼，不敢讓毛岸英上前線，把他保護在總指揮部裡。然而，在戰爭初期由於蘇聯無法提供空中保護，自願軍經常暴露在美軍飛機轟炸的危險之中。毛岸英到了朝鮮不到一個月，竟在一次美軍飛機轟炸自願軍總指揮部時不幸被炸死。

　　毛岸英死時只有二十八歲。彭德懷親自回到北京向毛澤東報告。長期擔任毛澤東的秘書師哲後來在回憶錄裡寫道，毛聽到噩耗後，沈默不語，呆了一陣子，然後說：「他是國際革命的烈士。」話中有寬慰彭德懷的意思。有人提議把毛岸英的遺體運回北京，但毛澤東拒絕了，說只要把他和所有在朝鮮戰場犧牲的志願軍一樣就地下葬。

　　毛岸英的死當然是毛澤東心中的大痛，但此後毛從來不曾再提起。廬山會議時，毛澤東終於忍不住把深藏心中多年的痛一下子發洩出來。

廬山事件的後續影響——反右傾運動

　　毛澤東決定嚴厲處置彭德懷，下令臨時在廬山召開八中全會，最後做出《關於以彭德懷同志為首的反黨集團的錯誤的決議》。除了彭德懷之外，另有解放軍總參謀長黃克誠、中共前總書記張聞天及湖南省委第一書記周小舟等三人，一起被打成「彭黃張周反黨聯盟」，全部被撤職。

　　毛澤東每次整肅反對他的人時，總說是一個集團，以示惡性重大，罪加一等。「高饒事件」和「章羅聯盟」都是例子，「彭黃張周反黨聯盟」又是一個例子。事實上，指控這些人結黨成幫根本沒有任何憑據。

　　廬山會議後，毛澤東指示發動「反右傾運動」，繼續追究。這一個政治

運動比先前的「反右運動」牽連更廣，規模更大。據統計，被判定為「右傾機會主義分子」的幹部和黨員竟超過三百萬人。敢講真話的人的下場既是如此，從此再也沒有人敢再批評大躍進、人民公社和大煉鋼鐵。一場大饑荒、大災難於是不可避免。

中蘇關係加速惡化

中、蘇兩國之間在 1959 年間也發生幾個特別事件，使得雙方的關係加速惡化。

1959 年 3 月，西藏發生暴亂。中共在青海、西藏推行大躍進、人民公社，損毀喇嘛寺廟，逼迫僧人還俗，藏人起而反抗，因而爆發武裝衝突。十四世達賴喇嘛被迫逃亡。印度接受美、英兩國的要求，同意接納達賴喇嘛和跟隨他的數千名藏人。中共立刻指責印度干涉中國的內政，中、印於是也發生衝突。蘇聯這時左右為難。蘇聯和中共雖然有「兄弟般的情誼」，印度卻一直與蘇聯維持友好的關係。赫魯雪夫不得不又親自飛到北京，向毛澤東說明蘇聯無法表態支持中國，希望毛澤東諒解。

赫魯雪夫來到中國之前剛剛花了十二天訪問美國，包括紐約、華府以及幾個大州。這是冷戰後破天荒第一次蘇聯的領導人接受邀請訪問美國。赫魯雪夫還和美國總統艾森豪在大衛營（Camp David）裡停留幾天，關室密談。赫魯雪夫的目的是希望美、蘇的關係能夠和緩，停止武器競賽，這和他在蘇共二十大所提出的主張是一致的。毛澤東卻認為，蘇聯的「修正主義」已經背離了馬列主義，向資本主義敵人投降。

毛澤東不知道赫魯雪夫和艾森豪在大衛營裡談了些什麼，但懷疑對中共必然不利。赫魯雪夫現在竟然又為了要拉攏印度而希望中國忍耐。但中國怎能忍耐？毛澤東大怒，下令在全國各地發起示威運動，反印又反蘇。蘇聯和中共之間同時也發生邊界的糾紛。中共表示，中國在清朝末年被帝俄侵佔大片的土地，這是無法接受的事。蘇聯卻表示無法對百年前歷史遺留下來的問題重新談判。雙方又不歡而散。

　　東歐國家中，阿爾巴尼亞共黨的總書記霍查（Enver Hoxha）和赫魯雪夫一向不合，又看出中共和蘇共漸行漸遠，於是向中共示好。中共同意給霍查撐腰，霍查於是放膽在國內發動大清洗，搜捕所有親蘇的共產黨員，手段極端殘忍。赫魯雪夫獲知中、阿竟敢暗中聯合對付蘇聯，又驚又怒，決定要採取報復的措施。

蘇聯撕毀合作協議，撤回技術專家

　　1960 年 7 月，蘇聯通知中國，即刻取消先前簽訂的三百四十三項合作協議、二百五十七個合作項目，撤回在中國協助建設的一千三百九十名技術專家。中國境內有許多工廠因而一夕之間停擺，或工程進行了一半而無以為繼，損失慘重。當年史達林從南斯拉夫撤回蘇聯的專家，停止所有的援助，如今赫魯雪夫對中國也採取同樣激烈的手段。

　　赫魯雪夫之所以如此決定，除了報復之外，其實還有其他的原因。自從中國發動反印、反蘇的示威群眾運動後，蘇聯派駐在中國的外交官、留學生、技術專家和家屬們的處境就一天比一天困難了，遭到侮辱是常有的事。赫魯雪夫更擔心蘇聯人在中國的安全。

　　不但如此，赫魯雪夫認為在當時的環境下，蘇聯的技術人員其實已經無法工作了。舉一個例。周恩來曾經為了東北鞍山鋼鐵廠的一項技術問題，特別請求赫魯雪夫派人協助解決，赫魯雪夫勉強請一位部長級的顧問前往。這位顧問訪問鞍山後向赫魯雪夫報告，說中國曾經到過蘇聯的留學生，或是曾經接受過蘇聯訓練的人員，大多被下放到農村，接受勞動改造。鋼鐵廠是由一位獸醫出身的人在幹廠長，整個廠是由不懂冶金專業的人在管理。赫魯雪夫據此直接質問周恩來，周恩來竟無言以對。

　　總之，赫魯雪夫做出決定，狠狠地一棒打在中國頭上的時候，中國的「大躍進」才正要轉為「大饑荒」。中國於是陷入兩頭痛苦的深淵中。

大饑荒的原因

　　由於各省、市和地方的幹部亂放衛星，浮誇虛報的結果，1958 年中國全國的糧食產量統計數字一度達到一萬億斤。毛澤東後來同意公布的數字改為七千五百億斤，但仍然有許多黨政要員表示懷疑。廬山會議上經過嚴格地審核，又改為五千億斤；但在 1991 年中共黨史出版社編定的《中國共產黨的七十年》裡記載，實際產量只有四千億斤。接下來的兩年不幸都是荒年。1959 年實際生產量只有三千四百億斤；1960 年更差，跌到二千八百億斤。

　　「統購統銷」政策是根據人民公社報告的生產數字來徵購糧食，生產量如果浮報，徵購量就隨之增加，1959 年的徵糧因而超過實際生產量。地方幹部知道，如果照這樣的數字上繳，必定有人餓死；但如果不上繳，自己必將遭到撤職查辦。因而，不肯上繳糧食的農民就遭到毒打和酷刑，甚至有人被打死。大饑荒的腳步於是來到門口。

　　依據一位荷蘭學者馮克（Frank Dikötter）的分析，中共在當時也出口糧食換取外匯，用以支付從蘇聯進口的大批工業設備。1957 年，中國出口到蘇聯的穀物為八十萬噸，1958 年及 59 年又分別增加到九十三萬噸、一百四十二萬噸。此外，中國在 1959 年也出口了一百萬噸糧食到東歐，一百六十萬噸到西方資本主義國家，糧食出口總數達到四百二十萬噸。換句話說，中國在饑荒最嚴重時，出口糧食也創下最高的紀錄。

　　中國如此地大量出口糧食，有一部分原因是為了要還債。從建國時起，中國就不斷地向蘇聯貸款，用以購買飛機、大砲，發展核武，以及從事工業建設。中共後來在國內灌輸反蘇教育，連小學童都說「蘇修逼債」致使中國發生大饑荒。但依照合約規定，這些債可以分十幾年償還，蘇聯也願意讓中共借新債來還舊債，再分期攤還新債。總之，蘇聯並沒有要求中國加速還債，而是毛澤東自己選擇提前還債。毛誤信人民公社糧食生產形勢大好，說：「延安時期那麼困難，我們吃辣椒也不死人，現在比那個時候好多了，要勒緊褲帶，爭取五年內把債務還清。」

　　毛主席這樣說，於是從中央到省、市，從縣級單位又到鄉、鎮，一層一層往下催逼，強制徵購糧食，全國各地餓死的農民就更多了。

信陽事件

　　中國其實在 1958 年就已經發生了飢荒，北起山東、河北，南至雲南、廣東都有餓死人的報導。到了 1959 年，飢荒更加擴大蔓延，但黨政高層大多被蒙在鼓裡。一直到 1960 年 10 月，毛澤東接獲有關河南省信陽地區人民大量死亡的報告，才忽然警覺飢荒嚴重。

　　河南省是 1958 年最早辦理人民公社的省分，河南信陽的遂平縣嵖岈山是人民公社的聖地。河南省的官員又最善於放衛星，也最善於欺壓百姓。在中共大辦水利工程時，河南的三門峽水庫是其中最徹底失敗的例子。河南也是最早爆發大饑荒的省分。

　　「信陽事件」之所以發生，是因為當地的糧食欠收，地委書記不敢據實上報，反而認為是農民隱藏糧食，發動「反瞞產」運動，用非法手段逼糧。部分農民遭到嚴刑拷打，有許多人被活活打死，活著的人開始外逃。信陽地委封鎖消息，又指示各縣、市設崗哨攔堵，不准任何人離開。但北京還是得到消息，派員前往調查，發現死人無數。周恩來得到報告，大驚，指定幾名相關的副部長率團前往，結果證實信陽所屬各縣死人都數以萬計。有些村莊已經沒有人跡，往訪的官員無不震驚落淚。

　　周恩來把報告送交毛澤東。毛澤東雖然也吃驚，在開會時竟將事件定性為「反革命復辟」，是國民黨地主階級殘餘勢力打著共產主義的招牌進行階級報復。據後來的統計，信陽地區原有約八百萬人，在一年內死亡人數超過一百萬，其中有六萬多人是被毆打、酷刑致死的。最嚴重的是光山縣，五十幾萬人口中竟死了二十萬人。信陽地區十六個縣委書記都被逮捕，有人被判死刑，毛澤東卻批示改為死緩。河南省委書記吳芝圃被解除職務，但隨即調到中共中南局任第二書記。

《農業六十條》

　　不單是在信陽，全國各地鬧飢荒，餓死人的消息也不斷傳出。毛澤東發覺事態嚴重，指示黨政高官分批下鄉調查，並親自帶領幾個調查組。劉少奇、周恩來、鄧小平等人也分赴各地。其中劉少奇回到自己的家鄉湖南，他所到之處，地方官員都極力隱瞞事實，使盡種種手段阻止農民和他講話。但劉少奇觸目所及，一片悽慘景象，已經足夠使他震撼，不需什麼人再來說話。他不禁感嘆自己為共產主義的理想奮鬥數十年，究竟給人民帶來什麼？又不禁激動得落淚。

　　事實上，中共自從推動人民公社以來，至此已經三年，相關的規章始終不完備。眾人回到北京後，都同意討論制訂完整的法條。

　　回溯 1959 年 6 月，中共中央曾經根據農業工作部部長鄧子恢的建議發出指示，允許人民公社的社員私自餵養家禽、家畜，又可擁有不超過 5％的自留地。但不久後盧山事件導致反右傾運動，因而地方官大多不敢推動此一指示。信陽事件爆發後，周恩來獲得毛澤東同意，才又發出一個《緊急指示信》的文件，重申此一規定。1961 年 3 月，毛澤東親自主持會議，通過《農村人民公社條例草案》（簡稱《農業六十條》），其中規定人民公社的組織分為公社、生產大隊及生產隊三級，而以大隊為基礎。但由於毛的堅持，仍然保留部分供給制，也就是配給和工資並行制，配給不能多於三成，工資不得少於七成；公共食堂也要繼續辦。所以對農民來說，唯一重要的只是確定前述鄧子恢建議的內容，強調自留地長期為社員所有，自留地的作物不在統購範圍之內。

　　但由於農民普遍不滿，中共經過調查後又在三個月後修訂《農業六十條》，明確規定社員的收入全部改為按勞動工分進行分配，下令解散公共食堂。此後，農民的積極性才顯現，飢荒開始減緩。不過此一改變等於徹底否定人民公社的平均主義，並重複當初在盧山會議上彭德懷和張聞天的建議。毛澤東雖然勉強同意，心中不免耿耿於懷。

大饑荒的慘狀

中國在大饑荒期間終究竟死了多少人？有一位中國學者曹樹基研究一千多本地方誌相關的人口記載後，得到的結論是總共死亡三千二百五十萬人。八〇年代一位經濟學者陳一諮研究的結論是死亡人數約在四千三百萬至四千六百萬人之間。另有一位楊繼繩在 2008 年出版一本《墓碑：中國六十年代大饑荒紀實》，其中說大饑荒餓死的總人數是三千六百萬人。楊繼繩的書中提到一個重點，認為 1958 至 1962 年都是氣候正常的年分，因而大饑荒不能推說是由於天災，絕對是人禍所引起的。

劉少奇當時不敢說大饑荒的原因完全是由於人禍，只說是「三分天災，七分人禍」。他回到北京之後，對同仁們述說在湖南的所見所聞，仍然十分激動，認為黨犯了嚴重的錯誤，似乎已經決定從此不再對毛澤東屈服，不再跟著毛澤東走錯誤的路線。也正因為如此，劉少奇在日後將付出慘重的代價。

蘇共二十二大及中、蘇決裂

1961 年 10 月，蘇共第二十二次代表大會在莫斯科舉行，毛澤東派周恩來率領代表團前往。臨行前，毛澤東召集會議討論，認定赫魯雪夫已經完全背棄了馬列主義的原則，不講階級鬥爭，是不折不扣的修正主義。中國在意識型態上既然已經和蘇聯對立，就必須準備在二十二大與蘇聯進行鬥爭。

赫魯雪夫在開幕時致詞，又批判史達林和個人崇拜。他拒絕阿爾巴尼亞共產黨的領導人霍查出席大會，在致詞時卻攻擊霍查走上民族主義的道路，不是正統的馬克思主義者。

周恩來在兩天後代表中國發表演說。他先恭維蘇聯幾句，然後就開始批判赫魯雪夫，說：「對任何一個兄弟黨進行公開的、片面的指責是無助於團結，無助於問題的解決的。把兄弟黨、兄弟國家之間的爭執公開暴露在敵人面前，不能認為是馬克思列寧主義的鄭重態度。」

又過了兩天，周恩來率領中共代表團前往拜謁列寧、史達林的陵墓，各

獻上一個花圈。其中獻給史達林的花圈上寫著「獻給偉大的馬克思主義者史達林」，直接表達對赫魯雪夫批判史達林的不滿。

　　赫魯雪夫在第二天召集所有的黨政要員，和中國代表團全體舉行會談，希望盡力挽回雙方瀕臨破裂的關係。然而，雙方之間在意識型態的差距這時已經大到無法彌補。周恩來引述毛澤東的話，說史達林功大於過，不同意蘇共用對付敵人的方法對待史達林。赫魯雪夫大怒，說：「如果你們喜歡史達林，你們可以把他的遺體運到北京去。」

　　赫魯雪夫竟說出這樣的話來，周恩來只能選擇在二十二大結束前提早離開莫斯科。周恩來回到北京時，毛澤東破例率領劉少奇、朱德、鄧小平等人到機場迎接，表示支持周恩來在蘇共二十二大表達的立場。中、蘇雖然沒有正式斷交，事實上已經決裂了。

第 7 章
蔣介石統治下的台灣

　　有一部分台灣人總是說台灣的歷史是悲情的。一直到十七世紀初，台灣還是一個原住民的世界。然後荷蘭人來，鄭芝龍來，西班牙人也來了。荷蘭人趕走西班牙人後，鄭成功趕走荷蘭人，接著康熙皇帝又把台灣併入清朝的版圖。1895 年，清朝簽《馬關條約》，把台灣割讓給日本。

　　二次大戰後期，美、英、中共同發表《開羅宣言》，聲稱日本在戰後必須將台灣和澎湖群島歸還給中國。日本投降後，蔣介石任命陳儀為台灣省政府行政長官。1945 年 10 月 25 日，陳儀在台北公會堂（現稱中山堂）接受日本最後一任台灣總督安藤利吉投降。台灣回歸中國。

台灣人對中國軍隊的第一印象

　　在日本統治的五十年中，台灣社會安定，經濟逐漸繁榮，人民也安於現狀。太平洋戰爭爆發後，雖然物資缺乏，社會上仍是秩序井然。到了後期，美軍的飛機天天轟炸台北及其他城市，台灣人受苦受難，卻很少有人想到自己原本是中國人，要起來反抗日本人。然而，一旦宣布台灣將要回歸中國，卻有很多人立刻表示歡迎。有人甚至張燈結彩，燃放爆竹，以為是重回慈母的懷抱。不過台灣人的高興並沒有維持很久。

陳儀在台北受降前一週，國軍七十軍所屬的五百名官兵奉令搭乘一艘美國軍艦從寧波開到台灣，在基隆港上岸；一部分官兵接著乘火車到台北。無數的台灣人聚集在基隆碼頭和台北街頭，期盼要迎接這歷史性的一刻。然而，大部分的人對親眼目睹的景象都大失所望：

> 士兵們有些是十幾歲的少年兵，有的是步履老邁的老兵。大家都穿草鞋，有的只穿一只而一隻赤腳。跛腳的也有，瞎一眼的也有，皮膚病的也有。……。背後插著雨傘，下雨時撐著雨傘行軍，隊伍東倒西歪。

一個多月後，美國軍艦又從越南海防載了六十二軍所屬的五百多名官兵在高雄港登岸。日本官員命令日軍身著整齊的服裝，列隊在碼頭向中國軍隊致敬。台籍仕紳也被動員前往迎接，其中領頭的是一位名醫兼地方名流彭清靠。他的兒子彭明敏是一名返台的留日學生，也跟著父親到碼頭。然而，他們所看到的景象和在基隆、台北的人們所看到的並沒有什麼兩樣。彭明敏後來寫了一本回憶錄，其中這樣敘述：

> 軍艦開入船塢，放下旋梯，勝利的中國軍隊走下船來。第一個出現的，是個邋遢的傢伙，相貌舉止不像軍人，較像苦力；一根扁擔跨著肩頭，兩頭掛著的是雨傘、棉被、鍋子和杯子，搖擺走下來。其他相繼出現的，也是一樣，有的穿鞋子，有的沒有。大都連槍都沒有。他們似乎一點都不想維持秩序和紀律，推擠著下船。……。帶領他們的中國軍官既無致詞，也沒有向任何人表達謝意。

彭清靠後來對家人說，自己覺得一生中從來沒有這樣羞愧過；如果旁邊有個地洞，他早已鑽下去了。七十軍和六十二軍等於是代表祖國接收台灣，但對這件大事顯然沒有任何心理準備，不明白台灣人民對他們的寄望有多深。但大部分台灣的百姓並不知道，國軍不但經歷了八年抗戰，又正在打國共內戰，大多已經疲累不堪。其中的少年兵大部分是突然被抓伕，來不及辭別爹娘就當了兵，然後又糊里糊塗地到了台灣。這些官兵們大多第一次坐船過海，所以暈船，吐得全身虛脫無力。

　　不久之後，台北、基隆和高雄的街上都擠滿了衣著襤褸的中國兵。其中有些人行為像流氓，在商店裡隨意拿走東西，或用搶的。由於中國兵的知識水平一般都不夠，鬧了很多笑話閒傳在台灣人之間。例如，有人在水電行裡拿到水龍頭，回去後在牆壁上挖個洞，把水龍頭塞進去，以為水就會流出來；結果看不到水，又到水電行裡去大吵大鬧。

被歧視的台灣人

　　陳儀和蔣介石一樣曾經留學日本，兩人關係密切。他曾經擔任福建省主席，不過治績非常惡劣，福建人民極端反感。他也曾到過日本統治下的台灣考察，並出版一本報告，其中主張福建要向台灣學習。蔣介石在接收台灣之前請陳儀主持一個新成立的「台灣調查委員會」，制訂接管計畫。調查委員會編寫了一份四十幾萬字的報告。

　　陳儀雖然說過要向台灣學習，上任後卻明顯地排斥台灣人。由於台灣人大多只會說日本話及台灣話，不會說北京話，陳儀安排了很多大陸人在台灣各級政府裡擔任要職，被台灣人稱為「阿山」。另外有所謂的「半山」，也就是在日據時代移居大陸，曾經為國民黨效命者，例如黃朝琴、謝東閔、連震東等人。政府接收原先日本人留下的株氏會社改組成為國營企業後，同樣安插阿山和半山為領導階層，台灣人只能當副手或下屬，或是被解雇。但居高位的阿山多半素質不佳，因而形成外行領導內行。台灣人自認受到歧視，比日本時代還不如，心中越來越不平。所謂「本省人」和「外省人」之間的省籍衝突於是逐漸形成。

　　有一部分人說，陳儀生活儉樸，廉潔正直。然而，陳儀所任命的高官卻幾乎個個都是貪官污吏，營私舞弊，而又利用職權安排大批的親友到所屬的單位中任職，便利沆瀣一氣。這更使得習慣於日本時代奉公守法，清廉統治的台灣人非常瞧不起。

　　在某些大陸人的觀念中，台灣是日本的殖民地，所以也是戰敗國的一部分，因而對台灣人擺出戰勝國的優越姿態。也有些大陸人認為台灣人原本

是中國人，在中日戰爭中竟然站在日本的一方，對抗「祖國」，因而斥責台灣人是「漢奸」。台灣人卻認為，當初正是所謂的「祖國」不爭氣，在甲午戰爭慘敗後把台灣割讓給日本，所以台灣人無可奈何，被迫成為日本人。如今卻說台灣人是漢奸，如何能接受？

　　事實上，一些大陸人指控台灣人是「漢奸」，背後另有圖謀。日本人投降後將所屬在台灣的公營、私營產業全部點交給陳儀，據估計總值二十億美金。握有權勢的大陸人在其間撈油水還不滿足，又覬覦台灣人擁有的產業，於是隨意指控這些產業的主人是漢奸，藉機進行勒索，甚至奪產。陳儀手底下的軍隊、特工及特權分子接收台灣，有人形容是「劫收」，其實和當時國民黨在大陸劫收的惡劣行徑是一樣的。

海外台灣日本兵的悲慘遭遇

　　如前所述，國、共爆發內戰後，美國緊急用輪船、飛機把國軍部隊從大西南運送到華中、華北。蔣介石又同意優先運送在中國的二百三十萬日本人返國。當時也有二十幾萬台灣人被徵召到海外去充當日本皇軍，戰後流落在南洋，如印尼、菲律賓、馬來西亞等地，以及海南島。美國和蔣介石政權卻都棄這些人於不顧。這些台籍日本兵因而無法順利返回家鄉，境況極為悽慘。

　　舉一個例。當時在中國有一家號稱「獨立的、客觀的、超黨派的」雜誌《觀察週刊》，派記者於 1946 年 9 月到海南島榆林港採訪。報導說至少有六千名台灣人在那裡等待遣返，已經苦苦等了一年多。記者在碼頭的一個舊倉庫裡看見將近一千個台灣人，個個蓬頭垢面，飢餓難耐，各自或坐或躺在一張破草蓆上。他們身上穿的衣服都發霉腐爛。四周都是糞便，臭氣燻天。萬一有什麼人生病，就只有等死了。

　　海南島的國民黨官員對這些台灣人的遭遇幸災樂禍，說台灣人受罪真是活該，誰叫他們為日本人打仗？殊不知這些台灣人並不是自願到南洋去當日本兵，而是不當日本兵家裡就分不到配給糧食。

　　《觀察週刊》在報導後評論說，河山光復已經一年，台灣人不就是同胞嗎？為什麼不能給自己的同胞輸送溫暖？但在當時，抱持和《觀察週刊》一樣看法的人恐怕不多。《觀察週刊》的特約撰稿人都是中國的清流知識分子，而主編正是後來擔任《光明日報》總編輯的儲安平，於 1957 年反右運動時被劃為大毒草，遭到迫害。

　　總之，每一個流落海外的台籍日本兵在回鄉的過程中，都有一段令人辛酸落淚的歷史，因而對國民黨政府極端不滿。這些人好不容易終於等到船，回到故鄉，卻又受到歧視，大部分失業。越來越多這樣的人回來後，「本省人」對「外省人」的仇恨意識就越來越強烈了。

統制經濟

　　陳儀上任後不久，便發布命令，成立台灣省貿易局，實施所謂的「統制經濟」。舉凡米、糖、鹽、油、農產、漁產等商品，一律按政府規定的價格由貿易局收購之後統一銷售，或外銷，或轉運到大陸。當時在大陸正是投機資本家擾亂金融，黑市猖獗的時候。孔、宋家族在其中囤積居奇，尤其惡劣。對於在台灣各機關的貪腐官員來說，這當然是發橫財的天賜良機，於是結黨營私，盜賣米糧出口，轉手獲取暴利。

　　更有中央政府直接指揮的資源委員會，凌駕在台灣省長官公署之上，主導接收重要的公營事業，掌控金融和物資。資源委員會命令強制徵購大量米穀，運送到大陸供應國軍；又強制徵購大批的糖，以高價賣到海外，以籌款支援內戰。因而，原本台灣盛產蔗糖，一時之間人民竟買不到糖吃；原本台灣是魚米之鄉，這時百姓竟然必須到黑市買米。再加上政府濫印鈔票，導致嚴重的通貨膨脹。米價在光復後一年內上漲百倍，到一九四七年還是持續狂漲，每半個月漲一倍以上。人民生活困難，對政府越加怨恨。

　　在日本統治時代，煙、酒、火柴、樟腦等專賣收入向來是台灣總督府的歲入重要來源。台灣省行政長官公署也一樣依賴這項收入，但變本加厲，廢除原有的承銷商，改由專賣局配銷專賣，同時雷厲風行地查禁販賣私

煙、私酒。於是乎，升斗小民掙扎求生存也更困難了。此外，政府的政令多如牛毛，朝令夕改。有人統計說日本統治台灣五十年，只不過發布了六千多件命令，而台灣長官公署一年中竟發布了八千多件。人民因而動輒得咎，無所適從。

在若干有識之士看來，台灣已經漸漸像是一個火藥庫，隨時都可能爆炸。先前提到的《觀察週刊》派員到台灣觀察後，也刊出〈隨時可以發生暴動的台灣局面〉為標題的文章，提出嚴重警告。但這時國民黨正在為內戰和金融失序而焦頭爛額，已經無暇顧及。

不幸的「二二八事件」便是在這樣的背景之下發生了。

二二八事件

1947 年 2 月 27 日，在台北市大稻埕太平町（現今延平北路）的一家天馬茶房前，有六名專賣局查緝員及四名警察查獲一名婦人林江邁正在販賣私煙，當場沒收林婦的香煙及身上所有的錢。林婦跪地求饒卻被查緝員打傷，滿面流血。圍觀的民眾怒而包圍查緝員。查緝員中有人開槍示警，卻失手擊斃了一名市民。民眾更加憤怒，圍毆查緝員，又包圍警察局，要求懲兇。第二天，台北市出現罷工、罷市。群眾集結於台灣省行政長官公署門口請願示威。不料長官公署命令衛兵向群眾開槍，造成許多人傷亡，事後又發布臨時戒嚴令。民眾情緒更為激昂，轉而佔據電台，向全省廣播，報導事件始末，呼籲人民起來抗爭。事件從此擴大，蔓延全省，一發不可收拾。

台灣人已經被激怒而無法克制，在全島四處瘋狂地攻擊所有的外省人。施暴者主要是海外歸來，積怨已深的台籍日本兵，以及各地的流氓。有些人甚至輕蔑地稱外省人為「外省豬」。只要是身穿中山裝、旗袍，或不會講台語、日語，或有外省口音，就被認定是「阿山」，立刻遭到痛毆，少數人甚至被打死。許多外省婦女被強姦，也有很多被強迫喝用來餵豬的餿水。據估計，全島總共有數千外省人受害；陳儀和其他許多高官及眷屬不得不

也要躲在長官公署裡避難過夜。

　　不過也有些台灣人挺身庇護外省人。有許多在學校、公家機關裡任職的台灣人收留外省人同事。當時的「阿山」財政處長嚴家淦剛好出差到台中，幸而被台灣聞人林獻堂接到家裡，全力護衛。嚴家淦後來曾經短期擔任台灣的總統。

　　台灣人暴動持續升高後，轉而攻擊政府機關及警察局，又搶奪武器，與警察及部隊互擊。這些武裝暴動大部分都是臨時各自起事，稱得上是有規模、有組織的武裝部隊並不多。不過有一個稱為「二七部隊」的組織，是由有共產黨背景的謝雪紅在台中地區領導學生組成的。

處理委員會

　　陳儀眼見情況失控，只好設法安撫群眾，宣稱願意聽取人民的意見。台北市的政、商名流於是成立了一個「處理委員會」，一方面協助維持社會秩序，一方面要求政府解除戒嚴、釋放被捕民眾。處理委員會同時在全省成立了十七個分會，整合意見，提出更多的要求。陳儀對這些要求幾乎無不答應，又同意由處理委員會提出改革政治的參考建議書。然而，這些不過是陳儀的緩兵之計，實際上他早已緊急向蔣介石報告，說事件是由於潛伏的共黨分子勾結本地流氓而引起的，請蔣介石「即派大軍，以平匪氣。」

　　處理委員會每天在中山堂集會討論，座無虛席，一片鬧烘烘，提出的建議也越來越多，越來越極端。台灣省參議員兼《人民導報》、《自由報》社長王添燈由眾人推舉，負責草擬一份《處理大綱》，共列了四十二條。其中包括建議取消戒嚴，解除軍隊武裝；撤銷警備總部、專賣局、貿易局；各縣市警察局長、法院院長、檢察官、公營事業主管全部由本省人擔任，等等。

綏靖清鄉

　　蔣介石接到陳儀的報告後，在日記中寫道：「已演變到了叛國及奪取政權的階段」，於是立刻調兵到台灣。軍隊一到，立刻展開血腥鎮壓。有些外省人這時懷著悲憫之心，冒險保護台灣人朋友，如同二二八爆發時台灣人保護外省人一樣。也有部分台灣人聚眾武裝反抗，其中最大的一支反抗軍就是謝雪紅所領導的「二七部隊」。

　　謝雪紅是台灣共產黨的創建者，在日據時代曾經被捕入獄服刑。日本戰敗後，謝雪紅又開始組織工會、農民協會、學生聯合會等。二二八事件爆發後，謝雪紅從一開始就採取激進的武裝路線。但二七部隊畢竟無法抵抗國軍，最後潰敗。謝雪紅幸而逃走，後來到大陸加入中共。

　　國民黨軍隊在一週內完成掃蕩各地後，開始名為「綏靖清鄉」的全面肅清工作，目標不只是暴亂分子，還包括社會名流、意見領袖、各級知識分子，以及各大學、中學的學生。兩個月間，許多人被捕，經秘密審訊及毒打刑求之後處死。各地的處理委員會成員早已在特務監控之下，尤其首當其衝。台北市處理委員會的領頭人王添燈在第一時間被逮捕後遭到槍斃。其他比較著名的，有台灣大學文學院院長，《台灣民報》創辦人兼社長林茂生；銀行家陳炘；《台灣新生報》總經理阮朝日；台灣高等法院推事吳鴻麒；著名的畫家，嘉義參議會議員陳澄波；花蓮縣議長張七郎父子三人；台灣省律師公會會長林連宗等。

「二二八」的影響

　　「二二八事件」是由許許多多的錯誤重疊而造成的一個悲劇事件。事前陳儀和許多「外省人」都犯了明顯的錯誤。事件爆發後，「本省人」和處理委員會也都犯了錯誤，但國民黨後來犯了更大的錯誤。

　　警總參謀長柯遠芬在綏靖清鄉會議上引用列寧的話說：「對敵人寬大，就是對自己的同志殘酷。」又說：「寧可枉殺九十九個，只要殺死一個真的就可以。」這樣的命令一下，已經注定要血流成河。柯遠芬又鼓勵自首、告密，於是乎有人為求自保而出賣他人，也有人藉機借刀殺人。舉一個例。

據學者研究指出，花蓮的縣議長張七郎父子三人是被政敵誣陷，未經審判就被槍斃了。有關二二八事件中死亡及失蹤總人數，有很多不同的估計，其中比較可靠的數字約在一萬至三萬人之間。

　　二二八事件最大的後遺症，是「本省人」和「外省人」之間的嚴重分裂。當時的受害者都是台灣的代表性人物，但其中卻很少真正參加過暴亂，有人因而認定國民黨是在有計畫地消滅台灣的菁英。許多台灣人在二二八之後鄭重地告誡子孫從此不要涉入政治，說明了他們心中對政府是如何地不信任。也有一部分台灣人選擇離開家園，從此不再回來。又有一小部分人開始從事台灣獨立運動，其中最有名的是廖文毅，後來在日本成立「台灣共和國臨時政府」，自任大統領。

　　前述的彭清靠在事件爆發後目睹軍人隨意射殺民眾，率領代表團去見高雄要塞司令彭孟緝，要求停止濫殺，不料一行人都被逮捕。彭清靠在第二天獲釋，但已深受刺激。他對家人說，以身上的華人血統為恥，希望子孫與外國人通婚，直到後代再也不能說自己是華人。他的兒子彭明敏後來流亡海外從事台獨運動，被稱為「台獨教父」。

　　從另一個角度看，二二八事件對許多外省人也造成巨大的衝擊。他們無法忘懷在事件發生前遭到的恐怖攻擊，完全沒有安全感，不認為台灣是自己永遠的家。外省人後來移居海外的人數比例遠高於本省人，原因也在此。另一方面，外省人不論是居住在台灣或海外，大部分都心繫中國，所以對獨立思想深惡痛絕。

　　台灣在戰後約有六百萬人，國民黨在大陸失敗後，約有二百萬軍民撤退到台灣。這八百多萬人在後來的六十年中繁衍成為三倍的人口。由於通婚非常普遍，族群融合過程極為迅速，許多第二代子女已經說不清自己是本省人或外省人，雙方的隔閡逐漸消失。然而，「二二八」卻多少仍是一項共同的歷史負擔，是族群間潛在統獨意識分歧的源頭。

白色恐怖──四六事件及澎湖七一三事件

　　二二八之後不久，蔣介石將陳儀撤職，又撤掉台灣省行政長官公署，改為台灣省政府，以魏道明為第一任省主席。魏道明上任後立刻取消戒嚴，結束清鄉，又聘任七名台籍人士為省政府委員，剛好超過十三名委員的半數。台灣緊張的情勢逐漸緩和。

　　1949 年 1 月，國共內戰勝負已明，蔣介石見到大勢已去，不得不考慮轉進台灣，於是以陳誠代替魏道明為台灣省主席，兼任警備總司令。陳誠立即實施入境管制，以防止共諜潛入，拒絕反蔣人士入境。他下令把撤退來台的官兵一一繳械之後，隔離審查，重新編制；同時也宣布戶口總檢查，開始「掃紅」。

　　台北在這年 4 月發生一個「四六事件」，被稱為白色恐怖的濫觴。當時有師大、台大的兩名學生在路上共乘一輛單車，被警察取締而發生衝突，結果被毆打並帶回拘押。上千名大學生聞訊群起包圍警局，逼警方放人並道歉。事後，兩校學生在台大校園內舉行營火會，宣布成立學生聯合會，喊出「反飢餓、反迫害」的口號，要求民主、自由。台大「麥浪歌詠隊」帶頭唱大陸解放地區的歌曲，如〈你是燈塔〉、〈向太陽〉，甚至有人跳起「扭秧歌」的舞蹈。情治機關認定有親共學生在其中興風作浪。陳誠大怒，下令抓人。4 月 6 日清晨，大批軍警包圍台大及師大學生宿舍，逮捕二百多人，其中有小部分遭到槍決。

　　到了 7 月，在澎湖又發生一個「七一三事件」，真正是慘絕人寰。山東流亡師生八千人由煙台聯合中學校長張敏之帶領到達澎湖，卻遭到軍方強征年幼學生入伍。張敏之與軍方司令劇烈爭執，師生群起抗拒，結果有三百多人竟被指稱為「匪諜」，遭到處決，或投海餵魚。張敏之與其他六人也被送到台北馬場町刑場槍決。第二天，政府控制的報紙大幅報導，說槍決了七名匪諜。有人說，二二八事件懾伏了所有的台灣人，澎湖七一三事件是「外省人的二二八事件」，懾伏了所有的外省人。

　　據估計，情治單位光是在 1949 年一年之間就逮捕、審訊了一萬人以上，其中有一千多人遭到槍決。這年年底，蔣介石下令把所有和情治有關的單位都收編到一個「政治行動委員會」管轄之下，由剛從大陸轉到台灣

的蔣經國以副首長的名義實際負責。蔣介石後來又將政治行動委員會改組為國家安全局，同樣由蔣經國實際掌握，監督所有的特務機關，包括調查局、情報局、警備總部等。此後，台灣長期處於戒嚴和白色恐怖之下，長達三十八年。

台灣土地改革

在財經方面，蔣介石命令陳誠進行貨幣改革及整頓生產事業。省政府發行新台幣，規定舊台幣四萬元兌換新台幣一元，由大陸運來價值美金五億元的黃金、白銀、外匯此時對穩定金融的助益極大。陳誠成立「台灣區生產事業管理委員會」（簡稱「生管會」）以取代原先資源委員會的業務，把所有國營、省營、國省合營、私營的企業全部納入管理。陳誠自任主委，實際上是副主委尹仲容在做事。尹仲容的能力和器識都非比尋常，在他的領導下，台灣的產業開始逐步穩定成長。

陳誠也開始進行土地改革。1949 年 4 月，台灣省政府公布實施第一階段的「三七五減租」，規定當年度地主向佃農收取的地租不得超過收成的千分之三百七十五。

1949 年底，蔣介石宣布把國民政府遷到台灣，任命陳誠為行政院長，改以吳國楨為台灣省主席，土地改革的政策由吳國楨接手執行。1951 年起，土改第二階段的「公地放領」開始實施，把從日本人手中接收過來的十八萬甲土地逐步放領給佃農，而收取租金。第三階段是「耕者有其田」，1953 年起開始實施，規定地主只能保留一定數量的農田，其餘由政府徵收，連同公地一起放領給農民。佃農承租土地十年之後，土地歸佃農所有。

如前所述，麥克阿瑟以 GHQ 統帥的身分統治日本時，也曾要求日本政府進行土地改革。陳誠和吳國楨實施的土改政策中因而有一部分是借鏡於 GHQ 的改革經驗，但主要是由從大陸遷來台灣的「農復會」（「中國農村復興委員會」的簡稱）負責規劃。農復會原本是從美援中撥出經費而成立的組織，由中、美共同管理。當時中方的委員裡有曾任北大校長的教育家蔣

夢麟，推動中國平民教育的先驅晏陽初和頂尖的農業專家沈宗瀚。後來三人都跟著農復會到台灣，但晏陽初不久後又離開台灣，專注於協助非洲、南美和東南亞的發展中國家推動平民教育。

台灣實施土地改革後，佃農逐年減少，十年後自耕農佔農民總數的80％，每畝稻米產量增加50％。改革極為成功。有人說，國民黨如果在大陸早早進行和平的土地改革，或許不至於被共產黨趕到台灣來。

台灣土地改革的過程中，地主的土地被徵收，換來的是債券及公營事業股票。大多數的地主當然不滿，可是二二八事件剛過不久，白色恐怖方興未艾，因此也只能忍耐。許多中、小地主後來紛紛把股票賣掉，只有一些大家族，如鹿港辜家、霧峰林家、板橋林家等，保留了大部分銀行或企業的股權，在日後成為大企業家。

韓戰後台灣與美國的軍事關係

國民黨雖然在台灣逐漸立定腳跟，美國國務院卻在 1949 年 8 月發表《中美關係白皮書》，似乎是預備拋棄台灣了。美國同時完全停止對國民黨的經濟和軍事援助。國民黨政權這時正是處於最低潮的階段，也不知道中共什麼時候會揮軍渡過台灣海峽。但韓戰爆發後，杜魯門總統立刻命令第七艦隊巡弋台灣海峽，台灣轉危為安。

美國接著恢復提供蔣介石政權美援和軍援。有關美援，請容稍後再敘述。至於軍援方面，美國決定於 1951 年起在台灣成立「美軍顧問團」，指導台灣的國防政策，選擇性地提供台灣軍備，並協助訓練官兵。顧問團分為陸、海、空及聯勤四個組。

1954 年 12 月，美國和台灣（正式名稱仍是「中華民國」）簽訂《中美共同防禦條約》，對台灣的和平及安全提供明確的保障。當時國民政府除了在福建外海的金門、馬祖之外，在浙江外海的大陳、一江山等小島上也有駐軍。蔣介石要求把這些小島都列入中華民國的領土，美國國務卿杜勒斯卻堅持美國協防只涵蓋台灣和澎湖諸島。中共對此條約至為不滿，又知道

上述的小島不在美國協防之列，於是決定測試美國。1955 年 1 月，中共出動大軍，在一天半內就攻陷了一江山。蔣介石只得接受美國勸告，自動從大陳島撤軍。

美國後來不斷地對蔣介石施壓，希望國軍也退出金、馬。但蔣介石堅決不肯，反而增派部隊，加強防禦工事，把金、馬布置得固若金湯。國共在金、馬前線對峙，只有小摩擦，基本上相安無事，一直到 1958 年才突然爆發八二三砲戰，在上一章已經敘述。

岡村寧次與白團

台灣除了倚賴美國協防之外，還有一個地下軍事顧問團，來自日本，比美軍顧問團成立更早，被稱為「白團」。

當初日本投降後，日本「支那派遣軍總司令官」岡村寧次與蔣介石合作，命令日軍不許向中共的軍隊投降。GHQ 把岡村列在甲級戰犯的名單中，要求引渡他回日本接受審判。蔣介石卻藉口岡村必須負責遣返日軍及家屬而拒絕；後來又假裝把岡村關在牢裡，實際上是刻意保護。1949 年 1 月，岡村被安排在上海接受軍事法庭審訊。終審當天，四位承審法官接獲「高層」的命令，當庭判決岡村無罪釋放，法庭內一片譁然。輿論一致認為不可思議，中共更是憤怒欲狂。不過當時 GHQ 已經改變對日本的佔領政策，在一個月前就把東京巢鴨監獄內的準甲級戰犯全都放出來，所以此一判決的結果是有跡可尋的。

岡村回到日本後主動寫信給蔣介石，表示為了報答他的恩義，願意協助他阻擋「赤浪」（意指共產黨）。蔣介石於是請岡村暗中募集原先皇軍的核心菁英組成顧問團，到中國協助國民黨對抗共產黨，因而有「白團」。白團的成員大多使用中文的化名。其所以稱為「白團」，是因為團長兼總教官富田直亮化名為「白鴻亮」。但不久後國民黨就全面敗退到台灣，白團於是也跟著到台灣。

白團在台灣活動最活躍的期間是 1950 到 1952 年，成員最多時達到七

十幾人。其主要任務是協助國軍制訂計畫，包括思想教育、作戰、後勤、訓練、人事，以及動員制度。蔣介石曾經多次親自參加白鴻亮教導的武士道課程，認為武士道強調「輕生樂死」，是日本皇軍的特點，也是對國軍數以千計中、高級軍官進行再教育的重點。所有的國軍軍官都必須進入「革命實踐研究院」，在軍官訓練團中接受日本教官的指導，否則沒有機會獲得升遷。

吳國楨案及孫立人案

蔣介石之所以任命吳國楨為台灣省主席，主要是受到美國極大的壓力，否則恐怕無法獲得美國的支持，也拿不到美援。1950 年 3 月，蔣介石又任命孫立人為陸軍總司令，也是為了同樣的原因。

吳國楨曾經留學美國，獲得普林斯頓大學博士學位，回國後歷任黨政要職，曾任國民黨中央宣傳部部長及上海市長。他自稱在這兩個位置上的親身體驗，使得他自認對共產黨的理論、組織及鬥爭策略有深刻的認識，也因此堅決反共。他的作風民主，上任不久後就舉辦地方自由選舉；又講求效率，痛惡腐敗；因而形象清新，深獲美國人欣賞及許多國內百姓喜愛，但在蔣介石和部分國民黨高官眼中卻是洋人的買辦。

吳國楨對蔣經國十分反感，認為他年輕時在蘇聯生活了十二年，具有共產黨式的思維，並且處處在模仿共產黨；例如，在軍中建立政工制度，政工權力大於指揮官；放任特務橫行，秘密監控人民，又操縱軍事法庭秘密開庭審判；控制思想，禁止言論自由。根據吳國楨的說法，蔣經國認為國民黨之所以失敗，是因為在組織和宣傳都輸給共產黨，所以必須「以組織對抗組織，以宣傳對抗宣傳。」但吳國楨自己卻認為只是模仿共產黨不可能戰勝共產黨，必須「以民主反對共產黨的組織，以真理反對共產黨的宣傳。」兩人的根本分歧既是如此巨大，衝突勢不可免。吳國楨自稱曾經在蔣介石面前直言，說如果他愛兒子，就不要讓兒子主持特務，否則必定成為人民痛恨的焦點。

　　孫立人畢業於清華大學，曾留學美國維吉尼亞軍校（Virginia Military Institute），回國後卻受到國民黨黃埔嫡系排擠。抗日期間，孫立人隨史迪威率領滇緬遠征軍，在仁安羌、密支那等戰役中屢敗日軍，戰功彪炳。國、共內戰初期，孫立人在東北擊潰林彪率領的共軍，卻被調離戰場，據說毛澤東因而欣喜萬分。

　　吳、孫兩人在台灣雖然都位居要津，實際上受到層層掣肘，難以發揮。蔣氏父子對兩人都不放心，認為都和美國走得太近，挾美國以自重，命令情治系統對他們日夜監視。

　　吳國楨屢次和蔣經國衝突，直到有一次發生意外，自認生命遭到威脅，於是辭去省主席的職位，於 1953 年 5 月搭機飛往美國。吳國楨出走後，國民黨把他的兒子留作人質，不准出國赴美；後來又宣傳說他涉嫌私吞公款五十萬美元。吳國楨自認一向清廉，珍視名譽，原本到美國後一直保持緘默，至此忍無可忍，發出公開信指責國民黨一黨專制，特務治國，漠視民主、自由。國際媒體大幅報導，對國民黨和蔣氏父子的形象傷害極大。

　　1954 年 6 月，孫立人也被免去陸軍總司令的職務，「升任」為參軍長，實際上是被解除軍權。一年多後，孫立人又因為部屬郭廷亮涉嫌匪諜案而被連坐逮捕，罪名是「窩藏匪諜，密謀叛亂。」孫立人從此被軟禁，長達三十三年，獲釋時已經是八十八歲了。

美援與台灣的經濟發展

　　事實上，美國之所以對蔣介石政權恢復軍援和經援，無非是要防止台灣被赤化，又希望台灣發展經濟後有能力協助圍堵共產主義。美國在日本改變佔領政策，在歐洲推動馬歇爾計畫，也是為了同樣的目的。台灣獲得的美援從 1950 年開始到 1965 年結束，總共十五年，每年金額平均大約一億美金。當時台灣人口暴增而農業生產不足，工業又在戰時遭到破壞，所以迫切需要美援以補足國際收支逆差，並從事基礎建設，發展農、工業。美國為了使美援得到充分運用，在台灣設立專責機構，對台灣政府提供各種

建議，審核計畫，並督導執行。除了前述的農復會，台灣也設立一個「經濟安定委員會」（「經安會」），下設工業委員會，以配合美國的指導，同時又規劃推動第一期四年（1953-1957）經濟計畫。經安會後來改組，乾脆就稱為「美援會」。

原本美援大多是採取贈與的方式，不須償還。但台灣在實施第二期四年計畫（1957-1960）時，美國國際收支已經開始惡化，無法繼續對外提供無償贈與，漸漸改為美元貸款方式，要求受援助的國家分期償還。

台灣之所以能從篳路藍縷而走向創造經濟奇蹟之路，除了美援，也不能不歸功於一群傑出的官員。這些人大多是出身理工背景的技術官僚，清廉正直，有為有守，與先前在中國大陸政商勾結，貪污腐化的情況不可同日而語。尹仲容和後來的李國鼎、孫運璿是其中的代表人物。尹仲容對於台灣的塑膠、水泥、紡織及其他民生工業的快速興起，貢獻尤其巨大。後來執台灣工業界牛耳的台塑企業也是在尹仲容執掌工業政策時崛起的。

劉自然案（五二四事件）

美國當初決定成立美軍顧問團時，有一附帶條件，要求顧問團駐台人員享有治外法權。台灣政府明知這是一項不平等條約，也只得同意。1957 年 3 月，台北陽明山上發生一個槍擊事件，結果由於這一項敏感的治外法權竟演變成為一個反美事件。

當時有一位美軍上士雷諾（R. G. Reynolds）在自己的住宅門前開了兩槍，擊斃一位革命實踐研究院的軍職人員劉自然。雷諾自稱以為劉自然在其屋外牆上偷窺其妻洗澡，所以開槍誤殺。但有刑事專家在現場勘查後指出很多疑點，認為誤殺的理由難以成立。坊間也盛傳雷諾和劉自然不但認識，還有生意往來，所以不排除是因糾紛而蓄意殺人。但美軍堅持引用治外法權，將雷諾送交美軍法庭審判。兩個月後，雷諾獲得無罪釋放。消息傳出，輿論譁然。

第二天，即是 5 月 24 日，劉自然的遺孀舉著抗議的牌子到美國大使館

前，嚎啕大哭。圍觀的人群越來越多，達到數千人。這時電台突然廣播，說美國已經緊急把雷諾送出境外。群眾於是失控，數百人衝入大使館，砸爛桌椅，毆打館員，翻箱倒櫃，又縱火焚燒美國國旗。到了晚上，竟有一批人又進入大使館，打開保險櫃，取走大批的秘密文件。美國大使藍欽（Karl L. Rankin）向台灣政府提出嚴重抗議。

台灣當時已經戒嚴八年，而軍、警竟然放任群眾暴動，沒有及早制止。蔣介石得到報告，大怒，限令在午夜之前完成鎮壓暴亂，情勢才獲得控制。第三天，蔣介石接見藍欽，當面道歉，同意賠償損失，接著又下令將衛戍司令、憲兵司令、警務處長全部撤職。

然而事情還未結束。美國的部分媒體評論，說美國拿錢裝備台灣的陸、海、空軍，又給台灣七億多美元援助，卻看到星條旗被扯下焚燒。又有人說，「五二四事件」是一件經過精心策劃的陰謀，那些翻箱倒櫃及後來在夜晚竊取機密檔案的人絕對都是特務。美國中央情報局長在白宮國安會議中提出報告，並拿出監視器錄影為證，懷疑整個事件的背後有層級極高的人，又把箭頭直接指向情治系統的首腦蔣經國。

蔣介石獲知美國的指控後，認為事態嚴重，只得要蔣經國暫避風頭。蔣經國從此有一段時期在台北的政治場合完全消失。他接下「退輔會」主任委員的職位，率領數萬名退伍的老兵（即榮民），並調撥在警總「職訓隊」裡管訓的大批流氓支援，在台灣中部的崇山峻嶺中開闢一條橫貫公路，接通台灣西部的台中和東部的花蓮；又在沿途開闢農場，以安置榮民。

「劉自然案」之後，台灣不斷地要求取消美軍的「治外法權」。但雙方談判三拖四拖，一直到 1965 年 8 月美國才終於簽約，同意美軍及家屬均應受台灣的法律管轄。事實上，1965 年是台灣獲得美援的最後一年，美國是拖到不能再拖才放手。

《自由中國》與「反攻無望論」——兼述泰緬孤軍

《自由中國》是一本半月刊雜誌，1949 年 11 月創刊於台北，由胡適

擔任發行人，雷震擔任社長。胡適是知識界的領袖人物，在民國初年的五四運動時就已經享有大名，也曾擔任駐美大使。雷震早年加入國民黨，歷任要職，為人真誠，思想具有自由派的色彩，交遊廣闊。《自由中國》發行後，由於胡適常年在美國，所以實際上是由雷震主持。

《自由中國》的撰稿人都是知名的知識分子，除了胡適、雷震之外，還有毛子水、殷海光、夏道平等；所寫的文章大多批評時政，倡導改革，而文筆辛辣大膽，備受社會大眾矚目。例如，1951 年 6 月刊出社論〈政府不可誘民入罪〉，批評經濟管制的種種失當措施，讀者一致叫好。《自由中國》越來越暢銷，卻激怒國民黨政府。

蔣經國自稱關心青年學生，組織了一個「青年救國團」。雷震卻批評救國團是一個未經立法程序便成立的黑機關，不歸任何政府部會管轄，卻大量花用國家公帑，並「利用青年的純真和熱情，盜用美麗的名詞和動聽的口號，實際上是在欺騙青年，愚弄青年。」雷震又反對蔣經國在軍隊裡設立黨部。蔣經國大怒，當面指責雷震說：「這是最反動的思想。你們這批人，本黨不知吃了多少虧，今日你們仍不覺悟，想來危害本黨。」

1956 年 12 月，蔣介石過七十大壽。《自由中國》發行一份「祝壽專號」特刊，表面上說是應蔣介石的邀請，「直率抒陳所見」，用以祝壽，實際上是對蔣介石政權的總檢討。特刊的十六篇文章裡，有請蔣介石尊重憲法；有請讓法官能獨立審判；有請保障言論自由；有請把軍隊、警察、特務、學校都還給國家；有檢討選舉舞弊的問題。蔣介石父子大怒，指示所有官方的報刊圍剿《自由中國》，說這些文章假借自由、民主之名，實際上是破壞國家團結，妨害反共大業。

1957 年 7 月起，《自由中國》又提出「反攻無望論」，批評國民黨來台灣後一切措施都以「馬上就要反攻大陸」為基本假設；但這種想法完全不可能實現，並嚴重地影響到國家的財經建設，阻礙人民對自由、民主的嚮往。蔣介石暴跳如雷。

其實蔣介石說要反攻大陸，並不是只說而不做。回溯 1949 年國民黨從大陸敗退，在雲南的國軍第八軍及二十六軍也被殲，殘部由李彌率領，

逃入緬甸。緬甸國防軍大舉阻截，卻被孤軍擊潰。蔣介石於是從台灣對孤軍提供支援。不久後韓戰爆發，美國 CIA 也開始對孤軍提供武器、彈藥，以牽制中共。泰國政府高層當時控制部分泰緬寮邊界金三角的鴉片生意，也對孤軍提供軍需補給，以取得其合作。孤軍於是發展成為三萬多人的部隊。1953 年起，李彌數度率孤軍反攻大陸，進入雲南，卻都慘敗而回。

1954 年 4 月，緬甸向聯合國提出控訴，指稱國民黨的軍隊侵略緬甸，強行佔據其領土。聯合國大會通過決議，要求蔣介石撤出軍隊。蔣介石只得禁止當時在台灣養病的李彌回去，又派專機分批運回約七千名「反共救國軍」。但有一部分孤軍不願撤離，蔣介石也不願就此罷手，暗中另派人員入緬，又下令柳元麟升任為總指揮，重組一支「反共志願軍」。1958 年起，柳元麟又多次率部攻入雲南，但仍無功而返。1960 年 10 月，緬甸總理尼溫訪問北京，請毛澤東派兵進入緬甸，與緬甸政府軍共同夾擊國民黨軍。毛欣然同意，派老將秦基偉帶兵前往。孤軍於是節節敗退，不得不又一次宣布撤軍回台灣，但仍然有大批殘部留下，由李文煥及段希文分別率領，與台灣政府仍保持聯絡，而主要靠種植及走私鴉片維持。

金三角的鴉片生產規模後來暴漲為世界之最，又有羅興漢、昆沙等大毒梟崛起，紛紛爭奪鴉片控制權，但本書至此不再敘述其詳情。

總統連任問題

中華民國的憲法是在 1946 年制訂的，其中明白規定，總統的任期為六年，連選只能連任一次。蔣介石把這部憲法帶到台灣，後來連選連任，到 1959 年第二任的任期即將屆滿，此一條文明顯地阻擋了他繼續連任的路。國民黨內有人於是提議，請國民代表大會通過一個臨時條款，容許總統在「非常時期」連任而無任期的限制。換句話說，蔣介石便可以名正言順地做萬年總統。提議一出，各方反對，其中以《自由中國》發出的聲音最響亮刺耳。

當初國民黨撤退到台灣後，一直不肯改選中央民意代表，說這項選舉必

須等到反攻大陸以後才能重新舉行；因而既有的一千五百多名國大代表就成為「萬年國代」，既有的四百多名立法委員就成為「萬年立委」。國民黨的理由是如此才能維持政權的「正統性」。事實上，還有一項原因是總統的產生是經由間接選舉，由國民大會代表投票決定；因而國民黨保障「萬年國代」的資格，蔣介石就能當「萬年總統」。

反對黨問題

不過國民黨很早就開放地方公職選舉，如省議員、縣市長、縣市議員、鄉鎮長等，只有省主席是官派。但國民黨又把組織政黨視為禁忌。當時除了國民黨之外，只有青年黨和民社黨兩個小黨，被譏稱為「花瓶黨」，因為兩者都接受國民黨的金錢補貼，基本上聽國民黨之命行事。凡是不屬於國民黨的政治人物既是不能組黨，就被稱為「黨外」，其中絕大多數是本省人。

國民黨又對選舉結果非常在意，不惜利用種種脅迫、買票、作票、計票不實、謊報開票結果等欺騙方法來影響選舉。國民黨越是如此，本省人越是要與國民黨對抗。當時在省議會中有所謂的「黨外五虎將」，包括吳三連、李萬居、郭雨新、郭國基等。

吳三連是《自立晚報》的創辦人兼發行人，又是實業家，創辦紡織、水泥等多項企業，後來被尊為「台南幫」的領導人。1950 年，台北市第一次開放民選市長，蔣介石刻意拉攏吳三連，禮讓他競選市長而當選。李萬居是《公論報》的創辦人兼社長，年輕時曾經到法國勤工儉學，和鄧小平同時在巴黎。郭雨新和郭國基的問政風格都非常剽悍。

然而，無論黨外的個人問政如何成功，如果不能團結為一個黨，對國民黨的威脅終究有限。《自由中國》不斷地鼓吹成立反對黨，雷震於是成為眾望所歸。其實雷震早就想要組織反對黨，並曾邀請胡適擔任黨主席，卻被婉拒。美國政府也曾經邀請胡適領導反蔣人士以挑戰蔣介石政權，但胡適也拒絕了。1958 年，胡適回到台灣定居。雷震這時決心要組織反對黨，胡

適從旁鼓勵，並建議新黨取名為「中國民主黨」。

1960 年 5 月起，雷震開始邀請各方人士積極商議成立反對黨。受邀者包括一些本省籍的政商名流，如前述的吳三連、李萬居，以及高玉樹等。高玉樹曾經在吳三連之後競選第二任台北市長，擊敗國民黨候選人而當選，蔣介石又驚又怒。

雷震事件

9 月初，《自由中國》刊出一篇社論〈大江東流擋不住〉，聲稱組織反對黨是民主的潮流，政府無法阻擋。不料警備總部迅速出手，逮捕雷震及其同事若干人，並起訴他「為匪宣傳」、「涉嫌叛亂」。一個月後，軍事法庭判處雷震有期徒刑十年，其他相關者數人也同時入獄。一時風聲鶴唳，組黨活動被迫停止。吳三連和李萬居的報紙和事業也都遭受嚴重打擊。

「雷震事件」震驚海內外。外國的媒體和台灣輿論一致指責蔣介石政權。美國《時代週刊》的發行人亨利・魯斯（Henry Luce）對蔣介石一向友好，這次卻十分罕見地激烈批評。台灣的政界、學界人士群起為雷震求情。《自由中國》的編輯委員殷海光、夏道平等人跳出來，宣稱所有雷震的「違法言論」都是他們寫的，並不打算規避自己的責任。換句話說，隨時準備代替雷震坐牢。

然而，任何人說話也是無用，雷震仍是被關了整整十年才出獄。1961 年 6 月，雷震第一次在牢裡過生日，胡適親自用毛筆書寫南宋詩人楊萬里的一首詩，送給雷震。這首詩是這樣寫的：

> 萬山不許一溪奔，攔得溪水日夜喧；
> 到得前頭山腳下，堂堂溪水出前村。

在胡適的心目中，雷震所追求的自由、民主就像這條溪水，被萬山攔得日夜喧嘩；但溪水無論如何是攔不住的，終有一日還是會流到山腳下，成為一泓巨大的水流。但台灣人真正能夠享受自由、民主，必須再等三十年。

第 8 章
韓戰後的南、北韓

　　韓戰結束後，美國和蘇聯分別在朝鮮半島南、北扶植其原先所屬意的領導人。南方是李承晚，北方是金日成。兩人都是極端獨裁，也都不顧一切想要長期把持權力，所以在內部都發生劇烈的鬥爭。

　　以下先敘述南韓。

李承晚與「四捨五入」修憲案

　　回顧 1948 年，南韓在美國佔領軍控制之下舉行間接選舉，李承晚當選大統領。不過一般認為他的作風霸道，所以不得民心。南韓在韓戰爆發前舉行國會大選，執政黨大敗，竟只獲得大約四分之一的席次。但美軍在韓戰爆發後重回朝鮮半島，李承晚的地位回穩。1952 年 8 月，南韓第二次舉行大統領大選，李承晚再次當選。這時韓戰還在繼續中，反對黨自然沒有能力阻止李承晚連任和獨裁統治。

　　南韓的憲法規定，總統只能連任一次。但李承晚不想在四年後下台交棒給其他人，於是尋求修憲，以擺脫憲法的限制。1954 年 9 月，執政的自由黨在國會提出憲法修正案，建議廢除對大統領連任的限制。在野黨一致反對，輿論大嘩，但執政黨仍然決定於 11 月底舉行投票表決。當時在國會

203 個席次中執政黨只有過半，執政黨只得賄賂所有的議員以取得三分之二以上的贊成票，有人形容「大額的紙幣像秋天的落葉堆滿國會議場的周邊」。但開票的結果只有 135 張贊成票，剛好少 1 票才能達到超過三分之二的規定。

　　李起鵬氣急敗壞地向李承晚報告，說法案被否決了。不料李承晚卻說，三分之二的票數不是 136 票，而是 135.33 票，但如果採用四捨五入的方法計算，就是 135 票，所以法案已經得到足夠的票數。李起鵬於是回到國會，宣布修憲案通過。人民大多認為李承晚厚顏無恥，表示憤慨，國際媒體也一致鄙視，但他本人卻是安之若素。

1956 年南韓大選及李承晚的獨裁統治

　　修憲既已通過，李承晚於 1956 年 5 月第三度參選大統領，李起鵬競選副統領。執政黨在選舉中仍是公然賄賂、作弊。賄選的資金來源大多是南韓大企業的政治獻金，而獻金則是從執政黨指示銀行給予的鉅額貸款中提撥的回饋，據估計總金額達到十五億韓圓，約合美金一千五百萬元，剛好是 GDP 的 1%。

　　選舉結果，李承晚擊敗在野黨共同推出的進步黨候選人曹奉岩，李起鵬卻輸給屬於民主黨的前總理張勉。當時李承晚的年紀已經八十一歲了，所以誰擔任副統領非常重要。選舉後，李承晚對新聞媒體不滿，於是下令加強限制言論自由，逮捕激進的學生和知識分子入獄；又以反共為名鎮壓反對黨。1958 年 1 月，當初與李承晚競選大統領的曹奉岩竟以涉嫌為北韓間諜及策動叛亂的罪名遭到逮捕。

　　曹奉岩曾經在莫斯科東方勞動大學學習，之後參加朝鮮共產黨，從事地下反日活動。日本戰敗後曹奉岩宣布脫離共產黨，獲選為國會議員。進步黨主張革新政治，以和平方式促成南、北統一，獲得勞工、農民、學生及知識分子熱烈支持，漸漸與執政的自由黨、保守的民主黨鼎足而三。李承晚在逮捕曹奉岩同時也大肆拘捕其他十幾名進步黨人，又強制解散進步

黨。曹奉岩始終否認自己是間諜，認為對他的審判是一項政治陰謀，但仍在一年半後被處死。

1958 年 12 月，李承晚政權又藉口為防堵共產黨的陰謀，強行通過一項新的《國家保安法》，從此任何團體或個人只要反對李承晚或執政黨，或揭露政府的腐敗，都可能遭到逮捕。第二年，漢城有一個《京鄉新聞》在社論裡攻擊政府無能，又報導幾件弊案，社長和部分記者、編輯竟被逮捕入獄，報紙也被命令停刊。

南韓的經濟困境、財閥形成及社會矛盾

韓戰之後，南韓的經濟可以說完全是倚靠美援支撐。據估計，1953 年至 1960 年之間美國援助南韓至少有二十億美元。但南韓的人均所得只不過從美金 62 元增加到美金 83 元，並沒有什麼長進。如上一章所述，美國的國際收支在五〇年代後半期漸漸惡化，無法繼續對外慷慨無償援助，對南韓的援助金額因而從 1957 年達到高峰後就逐年遞減，並且從無償的援助轉為有償貸款，南韓的國際收支隨之惡化，經濟發展陷入遲滯。

南韓國內另有一項大患，就是社會上貧富不均，兩極化的現象逐漸形成。究其原因，與李承晚扶植財閥有關；三星、樂喜、金星、東洋等家族企業便是在這時成為暴發戶。當初日本戰敗後，李承晚政權在美國軍政府監督之下接收日本人留下的產業，然後賣給一些特定的資本家。這些特權分子通常以不到一半，甚至不到十分之一的價格購買到紡織、造紙、油脂、化學、水泥等工廠，還可以在十五年內分期付款；以當時驚人的通貨膨脹率來看，差不多等於免費。事實上，他們也不須掏出自己的錢來，因為國家的銀行體系利用美援提供他們極為優惠的鉅額貸款。

當時美國提供的無償援助以棉花、小麥、黃豆、牛油等為大宗，而李承晚政權握有分配的權力。於是乎，擁有特權的大企業以低廉的價格獲取其中大部分的物資，中、小企業卻被排斥，只能在市場上購買本地生產的高價物資，或在黑市購買被倒賣的美援物資。中小企業既缺乏資金，取得原

料成本又高，漸漸無法競爭，紛紛破產、倒閉，遣散員工，導致嚴重的失業問題。

美國進口糧食雖有穩定物價的效果，農民的收入卻被壓低，無法跟上通貨膨脹，因而債台高築。許多農民被迫逃離農村，轉到都市裡，但大部分失業。據估計，1958 年失業人數達到四百二十萬人，而當時南韓總人口也不過是二千四百萬人。生活的艱困和社會的不公不義使得農民、勞工和學生對政府極端不滿，反政府運動因而越趨激烈。

學生運動

南韓的反政府運動總是由激進的學生在主導。熱血沸騰的年輕學生為了追求正義，不顧生死，在韓國早已是一項傳統。日據時代發生的「三一運動」、「光州學生獨立運動」，都是例證。李承晚政權也想籠絡學生，所以在各級學校成立「學徒護國團」之類的組織，以灌輸學生們愛國思想及民族意識，進行反共教育。但這樣的作法對大部分的學生卻產生反效果。

李承晚的第三任大統領任期到 1960 年 5 月期滿。他自己宣稱年事已高，不再戀棧，圍在他周邊的一群既得利益者卻在全國各地發起誓師大會，請求他「順應民意」繼續競選第四任大統領。政府一方面強制動員數百萬學生們參加這些造勢活動，另一方面卻阻撓學生們參加反對黨的活動。學生們漸漸忍無可忍。1960 年 2 月底，大邱地區數百名學生率先走上街頭，舉行示威遊行。警察立刻逮捕數十名學生，使得學生更加憤怒，示威遊行從此在各大城市蔓延，也有人民開始加入，一直到預定舉行大選的 3 月 15 日，沒有一天停止過。

三一五選舉舞弊

自由黨歷年來在選舉中賄選已經是常態，而需要大筆金錢。為了此次大選，幾個大企業奉令捐獻了七十億韓圓給自由黨，是 1956 年選舉時的五

倍。

　　民主黨推出趙炳玉與李承晚競選大統領，但在選前一個月卻突然死亡，造成李承晚一人競選的局面。民主黨因而改採阻止李承晚獲得高票的戰略，自由黨則下令要不計一切使李承晚的得票率高於 83％。於是乎，有買票，有預先在票箱裡投入已經圈選過的選票，有胡亂唱票；更有在選舉後更換整個投票箱，或偽報計票結果。

　　在選民明顯地支持民主黨的地方，例如馬山、釜山及光州，有很多選民竟然拿不到選票，因而被激怒。許多人在選舉當天就發起大規模的示威運動，高呼「選舉無效！」馬山的市民和學生示威抗議尤其激烈。當地的警察出動鎮壓，竟開槍掃射群眾，造成數十人傷亡的流血事件。數萬民眾於是湧上街頭，縱火焚燒警察局，搗毀自由黨的馬山支部，以及所謂的「御用報社」。

　　根據南韓政府發布的報告，這次大選的投票率高達 94.3％，李承晚獲得 88.7％選票當選為大統領。事實上，這樣高的投票率、得票率正是選舉舞弊最好的證據。有部分投票所開出的計票總數竟高於合格選民的人數。

四一九學生革命

　　大選後，馬山市民和學生繼續示威，軍警也繼續鎮壓群眾，衝突越來越暴力血腥。4 月 11 日，有一位名叫金朱烈的學生的屍體浮出馬山附近的海面上，眼框還卡著一枚沒有爆炸的催淚彈。據推測，他是被催淚彈擊中而死，然後屍體被捆上石頭，丟進海裡，過了二十幾天才浮上來。全國各大城市的學生和民眾一致憤慨，於是也紛紛起來抗爭，高喊「李承晚下台！」

　　漢城的高麗大學有一千多名學生到國會前靜坐示威，不料遭到右派的「反共青年團」暴力分子持刀、棍襲擊，導致數十人重傷。第二天（4 月 19 日）清晨起，漢城市內幾乎所有的大學都有學生加入示威遊行的行列。一部分學生衝往大統領官邸，警察下令開火，瞬間有數十名學生倒在血泊之中。政府宣布戒嚴，出動坦克鎮暴，晝夜槍聲不斷，但參加示威的人群

也越聚越多。全國一片混亂。

　　一星期後，二百五十八位來自全國各大學的教授也手持標語走上街頭，發表共同簽署的《時局宣言》，譴責執政黨選舉舞弊，鎮壓學生；要求大統領、國會議員都辭職，呼籲重新舉行大選。這時，戒嚴的軍隊已經漸漸轉向同情示威的學生，甚至有軍人和學生抱在一起痛哭。戒嚴司令也勸李承晚接見學生和市民代表。美國大使馬康衛（Walter P. McConaughy, Jr.）也對李承晚施壓，要求善待學生，實際上已經暗示美國政府要求他自動下台了。

　　年已八十五歲的李承晚於是接見學生和市民代表，不過聲稱自己對選舉舞弊一無所知。他說：「如果真的存在選舉舞弊，學生們舉行示威遊行是非常正確的行為。如果真的存在選舉舞弊，我也應該引咎辭職。」4月27日，李承晚宣布辭職，後來又由美國安排流亡到夏威夷。歷經十二年的李氏獨裁政權就此結束。

第二共和政府所面臨的問題

　　李承晚政權垮台後，民主黨幾乎完全控制了南韓的政治。但民主黨裡也有舊派和新派之分，各自以尹潽善、張勉為首，嚴重對立。

　　6月中，國會通過一項憲法修正案。根據新憲法，國家領導權改為二元制：大統領是國家元首，對外代表國家，有權提名總理；總理領導內閣，掌握實際的行政權。8月中，尹潽善當選為大統領，提名舊派人物為總理，不料被國會否決，尹潽善不得不提名張勉為總理。但兩人水火不容，尹潽善憤而另組一個新政黨，稱為「新民黨」。民主黨和新民黨之間其實並沒有什麼不同的政治理念，根本的問題是利益分配無法得到妥協。

　　韓國的史家稱李承晚政權時代為「第一共和」，尹潽善和張勉共治的時代為「第二共和」。第二共和除了內部鬥爭之外，還必須面對第一共和所遺留下來的種種問題。

　　南韓經濟疲弊，失業嚴重，已如前述。1960年南韓的國際收支赤字竟

達到三億美元，只能靠美援挹注。但美援大部分不是用在經濟民生，而是用在國防。韓戰前，南韓軍隊只有十萬人，戰後卻增加到七十萬人，並不斷地花錢更新武器和裝備。李承晚不敢裁軍，怕引起軍方將領反彈，所以國防經費是南韓一項沈重的財政負擔。

李承晚時代許多政府人員涉及舞弊，軍警涉及鎮壓學生，輿論紛紛要求追究責任。但張勉政府不免有些顧忌，因為這些人大多是右翼分子，如果認真追究，將會打擊到反共陣營。美國這時早已決定對共產黨採取圍堵政策，當然也不希望南韓政府這樣做。因而，雖然有許多前政府官員遭到起訴，最後大多不了了之。政府又命令處分數千名各級警官，但大多也只是在解職之後又被調派到別處任職。

四一九之後，南韓的群眾運動明顯地激增。工廠、鐵路、碼頭、郵政工人及教職員都組織工會，罷工、罷課事件規模越來越大。大邱地區發生一起數千名教職員和學生靜坐絕食事件，其中有二百人暈倒，二十人生命垂危。張勉政府認為這些事件背後都有共產黨地下分子在興風作浪，於是擬定兩項防共的特別法案，預備於 1961 年 2 月請國會通過。新聞媒體立刻圍剿政府，學生也群起示威抗議。

南韓的反美情緒及學生推動南北統一的浪潮

南北韓分裂後，南韓有很多人總是期盼能見到南、北統一。李承晚下台後，民主黨中的急進派有人主張南、北之間進行交流，保守派卻堅決反對。1960 年 8 月，北韓金日成公開向南韓政府及人民提出方案，主張朝向統一的道路前進。張勉政府公開拒絕。漢城大學的學生卻集會通過決議要推動統一運動。

1961 年 4 月，漢城市民及學生十萬人舉行四一九革命一周年的紀念大會。學生們在集會中呼喊「南北學生在板門店相會！」的口號。美國大使馬康衛也到場，學生們當著他的面指責美國干涉韓國的內政，又警告張勉政府不得鎮壓民族統一運動。5 月初，南韓十九所大學和一所中學的代表共

同發起成立「民族統一全國聯盟」，宣稱要舉行南北學生大會談。南韓政府禁止學生去板門店，違者法辦。但「民族統一全國聯盟」宣布將於 5 月 20 日組織十萬名學生前往板門店，聲稱：「任何人都不能阻止，歷史是站在我們這邊的。」北韓也宣稱要派十萬名學生代表到板門店和南韓學生相聚。

一股烈焰就此燃起，燒遍整個南韓。各大學裡的學生紛紛集會，預備選派學生代表。新民黨也藉機拉攏學生，聲明支持學生的行動。正當萬眾矚目，不知道張勉政府和學生們的對決將如何收場，南韓軍隊卻突然發動政變，徹底改變了朝鮮半島的歷史。

五一六政變

1961 年 5 月 16 日凌晨，南韓海軍陸戰隊和砲兵部隊共一千六百人突然開進首都漢城，佔領市內各要衝。一小隊軍人也佔領了中央廣播電台，向全國民眾廣播，以陸軍參謀長張都暎的名義宣布成立「軍事革命委員會」，接管政府，又宣布戒嚴。張都暎自任為委員長，任命陸軍少將朴正熙為副委員長。實際上，領導發動政變的主角是朴正熙和他的姪女婿，同樣畢業於陸軍士官學校的金鍾泌。朴正熙籌畫政變其實已經很久，同意參加政變的軍官達到數百人，所以政變只受到輕微的抵抗就控制了整個局面。

朴正熙通過電台對全國廣播，發布一篇《革命公約》，其中的重點是誓言以反共為第一要務，申明與美國維持友好關係，徹底肅清貪腐，全力重建國家經濟，以及承諾在適當的時候還政於民。張都暎也致電美國甘迺迪（John F. Kennedy, 1917-1963）總統，說明發動政變主要是為了推翻腐敗無能的政府，避免局勢惡化，以拯救國家和人民，並重申將與美國維持友好的關係。

三天後，軍事革命委員會改組為「國家再建最高會議」，由張都暎擔任議長，兼任總理及國防部長，朴正熙為副議長。尹潽善原本已經宣布下野，這時又同意繼續擔任總統。最高會議接著陸續發布一連串的命令，內容包括解散所有的政黨；關閉大部分的報社和出版社；任命現役軍官擔任

各道的知事及各大城市的市長；逮捕四千多名政治人物、教職員和學生；又逮捕四千多名素來橫行不法的流氓暴徒。南韓從此進入三十年的軍事統治時期。

許多史家認為，南韓的政變是在美國政府默許，甚至鼓勵之下進行的。美國當時在南韓駐紮軍隊，軍力強大；駐韓美軍司令對南韓軍隊擁有指揮權。美國的軍事顧問遍布在南韓的軍隊中，中央情報局（CIA）在南韓也到處都有眼線。因而，朴正熙要想發動政變，美國不可能不知道。沒有美國許可，政變也不可能成功。

從美國的角度來看，當時南韓學生天真地要追求南北統一，無疑是有共產黨的地下分子在其中煽惑，並且陰謀詭計即將得逞，情況至為緊急，而軟弱的張勉政府根本無法因應。美國為了維護其圍堵政策和國家利益，最佳的選擇就是轉而支持堅定反共的軍人。因而，美國政府在政變後從來不曾發出嚴厲的口氣。美國國務院發表聲明，只說：「我們因韓國軍事領袖有強烈的還政於民意願而受到鼓舞。」

朴正熙其人

朴正熙（1917-1979）生於慶尚北道首府大邱市西北的龜尾市，自幼家境貧寒。慶尚道是古代新羅王朝的所在地。他原本在小學任教，後來卻遠赴日本統治下的滿州國就讀滿州軍官學校預科，然後進入日本東京的陸軍士官學校，畢業後回到滿州服役。日本戰敗後，朴正熙又從頭開始，考入現今的韓國陸軍士官學校，是南韓自己訓練出來的第一批軍官。韓戰時，朴正熙因功晉升為准將。他也曾到美國短期留學，進入美國陸軍砲兵學校學習。

在李承晚的時代，南韓有一部分高級將領貪瀆腐敗，又互相傾軋，分成不同的派系。年輕而有理想的少壯軍官看在眼裡，極為不滿，逐漸發出要求改革的聲音。三一五選舉發生舞弊時，有許多高級軍官也牽涉其中。朴正熙自認廉潔，至為痛心，於是上書要求涉及弊案的高級軍官都引咎辭

職。他和金鍾泌又策動陸軍士官學校畢業生（簡稱「陸士」）聯名向國防部
長和參謀總長提出「整軍」的要求。朴正熙和金鍾泌都差一點因此而被劃
除。

　　張勉政府成立後，朴正熙又繼續要求改革而無效，於是開始暗中聯絡
「整軍派」的少壯軍官，計畫發動政變。1960 年 9 月，金鍾泌安排十六名
「陸士」軍官代表晉見參謀總長崔榮喜，當面要求其辭職。結果十六人全
部被拘捕，以「下犯上」的罪名被起訴，領頭者最後被判處徒刑。金鍾泌
也被以「教唆罪」起訴，後來雖然無罪釋放，卻被編入預備部隊。

　　軍中高層的矛頭漸漸也指向朴正熙，計畫把他也調到預備部隊。到此地
步，朴正熙已經別無選擇，只有決定起事。這時他的職位是陸軍本部作戰
參謀次長，但他怕自己威望不足，所以說服直屬長官陸軍參謀長張都暎領
銜發動政變。

朴正熙時代

　　朴正熙在政變成功後不久便仿效美國中央情報局的體制，在南韓也成
立中央情報部（KCIA），其首要任務就是偵察共產間諜活動，劃除共產黨
勢力。金鍾泌奉命擔任部長，不只偵察共產黨，也擴大偵察政治人物、軍
人、教授、學生和一般平民百姓的日常生活，權力越來越大。最高會議又
發布《反共法》，明確規定人民不得與北韓交往，或為共產黨宣傳，否則處
以重刑，甚至處死。

　　7 月初，最高會議宣布以「反革命陰謀」的罪名解除張都暎所有的職
務，將其逮捕，同時也逮捕其他四十幾名軍官。據推測，張都暎雖然是最
高議會議長，真正的權力卻是在朴正熙手上，因而不滿，與其他人陰謀奪
權。朴正熙先發制人，斷然處置。張都暎被判處死刑，後來獲得緩刑，被
流放到美國。「張都暎事件」之後，KCIA 又陸續宣稱調查出十幾件類似的
「反革命事件」。當初最高會議始創時總共有三十二名成員，由於不斷地被
清洗，到了 1963 年初竟只剩下六人。南韓的朴－金（或稱為 PK）政權從

此巍然鞏固。

美國政府極為關切南韓軍政府是否會遵守承諾,還政於民。朴正熙迫於壓力,不得不宣布將於 1963 年 5 月舉行大統領大選,隨即將政權移交給新政府。美國立刻表示歡迎,並且邀請朴正熙訪問美國。朴正熙於 11 月到美國與甘迺迪總統會面,又再重申將會還政於民。甘迺迪也保證美國將信守 1953 年簽訂的《美韓共同防禦條約》的承諾,並將協助南韓推動經濟建設計畫。從這時起,朴正熙已經預備要在 1963 年參選,轉任為民選的大統領。

有關朴正熙在後來十八年中如何統治南韓,請容在第 13 章再繼續敘述。本章以下先為讀者敘述韓戰期間及戰後北韓的發展。

韓戰期間北韓的內部權力鬥爭

韓戰對金日成來說是軍事上的一大挫敗。他說服史達林同意,揮兵南下,挑起戰爭,結果卻是一敗塗地。如果沒有中共抗美援朝,北韓只有滅亡了。然而,金日成不但沒有因此垮台,反而把責任推給別人,並藉機逐步整肅異己,達到其個人政治上的空前勝利。

早在 1950 年底,金日成就聯合朴憲一起整肅延安派的領袖之一武亭,解除其前線指揮官的職務,罪名是必須負起失去平壤的責任。武亭早年加入中共紅軍,歷經長征和抗日的許多重要戰役,並組織了朝鮮義勇軍,是朝鮮人在中國戰場上的一位傳奇人物。1951 年,蘇聯派的首領許嘉誼也被解除勞動黨副委員長的職務,理由是執行後勤不力,苛待黨員,又刁難新人入黨,阻礙黨的擴大。

金日成接著整肅朴憲永領導的南勞派。朴憲永當初在南方領導南勞黨,與北方的金日成分庭抗禮,對金日成的領導地位有極大的威脅。韓戰中,朴憲永負責策動南方地下黨的組織和動員民眾起義打游擊,但由於盟軍突然參戰,南方起義並不踴躍。金日成於是又把戰爭失敗的責任推到朴憲永身上,卻不提自己誤判美國不可能參戰。

韓戰中開始和談後，金日成迫不及待地要結束戰爭，朴憲永卻執意要解放南方，主張持續進行戰爭。金日成大怒，突然在 1953 年初下令逮捕朴憲永及李承燁等十幾名南勞派的領導幹部，理由是南勞派即將發動政變。等到《板門店停戰協定》簽訂後，這些人又全部以「美國間諜」的罪名被起訴，開除黨籍，最後大多遭到處決。

五〇年代後期共產世界的變化對北韓權力鬥爭的影響

韓戰後，北韓和南韓一樣，到處是一片焦土，所有的都市、交通、軍事及其他基礎設施幾乎被破壞殆盡。幸而蘇聯、中國都伸出援手，支持北韓重建，並分別提供超過十億盧布的無償貸款。東歐各國也都出手協助，例如東德負責協助北韓重建咸興市。

1954 年初，北韓制訂一項復興經濟的三年計畫，但在討論過程中出現路線之爭。金日成原本主張效法史達林優先發展重工業，不料蘇聯的新總理馬林科夫卻提倡優先發展輕工業，北韓政府中的蘇聯派也都是同樣的主張，金日成只得勉強同意修正方向。當時蘇聯派成員中有許多人是蘇聯國籍，雖經金日成多次勸告卻還是拒絕變更為北韓國籍，並且態度高傲。金日成越來越無法忍耐。

1955 年 12 月底，勞動黨召開中央委員會擴大會議，金日成開始發難，發動圍剿，迫使多位蘇聯派成員認錯，自我批判；約十天後，又將其中部分成員撤職或降職。蘇聯派的領導人副首相兼國家計委委員長朴昌玉被降為機械工業部長。

兩個月後，赫魯雪夫在蘇共二十大宣讀《秘密報告》批判史達林，又暗指有其他國家的共產黨也在搞個人崇拜。北韓滿州派的大老崔庸健奉派參加這次大會，和其他與會人員一樣震驚，回國後也做了詳細報告。等到金日成發言時，卻說朝鮮勞動黨的個人崇拜應該是指對朴憲永的崇拜。崔庸健也說北韓對金日成的推崇並不是個人崇拜。但勞動黨內的延安派早已不滿，趁機聯合蘇聯派，計畫發動政變以推翻金日成，又暗中取得了蘇聯及

中共的支持。

　　然而兩派的密謀外洩，金日成得知後決定先發制人。1956 年 8 月，金日成在勞動黨中央委員會中厲聲指責兩派都犯了「宗派主義」的錯誤，領頭的人都是「反黨分子」。一部分被點名的人嚇得還沒開完會就急急逃走，越過鴨綠江逃入中國境內；其餘動作稍慢的都被逮捕入獄。赫魯雪夫和毛澤東接到報告後都大怒，決定共同介入，派米高揚和彭德懷一起到平壤。金日成只得把關在牢裡的人放出來，同意給他們「改過自新」的機會。「八月宗派事件」暫時平息。

　　但不久後，東歐發生兩個事件又重啟北韓的政治鬥爭。如第 5 章所述，赫魯雪夫在 10 月中出動坦克，預備鎮壓波蘭的動亂，卻因毛澤東反對而下令撤退。接著匈牙利也發生動亂，結果被赫魯雪夫和毛澤東一致認定是「反革命」事件，同意由蘇聯出兵鎮壓。金日成受到兩個事件鼓舞，聲稱要「強化與反革命分子的鬥爭」，不過他仍是有些顧忌，暫時還不敢大張旗鼓整肅什麼人。

　　1957 年 11 月，蘇聯在莫斯科舉行革命四十週年紀念大會，毛澤東在會場上和金日成見面時，突然為一年前介入北韓的舉動向金日成表示道歉。金日成大喜，回國後遂毫無顧忌地展開大規模逮捕行動。蘇聯派的首領朴昌玉、延安派的首領崔昌益及其他數千人被處死，另有數千人被下獄、流放或勞改，全部被開除黨籍；只有少數人逃亡到蘇聯和中國，得以倖存。經過此次徹底清洗，北韓勞動黨基本上只剩下甲山派及滿州派。

　　甲山派的成員大多出身咸鏡南道的甲山郡，於抗日期間在朝鮮北部從事游擊戰，一向是金日成的盟友，在黨內鬥爭中與滿州派站在同一陣線，但在數年後又成為金日成亟欲清除的對象。

主體思想

　　事實上，金日成很早就希望能擺脫蘇聯及中國的影響，走自己的道路。直接地說，如果沒有史達林，就沒有北韓；沒有毛澤東，北韓也早就亡國

了。金日成卻刻意要淡化蘇聯和中共對北韓的援助，以免自己和勞動黨的
光環被掩蓋，動搖統治的地位。

　　金日成最早提到有關「主體」的觀念，是在 1955 年 12 月，也就是前述
他發動整肅蘇聯派的那一次會議中。不過要等到他把南勞派、蘇聯派和延
安派全部清洗乾淨，主體思想才漸漸成為北韓勞動黨的指導政治理念。一
般認為，主體思想是金日成和他的思想秘書黃長燁長期討論而建立的。黃
長燁後來擔任北韓最高人民會議的議長。

　　1960 年 5 月，金日成在黨內發表演講，其中說：「黨的思想活動主體
是什麼？我們不是在進行他國的革命，是朝鮮的革命。這個朝鮮革命才是
黨的思想活動主體。……。有人覺得蘇聯式好，有人說中國式好，但我認
為，是時候創造『我們式』了。」

　　主體思想所要追求的是什麼呢？簡單地說，就是「政治的自主、經濟的
自立，國防的自衛」。北韓的政治已經逐漸自主了，但要如何做到經濟的自
立，國防的自衛呢？韓戰才剛結束不久，要談如何重建軍事力量其實並不
容易，以下就只先為讀者們敘述北韓的經濟發展。

北韓的經濟發展及千里馬運動

　　如前所述，北韓於 1954 年起推動經濟復興三年計畫，後來自行發表成
果，年平均工業生產成長率竟高達 42％，但農業生產嚴重落後。1956 年
底，北韓又宣布將從第二年起推動一項五年計畫。

　　金日成這時聽說在南埔市（在平壤市南大同江邊）有一個降仙煉鋼廠
的工人喊出以「千里馬」的速度增產報國，非常高興，親臨降仙煉鋼廠視
察，表示激勵。他又到全國各地的工廠和農村，號召全國人民「以跨上千
里馬的氣勢奔馳」，為國家經濟的自立而奮鬥。「千里馬運動」於是轟轟烈
烈地展開，結果五年計畫的工業生產部分竟提前兩年就達成目標，年平均
成長率達到 36％。但農業生產仍是遠遠地落後，基礎建設也不理想。金日
成不得不花費一年的時間予以調整，然後又提出了一項七年計畫，從 1961

年起開始實施。

如果拿 1960 年的數據來看，北韓的經濟成長可說是成果非凡。這一年，南韓的人均所得只有 82 美元。中國由於大躍進徹底失敗，人均所得也只有 83 美元。北韓的數字卻是兩者的三倍，達到 253 美元，在整個東亞地區名列前茅，只比日本和香港少。台灣當年的人均所得為 164 美元，也比北韓低。

北韓為什麼有如此耀眼的成績？

嚴格地說，南、北韓分裂時，南韓的情況確實是不如北韓。南韓的土地比北韓大約小了 20％，耕地面積也比較小，人口卻是北韓的兩倍，負擔原本就比較沈重。當年日本殖民政府是以朝鮮半島為侵略中國東北的跳板，所以工業建設政策是重北輕南，重化工業和基礎工業多半集中在北部。北韓無論是水力、煤礦、鐵礦和其他金屬礦產也都遠比南韓豐富。南韓可說在起跑點上已經遠遠落後於北韓。

南韓不幸還有一項負面的因素──人謀不臧。李承晚執政的十二年中，官員貪污腐化，社會動盪不安。相對地，北韓金日成一聲令下，全國總動員，果真如千里馬，日行千里。再加上南韓貧富懸殊，社會兩極化，北韓的社會主義制度下卻沒有貧富差距的問題。南北韓在政治、經濟和社會各方面的對比，也部分說明了為什麼南北統一對南韓的學生有那樣大的吸引力。

金日成志得意滿，下令建造一座巨大的千里馬銅像，於 1961 年 4 月起開始在平壤市中心的萬壽台上高高聳立。他誓言要繼續帶領人民把北韓建設成一個偉大而富裕的社會主義國家，也念茲在茲要完成統一祖國的大業。然而，他絕對不會料想到，十年後，南韓的經濟發展將追上北韓；二十年後，南韓的國民人均所得將數倍於北韓；三十年後，也就是在他將要去世之前，北韓人民的處境將遠比中國大躍進失敗後的情況還要悽慘。

究竟為什麼會有這樣巨大的變化？說來話長，就請讀者繼續閱讀本書後面有關韓國的章節吧。

第二卷

困惑的年代

（1961-1976）

第 9 章
文化大革命始末

　　1966 年 5 月，中國爆發文化大革命，改變了歷史。一般認為，毛澤東發動這場革命，目的是要防止資本主義復辟，並清洗以劉少奇和鄧小平為首的「走資派」集團。但許多學者認為，早在 1962 年初「七千人大會」時，毛澤東便已對劉少奇不滿；不過他決心要扳倒劉少奇卻是在 1964 年底推展「四清運動」時。

七千人大會

　　七千人大會之所以召開，是為了總結 1958 年以來大躍進的經驗教訓，參加的有中央和地方的領導幹部共七千餘人。當初在 1959 年廬山會議時，身為國家主席的劉少奇並沒有和彭德懷站在一起批判大躍進，但在這次大會一開始報告時就認錯，再次提出「三分天災，七分人禍」，說人為的錯誤是災難的主要原因。周恩來、鄧小平等人跟著認錯。毛澤東當時也自我批評，說：「同志們，不能隱瞞。凡是中央犯的錯誤，直接的歸我負責，間接的我也有份，因為我是中央主席。……第一個負責的應當是我。」

　　會中又討論到錯誤的根源，認為是偏離了民主集中制。高層在大躍進期間強迫命令，瞎指揮，黨員和群眾都不敢提出反對的意見，以致於釀成

大錯。毛澤東說:「實行不實行民主集中制,是關係到無產階級專政的大問題。如果在人民內部不實行廣泛的民主,幹部和群眾就不敢講話,正確的意見就集中不起來,就不可能調動他們的積極性。」

在大會上唯一發言與眾不同的是國防部長林彪,他說:「最近幾年的困難,恰恰是由於我們沒有照著毛主席的指示,毛主席的警告,毛主席的思想去做。」林彪明顯地是在刻意討好毛澤東,為毛澤東開脫責任。毛澤東對林彪的發言顯然欣喜萬分,在會後把林的講稿分送給他的秘書田家英和解放軍總參謀長羅瑞卿,又都附了信,其中明明白白地說:「此件通看了一遍,是一篇很好,很有份量的文章,看了很高興。」有部分學者據此論斷,毛當時講了很多認錯的話,其實都是言不由衷。

事實上,林彪接替彭德懷任國防部長後便不斷地對毛澤東表態效忠,在解放軍裡展開造神運動。林彪下令《解放軍報》每天刊登毛澤東的摘要講話,全軍認真學習。約半年後,有一名解放軍刻意培植的小兵雷鋒意外喪生,林彪立刻把他當作全軍和全國青少年學習的模範,如火如荼地發起「學雷鋒運動」,喊出「做毛主席的好戰士」的口號。林彪後來全力支持毛澤東掀起文化大革命,事實上在此時已經見到端倪。

毛澤東與劉、鄧路線的矛盾

劉少奇雖然認錯,心中無疑認定毛澤東是大災難的罪魁禍首,只是不敢明說。七千人大會之後,劉對毛明顯地保持距離,很少向他報告請示。鄧小平作為毛的總書記,一向對毛亦步亦趨,但在此後也一樣不常向毛澤東報告請示。在毛澤東看來,鄧小平似乎漸漸和劉少奇走在一起。他認為自己在北京已經指揮不動,好像不存在一樣,心中憤怒,說自己是個「亡人」,所以常常到華中、華南晃蕩。上海市委書記柯慶施向來是毛澤東的忠實支持者,與毛密切往來。

毛澤東對劉少奇及鄧小平的不滿,不只在他們的態度,還在於對農業政策的不同看法。如第 6 章所述,中共中央於 1961 年初發布《農業六十

條》，其中明訂人民公社裡的農民可以擁有5％的自留地；後來又修訂條文，廢除供給制，改為按勞分配，並解散公共食堂。這些都是毛澤東一向堅持不讓的，但迫於形勢，只能隱忍。

1962年4月起，農業工作部部長鄧子恢又提出推行「包產到戶」的主張，意思是由農戶分田單幹。實際上，在大飢荒的時候，有一些赤貧的省分，如安徽、甘肅和廣西，早已開始大力推動，只是不敢說是包產到戶，而稱之為「責任田」。因而，鄧子恢的建議只不過是要使包產到戶合法化。當時劉少奇、陳雲、鄧小平也都支持鄧子恢。陳雲說：「與其提包產到戶，不如提分田到戶。」鄧小平引用劉伯承常說的一句四川話，說：「黃貓、黑貓，只要能捉住老鼠的就是好貓。」在他看來，只有大膽改革才能增產糧食，改善民生。

這些人主張包產到戶其實都冒了很大的危險。早在七千人大會時，毛澤東就已經嚴厲批評安徽省委書記曾希聖「犯了方向性的嚴重錯誤」，「帶有修正主義色彩」，把他撤職。但鄧子恢脾氣倔強，仍是不顧一切，大膽向毛直接進言。毛澤東大怒，說鄧子恢鼓吹「單幹風」，否定集體經濟，是「資本主義農業專家」。1962年9月，中共召開八屆十中全會，毛下令把鄧子恢撤職，又乾脆解散農村工作部。從此以後，沒有人再敢提包產到戶。

毛澤東這時越來越認為資產階級有復辟的可能，所以必須重提「階級鬥爭」，並且要「年年講、月月講、天天講」，明顯地在警告劉少奇等人。

中蘇論戰及赫魯雪夫下台

毛澤東雖然對鄧小平不滿，有一場大仗還必須調鄧小平上陣。中、蘇交惡後，雙方公開進行論戰，毛澤東親自指揮《人民日報》和《紅旗》雜誌不斷地發表文章，毫不留情地攻擊赫魯雪夫。由於劉少奇一向被認為是親蘇派，這時說不上話，而鄧小平卻是毛澤東心目中的第一號戰將。

蘇聯急欲結束論戰，一再地要求舉行會談。1963年7月，毛澤東指派鄧小平率團前往莫斯科。蘇聯由首席理論家蘇斯洛夫（Mikhail Suslov）領

軍，鄧小平對蘇斯洛夫的言論一一駁斥，針鋒相對，雙方最後談判破裂。鄧小平回到國內，毛澤東罕見地率同劉少奇、周恩來及其他黨政要員到北京機場迎接，是無上的禮遇。

中共接著在《人民日報》和《紅旗》雜誌上刊登更加激烈評論蘇修的文章，十個月內連續刊登了九篇，後來稱為「九評」，由鄧小平主持擬稿，毛澤東最後親自審定。原本還有第十評，但還沒有刊出，赫魯雪夫就已經下台了。以布里茲涅夫（Leonid Brezhnev, 1906-1982）為首的蘇聯政治局成員趁赫魯雪夫在黑海海濱渡假時，發動不流血政變，罷除其所有職位，強迫他退休。

赫魯雪夫之所以下台，當然不單是因為「九評」。當年赫魯雪夫批判史達林，早已使得黨內部分人心生不滿。1962 年，美國與古巴之間發生導彈事件。美國甘迺迪總統態度強硬，赫魯雪夫因而決定退讓，下令撤出已經安置在古巴的中程飛彈。許多蘇聯人據此批評赫魯雪夫過於軟弱。1964 年10 月，中共第一次成功地在新疆羅布泊試爆原子彈，是壓垮赫魯雪夫的最後一根稻草。當初就是赫魯雪夫為了要拉攏毛澤東而同意移轉核能技術給中國的，後來蘇聯雖然召回專家，但中國已經獲得足夠的資料。

對於毛澤東來說，赫魯雪夫下台是一項勝利，也是一個警訊。據說蘇聯的國防部長有一次在接待中方代表時喝醉了酒，胡言亂語，竟說蘇聯人已經把赫魯雪夫搞掉了，中國人也可以把毛澤東搞下台。毛澤東怎能不怕？他不但要防止中國出現赫魯雪夫的修正主義，也要注意是否會出現另一個布里茲涅夫，而劉少奇可能是兩者皆是。

四清運動

為了反右反修，防止「和平演變」，毛澤東決定在全國城鄉發動「社會主義教育運動」。在農村，主要是推動「清理帳目、清理倉庫、清理財務、清理工分」，稱為「四清運動」（後來稱為「小四清」）。在城市，主要是推動「反貪污竊盜、反投機倒把、反鋪張浪費、反分散主義、反官僚主義」

的「五反運動」。

　　針對農村問題，中共後來又發布所謂的《前十條》及《後十條》，提出以階級鬥爭為綱，規定要團結95％以上的幹部和群眾。換句話說，就是預備要清算其餘5％的人。不過在展開運動的過程中，劉少奇和毛澤東發生激烈的衝突。

　　劉少奇一向關注農村裡普遍存在的貪腐問題，所以鬥爭的主軸是「四清」與「四不清」之間的矛盾。中央及地方於是組織大批的工作隊，分赴各地「蹲點」。工作隊通常先與基層農民搞紮根串邊，訪貧問苦，然後再揭發內部問題，最後對領導幹部展開奪權鬥爭。四清運動的過程中也搞「逼、供、信」，與中共建國初期的土改運動一樣殘酷。舉例來說，湖北在第一批試點運動就死了兩千多人，廣東也死了一千多人，其中約有一半是自殺的。

　　劉少奇也派自己的妻子王光美到河北省撫寧縣王莊公社的一個桃園大隊去「蹲點」。王光美於1963年11月率工作隊到達王莊公社。五個月後，桃園大隊四十幾名幹部大部分被公開批鬥，連大隊黨部支書也被開除黨籍。劉少奇和王光美對這次的「桃園經驗」引以為豪，王光美受邀到處演講。「桃園經驗」成為各地仿效的樣版。

　　但毛澤東真正重視的是意識型態的問題，認為社會主義和資本主義之間的矛盾才是要害，而不是什麼四清、四不清的矛盾。毛直接說：「就是要搞大的，大的倒了，狐狸慢慢清。」在他看來，劉少奇動員上百萬人組成工作隊來整肅全國各地的農村幹部，兼有奪權的意圖，尤其忍無可忍。兩人衝突逐漸升高。1964年底，毛澤東和劉少奇一起開會，毛剛剛講了幾句，劉就插嘴，又長篇大論一直講下去講不完。第二天，毛自己拿了《黨章》和《憲法》到會場，說：「我們這些人算不算中華人民共和國的公民？如果算的話，那麼有沒有言論自由？准不准我們和你們講幾句話？」

　　不久後，毛澤東強行命令制訂新法條，稱為《二十三條》，以取代《前十條》和《後十條》；其內容主要是「清政治、清經濟、清思想、清組織」，也是四清，後來被稱為「大四清」。毛澤東再一次強調階級鬥爭，但

整肅的對象不再是農村和工廠的基層幹部，而是要「整黨內走資本主義道路的當權派」，雖然沒有直接點名，無疑是指劉少奇。不過這時毛澤東已經在籌劃要發動另一個驚天動地的運動，也就是文化大革命，相對來說，四清運動其實不重要了。

多年以後，毛澤東的美國友人斯諾（Edgar Snow）問他是什麼時候決定要把劉少奇搞掉，毛回答就是在制訂《二十三條》那時候。斯諾是第一個到延安訪問中共領導人的西方記者，之後在 1937 年出版了《西行漫記》（*Red Star Over China*，或稱《紅星照耀中國》），造成轟動。據說，連羅斯福總統也是讀了這本書後才對毛澤東有基本的認識。

〈評新編歷史劇《海瑞罷官》〉──文革序曲

當初毛澤東發起社會主義教育運動時，曾經在政治局底下成立一個「中央文革五人小組」，指定彭真、陸定一為組長、副組長。但毛對五人小組的工作也不滿意。1965 年 2 月起，毛派自己的妻子江青到上海，由市長柯慶施派一名主管宣傳的書記張春橋和他的助手姚文元協助，要為政治鬥爭找一個新的突破口。毛澤東親自指導張春橋和姚文元撰寫一篇文章，又不斷地修改，前後花了九個月。

1965 年 11 月，上海《文匯報》刊出一篇由姚文元掛名的文章〈評新編歷史劇《海瑞罷官》〉。第二天，上海《解放日報》迅速轉載。上海當局也要求北京的報紙轉載，但中央書記處二把手兼北京市委書記彭真卻禁止所有國家、省市一級報刊轉載這篇文章。

《海瑞罷官》的作者吳晗是知名的明史學者，又擔任北京市副市長，是彭真的副手。至於姚文元，只不過是一個無名小卒。姚文元在文章中說海瑞決心平民憤，表面上要把貪官污吏都一掃而盡，實際上並不是在為老百姓著想，而是站在資產階級一方，在維護封建皇朝的根本利益。姚文元在結論中說，這齣戲歪曲歷史事實，「不是芬芳的香花，而是一株毒草。……。影響很大，流毒很廣。」

　　彭真看出，這篇文章是以古諷今，在批判劉少奇和他自己，背後必定有人在撐腰。但他萬萬沒有想到，背後這個人竟是毛主席。

　　彭真拒絕轉載文章，使得毛澤東震怒，直接跳出來指責北京市委是一個獨立王國，「一根針也插不進，一滴水也潑不入。」彭真只好指示《解放軍報》、《人民日報》轉載，不過把相關之事定性為學術討論範圍，不是政治問題。但毛澤東明白表示，重點是「罷官」兩個字，也就是決定要上綱為政治問題了。

《五一六通知》──文革開始

　　〈評新編歷史劇《海瑞罷官》〉在上海刊出的同一天，毛澤東下令將中央辦公廳主任楊尚昆撤職，由原任中央警衛局局長汪東興取代。中央辦公廳負責發布中共中央的文件，毛澤東決定收回來交給可以信賴的人主管。汪東興一直擔任毛的警衛，忠心耿耿，他指揮的解放軍八三四一部隊負責中南海的警衛工作，至關重要。毛又下令解除解放軍總參謀長兼中央軍委秘書長羅瑞卿的職務，由楊成武和葉劍英分別接替。

　　毛澤東接著把矛頭轉向吳晗、彭真，公然宣稱：「彭真是混進黨內的渺小人物，沒有什麼了不起，一個指頭就捅倒他。」彭真從此遭到軟禁。彭真之後，中宣部長陸定一也遭難。毛澤東又把上述四個人一起稱為「彭羅陸楊反黨集團」。

　　1966 年 5 月 16 日，毛澤東指示發出一項《五一六通知》，將上述的「中央文革小組」的五個人全部撤職，改以陳伯達為組長，江青為副組長，康生為顧問，其他成員有張春橋、姚文元、王力等。

　　在《五一六通知》裡有一段極為重要的文字，是毛澤東執意要寫進去，用來昭告天下的：「混進黨裡、政府裡、軍隊裡和各種文化界的資產階級代表人物，是一批反革命的修正主義分子。一旦時機成熟，他們就會要奪取政權，由無產階級專政變為資產階級專政。這些人物，有些已被我們識破了，有些則還沒有被識破，有些正在受到我們信用，被培養為我們的接班

人，例如赫魯曉夫那樣的人物，他們現正睡在我們的身旁。」

　　毛澤東不但決心要整肅劉少奇等黨政高官，還要發起大規模的群眾運動，進行全國大清洗。即使是引起天下大亂，也無所謂，因為「大亂之後，才有大治。」找什麼人發起群眾運動呢？毛澤東決定利用涉世未深而血氣方剛的青年學生。

大字報

　　中共取得政權後，有一個很特殊的現象，黨政要員的妻子常常公開擔任機要工作，或是出秘密任務。前述劉少奇派王光美到桃園蹲點，毛澤東派江青到上海秘密行動，都是例子。林彪也請自己的妻子葉群擔任自己的辦事處的主任，兩人形影不離。

　　文革小組中的顧問康生是中共的秘密情治頭子，也派妻子曹軼歐到北京大學去，組織一個調查小組。曹軼歐發現哲學系的書記聶元梓和北大的上級領導有矛盾，於是鼓動聶元梓與其合作。兩人決定用大字報來攻擊校方的領導。5 月 25 日，北大校園出現了一張聳動的大字報，標題為〈宋碩、陸平、彭佩雲在文化革命中究竟幹些什麼？〉宋碩是北京市委主管大學的副部長，後二者分別是北大的黨委書記、副書記。大字報由聶元梓領銜，末尾還有三句口號：「保衛黨中央！保衛毛澤東思想！保衛無產階級專政！」

　　這張大字報出現於午後兩點，到了傍晚，北大已經到處都張貼著大字報，據說總共超過一千五百張，其中有支持，也有斥責聶元梓的。周恩來和新任北京市委書記李雪鋒得到消息後都表示希望約束大字報活動。但幾天後，毛澤東卻表示支持這張大字報，要求全國各報刊轉載。周恩來和李雪鋒都大吃一驚，但只能遵命照辦。大字報運動從此一發不可收拾，北京各大學、中學都出現數以千張、萬張的大字報，幾乎都是在攻擊學校的領導幹部和資深教授。在上海，兩週內也出現了將近十萬張大字報。

　　6 月 13 日，毛澤東乾脆要求國務院發布命令，讓全國各大、中、小

學一律停課，學生全部投入文化大革命，以響應階級鬥爭。和北京大學同一個模式，清華大學的學生蒯大富，北京師範的譚厚蘭以及北京航空學校的韓愛晶等都一夕之間成為學生領袖。不久，校內開始出現體罰和暴力事件，有些被批鬥的領導和教授頂不住，就自殺了。劉少奇和鄧小平派出工作組到校園裡制止暴力，維持秩序，卻和學生們發生嚴重的衝突。

劉、鄧倒台

　　正當全國的校園鬧得天翻地覆時，毛澤東仍是優哉游哉地在華中各處巡行。7 月中，年已七十三歲的毛澤東在武漢參加一項橫渡長江的游泳競賽，游了一個多小時。國內外媒體無不大幅報導，刊登照片，說毛主席的身體強健，不像年紀大。

　　兩天後，他回到北京，表示對工作組極端不滿，說：「有些學校鎮壓學生運動。誰去鎮壓學生運動？只有北洋軍閥。……。凡是鎮壓學生的人，都沒有好下場。」他命令召集一萬名北京市的學生代表到人民大會堂開會，迫使劉少奇、周恩來、鄧小平和北京市委在會中自我批評檢討，並宣布撤出在所有學校裡的工作組。毛澤東自己卻隱身坐在講台的幕後。劉少奇完全摸不清毛澤東意欲何為，方寸盡失，竟對學生說：「至於怎樣進行無產階級文化大革命，你們不大清楚，不大知道。你們問我們，我老實回答你們，我也不曉得。」等劉少奇和周恩來都講完了，隨從突然把帷幕拉開，讓毛澤東走到台前。學生們報以熱烈的掌聲，齊呼：「毛主席萬歲！」劉少奇回到家後，與家人抱頭痛哭，知道大禍即將臨頭。

　　8 月 8 日，中共中央發布《關於無產階級文化大革命的決定》，宣稱文革是「一場觸及人們靈魂的大革命」，目的是要鬥垮走資本主義道路的當權派，鼓勵革命闖將們「敢」字當頭。文化大革命從此正式展開，如同狂風暴雨，席捲中國。

　　毛澤東接著改組政治局，人們赫然發現原有的四位副主席全部下台，林彪是唯一的新任副主席。鄧小平主持的中央書記處也被撤除，不再開會，

由中央文革小組取代。

紅衛兵

　　「紅衛兵」這個名詞，據說是在 1966 年 5 月底開始出現，由當時清華附中的幾名學生在大字報上以紅衛兵署名，從此在全國流行。「紅衛兵」三個字，包含保衛毛主席，保衛黨中央，保衛共產主義的意思。由於多年來的造神運動，毛主席在當時許多學生的心目中是最最偉大的民族英雄，不可侵犯。許多學生又以為毛主席遭到修正主義的包圍，處境危險，如果大家不起來保衛毛主席本人和毛澤東思想，國家命運將不堪設想。

　　8 月初，毛澤東收到北京紅衛兵送來的大字報，回信說「造反有理」。毛親自寫下他自己的大字報，標題是〈砲打司令部──我的一張大字報〉，內容讚揚北大聶元梓，聲討走資派。

　　8 月 18 日，文革小組安排毛澤東在天安門廣場接見全國各地蜂擁而至的紅衛兵，據估計達到二百萬人。當天的高潮是一名十七歲的女學生為毛澤東掛上紅衛兵的紅色臂章，天安門響起如巨雷一般的「毛主席萬歲！」歡呼聲。毛問這名女學生的名字，知道她叫宋彬彬，再問：「是文質彬彬嗎？」她說：「是。」毛主席說：「要武嘛！」接著林彪也在大會上說，文化大革命就是要「破四舊」，破除「一切剝削階級的舊思想、舊文化、舊風俗、舊習慣」。

　　毛澤東在 8 月總共接見了八次紅衛兵，超過一千二百萬人。毛主席既是說「革命無罪，造反有理」，鼓勵革命小將要「敢」字當頭，又說「要武」，紅衛兵運動的暴力傾向從此無人可以阻擋。毛澤東又希望紅衛兵不只來北京，也到各地去串連。國務院於是發出通知，提供所有的紅衛兵串連免費坐車，免費吃住。轟轟烈烈的紅衛兵運動從此像野火一樣地迅速燃燒整個中國大地。

　　原本林彪下令《解放軍報》編印《毛主席語錄》，在部隊裡發行。這時《毛語錄》已經是人手一本。紅衛兵天天讀這本小書，又把它當作是毛主

席的化身,早請示,晚匯報。每人身上也都戴著一個毛主席像章。據說在
文化大革命期間,中國總共印行了超過十億冊《毛語錄》,製作了二十幾億
枚像章。

前述的「破四舊」給了紅衛兵一個施加暴力的方向。北京故宮博物院由
於周恩來派解放軍保護,倖免於難,但全國各地凡是沒有解放軍保護的文
物就全部遭到浩劫了。單單北京市就有將近五千處廟宇、博物館及古蹟被
摧毀。譚厚蘭率領兩百名紅衛兵趕到山東曲阜,「徹底砸爛孔家店」。許多
人為了怕紅衛兵來查抄,只得自己先動手燒毀古書、古畫,或偷偷在地上
挖個洞埋起來。

中共中央規定不准警察以任何藉口干涉或鎮壓革命學生運動。公安部長
竟然說:「紅衛兵打了壞人不能說不對,在氣憤之下打死他就算了。如果說
不對,就給壞人撐了腰。」紅衛兵於是越來越暴力,聲稱要「打倒一切牛鬼
蛇神!」

1967年元旦,一群紅衛兵闖進中南海劉少奇的宅院,在四處張貼寫著
「打倒中國的赫魯雪夫劉少奇!」和「誰反對毛主席絕對沒有好下場!」
等標語,暴力批鬥劉少奇和他的家人。不久,鄧小平、彭真、羅瑞卿、陸
定一、楊尚昆、陳毅等人全家也跟著挨批。這些先前的國家領導人都身披
各式的標語,彎腰低頭跪在地上,忍受侮辱和毆打,有些人頭上還被強行
戴上紙帽。

上海「一月風暴」造反奪權

毛澤東發動的群眾運動中,紅衛兵只是第一波。1966年11月,上海十
七個工廠的工人聯合成立了一個「上海革命造反工人總司令部」(簡稱「工
總司」),由一個三十二歲的年輕人王洪文領導。文革小組的顧問陶鑄和
上海市委都宣稱工總司不合法。張春橋向毛澤東請示,毛澤東卻支持工總
司,命令陶鑄寫報告自我檢討;響應文革的工人組織從此在全國各地迅速
冒出。

上海市委雖然受挫，並沒有認輸，也另外組織工人與工總司對抗。但王洪文率領十萬工總司工人到上海市委書記處所在地的康平路，直接發起攻擊。雙方於 1967 年 1 月爆發全國第一次「武鬥」，都使用真槍實彈，包括機關槍和火砲。文革小組派張春橋和姚文元到上海，迫使市委書記和市長都認錯。2 月起，新成立的「上海市革命委員會」取代上海市委，成為上海市最高的權力機關，由張春橋和姚文元分別出任主任和副主任。但他們兩人大部分的時間都在北京，所以實際上是由王洪文負責。

奪權、武鬥及「清理階級隊伍」運動

上海一月風暴後，全國各地的造反派紛紛起來向當權派奪權。套用毛澤東的話，就是：「到處打，分兩派。每一個工廠分兩派，每一個學校分兩派，每一個省分兩派，每一個縣分兩派，每一個部也是這樣。……。天下大亂了。」換句話說，已經近乎全面內戰。

造反派在大多數的地區奪權成功，但也有少數地區，如黑龍江、西藏、新疆等地，是當權派獲勝。無論是哪一方獲勝，都必須成立「革命委員會」以取代原有的政府才能取得中共中央的承認。

正當全國各地在進行武鬥時，中共中央又發動一項稱之為「清理階級隊伍」的運動，目標是清洗破壞革命團結，製造分裂的「壞人」，舉凡走資派、黑五類、叛徒、特務、搞派性分子、對毛主席不敬、對共產黨不夠忠誠的人都在調查清理之列。實際上，好人、壞人如何分別並沒有一定標準，要隨便按上罪名抓人也很容易，各地新成立的革命委員會正好用來報復對手，斬草除根。據估計，全國因而約有三千六百萬人遭到迫害，其中至少有七十萬人被殺，或被迫自殺。一般來說，離北京越遠越亂，越是無法無天。

「二月逆流」──老帥大鬧懷仁堂

　　紅衛兵運動紛紛擾擾中，中共的老帥們個個都擔心。他們不明白，毛主席為什麼要搞得天下大亂？懷疑毛主席是不是要把所有的老幹部都打倒？又擔心接著解放軍是不是也要淪陷？老帥們尤其憤怒的是，他們的子女中竟有一百多人也被關在監獄裡。原來文革開始後，老帥的子女們漸漸發現，文革的對象其實就是他們的父母，而終將危及自己，所以集結成立一個「聯合行動委員會」，卻被公安部定性為反動組織，全部逮捕入獄。

　　1967 年 2 月，周恩來在中南海懷仁堂連續召開兩次會議，老帥們敵愾同仇，紛紛向文革小組發難，場面火爆，史稱「大鬧懷仁堂」，或稱「二月逆流」。

　　葉劍英元帥指責文革小組組長陳伯達，說：「你們把黨搞亂了，把政府搞亂了，把工廠、農村搞亂了，你們還嫌不夠，一定要把軍隊搞亂？這樣搞，你們想幹什麼？」徐向前元帥也說：「難道我們這些人都不行了，要帥大富這類人來指揮軍隊？」副總理譚震林說：「你們的目的，就是要整掉老幹部，把老幹部一個一個打光。」又說：「早知道有今天，我就不參加革命，不參加共產黨。我不該活到六十五歲，不該跟毛主席四十一年。」陳毅激動地說：「歷史會證明到底誰才是反對毛主席的！」

　　會後，張春橋、姚文元和王力等人立刻向毛澤東告狀。毛澤東大怒，命令部分老幹部自我檢討。不過兩個月後毛澤東卻下令把在獄中的高幹子弟都釋放出來。據一般推測，毛也怕老帥們聯合反抗他。

武漢事件

　　正如中共一向說的：「槍桿子出政權。」各地造反派和當權派的武鬥誰輸誰贏，關鍵是看當地的解放軍站在哪一邊，而解放軍的態度又決定於毛澤東的指示。但毛澤東對於文革中解放軍究竟站在哪一邊卻是一變再變，幾次大轉彎。

　　一開始，毛澤東指示林彪命令各省軍區的解放軍支持當地的造反派紅衛兵。後來傳出各軍校裡的紅衛兵也紛紛批鬥各軍區的高級將領，情況緊

急，於是又下令要維持軍隊的秩序，禁止紅衛兵任意攻擊軍事將領。全國各地因而發生許多紅衛兵和工人向解放軍挑釁而遭到鎮壓的事件。各地的造反派被鎮壓後，文革小組和左派報章雜誌聲討解放軍。毛澤東和林彪跟著轉變態度，發布命令禁止解放軍隨意逮捕人。但這項命令導致了震驚全國的「武漢事件」。

武漢地區的造反派原本也是遭到解放軍強力鎮壓，有數千人被捕。毛和林的命令發布後，造反派重新集結，但當權派也擴大編組，超過百萬人，號稱「百萬雄師」。雙方大戰一觸即發。文革小組緊急派王力為代表，和公安部長謝富治一同前往支持造反派。由於局勢緊張，周恩來和毛澤東也先後秘密抵達武漢。

7 月初，毛、周召見當權派的首領武漢軍區司令陳再道，迫使其同意認錯。陳再道回到司令部後，「百萬雄師」中部分激進分子卻不同意認錯，並且群情激憤，不但毆打陳再道，又劫持王力到軍營裡。周恩來怕群眾失控，請毛澤東緊急搭乘飛機離開武漢。毛澤東向來無論到哪裡都是坐專列火車，不肯坐飛機，即使是遠去莫斯科見史達林也是如此。這是他生平第一次搭乘飛機，倉皇逃走。

周恩來冒險留在武漢，請陳再道協助，把驚慌失措的王力從軍營中救出來，然後才飛回北京。陳再道奉令隨後前往北京，立刻被撤職軟禁。武漢百萬雄師於是崩解。造反派大獲全勝，反過來清算百萬雄師成員。

極左派垮台，紅衛兵運動結束

紅衛兵的狂熱失序，不但發生在國內針對本國人，也發生在國外和針對國內的外國僑民。

在北京，紅衛兵運動剛一開始，蘇聯大使館前的街道就被改名為「反修路」。在莫斯科，中國的留學生到紅場的列寧陵墓獻花，與蘇聯軍警發生衝突。第二天，北京的紅衛兵在就在蘇聯大使館前舉行大規模示威。巴黎的中國留學生也聚集在蘇聯駐法大使館前示威抗議，被法國的軍警取締。北

京的紅衛兵立刻報復，攻擊法國駐北京使館的館員及眷屬。中國與印度一向邦交不睦，紅衛兵對印度人也極端仇視，竟在北京機場圍毆印度駐華使館的人員。紅衛兵又包圍印尼駐北京大使館，抗議印尼歧視華僑。極端激進的紅衛兵在香港策動罷工，引爆炸彈，導致數人死亡。

王力雖然在武漢事件逃過一劫，回到北京後不久，竟在1967年8月初公然批評外交部長陳毅及所有的官員都思想保守，挑撥造反派接管外交部。8月下旬，王力又挑撥紅衛兵一萬多人包圍英國駐華代辦處。有人衝進去放火焚燒，毆辱館員，猥褻女眷，又強迫他們遊街示眾。紅衛兵的行為和清末的義和團幾乎是同一個模樣。英國外相寫電報質問陳毅，而陳毅被紅衛兵前前後後批鬥了無數次，瘦了十幾公斤，早就憔悴不堪。周恩來大怒，檢具證據派人報告毛澤東。

對毛澤東來說，其實武漢事件已經是一響警鐘，所以在收到周恩來的報告後就說王力是一株「大大的大毒草」，批准逮捕王力和其他的極左派，全部關進北京的秦城監獄。極左派倒台後，毛澤東開始在想要如何讓紅衛兵運動踩煞車。

1968年5月底，清華大學紅衛兵發生武鬥，以蒯大富為首的「井岡山兵團」攻擊反對派紅衛兵組織，導致一千餘人受傷，將近二十人死亡。北京其他各校也都發生大規模武鬥。毛澤東自己在兩年前曾經說過「凡是鎮壓學生的人，都沒有好下場。」這時卻同意組織一支三萬人的工人宣傳隊，開赴各校以維持秩序。不料蒯大富領導清華紅衛兵攻擊工宣隊，導致五人被殺，數百人受傷。

毛澤東大怒，決定不再容忍，於七月底召見聶元梓、蒯大富、韓愛晶、譚厚蘭等各大學的紅衛兵領導人，直接命令各人回去勸校園裡的紅衛兵都放下武器，停止武鬥，又派軍隊接管學校。

「牛棚」、「五七幹校」及「上山下鄉運動」

當初文革開始不久後，北京郊區就出現許多「牛棚」，或稱「黑幫大

院」，那是紅衛兵和工人在各黨政機關、大學和工廠私設的非法變相監獄，用以關押被打倒的「牛鬼蛇神」。被拘禁的人通常遭到毆打、辱罵及批鬥，並被迫參加勞改。

　　奪權運動在全國各地展開後，有更多被鬥倒的當權派被下放到所謂的「五七幹校」去。毛澤東曾經在 1966 年 5 月 7 日寫一封信給林彪，其中提到軍隊可以是一個大學校，在其中除了學政治，學軍事，學文化，批判資產階級，還能學農業生產，學辦中小工廠。同樣地，工人除了以工為主，也要兼學軍事、政治、文化，也批判資產階級，也從事農副業生產；以此類推。毛的「五七指示」於是從 1968 年起催生了數百個「五七幹校」。五七幹校通常設在偏遠而貧窮的農村裡，學員也都是走資派的官員、教職員及反動學術權威，被要求從事體力勞動，包括養豬、種菜、挑糞、掃廁所、蓋房子等，一面接受改造，一面自食其力，有的還攜家帶眷；據估計總共約有數十萬人。

　　當毛澤東宣布停止紅衛兵運動時，全國的大學已有三年沒有招生，也不打算繼續招生。但三屆的初、高中畢業或沒畢業的學生（1966-1968，稱為「老三屆」）加起來有數百萬人，既不能升學，也沒有工作可做。毛澤東於是在 1968 年底發出一項指示，說：「知識青年接受貧下中農的再教育，很有必要。要說服城裡的幹部和其他人，把自己的初中、高中、大學畢業的子女送到鄉下去，來一個動員，各地農村的同志應當歡迎他們去。」

　　一場轟轟烈烈的「上山下鄉運動」於是展開。但直接地說，這場運動主要是用以掩蓋大批年輕人失業的事實。知識青年（簡稱「知青」）被下放到農村去插隊落戶；也有人到工廠裡去當工人；又有人參加「生產建設兵團」，是屬於工、農、兵合一的軍事化團體。剛開始時，大部分人都被發配到邊疆，如黑龍江、新疆、雲南、內蒙古。後來發現有許多弊病，有三分之一以上的知青生活條件惡劣，無法自給自足，也有被虐待酷刑，更有每年上萬名女知青遭到強姦，因而在後來才逐漸改為留在住家附近的都市旁。據估計，在文革期間共有超過一千六百萬名知青被迫上山下鄉。

　　文革的影響是史前無例的。「牛棚」、「五七幹校」及「上山下鄉」對於

當時中國的知識分子和青年學生們而言，尤其不堪回首。文革結束後，中國的文學作品中極大部分就是以有關文革及這些傷痛的回憶為主要題材，被統稱為「傷痕文學」。

中共九大及珍寶島事件

1968年10月，中共舉行八屆十二中全會，會中決議永遠開除劉少奇的共產黨黨籍。據說病中的劉少奇得知後，情緒激動，從此沒有再說過一句話。這次會議中也有人提議開除鄧小平的黨籍，但毛澤東只同意撤除鄧小平所有的職務。鄧小平在會前曾經提交一份兩萬多字的自我檢討，承認自己犯了許多錯誤，說：「對於我這樣的人，怎樣處理都不過分。」毛澤東接受鄧小平悔過而保護他。如果毛澤東將鄧小平開除出黨，中國日後的歷史將會完全改寫。

必須指出，鄧小平在1956年八大會議時被毛澤東提拔為書記處的總書記，此後一直是毛的左右手，並且任期長達十年，到文革開始後書記處才被撤掉。這十年間毛隨時都可以把他撤換，卻始終沒有換掉，所以毛對鄧的器重不言可喻。

八屆十二中全會也起草新黨章，其中確認林彪是毛澤東指定的接班人。1969年4月，中共召開「九大」，又再一次確認此一決議。

然而，就在九大召開前一個月，中國與蘇聯在黑龍江省邊界烏蘇里江中的珍寶島爆發了三次武力衝突，規模一次比一次大，雙方都出動了坦克和大砲。後來雙方在新疆又發生更大的衝突，並且各自不斷地增兵。到了8月底，各自的軍隊都超過五十萬人，有無數的飛機、坦克、大砲陳列在邊境上，戰爭一觸即發。解放軍總參謀長黃永勝以軍委副主席林彪的名義在10月發出「林副主席的第一個號令」，下令備戰。有學者指出，這「第一個號令」已經犯了毛的大忌，使毛對林彪開始懷疑。

中國一面備戰，一面安排把住在北京的許多黨政要員疏散到外地，以避免集中被蘇聯攻擊的危險。其中鄧小平一家人被送到江西省南昌市新建縣

望城崗的一所廢棄的步兵學校中。劉少奇卻在疏散後不久病死於開封，身邊沒有任何一個親人。

中美「乒乓外交」

中蘇之間最終雖然沒有發生戰爭，蘇聯對中國的嚴重威脅仍然存在。這對美國來說，是一個機會。1954 年起，美國直接介入越戰，後來越陷越深，苦不堪言（詳見下一章）。經過十幾年，美國新任總統尼克森（Richard Nixon, 1913-1994）與國家安全顧問季辛吉（Henry Kissinger）都亟欲退出越戰的泥淖，有意拉攏在背後支持北越的中國，同時牽制蘇聯。周恩來獲悉美國的意向，也表示歡迎。

1971 年 4 月，中國派國家乒乓球代表隊到日本名古屋參加世界錦標賽，這是文革爆發後中國第一次派運動員出國參加比賽。美國的乒乓球隊也參加這次比賽，並在比賽將結束時向中國隊表示希望能有機會訪問中國，沒想到很快就獲得中國邀請，賽後立刻成行。這是韓戰後雙方的第一次接觸，是個破冰之旅。消息傳出，震驚全世界。

「乒乓外交」之後三個月，季辛吉秘密飛往北京，突然和周恩來一同出現在媒體面前，又一次震驚全世界。季辛吉聲稱此行是為尼克森訪問中國做準備。他的準備事項之一，就是在當年 10 月支持中共進入聯合國，並把在台灣的中華民國趕出去。

林彪叛逃

1971 年 9 月，也就是季辛吉到北京進行秘密外交之後一個月，中國爆發了林彪叛逃事件。依據中國官方的說法，林彪和他的妻子、兒子密謀發動所謂的「五七一工程」，要殺害毛澤東；但毛警覺發現，所以林彪在深夜裡急忙搭乘一架軍機，打算投奔蘇聯；結果飛機在外蒙古墜毀，林彪一行人全部罹難。不過有許多學者相信，林彪並沒有想要謀害毛澤東，只是心

中害怕，不得不選擇逃亡。

文革中，林彪地位穩固，凌駕於文革派之上，江青等人不滿，在毛澤東面前搬弄是非。林彪在九大被指定為毛澤東的接班人之後，更是天天提心吊膽。當初劉少奇也曾經被毛澤東指定為接班人，最後卻被開除黨籍，並且死得極為悽慘。

1970 年 8 月，中共在廬山舉行九屆二中會議，會中討論修憲。毛澤東原本希望廢除國家主席的職位，林彪和原屬文革派的陳伯達卻力主毛復任為國家主席。江青、張春橋又趁機班弄，指控林彪明知毛澤東不願擔任國家主席卻主張留住此一位置，背後的陰謀其實是想由他自己來擔任。毛澤東大怒，不但嚴厲批評林彪，又把他認為已經倒向林彪陣營的陳伯達關入秦城監獄。不久後，毛下令重組軍委和北京軍區，將屬於林彪系統的將領全部架空。林彪自認越來越危險，只好舉家逃亡了。

尼克森訪問中國，簽《上海公報》

林彪作為毛的接班人是明明白白地記載於中共九大的黨章上，文革時也總是被稱為毛澤東的「親密戰友」，所以不論中共官方如何解釋，林彪叛逃事件對毛澤東的威信都是巨大的打擊。毛澤東為此寢食難安，又想要拉攏那些在文革中受害的革命老戰友。

1972 年 1 月，陳毅病逝。毛澤東有病，原本沒有打算要出席追悼會，到了當天卻不顧自己的身體，在寒冬中只穿著睡衣，隨便披著一件外套就突然出現在追悼會上。毛在會上又說陳毅是反對林彪的「好同志」。所有的老同志既震驚又感動。在周恩來的建議之下，毛澤東後來又同意讓許多老同志回復原職。鄧小平復出的機會也開始浮現。

不過毛澤東在參加陳毅的追悼會時受到風寒，病勢更沈重。更嚴重的是他竟拒絕接受治療，似乎了無生趣，群醫因而束手。到了 1 月底，美國突然通報尼克森預定在 2 月 21 日訪問中國。毛獲知後，立刻表示願意接受醫療，準備迎接這歷史性的一刻。

尼克森果然如期訪問北京，與周恩來和毛澤東握手言歡，又簽署《上海公報》，結束兩國之間長達二十三年的敵對。尼克森並宣稱希望在第二個任期時與中國建立正常外交關係。尼克森和毛澤東都喜形於色，自認打了一場勝利的外交戰。

鄧小平復出

林彪事件後，鄧小平立刻寫信給毛澤東，請求允許「為黨做點工作」。半年後，鄧小平又寫第二封信，但毛澤東似乎沒有召鄧小平回北京的意思。鄧小平清楚地知道，毛對他還是有疑慮，於是又寫了第三封信，再次承認錯誤，並保證將來絕對不會翻案否定文革。

毛澤東終於滿意了，同意召鄧小平回北京。毛澤東這時已經八十歲，又自知來日無多。他也獲知，周恩來被醫生檢查出患有膀胱癌，也活不長了。毛澤東一向看重鄧小平，因而心裡很清楚，到此地步不能不請鄧回來。1973 年 4 月，周恩來為柬埔寨國王西努哈克舉行國宴，鄧小平以副總理的身分參加，復出後第一次露面，立刻成為轟動世界的大新聞。

不過毛澤東並不是請鄧小平回來做接班人。有一種說法，毛選擇的接班人是文革時在上海發動奪權的工人領袖王洪文，而希望鄧小平能協助王洪文治理這個國家。無奈王洪文這時只有三十八歲，在許多老帥的眼裡還是個「剛剛斷奶」的小孩，既沒有資歷，也沒有能力，如何能坐大位？

鄧小平在聯合國演說

1973 年 8 月，毛澤東召開「十大」，超越常規提拔王洪文為第二副主席，排名僅次於周恩來。然而，毛澤東很快就發現王洪文不只無能，還和江青、張春橋、姚文元三人結黨成幫，急於奪權，共同打擊周恩來，排擠鄧小平。1974 年 4 月，毛澤東派鄧小平前往美國出席聯合國大會，江青激烈反對，被毛澤東嚴重警告。

　　鄧小平到了紐約，在聯合國大會演講「三分世界論」。他說：「現在的世界實際上存在著互相聯繫又互相矛盾的三個方面、三個世界。美國、蘇聯是第一世界。亞、非、拉發展中國家和其他地區的發展中國家，是第三世界。處於這兩者之間的發達國家是第二世界。」鄧小平又說：「中國屬於第三世界。……。中國現在不是，將來也不做超級大國。什麼叫超級大國？超級大國就是到處對別國進行侵略、干涉、控制、顛覆和掠奪，謀求世界霸權的帝國主義國家。」

　　在場聆聽的第三世界國家代表紛紛報以熱烈的掌聲。

　　鄧小平的演講內容，事實上是闡述毛澤東的理念，並且經過毛澤東事先批准的。毛澤東對鄧小平讚許有加。周恩來在鄧小平出國時抱病率領大批黨政高層前往機場送行，在他回國時又率團接機，大有傳承之意。鄧小平從此接替周恩來主導中國的外交事務，江青、張春橋等人更加不滿。

周、鄧與四人幫的鬥爭

　　1974年1月起，毛澤東同意江青又發起一個「批林批孔」運動，用以削奪林彪餘黨的勢力。江、王、張、姚等四人卻藉機把運動轉用來對付周恩來。當時周恩來已經病重，卻常在病床上批公文，甚至離開醫院為國事操勞，但還得分心應付這些人的蓄意攻擊。

　　毛澤東對江、王、張、姚不以為然，有一次在政治局開會時當眾警告四人不要搞「四人幫」。自此之後，「四人幫」的稱號不脛而走。毛澤東曾經多次要求王洪文盡量和鄧小平合作，並提防江青，但王洪文還是和江青站在一起。毛澤東雖然又老又病，心裡還是很清楚，知道四人幫成事不足，敗事有餘。

　　事實上，由於周恩來病勢越來越嚴重，毛澤東越來越倚重鄧小平。到了年底，鄧小平不但是國務院常務副總理，也兼任中共中央副主席、中央軍委副主席和總參謀長。

　　1975年1月，已經癌症末期的周恩來又堅持離開病床，親自在全國人

民代表大會上報告，重申文革前曾經提過的農業、工業、國防、科技「四個現代化」。周恩來臉形消瘦，面色黃臘，虛弱憔悴，但鬥智昂揚，目光炯炯，與會同志們見了無不深受感動。但這也是周恩來最後一次主持會議，此後由鄧小平代理主持國務院。

鄧小平主政

　　1975 年是鄧小平得以放開手完全主政的一年。這一年中他所推動的方向，用「整頓、發展」四個字即可道盡，這從後來中共人民出版社出版的《鄧小平文選》即可清楚地看見。文選中選錄了鄧小平在這一年的九篇重要講話，其中的講題如果不是說要如何「整頓」，就是說要如何「發展」。例如，〈軍隊要整頓〉、〈加強黨的領導，整頓黨的作風〉、〈關於發展工業的幾點意見〉，等等。

　　為什麼鄧小平要講「整頓」？因為經過了九年的文革之後，中國各方面已經一片混亂，千瘡百孔，非要整頓不可。

　　鄧小平在軍委會擴大會議中說，軍隊中存在著「腫、散、驕、奢、惰」等五大弊病。腫，所以決定要分三年大幅裁軍，從六百一十萬減為四百五十萬人。散而驕，所以要調動或開除派性強而嚴重影響組織紀律的軍官。奢而惰，所以發布新規定，強力壓制軍中貪圖權力和享受的現象，並鼓勵各級軍官敢於負責，不怕犯錯。

　　關於經濟發展方面，鄧小平最先動手整頓的是鐵路運輸。他下令將鐵道部從交通部獨立出來，以萬里為部長。鄧小平要求限期恢復鐵路通車，萬里下令嚴懲鬧罷工、鬧派性、阻礙通車的人，並將抗命的鐵路局高幹撤職法辦。兩個月後，全國鐵路全線通車，暢行無阻。

　　鄧小平也採用同樣急切的手法整頓鋼鐵、煤炭、油電和其他民生工業，制訂法條。中國的經濟迅速地出現復甦的跡象。

　　鄧小平又任命胡耀邦為中國科學院院長。胡耀邦刻苦能幹，又極得人緣，被紅衛兵標記為鄧系黑幫中的第一號大將。胡耀邦下令把中科院所有

被下放勞改的人員列冊，全部召回來。文革期間中共只強調「紅」，胡耀邦卻改以「專」為任用人員的標準。

鄧小平下台

鄧小平可說是集黨、政、軍大權於一身，不過無論他的權力有多大，源頭還是在毛澤東身上。毛澤東這時雖然百病叢生，行將就木，但只要伸一根手指，鄧小平不免還是要粉身碎骨。因而，四人幫總是伺機向毛澤東打小報告。毛澤東也深怕鄧小平又把國家帶回「走資派」的老路，所以默許四人幫與鄧小平作對。

1975 年 9 月，鄧小平與江青在山西省揭陽縣的「農業學大寨」會議中發生尖銳衝突。鄧小平在致詞時說要提高生產，講究效率，江青卻說不要忘了階級鬥爭。此外，鄧小平計畫要請教育部長周榮鑫重開停辦多年的大學。四人幫大怒，認為完全違反毛主席的一貫指示，又向毛澤東告狀。

毛澤東的姪兒毛遠新這時擔任他的專職聯絡員，也對伯父說，鄧小平從來沒有說過一句贊同文革的話，恐怕有回復到文革前體制的危險。毛澤東更加不安，決定無論如何都要逼使鄧小平再次自我檢討。但這時鄧小平也已經決心無論如何都拒絕再認錯。毛澤東大失所望，於是指示發起所謂的「反右傾翻案風」運動；顧名思義，就是要防止右傾分子為文革翻案。許多研究毛澤東的學者說，毛非常在意自己身後將如何被歷史評價，並認為否定文革就是否定他的歷史地位。

「反右傾翻案風」運動開始後，鄧小平的工作幾乎停頓，跟隨他的部屬也幾乎全部掉入無底深淵。最慘的是教育部長周榮鑫，不但被撤職，生病住進醫院後還被拉出去批鬥了五十幾次，最終不幸去世。不過四人幫越是急於批鄧反右，越是引起人民反感。

周恩來逝世及天安門事件

　　1976 年是中共建國以來變化最詭異的一年。周恩來和毛澤東都在這一年去世，中共的政局也隨之發生劇變。

　　1 月 8 日，周恩來捱不過長期癌症折磨，終於病逝。四人幫這時卻以中共中央的名義下令迅速將周恩來的遺體火化，追悼會從簡，不准百姓參加，又訓令外交部通知各國不必派代表團來北京弔唁。許多百姓卻無法理解，為什麼國家竟如此對待他們愛戴的周總理？北京市民既然無法參加喪禮，便紛紛自設靈堂致祭，人人在臂上戴黑紗。周恩來的遺體送往八寶山火化當天，至少有一百萬人在北京街道上夾道為他送行，許多人淚流滿面。

　　鄧小平獲准在周恩來的追悼會上致悼詞，但隨後便被軟禁。毛澤東命令以華國鋒為代總理，又一次跌破所有人的眼鏡，但這正是毛澤東萬般無奈之處。華國鋒曾任湖南省委第一書記，剛在 1975 年才升任為副總理，並不是一個出類拔萃的人物，不過被毛澤東認為可靠。鄧小平既已被黜，其他老幹部大多年邁體衰，毛澤東也知道不能用四人幫，只好起用默默無聞的華國鋒。

　　中國有很多百姓認為，周恩來在文革中處境困難，受盡四人幫的氣，卻竭盡所能地在保護國家，保護人民。如今周恩來走了，鄧小平又被罷黜，那麼國家的前途在哪裡？正當百姓激動的情緒還沒有平復時，四人幫又發動報刊大肆攻擊周恩來和鄧小平，北京天安門廣場於是開始出現人群，並帶來紀念周恩來的花圈、輓聯。清明節的前一天，群眾蜂擁而至，估計超過兩百萬人。他們不但向周恩來致哀，也公開表示擁護鄧小平。

　　第二天（4 月 5 日）清晨，北京市政府派出卡車將堆滿在廣場上的二千多個花圈全部移除，又引起群眾抗議，砸毀公物，縱火燒車。北京當局在深夜派軍警前往，逮捕一百多人，群眾才終於散去。

　　毛澤東雖然自知天安門事件其實是在表達對他的強烈抗議，卻下令撤除鄧小平所有的職務，並將代總理華國鋒真除為總理。四人幫又要求毛澤東開除鄧小平的黨籍。毛澤東仍然拒絕，還指示汪東興保護鄧小平的安全。

毛澤東逝世及四人幫倒台

　　1976 年 7 月，在北京東北一百多公里外的唐山市發生大地震，將整個城市幾乎夷為平地。據官方統計，有二十四萬人死亡。北京市民也都感受到強烈的震波，許多人逃出屋外後，不敢回到屋裡。在中國歷史記載裡，大地震通常表示上天對皇帝的不滿，或是要改朝換代的徵兆。唐山大地震後，中國民間也在流傳，說即將改朝換代。

　　9 月 9 日凌晨，徵兆似乎應驗，毛澤東「駕崩」了。首都和全國各地大舉為毛主席辦追悼會。

　　毛澤東在彌留時並沒有什麼特別指示，但他在四月底曾經交給華國鋒一張紙條，上面寫著歪歪斜斜的三段文字，分別是「慢慢來，不要著急」、「照過去方針辦」、「你辦事，我放心」。對華國鋒來說，光是最後六個字已經足夠維繫他作為接班人的地位。不過有很多跡象卻讓華國鋒認為四人幫已經等不及要奪權。華國鋒急忙和李先念、葉劍英、汪東興等人聯絡。

　　事實上，葉劍英和大部分的老革命幹部早就預備要剷除四人幫，只是在等毛澤東嚥下最後一口氣。汪東興也表態支持華國鋒。四人幫於是被捕，時間距離毛澤東去世還不到一個月。當「粉碎四人幫」的消息公布後，歷經十年磨難的中國人民無不欣喜若狂，紛紛湧上街頭慶祝。文革終於結束了。

第 10 章
越戰始末

正當中國十年文革時（1966-1976），在中南半島幾乎同時也有越戰（1965-1975）進行中。本書主要是敘述東亞的現代歷史，但由於越戰對東亞及整個世界所造成的影響無比深遠，所以在此也要以專章簡略敘述。

越戰與第 3 章敘述的韓戰對照，有極多相似之處，也有相異的地方，但結果卻完全不同。朝鮮半島最後分裂為南、北韓，而越南則由北越共產政權吞併南越。讀者如能細細比較其中過程的異同及結果，相信所得必然更多。

越戰又是二次大戰後東南亞各國獨立運動的一部分，因而，本章也必須從東南亞各國獨立運動的起源說起。

胡志明與東南亞各國的獨立運動

二次大戰前，整個東南亞都是西方國家的殖民地。英國佔據馬來亞（Malaya）、北婆羅洲（沙巴，Sabah）、沙撈越（Sarawa）、新加坡（Singapore）和緬甸（Burma）。法國佔據越南（Vietnam）、柬埔寨（Cambodia）和寮國（Laos，或稱佬撾），合稱法屬印度支那（French Indochina）。荷蘭佔據荷屬東印度（Dutch East Indies），就是現在的印

尼。菲律賓原本是西班牙的殖民地,後來被美國接收。只有泰國夾在英、法勢力中間,是緩衝地帶,幸運地沒有被殖民統治,但也飽受欺凌。

東南亞各國被殖民的歷史上曾經發生過許多反抗運動,但屢起屢敗。不過 1917 年列寧(Vladimir Lenin)發動十月革命,推翻帝俄,然後又成立「共產國際」(Comintern),對這些反抗運動產生了巨大的影響。列寧宣稱要聯合世界上被剝削的無產階級,推翻資產階級的統治,於是積極輸出革命。東南亞各國的獨立運動因而開始複雜化。

1930 年,共產國際先後在東南亞的越南、泰國、馬來亞及菲律賓扶植成立四個共產黨,而在其間負責主導或協助的人都是出身越南的胡志明(Ho Chi Minh, 1890-1969)。

胡志明生在法國殖民統治下的越南阮朝,從小目睹殖民政府貪得無厭,巧取豪奪,又憤於阮朝皇帝只是傀儡,於是在二十一歲時偷渡離開越南,到世界各地流浪,從事各種卑微的工作。不過他在困頓中仍然不忘,終有一日要將法國人驅逐出越南。

胡志明在巴黎加入法國社會黨,之後又成為法共的創始會員。來自中國的周恩來、鄧小平後來也都到了巴黎,從此與胡志明展開將近五十年互相支援革命的情誼。1924 年,共產國際派胡志明到中國廣州,在黃埔軍校裡擔任蘇聯顧問鮑羅廷(Mikhail M. Borodin)的翻譯。他藉機推薦一小部分越南人進入黃埔軍校,以培養未來的革命幹部;同時接收改組一個越南的革命團體「心心社」,成為越南共產黨的前身。

1930 年,胡志明已經是共產國際南洋局的負責人,所以也到越南以外的地方成立共產黨。不料第二年他突然在香港被英國殖民政府逮捕,但不久後又突然被釋放。由於他無法解釋清楚,共產國際懷疑他是因為和英國人達成秘密協議才被釋放,所以強迫他在莫斯科接受「觀察」及「學習」,長達五年。1938 年,胡志明通過考驗,奉命到中國加入中國共產黨,與中國國民黨一致對日抗戰,同時取回越共的領導權。

二次大戰後的越南

1941 年，太平洋戰爭爆發，日本皇軍大舉南下，迅速佔領東南亞各地。史達林指示東南亞各國的共產黨與盟軍密切配合。胡志明這時領導「越南獨立同盟會」（簡稱「越盟」），回到闊別三十年的越南，率領范文同、武元甲等同志，與盟軍並肩對日作戰。

日本戰敗後，根據盟軍的協議，在越南北緯十六度以北的皇軍必須向蔣介石所領導的中國軍隊投降，十六度以南的皇軍必須向蒙巴頓將軍所領導的英軍投降。中國軍隊受降後，越盟直接或間接獲得大批日軍遺留的武器、彈藥，實力大增。胡志明於 1945 年 9 月在河內的巴亭廣場舉行數十萬人的群眾大會，宣讀《獨立宣言》，聲稱越南從此脫離法國的殖民統治。但英軍受降後不久，法軍登陸西貢，在英國的支持之下預備重建法屬印度支那殖民地，並且大舉北進。

1946 年 12 月起，越盟與法軍在河內激戰。兩個月後，越盟被迫撤出。法軍人數達到十幾萬，聲勢浩大，但只能控制大城市，農村和山區卻由越盟控制。法國為了爭取越南人民的支持，請流亡的保大回到越南，聲稱越南是一個「獨立」的國家。保大名義上是越南的皇帝，但實際上還是個傀儡。

1949 年，中國發生劇變，共產黨擊潰國民黨，建立起新中國，開始有能力伸出手來幫越盟抵抗法國人。蘇聯也同意和中共合作，一起支援越盟。毛澤東先後派出解放軍名將陳賡和韋國清，率領龐大的軍事顧問團前往越南協助。越盟漸漸在對法國戰爭中取得上風。

奠邊府之戰、日內瓦和談及美國介入

1954 年 3 月，法軍集結於奠邊府（在越南北部，距離寮國邊界不遠的一個小村莊），與武元甲率領的越盟部隊激戰。法軍大敗，死傷七千餘人，被俘一萬多人。法國無奈，只能在日內瓦九國外長會議中讓步，與越盟簽訂和平協議。其中規定南、北分治，以北緯十七度為界，但又約定在兩年後舉行普選，以統一南、北越。

日內瓦會議中，越盟原本希望劃定以北緯十四度為界，但中共和蘇聯並不支持；越盟在中共的壓力之下只好委屈地接受以北緯十七度為界。但胡志明和越盟的代表范文同在黨內都遭到批評，說是簽約等於賣國，因為協議完全沒有考慮到越盟在奠邊府戰勝的事實。中共花費無數的人力、心力、財力協助越盟革命，結果越盟卻在日內瓦會議中對中共極端不滿，竟埋下兩國日後鬧翻的遠因。

美國在太平洋戰爭中出錢、出力最多，但對於列強在戰後想要回到舊殖民地的企圖極為厭惡。美國國內有許多的聲音在強烈質疑，難道打敗日本的目的就是要幫助其他國家繼續在東南亞殖民壓榨？因而，當法軍和越盟開戰後，美國只是袖手旁觀。然而，當中國的內戰發展態勢對中共越來越有利，美蘇又開始冷戰後，美國對於胡志明的共產黨背景便越來越關注。

美國深怕越南如果淪為共產國家，接著將發生「骨牌效應」，使得整個東南亞也都淪為共產國家。因此，保大政權成立後，美國立刻予以承認，並提供經濟和軍事援助。剛開始時，一年援助金額不過是一千萬美元；韓戰爆發後，美國援助法國的金額已增加到每年一億美元。法軍在奠邊府大敗後，美國決心要直接介入越南事務，請法國讓開一邊。

在日內瓦會議中，中共總理周恩來見到美國國務卿杜勒斯，禮貌地伸出手來，杜勒斯卻拒絕握手，充分表現出對共產主義的敵意。

吳廷琰與南越政局

日內瓦和談正進行時，南越的保大皇帝任命吳廷琰為總理。吳廷琰是一個極端的民族主義者，在戰亂時旅居美國，並結識許多政壇上的有力人士，所以被推薦給保大，受邀組閣。

南、北越分割之後，北越推動激烈的土改運動，又迫害宗教，美國於是和吳廷琰合作，透過宣傳和利誘勸使北越人民集體南遷，由美國提供援助，發給土地、耕牛、種子等。一時之間竟有超過一百萬北越人移居南方，吳廷琰因而聲勢大振。但吳廷琰和他的家族成員都信仰天主教，已到

了狂熱的地步，竟也迫害其他宗教，包括佛教和越南特有的高台教、和好教，以及平宣黨。佛教徒雖是佔南越人口七成以上，只不過以靜坐或示威遊行表達抗議，其他三個教派卻組成統一陣線，武裝對抗政府。吳廷琰於是指派弟弟吳廷　率領警察和和特種部隊大肆鎮壓。

1955 年，吳廷琰驅逐保大皇帝，自任為總統。吳廷琰也在南方從事土地改革，推行減租及土地重分配，但在過程中貪污舞弊層出不窮，人民至為反感。軍方對吳廷琰的獨裁尤其不滿，有兩名傘兵高級軍官在 1960 年率領部下攻擊南越總統府，挾持吳廷琰及其兄弟一家人，要求改革。吳廷琰答應叛軍的要求，但在獲救後並沒有遵守承諾。美國艾森豪總統開始懷疑是否應當繼續無條件地支持吳廷琰，但一時之間也不知道有什麼其他的選擇。

越共大舉滲透南越

日內瓦協議中雖然規定兩年後要舉行選舉，以促成南、北越統一，但胡志明和吳廷琰都沒有意願進行這樣的選舉，各自立誓要統一對方。

1959 年，北越決定加快對南越滲透。當初日內瓦協議後，有數萬名越盟幹部和游擊隊奉令撤退到北方，這時又重新回到南方，組織群眾運動，對南越政府和軍隊發動恐怖攻擊，造成極大的威脅。越共在南方最高的領導人黎筍利用南越的反吳廷琰情緒，結合各宗教、幫派、政黨等反對勢力，組成「越南民族解放陣線」（簡稱「南解」）。同時，北越的人民解放軍也分批秘密南下。

回溯二次大戰後，法國勢力重回寮國。當時寮國王室成員分裂，有一位親王決定和法國人合作，並獲得美國支持。另有一位親王卻逃到北越，在胡志明的協助之下成為寮國共產黨的領導人，而背後有蘇聯支持。寮國從此展開內戰，成為超級大國衝突的馬前卒。

胡志明既透過寮共控制了部分寮國地區，便下令沿著兩國邊界，在寮國境內開闢通道，以運送越共部隊和武器到達南方。這條通道被稱為「胡志

明小徑」。小徑的南段在柬埔寨境內，也是沿著南越和柬埔寨的邊界。柬埔寨的國王施亞努（Norodom Sihanouk）是高棉王族的後裔，在戰前是法國的傀儡，戰後仍然是傀儡。法國在奠邊府戰敗後，柬埔寨雖然開始獨立，但國力微弱，無法自保。北越強行在柬埔寨境內開闢胡志明小徑，施亞努無可奈何，只能假裝沒看見。胡志明小徑建成後，實際上有五條主道、二十幾條支道，總長度接近兩萬公里，既綿長又隱密，完全超出一般人想像中「小徑」的意思。

1961 年 1 月，美國第三十五任總統甘迺迪宣誓就職。甘迺迪完全同意艾森豪的「骨牌理論」，認為萬一南越、寮國和柬埔寨淪入共產黨之手，東南亞和亞洲其他各國也將應聲而倒。甘迺迪決定擴大軍事顧問團編制以訓練越南的軍隊，並提供必要的軍事及經濟援助。美國派在越南的顧問人數於是由數百人增加為數千人，到了 1963 年底，已超過一萬六千人。

中、蘇交惡這時越來越嚴重。雙方為了宣示在共產集團中的領導地位，都爭相對北越提供援助。北越因而左右逢源，滲透南下的游擊隊也越來越強大。越共沿著胡志明小徑從北而南，在任何一點都可以輕易地越過邊界到達南越，然後晝伏夜出，神出鬼沒。因而，對南越政府軍來說，沒有所謂的前線或後防之分，也無法和越共進行正規戰，只能被動地打叢林戰、沼澤戰、田埂戰或城市巷戰，疲於奔命。

越共活動所需的糧食和補給，大部分取自南越的農村。農民中有部分同情越共，主動地提供越共所需；但也有部分並非心甘情願，而是遭到身家性命的威脅。曾有農民拒絕乖乖向越共「繳稅」，但越共突然出現，在光天化日之下召集臨時鬥爭大會，將反抗的人處死。因而，在政府軍無法完全控制的地區，再也沒有人敢不聽越共的命令。

吳廷琰之死

甘迺迪雖然同意支援南越，許多美國官員卻對吳廷琰印象不佳，認定吳廷琰無法指揮南越的將領打仗。以美國的國防部長麥納馬拉（Robert S.

McNamara）為例，他後來在回憶錄裡說：「吳廷琰是一個謎一樣的人，專橫而多疑，與百姓完全疏離而沒有感情。」他又認定吳廷琰的弟弟吳廷瑈及弟媳婦對吳廷琰有極大的影響力，吳廷瑈夫人尤其邪惡，「是一個聰明、強勢、美麗，卻又惡毒、工於心計的女人，真像是一個女巫。」麥納馬拉備受甘迺迪寵信，是越戰的主要決策者，如果連他都對吳廷琰家族有如此的惡感，南越的問題就大了。

南越軍人對吳廷琰政府的不滿也快速累積。1962 年，有三位空軍軍官竟駕駛飛機到總統府上空，投彈轟炸。吳廷琰一家人對佛教徒採取歧視和高壓政策，更引發社會的長期不安和街頭示威抗議運動。

1963 年 6 月，佛教徒抗爭達到高潮，一位七十三歲的老和尚釋廣德在西貢街頭以汽油澆在自己身上，引火自焚而死。這一幕經由報紙和電視報導震驚美國和全世界。此後兩個月內又有數名僧尼相繼自焚而死。吳廷瑈夫人這時卻口出惡言，公然對西方媒體說和尚自焚是浪費進口的汽油。甘迺迪又驚又怒，下令請吳廷琰送弟媳婦出國避風頭，不要再惹出事端。不料話剛說完，吳廷瑈竟命令軍警突襲全國各地的佛教寺廟，侵門踏戶，毆打僧尼，逮捕上千人入獄，造成數十人死亡。

美國政府中早有許多人建議甘迺迪批准發動政變，以推翻吳廷琰。甘迺迪總是拒絕，但這次終於同意。美國新任駐西貢大使洛奇（Henry Lodge, Jr.）收到指示，立刻召集會議，商討策劃，示意南越將領楊文明、阮慶等於 1963 年 11 月發動政變。楊文明指揮叛軍攻入總統府。吳廷琰兄弟遭叛軍槍殺，第二天雙雙陳屍在一輛裝甲車中。

甘迺迪聽說吳氏兄弟的死訊後，臉色蒼白，十分激動。據說他原本同意政變時，並沒有想到吳氏兄弟會遇害。三個星期後，甘迺迪自己也意外地在德州達拉斯市（Dallas, Texas）遭到槍殺，英年早逝。

吳廷琰死後，楊文明繼任總統。僅僅九十天後，阮慶又發動政變，罷除楊文明，自任總理，然後公布新憲法，大幅擴張自己的權力。全國人民群起反對，學生示威遊行抗議。阮慶由於擔心楊文明復起，百般防範，與楊文明劇烈鬥爭。美國的新任大使泰勒上將（Maxwell Taylor）出面協調，

不料阮慶與泰勒也開始緊張對立。

東京灣事件——越戰升高

甘迺迪死後，副總統詹森（Lyndon Baines Johnson, 1908-1973）繼任為美國總統。詹森認為，在越南的要務是採取強有力的軍事行動，而不是進行緩慢的政治改革。

1964 年 8 月初，有兩艘美國驅逐艦駛入北越東方的海域東京灣後，向上級報告「在公海上」兩次遭到北越魚雷和自動武器的攻擊。美國參眾兩院對此事件反應激烈，雖然有部分議員在後來逐漸認為是被誤導了，當時卻無異議地通過一項法案，授權總統採取必要的行動以擊退任何對美國軍隊的攻擊，並派兵協助東南亞各國對抗共產黨的侵略。

「東京灣決議案」從此為美國總統開啟一扇大門，使其得以便宜行事，隨意發動戰爭。1964 年底，美國舉行大選，詹森當選為新任總統後，立刻把派到南越的美國顧問從一萬六千人增加到二萬三千人。但幾星期後阮慶竟又發動政變，解散內閣。不過阮慶恣意妄為，已經引起眾怒；不久後，副總理阮文紹和空軍司令阮高奇等聯手發動政變，將阮慶放逐出國。

從吳廷琰被害到阮慶去國之間，不過十五個月，南越發生四次政變，內閣更換不下十次，政局混亂無以復加。越共趁機迅速發展，聲勢大漲。新任的駐越美軍指揮官魏摩蘭將軍（William Westmoreland）要求增兵十五萬人，詹森立即批准。美國也邀請十九個盟國派軍隊參戰，但大部分國家反應冷淡，只有南韓先後派出傭傭兵，達到四萬八千人。台灣的蔣介石政權也主動要派兵到越南，但美國怕牽扯中共而拒絕了。

1965 年 3 月起，詹森下令美軍從越南附近海域的航空母艦及周邊各地的空軍基地調派飛機起飛，開始大舉轟炸北越。這項轟炸行動持續三年多，1965 年出動兩萬五千架次，1966 年七萬九千架次，1967 年十萬零八千架次，規模越來越大。落在北越的炸彈達到四十幾萬噸，超過二次大戰時落在歐洲大陸的炸彈總噸數。

　　然而，美國有鑑於韓戰的教訓，不願刺激中共和蘇聯，只考慮在南越境內消滅越共，或從空中攻擊北越，不准地面部隊直接跨過北緯十七度線。換句話說，美國只預備打有限度的戰爭。

南越的腐化

　　1965 年 6 月，阮文紹和阮高奇分別被推選為新任的總統和總理，不過兩人之間也是明爭暗鬥。美國的官員大多認為阮高奇浮華誇張，阮文紹則是貪腐不堪。1966 年，南越又發生動亂。佛教徒與激進學生共同發起全國性的反政府運動，示威遊行。第一軍區司令阮正詩抗命拒絕鎮壓佛教徒而被撤職，卻引發更大規模的遊行、罷工、罷課及罷市。

　　1967 年 9 月，南越舉行大選，阮文紹和阮高奇搭檔，分別當選為正、副總統。大選期間，賄選的傳聞不斷。選舉後，文武官員貪腐也依舊。各級軍官大多集體謊報士兵員額，隱瞞逃兵、死亡，藉機吞沒空缺的薪餉、軍備和補給，據估計美援的經費有一半以上落到了私人的口袋。相對來說，政府裡的基層員工和部隊裡的小兵都薪俸微薄，通貨卻連年急速膨脹，根本無法養家。

　　當時南韓的國會議員組成一個考察團去探視南韓的部隊，其中一位議員金大中後來在回憶錄中有一段深刻的描寫。他說，考察團受邀參加盛大的晚宴，看見南越政府的官夫人們佩戴各式項鍊、手鐲、鑽石，珠光寶氣，全都大吃一驚。第二天，他們卻親眼看見南越士兵們因為不能確定家人留下來是否安全，大多帶著家人，甚至家禽，垂頭喪氣地開往前線。金大中不禁懷疑南韓是否應當派士兵來為這樣的國家犧牲。

戰爭對南越百姓的荼毒

　　美國開始介入越戰時，從總統到平民都認為美國的經濟、軍事和科技力量都遠遠超過北越，無所不能，必能輕易得勝。魏摩蘭說在 1966 年底便可

徹底擊潰越共。有一位軍方高層人士甚至狂言要把北越「炸回石器時代」。然而，美國顯然是低估了越共奮戰的決心和毅力。

　　美國飛機對北越的轟炸雖然造成極大的損害，但在蘇聯和中共的大力援助之下，被炸毀的軍事、工業設施和交通線很快就修復，或轉為地下化。中國不只提供武器、裝備，還派出數以萬計的人員到北越，擔任維修、通信、醫療等工作，使得北越有餘裕派出更多部隊到南方。美軍也轟炸胡志明小徑及其周邊越共據點，但因小徑大多被叢林遮蔽，竟派出飛機在叢林上空噴灑下大量的落葉劑。

　　美國有一位海洋生物學家瑞秋 · 卡森（Rechel Carson）在 1962 年出版一本《寂靜的春天》（Silent Spring），其中說人類濫用殺蟲劑的結果將嚴重影響自然生態，不但使得春天不再有鳥語花香，也終將毒害全人類。這本書引起美國大眾的關注，迫使美國政府在十年後立法禁用 DDT 及其他殺蟲劑，卻無法制止美軍在萬里之外的惡行。美國的落葉劑毒害越南人民，即便是後來越戰結束也仍然遺留，久久無法消除。

　　越共統帥武元甲刻意避開大規模的正規戰，隨機決定在何時、何地進行何種規模的戰爭。這一套游擊戰術從中共學習而來，但青出於藍，魏摩蘭無法對付，只有不斷地請求增兵。詹森和麥納馬拉不得不同意，美軍在越南戰場的人數於是乎增加到 1968 年底的五十三萬人，增兵的速度遠遠超過任何人的想像。

　　美軍後來改變作戰方針，在疑似越共盤據的地區先進行地毯式的轟炸後，再以直昇機送地面部隊進入。部分美國大兵不只殺越共，也殺害無辜的農民和婦幼，藉此虛報戰功。南越農民因而紛紛被迫逃離家園，據估計約有四百萬人，佔全國人口的四分之一，其中大部分住進大城市的難民營裡，只能靠美國人養活。有些人做小生意，有些人做黑市買賣，更多人失業，以乞討為生。許多女人在酒吧裡討生活，出賣肉體。

　　美國人原本自認是來拯救越南，但許多越南人感受到的卻是破滅的家園和絕望的人生。南越人的反美情緒因而逐漸高漲，有越來越多的人認同越共，支持越共，也有人直接加入越共。

　　胡志明和其他北越的領導人在抗法戰爭中得到經驗，知道歐美國家不耐久戰，一旦戰事不順遂，國內反戰的聲音必起。因而，越戰的戰場不只是在越南，也在美國國內。對北越來說，最重要的是認清這是一場持久戰，要能熬得住，熬到美國的人民自動起來反對戰爭。

美國國內的反戰風潮——麥納馬拉去職

　　美國國內民眾原本大多對政府表示支持，認為美國是派出正義之師，不過少數反戰聲音從 1964 年便已出現。電視和新聞媒體從越南戰場上傳回來的報導，使得部分民眾漸漸懷疑這場戰爭的正當性。

　　1965 年 11 月，美國發生一個「莫里森自焚事件」。就在五角大廈附近，有一位名叫莫里森（Norman Morrison）的中年人用汽油澆在自己身上，引火自焚。莫里森死後，太太發表聲明，說他自殺是為了表達對政府的抗議，以及對越戰中無謂犧牲的關懷。三星期後，各種反戰團體約有三萬人在白宮前集結，示威抗議。北越領導人企盼的美國國內反戰運動從此風起雲湧，而以各大學學生為首。越是著名的大學，抗議政府的活動越激烈。許多年輕人拒絕被徵兵，公開焚燒徵兵令。

　　隨著反戰的聲音越來越大，美國政府官員大多承受極大的壓力。無論是應邀去演講，或走在街上，都可能突然被人跳出來指責是「劊子手」，或是被吐口水。國務卿魯斯克（David Dean Rusk）自稱每天必須吃幾顆阿司匹林，喝威士忌和抽四包香煙。國防部長麥納馬拉也是天天都要吃安眠藥才能入睡。事實上，麥納馬拉的信心已經動搖。

　　麥納馬拉從民間來，與軍方總是格格不入，並且早就懷疑魏摩蘭的樂觀報告，認為美國派再多的軍隊也無法支持腐敗的南越政府。莫里森自焚事件對麥納馬拉是一項極大的打擊。他的家人也遭受外人指指點點，投以異樣的眼光。

　　麥納馬拉認為越戰已經無望，在 1967 年 5 月寫了一份備忘錄給詹森總統，建議美國與北越談判，或從越南撤軍。美國所有高級將領大怒，與麥

納馬拉在參議院公聽會上激烈辯論。到了 10 月，反戰運動達到高潮，十萬
名學生和群眾聚集在華盛頓的林肯紀念堂和五角大廈，與警察發生衝突，
數百人被捕。麥納馬拉深受刺激，突然請辭。詹森只好同意。

　　不過這時民意調查顯示 70％以上的民眾仍然支持政府，認為反戰的舉
動是助長越共的聲勢，危及美軍在越南的作戰任務及安全。

越共春節大攻勢

　　麥納馬拉去職後不久，越共突然於 1968 年 1 月底傾其所有的軍力約
五十五萬人，同步攻擊南越一百多個大都市、省會和縣城。當時正是農曆
新年期間，許多市民聽到槍聲，還以為是鞭炮聲，後來才知道是越共進城
了。越共與美軍及南越國軍激戰，在各城市大多僵持幾天或十幾天就敗退
了。據估計，越共約有四萬五千人戰死，另有四萬多人受傷；而美軍和南
越軍的死傷只不過是數千人。從數字看來，越共是遭到大敗。美國將領也
都認為越共損失慘重，未來幾年恐怕無法恢復。然而，這樣的看法卻是嚴
重地錯估形勢。

　　越共發起春節大攻勢，事前沒有任何徵兆；但突然之間，大批越共就出
現在西貢、順化或是其他城市裡，不知從何處而來。越共在西貢各自攻擊
選定目標奮勇進攻，其中有十幾名敢死隊直接攻入美國大使館，與駐守的
美軍激戰，不顧生死，最後全部陣亡。這些場景一幕幕經過美國國內電視
報導，對數千萬電視機前的觀眾產生巨大的震撼。美國民眾驚覺，政府一
直信誓旦旦地說越共無法支撐太久，美軍勝利可期，但現在看起來十分遙
遠。

　　戰後，美軍所使用的重武器造成許多城鎮滿目瘡痍，又有一百萬名新難
民擠進貧民窟。美國民眾在報紙和電視中看見了，又開始懷疑，美軍到越
南究竟是要達成什麼樣的目的？

　　總之，越共發起春節大攻勢是越戰的一個分水嶺。美國許多原先支持政
府的民眾在此之後已經不再相信政府，反戰的情緒大起。

尼克森與越戰越南化

春節大戰役後，魏摩蘭再度要求增兵二十萬，但詹森總統斷然拒絕，同時宣布局部停止轟炸北越，以謀求和平談判。詹森心神俱疲，宣布不再競選連任總統。

美國這時以民主黨候選人，前甘迺迪總統的弟弟羅伯・甘迺迪（Robert Kennedy）最被看好，有機會承襲兄長的餘蔭入主白宮。然而，羅伯・甘迺迪不幸在 6 月又被刺殺身亡。共和黨候選人尼克森最後獲選為總統，於 1969 年 1 月就任後聘請季辛吉為國家安全顧問。不過他在就任前就已經接受季辛吉的建議，寫信給北越的領導人，說美國新政府預備進行和談，但必須是在互相尊重的基礎上，並只願意接受「有體面的」解決方案。北越卻不客氣地要求尼克森直接撤軍。

美國這時在南越一年的戰費開銷達到三百億美元的天文數字，士兵戰死的人數將近一萬五千人。尼克森和季辛吉都認為美國無法繼續長期承當這樣的重擔，因而提出「越戰越南化」，預備逐步從越南戰場撤出美軍，改而扶持南越政府軍以對抗北越。美軍於是開始將數量驚人的武器逐步移交給南越軍隊，其中包括步槍一百萬支、重機槍一萬二千挺、大砲數千門；還有大批的飛機、直昇機、船艦和卡車。南越國軍隨之擴編到一百萬人。數月後，美國開始撤退第一批部隊，約二萬五千人。

美萊村事件

1969 年 9 月，胡志明病逝，遺言：「毋忘南方。」早已接任北越總書記的黎筍率領范文同、武元甲、長征等含淚送別，所有的人誓言要實現其遺志。胡志明死後，沒有人敢鬆口接受美國提出任何緩和的條件，只一味要求無條件撤軍。這時美國國內的反戰風潮越演越烈，七十九所大學校長聯合請願，要求政府提出撤軍時間表，否則無法維持校園安寧。

　　正在此時，美國突然有一名記者在《紐約客》（The New Yorker）發表一個關於「美萊村事件」的調查報導，揭露 1968 年 3 月曾經有一個步兵連進入位於峴港北方不遠的美萊村（My Lai），將村民都當作越共，集體屠殺。據報導，整個村莊裡九百人中約有一半罹難，其中竟有許多是手無寸鐵的婦女、老人和幼童。駐越美軍誇稱此一戰役為對越共的輝煌勝利，有幾名知情的士兵卻因良心難安而寫信回國給軍方高層、國會議員、白宮及國務院，揭發此一醜聞。

　　「美萊村事件」的報導震驚國際社會，輿論一致批評美軍毫無人性，許多越戰支持者的信心更動搖了。反戰運動從此更加如火如荼。

尼克森的困境及外交突破

　　1970 年 1 月，柬埔寨發生政變。施亞努被首相龍諾（Lon Nol）罷黜，流亡到北京，公開指控美國在背後操縱政變，號召要成立「民族統一陣線」，向龍諾政府宣戰。北越立刻表示支持施亞努，派軍隊與波布（Pol Pot）領導的柬埔寨共產黨（或稱赤柬，或紅色高棉，Khmer Rouge）並肩作戰。尼克森也下令從南越調派三萬美軍，與南越軍共同出兵進入柬埔寨。

　　尼克森出兵柬埔寨引發美國數百所大學激烈的反戰運動，其中在俄亥俄州的肯特大學（Kent State University, Ohio）不幸發生悲劇。憤怒的學生搗毀市中心的商店，又佔據校園。州長派國民兵前往鎮壓，士兵竟對群眾開槍掃射，四名學生當場死亡，於是又引爆更多的示威遊行。然而，在紐約也發生支持政府的極右派工人舉行反反戰的示威遊行，在街上痛毆反戰的學生。美國社會顯然已經陷入兩極化的對立。

　　美國國會議員對於尼克森政府擅自出兵柬埔寨也怒不可遏，尼克森只得同意從柬埔寨撤回所有軍隊。不過他自認進軍柬埔寨對胡志明小徑造成極大的破壞，有利於越戰越南化，因而決定也在寮國採取行動。1971 年 2 月，美軍以直昇機載送一萬七千名南越軍進入寮國，又派轟炸機在空中炸射北越軍。不料南越軍被北越軍擊潰，死傷過半，倉皇撤退。美國國會又

一次大發雷霆，要求美軍限期結束所有在寮國的軍事行動。

在國會的掣肘之下，尼克森和季辛吉沒有什麼選擇，只能加速和北越談判，不過要想和談就必須取得在背後支持北越的蘇聯及中國的合作。然而，美國與中國是敵對的國家，無從聯絡；美國也無法透過蘇聯影響中國，因為中、蘇持續在交惡中。

不過有跡象顯示中國的文革逐漸在退燒。尼克森在就任總統前後的演說中都明白表示要與中國修好，周恩來也表示歡迎。如上一章所述，1971 年7 月，季辛吉秘密訪問中國；次年 2 月，尼克森也踏上中國之旅，與毛澤東、周恩來握手言歡。不但如此，尼克森也預定 5 月前往莫斯科訪問蘇共總書記布里茲涅夫，計畫討論簽訂限制發展反彈道飛彈及核武的協定。美國一連串的外交突破使得尼克森聲望大增，幾乎篤定年底大選可以連任。

巴黎和平協定

尼克森正在沾沾自喜時，北越卻突然在 1972 年 3 月發起「春季大攻勢」（或稱復活節大攻勢，Easter Offensive），全面進擊南越。其規模之大，遠遠超過 1968 年的春節大進擊。

尼克森大驚，下令恢復大舉轟炸北越，並指示美軍與南越軍隊並肩作戰。戰爭持續約六個月後，北越軍終於敗退，估計損失約十萬人。武元甲因而被撤職。但尼克森不肯罷休，希望以戰求和，又下令於 12 月對北越進行「耶誕節大轟炸」，連續十幾天，彈如雨下，規模之大前所未有。北越不堪轟炸，被迫同意再回到談判桌。

1973 年 1 月，季辛吉與北越代表黎德壽在巴黎簽訂和平協定（Paris Peace Accords）。雙方同意於簽約後停火，六十天內完成交換戰俘，同時間內美軍完成從越南撤出軍隊。北越不必從南越撤軍，但也不能增派部隊南下。北越同意阮文紹繼續執政，但南越必須在一定期間內舉行自由選舉，並接納民族解放陣線代表參選。

美國其實已經無心於越南，只想早日抽身而出，所以《巴黎和平協定》

的內容對南越極為不利。阮文紹其實是反對其中許多條文,但尼克森說即使他不同意,美國也要單獨與北越簽約。阮文紹怕萬一鬧僵,日後美國連經濟援助都不肯給,只好委屈地也在協定上簽字。

1973 年冬天,挪威宣布當年的諾貝爾和平獎將頒給季辛吉和黎德壽。諾貝爾獎創立以來,大概沒有比這次的決定更引起世人爭議。有人說,挪威人如果不是對發生在遠東的事情不瞭解,就是太幽默了。後來黎德壽拒絕接受,季辛吉也沒有出席頒獎典禮。

南越崩潰

事實上,《巴黎和平協定》從簽署之後就幾乎是一張廢紙。一個月內,南北越就發生四千多件破壞停火的戰鬥。

《巴黎和平協定》也受到美國國內發生的一件水門醜聞案(Watergate Scandal)的影響,對南越大大不利。尼克森的部屬涉嫌在他競選連任總統期間偷偷闖入民主黨競選總部水門大廈,又涉嫌非法竊聽。水門案案情急遽升高,漸漸燒到尼克森自己。阮文紹於協定簽署兩個多月後訪問美國,發現尼克森已經失魂落魄,心不在焉。他的結論是美國將會放棄南越,不能再一切遵從美國的指示,於是在回國後發表聲明,拒絕與北越談判,拒絕舉行選舉,拒絕組織聯合政府。南北越之間的戰爭於是升高。在此期間,南越的情況卻不幸加速惡化了。

美軍撤退後,原先在南越的消費完全停止,對南越的經濟民生造成無比的衝擊。美國國會在水門案後削減援助南越的經費,1973 年還有二十一億美元,1974 年及 1975 年分別砍成十四億及七億美元,嚴重打擊南越的民心士氣。南越政府軍擴充到一百萬人,不但沒有幫助,反而成為政府財政的重擔。在此同時,中東石油危機也導致南越物價跟著飛漲,通膨嚴重,百姓對政府越來越憤恨。

相對地,北越繼續獲得蘇聯和中共充分的援助,對統一大業越來越有信心。1974 年 8 月,尼克森終於被迫辭職下台,副總統福特(Gerald

Rudolph Ford, Jr.）繼任，更沒有意願支持南越。阮文紹政府搖搖欲墜，離崩潰已經不遠。

金邊及西貢相繼淪陷

1975 年 1 月起，北越大舉出兵南下，南越十個省在三個月內陸續淪陷，南越軍在順化不戰而降。士兵逃亡，數以萬計。北越軍又同步與赤柬一起出兵，不到三個月，金邊就被包圍了。

4 月 17 日，赤柬攻破金邊，立即處死所有前政府的官員和眷屬。第二天起，赤柬強制驅趕金邊和所有其他大城鎮的居民到鄉村，不從者一律處死。一路上死人無數，屍體堆積如山。

美國政府及國會議員被金邊的慘劇震驚，自認有道德責任，為免南越也發生同樣的慘劇，立刻發起對南越提供緊急的「人道救援」。美國派出軍艦和飛機，撤出過去曾為美國服務的雇員，還有部分南越政府的官員及其家屬。據統計共撤出約十四萬人，大部分最後抵達美國定居。

4 月 21 日，阮文紹宣布辭職，逃往台灣。4 月 29 日，美國駐西貢使館大門前有一萬名以上的南越人聚集，每個人手裡都揮舞著身分證件，驚惶萬分，爭著要擠進使館屋頂上的美軍救援直昇機裡，最後共有五千人幸運地撤離。第二天，越共軍隊長驅直入西貢，南越軍紛紛棄械，代總統楊文明立即表示無條件投降。越戰就此結束。

西貢陷落後，越共處決數以千計的反動分子，將數十萬前南越政府人員關入勞改營。美國在先前發起海空大救援，總算是阻止了更多的悲劇發生。

第 11 章
日本的金權政治及反社會脈動

日本首相池田勇人（1899-1965）於 1960 年（昭和三十五年）上任，提出「國民所得倍增計畫」，目標是讓日本國民的所得在十年間成長一倍。結果只用了六年，1966 年人均所得就已經超過美金 1,000 元，是 1960 年的兩倍以上。

池田曾任大藏大臣（主管財政、稅務）及通產大臣（主管經濟），是吉田茂的得意門生，也受到岸信介的器重。在經歷安保鬥爭的混亂之後，日本人民早已厭倦政治，所以當財經領域經驗豐富的池田希望把政治暫時擺一邊，便獲得全民的共鳴，一致努力發展經濟。

一九六〇年代的日本經濟發展

現代日本一些國際知名的大企業，如電器業的松下、三洋、新力、夏普、日立、東芝，汽車業的豐田、日產、本田，大多是在 1960 年代建立起其穩固的地位。歷史悠久的大財團，如三井、三菱、住友等，也積極發展石油化學產業和塑膠、橡膠、纖維、紡織等下游產品。另有鋼鐵、造船、機械業等也都蓬勃地發展。

全世界的學者大多認為六〇年代日本的經濟發展是一項奇蹟，並紛紛研

究到底是如何達成的，大致來說，可以歸納為以下各項：

- 因為日本人有勤奮不懈的民族性。
- 因為日本企業和員工之間的關係像古代的主君和武士一樣，員工對企業高度忠誠，企業對員工終身雇用。
- 因為日本企業有良好的管理制度，效率高，產品精良。
- 因為日本政府，尤其是通產省，領導推動「計畫性市場經濟」，指引企業方向，並有足夠的力量強制執行。
- 因為美國開放其龐大市場，並領導世界各國邁入經濟高成長時期，日本在「搭便車」。
- 因為美國陷入越戰，戰費高昂，日本獲益最大。
- 因為日本在美國的保護傘下，不需花費太多錢在國防上，可以集中力量發展經濟。

以上當然都是很重要的原因，不過客觀地說，還有另一項更重要的沒有提到。根據世界銀行的資料，從 1961 年到 1970 年，日本出口總金額佔 GDP 的百分比始終只維持在 9-11％之間。因而，內需佔 GDP 的九成，是真正支撐經濟飛躍成長的重要因素。那麼內需的成長從哪裡來？主要有二：第一，人口暴增；第二，每個國民的平均消費也遽增。

日本的人口在二戰結束時約為七千二百萬。在戰爭中離家去打仗的日本男子，約有兩百萬在戰敗後幸運地被送回國內，和妻子團圓，或立刻結婚，於是拼命生小孩，因而產生嬰兒潮，也就是所謂的「團塊世代」。1950、60 及 70 年，分別遽增為八千四百萬、九千四百萬及一億零五百萬。二十五年間人口增加約 50％。

原先日本人大多是一家三代擠在一棟小小的木屋裡，但隨著所得逐漸增加，兒女們都開始想擁有自己單獨的房間，甚至擁有自己單獨的房屋。從鄉下到城市裡發展的年輕人越來越多，城市裡和市郊的房屋需求也就越來越大。有了房子，就要買收音機、電視機、電冰箱、洗衣機，後來又買冷氣機、彩色電視機和汽車等。大眾消費的時代於是來臨，龐大的內需因而

促成了日本經濟的飛躍成長。類似的情形其實後來也發生在台灣及南韓。

1964年10月，世界奧運會在東京舉行，標誌了日本經濟發展的一個里程碑。為了迎接奧運，日本以三年半的時間完成從東京到大阪的東海道新幹線。同時，日本加入OECD（Organization for Economic Co-operation and Development，經濟合作暨發展組織），遂進入先進發展國家之林。

佐藤內閣

東京奧運前，池田已經罹患喉癌，但仍抱病主持奧運的開幕式。奧運閉幕後，池田立刻辭職而推薦佐藤榮作（1901-1975）繼任。

佐藤出身政治世家，是前首相岸信介的親弟弟，也和池田一樣是「吉田學校」的棟梁。他曾經長期擔任自由黨的幹事長，又歷任內閣官房長官、建設大臣、大藏大臣、通產大臣等，資歷完備，在池田死後可說是無人能出其右。佐藤後來三次組閣，擔任自民黨總裁兼首相長達八年（1964-1972），是日本戰後任期最長的首相。

佐藤面貌俊美但沈默寡言，說話又被認為是枯燥無味，因此不為公眾喜愛，尤其不喜歡和新聞媒體打交道。不過佐藤接續池田的方針發展經濟，成績並不遜於池田，每年仍然維持10%左右的經濟成長率。在他的主導之下，新幹線從大阪又延伸到博多，並且完成幾條重要的高速公路。池田在1964年交棒給佐藤時，日本的人均所得還只有美金800元，而佐藤在1972年下台時，日本的人均所得已經達到美金2,680元，成長為三倍有餘。

不過佐藤上任一年多後，自民黨發生一連串的政治醜聞，統稱為「黑霧事件」。其中有眾議員涉嫌恐嚇、詐欺、逃漏稅而被開除黨籍；有運輸大臣命令國鐵班車停靠在自己選區的車站，因而被撤職；有農林大臣的秘書涉嫌用農地非法向銀行借得鉅額貸款，因而被起訴；又有眾議院議長和涉嫌利用假票據詐欺投資人的集團有曖昧的關係，因而被迫辭職，等等。社會黨原本義正嚴詞地批判執政黨，後來卻發現社會黨議員也有多人涉及類似的案件，只得壓低砲火。

　　佐藤在任期間也面對日、美之間兩個難題,分別是沖繩的歸還及纖維協定的談判。以下先說明沖繩問題。

沖繩歸還問題

　　沖繩問題在美、日之間一直是個懸案。美國於 1951 年和日本簽訂了《舊金山和約》及《美日安保條約》後,結束對日本的佔領,美軍卻繼續駐紮在沖繩、小笠原群島。儘管日本宣稱擁有主權,行政權卻在美軍手裡。1960 年,美國又和岸信介政府簽訂了安保新約,但也沒有明言何時才歸還沖繩。日本許多人民不滿美國無限期地霸佔沖繩,不斷地抗議,沖繩地區的居民尤其憤怒。

　　美國為什麼不肯歸還沖繩?主要是冷戰方殷,對美國來說,沖繩是遠東地區最重要的空軍基地。從沖繩起飛的轟炸機、戰鬥機,可以涵蓋整個東亞,包括蘇聯、中國、北韓、台灣海峽和越南,所以不可能輕易放手。佐藤上台時,越南東京灣事件才剛發生兩個月,美國正要開始大舉轟炸北越,其中的主角 B-52 轟炸機群有許多就是從沖繩起飛,所以更不可能把沖繩歸還給日本。

　　但佐藤決心討回,接任總理大臣後不久就飛到美國訪問詹森總統,當面提出返還沖繩的要求;又於 1965 年 8 月親自飛到沖繩,當眾說:「沖繩如果不能返還,戰爭就不算結束。」然而,美國只要繼續在打越戰,沖繩的問題就只有繼續拖延。1968 年,詹森終於宣布全面停止轟炸北越,繼任的尼克森又於 1969 年提出越戰越南化,沖繩的重要性總算降低了,美國才終於決定在 1972 年歸還沖繩。不過美國歸還的僅有沖繩的行政權,而仍是繼續租用軍事基地。美軍真正撤出沖繩仍然是遙遙無期,民眾的抗爭也繼續不斷。

六〇年代的全球叛逆風潮

六〇年代是一個極為特別的年代，尤其是在後半期，整個世界幾乎都陷入叛逆潮流和動盪不安。

在中國，文化大革命爆發，紅衛兵運動在全國串連，「破四舊，立四新」，說「造反有理」，接著全國武鬥，已如第 9 章所述。

在美國，越戰引發全國學生的反戰風潮，在第 10 章中也已經敘述。許多年輕人漸漸又從反戰、反政府轉而反制度、反社會、反文化，吸食大麻和迷幻藥，追求性開放。嬉皮成為一種流行的新風尚。同時，美國民權運動的風潮也大起。著名的民權鬥士，黑人牧師馬丁・路德・金恩（Martin Luther King, Jr.）不幸在 1968 年 4 月遇刺。民權運動於是和反戰運動一樣，如野火燎原。

在歐洲，各國也莫不發生學生、工人的反政府運動，其中最具代表性的事件是法國在 1968 年 5 月爆發的「五月革命」。數萬名巴黎的大學生佔領學校，進行反越戰示威遊行，有一部分人竟高舉著越盟主席胡志明和古巴革命英雄切・格瓦拉（Che Guevara）的肖像。警察強力鎮壓，數百萬工人接著罷工，使得政府幾乎癱瘓。

當全球這樣的風潮狂飆時，日本的年輕一代不可能不被傳染。

六〇年代日本的學生運動

日本這時二十歲左右的大學生們正是前述所謂的「團塊世代」。事實上，「團塊世代」並不是日本特有的。二次大戰後歐美國家所有的阿兵哥返鄉後也大多和妻子一起生了一大堆小孩，所以有嬰兒潮（baby boom），長大以後也可以說都是歐美的「團塊世代」。

「團塊世代」懂事以後，日本社會已經迅速繁榮起來，生活比起上一代要優裕得多，因而大多認為社會的光明面是理所當然的，黑暗面則不能忍

受。然而，現實的世界總是有不理想的一面，例如美軍佔領沖繩的事實、刻板的官僚制度、政治貪腐的現象、學費上漲等。當時日本迅速工業化帶來了嚴重的環境污染，也帶來致命的公害疾病，如水俁病（因汞中毒引發）、痛痛病（因鎘中毒引發）、哮喘病（因大氣污染引發）等。由於日本提供沖繩為美軍空軍和海軍陸戰隊的基地，在北越執行轟炸任務的飛機有許多是從沖繩起飛的，越南戰場上的陸戰隊也有許多是從沖繩轉過去的。因而，學生們認為日本是美國的幫兇，至為反感。

1968 年起，日本的反戰、反政府運動轉趨激烈，各大學學生紛紛組織「全共鬥」（全學共鬥會議），向學校當局發起抗爭。光是在東京一地就有五十幾所大學被學生佔領。學校當局召來警視廳機動隊，學生們也戴上頭盔，臉上蒙著毛巾，手中拿著長長的棍子對抗警察。日本大學和東京大學的全共鬥抗爭尤其激烈。東京大學學生喊出「東大解體」的口號，自我否定。

10 月，日本各大學學生合組的「全學連」在東京新宿車站前與警察展開城市戰。學生向警察投擲石塊和裝滿汽油的燃燒玻璃瓶，警察回敬水龍和催淚瓦斯。次年 1 月，東京大學的學生們佔領校園內的安田講堂大樓，和警視廳機動隊又重複一樣的戰爭。經過兩天兩夜，東大的象徵建築物安田講堂竟被燒砸得面目全非。佐藤首相是東大的畢業生，後來親自回母校，眼見安田講堂遭此劫難，不禁潸然淚下。

當時有一位法國的哲學家曾經親歷巴黎的五月事件，又剛好在日本目睹這場學潮，之後說出一段富饒意味的話：「我很同情現在的青年們，因為社會從他們剝奪了青春不可或缺的全部。第一是貧窮，第二是競爭，以及寧死也要追求的偉大思想。因為這些都被剝奪了，年輕的人當然會焦躁了。」

新左翼、連合赤軍

安田講堂事件落幕後，日本學生的反政府運動開始退潮，只有少數加入社會主義左派組織，如「新左翼」，又繼續和政府對抗。但左派組織也分為

各種不同派別，並且因路線不同而互鬥，極其血腥殘忍，其中最暴戾的莫過於連合赤軍。

1970 年 3 月，一群連合赤軍分子劫持日航班機「淀號」飛往平壤，不料被北韓政權逮捕拘禁。1971 年，連合赤軍發生內訌而自相殘殺。1972 年 2 月，連合赤軍在山岳中舉行軍事訓練，竟私自處決十二名同志。另有五名成員害怕而逃到輕井澤，佔據一棟稱為「淺間山莊」的別墅，挾持管理員的妻子為人質，和警察對峙十天，轟動日本社會。最後警察破門而入，救出人質，逮捕所有的暴徒。其中一名暴徒的父親在家中上吊自殺，遺書說無法接受家族中竟有人做出如此兇殘的事。同一年 5 月，又有三名連合赤軍分子持自動步槍在以色列台拉維夫（Tel Aviv）機場內瘋狂掃射，造成二十六名旅客慘死。

三島由紀夫事件

日本不止有大學生和左派組織反政府、反體制，還有右派保守分子也憂心人民在享受經濟成長的果實當中把戰前的傳統文化和精神都喪失了。有人批評社會風氣是安於逸樂，如同德川幕府的元祿時代（五代將軍德川綱吉主政，崇尚奢華浪費）一樣，所以稱此一昭和時期為「昭和元祿」。

名作家三島由紀夫尤其嫌惡當代的社會，自稱是「捏著鼻子過戰後的日子」。他認為社會如果沒有被刺激，將無法避免繼續腐化，於是創辦了一個「楯之會」，招收青年人，施以軍事訓練，是一個極端右翼的私人兵團。直接地說，他的思想與戰前的皇道派軍人完全一樣，標榜武士道，強調忠君愛國，不惜為天皇犧牲性命。

1970 年 11，三島由紀夫率領四名「楯之會」隨員闖入自衛隊設在東京的總監部，挾持總監，然後站在陽台上，頭上綁著寫有「七生報國」的白布條，對聚集圍觀的自衛隊員發表演說。他呼籲國人放棄墮落的物質文明，隨他發動政變，推翻政府，恢復天皇親政，找回日本傳統的武士道精神。但圍觀的自衛隊員大多默默無語，只有少數人大聲嘲笑，說他是個瘋

子。三島演說完畢後，回到房間，依計畫以傳統方式切腹自殺。

　　三島是日本著名的小說家，他所發表的作品如《假面的告白》、《潮騷》、《金閣寺》、《豐饒之海》等，都引起讀者巨大的迴響，有些還改編成賣座的電影。因而，三島之死在日本社會造成極大的震撼，也引起極大的困惑。絕大多數的人無法明白他為什麼要這麼做，連佐藤首相聽到消息後第一句話也問道：「是瘋了嗎？」

田中角榮

　　佐藤榮作於 1972 年 7 月下台，繼任的首相田中角榮（1918-1993）是一個十分奇特的人物。他出身新潟縣，是一個貧窮的農業縣。他的父親是個喜歡說大話，做生意卻屢屢失敗的牛馬商；母親卻是一個典型的農家婦女，任勞任怨，堅強不屈。田中十六歲時就離開家鄉到東京討生活。臨行時，母親告誡他：「不要貪杯，不要養馬，不要說大話。」但他一生總是貪杯，總是說大話，又不斷地買馬。

　　田中到東京後，半工半讀讀到高職土木科畢業，但後來總是自稱只有小學畢業。他十九歲開始創業，成立一家建築事務所，自任社長。中日戰爭期間，田中奉召到滿州參戰，但因大病而被遣返。後來他因為承包與戰爭相關的工程而成為巨富，接著投入政治，二十九歲就當選為眾議院議員。

　　田中記憶力驚人，對數字尤其敏感，攻擊敵對的政黨時肆無忌憚，因而得到吉田茂的賞識。但他膽大妄為，收受鉅額政治獻金毫不避忌，又為了收攬人心而公然分錢給其他的議員、官員、幕僚、朋友，甚至給政敵，連藝伎、桿弟、門房、司機都拿到超額的小費。吉田茂因而對他深懷戒心，說：「那個人不是正走在監獄的圍牆上嗎？如果一不小心就會掉到監獄的那一邊去。」田中果然不久就因涉嫌收賄而被起訴，但在獲判無罪後仍是我行我素。三島由紀夫說自己是捏著鼻子過戰後的日子，嫌惡的對象就是像田中這一類的人。

　　不過田中具有其他政治人物沒有的草根性，經常直接與人民面對面接

觸，幾乎每天都在家中接受人民組團來陳情。他到任何地方去，也能盤腿坐下來和百姓說話，細心傾聽。之後，田中必定聯絡相關的政府官員，請官員們順應民意，在偏遠地區修橋鋪路，挖隧道，建堤防。田中又不辭勞煩，替政府官員起草法案，在議院裡推動立法，完成三十幾件重要的法案，其中包括「住宅金融公庫法」、「國民住宅法」、「道路三法」等，都是有關公共投資及地方建設。

日美纖維協定

　　田中在吉田、岸、池田和佐藤時代都受邀入閣，歷任黨政要職。一般認為，田中有大氣魄，能當機立斷。1957年，田中擔任郵政大臣，不顧屬下反對，一次發給民營電視台三十六張執照，日本電視台從此百花齊放。

　　1965年5月，日本發生「山一證券事件」，由於經濟突然停滯，金融恐慌導致民眾紛紛在山一證券、日興證券等證券公司擠兌。眼看金融即將崩潰，時任大藏大臣的田中角榮立即召集官員及各銀行總裁，命令各銀行對所有的證券公司無限制融資，且不須擔保。危機瞬間消弭，不久後日本的經濟又重新蓬勃發展。

　　日本與美國之間有關纖維輸出的爭執，也是在田中擔任通產大臣時才得到解決。所謂的纖維，包括絲、棉、毛、人造纖維等，及其加工製造的布匹和成衣，是日本六〇年代輸出美國的大宗。美國纖維業競爭不過，要求政府限制日本進口。尼克森總統向日本政府施壓，威脅如果纖維問題不能解決，沖繩歸還問題也不必討論。但日本政府不願得罪國內的纖維業界，多年來始終無法和美國達成協議。日本業界討論自我設限，美國也不領情。佐藤首相於是在1971年7月請田中出任通產大臣，委以重任。

　　田中和美國官員來往幾回合後，知道美方的意志堅定，日本如果不妥協可能會引起雙方全面的貿易戰，甚至影響兩國的互信；於是在取得大藏省和佐藤首相同意後，逕自和美國簽訂備忘錄，將日本化纖及毛類出口成長分別限制為每年5％及1％。日本業界大怒。但佐藤舉行內閣會議，通過補

貼纖維業者因而受到的損失，金額達到一千二百七十八億日圓。田中說：
「錢我會補給你們，但這個管制令我是簽定了，你們要哭就哭好了。」

　　田中角榮這種政府補貼的方式，後來成為許多國家在發生貿易摩擦時採行的解決辦法。纖維問題解決後，前述的沖繩問題也才終於順利地定案，在 1972 年歸還日本。

角福決戰

　　自民黨在佐藤擔任總裁時分為五大派，分別由田中角榮、福田赳夫、大平正芳、三木武夫和中曾根康弘領導。其中以田中派和福田派較強，互相競爭激烈。

　　福田赳夫（1905-1995）出身群馬縣的名門地主之家，東京大學畢業後就進入大藏省，歷任要職，是所謂「菁英中的菁英」，但和平民百姓有些距離。他和田中角榮的對立，不只在出身，也在思想和言行方面。福田生性耿介，不耍權術，有話直說。對比田中角榮迷戀金權政治，善於算計，福田顯得清純。

　　在經濟方面，福田主張穩定成長，認為成長太快會帶來物質至上的奢迷風氣，據說「昭和元祿」這個名詞就是福田最先提出的。佐藤執政的後半期，田中角榮曾經領導數十位議員和智囊組成一個調查會，完成一份《都市政策大綱》；其中詳細報告要如何規劃徵收土地，進行土地重劃，並改革稅制以吸引民間的投資。福田對這樣急進的發展策略不以為然。

　　在福田和田中之間，佐藤榮作傾向由福田接班為總裁兼首相，千方百計要壓制田中，但田中無論如何不肯退讓。1972 年 6 月，佐藤公開發表退職聲明。由於他一向痛恨新聞媒體，這時竟將新聞記者全部趕出去，只有自己一人單獨對著電視攝影機講話。

　　佐藤宣布退職後，自民黨新任總裁的競選進入白熱化。田中角榮開始造勢，以原先撰寫的《都市政策大綱》報告為藍本，推出一本新書《日本列島改造論》，立刻成為暢銷書。田中又大灑銀彈買票，據說給每位議員兩百

萬日圓,算是訂金。中曾根康弘原本也要競選總裁,但田中給了中曾根七億圓鉅款,請他退出,因而只有其他四個派閥領導人出馬競選。實際上其他三人也都買票,只是沒有人出手像田中這樣大方。到了投票前一天,各候選人都包下旅館,把支持自己的議員關在裡面,怕被對手拉去。結果田中擊敗福田,當選為自民黨總裁及日本首相。

中日建交

田中擔任首相後立刻召開記者會,提出兩項政策。第一,依《日本列島改造論》施政;第二,和中國恢復邦交。這裡先說後者。

日本政壇中,一向有親中國和親台灣兩派。美國尼克森總統於1972年訪問中國後,日本親中的議員大受刺激,紛紛指責佐藤首相對中國不夠積極。但自民黨內的元老大多是親台派,認為蔣介石當年在戰後對日本極其寬大友善,所以日本不應忘恩負義,輕易地背棄在台灣的中華民國。親台派包括岸、佐藤和福田等。

但田中完全講究現實利益,在還未當選為總理之前就已經發表親中國的言論。周恩來對田中大送秋波,說一向對中國懷有敵意的佐藤已經下台,歡迎新首相田中,期盼早日恢復中日邦交。一些在野黨人物也在其間穿針引線。因而,田中上任兩個月後就迫不及待地和外相大平正芳一同飛往北京,周恩來親自到機場迎接。雙方談判三日後發表共同聲明,共九條,大致內容為:兩國同意結束不正常的狀況,日本承認中華人民共和國是中國唯一合法的政府,台灣是中國領土不可分割的一部分;中國放棄對日本戰爭賠償的請求權;兩國同意開始談判締結和平友好條約,也都同意不在亞太地區爭奪霸權。另外,大平外相宣布取消日本和台灣簽定的《舊金山和約》,但中國同意日本和台灣維持經濟關係及民間的交流。

親台派議員大怒,但無法挽回事實,於是成立「日華關係議員懇談會」,加入的參、眾議員達到三百人。另有三十幾名青壯派國會議員組成「青嵐會」,旗幟鮮明地反對田中總理對中共過度諂媚,反對金權政治;又

主張制訂獨立自主的新憲法。青嵐會成立時，所有會員都立下血印盟書，引起社會注目，被認為是鷹派的右翼組織。其中主要的成員有中川一郎、石原慎太郎、藤尾正行、渡邊美智雄等。石原慎太郎在從政前是著名的作家，曾經以《太陽的季節》小說榮獲日本公認最高的文學獎「芥川賞」。

石油危機及狂亂物價

田中首相也意氣風發地準備依計畫改造日本。他在一年內就立法完成多項社會福利法案，諸如老人醫療免費，增加老人年金給付等。日本於是追上歐美，也成為社會福利國。他又推動許多大規模的公共建設案，但實施不到一年全國地價平均上漲達到 30％。民眾未蒙其利，先受其害，於是怨聲載道。1973 年 10 月，中東爆發第四次以阿戰爭以和第一次石油危機，對田中政府更是雪上加霜。

當時中東產油國對美國及部分西方國家支持以色列至為不滿，決定拿石油當武器，突然把價格從原先每桶不到美金三元提高到五元；1974 年初，又漲到美金十元以上。不但如此，產油國還宣布對其所認定的「不友好國家」實施石油禁運。

日本自己只生產極少量的石油，但產業的發展和民生需要都倚賴進口的便宜石油，當時主要的能源需求中石油佔 80％。石油危機發生後，日本政府大驚，下令限制電力供應，減少路燈、大樓的照明，限制使用空調、電梯，電視只能播放到晚上 11 點，大城市裡所有的霓虹燈全部關掉，對工廠實施輪流停電。民間也發生恐慌，物價狂飆。市面上所有的民生用品，舉凡米、麵、餅乾、沙拉油、糖、鹽、醬油、醋、衛生紙等，被百姓搶購一空。擔任官房長官的福田赳夫這時公然批評「狂亂物價」及政府的責任。

日本原本和美國的猶太人十分親近，與猶太裔的季辛吉關係尤其密切，因而被阿拉伯人認為是不友善的國家。田中被迫發表新的中東政策，要求以色列退出過去以武力佔領的阿拉伯人土地，承認巴勒斯坦政權；同時派三木武夫為特使到中東去。田中政府最終贏得阿拉伯人認同為友善國家，

解決了燃眉之急，但也得罪了猶太人。

　　田中的大藏大臣愛知揆一面臨窘境，心力俱疲，不幸過世。情勢很明顯，福田一向主張的穩健政策更適合於陷入危機的日本，田中不得不低下頭來，請求福田接任大藏大臣。福田直接要求把《日本列島改造論》束之高閣，田中只好忍痛照辦。福田上任後，立即宣布重新檢討年度預算，縮減開支，停止各項重大建設。

田中下台，三木繼任

　　自民黨每年競選所需的經費，大多來自企業的政治獻金，通常由經濟團體連合會（經團連）向大企業攤派籌措。自民黨總裁之下設幹事長、政調會長及總務會長三個職位，合稱「黨三役」。其中幹事長最重要，因為籌措資金及分配給議員就是他和總裁的職責。佐藤擔任總裁時，田中曾經擔任多年的幹事長，出手十分大方，到了自己擔任總裁，那就更大方了。

　　福田曾經說，他在岸及佐藤時代也擔任過幹事長，那時自民黨每年不過花三十至四十億日圓；到了田中政權，竟多了十倍。捐錢的大企業負擔越來越重，但也只能勉強擠出資金來，否則萬一自民黨敗選，左傾的社會黨、共產黨奪得政權，財團的日子就難過了。田中的「金權政治」因而越來越露骨，連黨內的人也側目。

　　1974 年 7 月，日本舉行參議院改選。田中角榮在輔選時仍是大灑銀彈。但自民黨因狂亂物價而慘敗，從原先的 51 席減為 43 席。副總理三木武夫、大藏大臣福田赳夫和官房長官保利茂跟著接連辭職，表示對首相不支持。田中政權搖搖欲墜。到了 10 月，《文藝春秋》雜誌登載了一篇〈田中角榮研究——其金脈及人脈〉，詳細刻畫田中金權政治的種種內幕，又給他沈重的一擊。《文藝春秋》還刊登一篇〈寂寞的越山會女王〉，描述田中的機要秘書佐藤昭子如何在幕後幫田中操縱「越山會」（田中的後援會）的金脈。田中飽受內外夾擊，不得不在 11 月同時辭去自民黨總裁和首相的職務。

田中下台後，自民黨各派閥達成一個共識，這次不再舉行自由選舉，怕重蹈兩年半前的覆轍，撕裂黨內的團結。眾人一致決定由黨內大老，自民黨的副總裁椎名悅三郎來負責裁定。原本福田赳夫自以為這次必定是由他擔任首相，沒想到椎名考慮福田派和田中派之間嫌隙太深，難以妥協，決定兩者都不要，選擇三木武夫。然而，椎名不久就後悔了。

三木有部分的政治理念和黨內其他派閥迴異，上台後總想進行一些改革，卻遭到反對。他企圖推動修正「禁止獨佔法」，以限制日本大企業的無限制擴張和不當得利。但日本財界大為不滿，自民黨各派閥也反對，修正案因而遭到擱置。1975 年底，國鐵發生全面罷工，自民黨內大部分派閥認為是非法罷工，都主張強硬對付，三木卻背著眾人和社會黨研商妥協的方案。消息走漏後，三木面對自民黨內各派閥的強烈指責，竟反過來表示國營事業體的勞工沒有罷工的權力。

然而，最讓自民黨其他派閥無法接受的，是洛克希德案爆發後三木的處理態度。

洛克希德案

1976 年 1 月，美國參議院下屬的一個委員會突然收到一個匿名寄來的紙箱。有人打開一看，竟是美國洛克希德公司（Lockheed Corp.）的機密檔案，其中包括該公司非法捐款給西德、義大利、荷蘭及日本等外國政要的相關資料。參議院至為震驚，決定舉行聽證會。洛克希德公司的高層主管被要求作證時，承認該公司花費鉅資賄賂上述四國的政要，迫使各國的航空公司做出有利於該公司的決定。洛克希德醜聞案立刻成為世界各大報的頭條新聞，在上述各國裡掀起軒然大波。不過本書在此只敘述和日本有關的發展。

根據聽證會的證詞，洛克希德公司從 1960 年起就在日本秘密聘請一位極右翼的大人物兒玉譽士夫為顧問。中日戰爭時，兒玉曾經在上海主持一個「兒玉機關」，負責搜購各種重要的戰略物資。戰後，GHQ 認定兒玉

是甲級戰犯，也把他關在巢鴨監獄裡。兒玉後來因美國的佔領政策轉彎而獲釋出獄，刻意藏身幕後，但在政界、財界有極大的影響力。洛克希德在日本的代理商丸紅公司便是經由兒玉的介紹而收買日本高官政要及企業高層，其中包括客機的買主全日空公司（ANA）。兒玉也介紹一位名叫小佐野賢治的人給洛克希德公司。小佐野是田中角榮身邊的紅人，專門負責財務運作和籌款。日本各界立刻聯想田中也牽涉其中。

日本眾議院在2月中召開聽證會，要求涉案的丸紅、全日空公司相關人員前來答詢、作證，但所有人都一概否認其事。日本法務省刑事局所屬的特搜部於是奉命展開調查。三木首相也支持徹查此一案件，並親自寫信給美國的福特總統，要求協助提供資料。

特搜部拿到資料後，又傳喚涉案人員，進行審訊，抽絲剝繭，發現洛克希德公司為了取得全日空二百四十億日圓的訂單，竟撥出將近三十億日圓做為「公關費」，其中田中首相拿到五億圓，其他日本的政商人物分食十七億日圓，兒玉譽士夫自己也收下六億圓。

三木下台，福田組閣

在洛克希德案進行調查審訊中，三木首相表現出超乎尋常的關心。他不但敦促美國政府和國會支持日本辦案，又好幾次迫不及待地向特搜部要求公布涉案的高官名單，卻很少徵詢自民黨內各派閥的意見。三木標榜清廉政治，說是為了日本的榮譽要弄清楚真相。但在自民黨內各派閥的眼中，三木卻是氣量狹小，怕已經下台的田中有朝一日還會東山再起，要藉機打壓田中本人和田中派。

椎名悅三郎和各派閥領袖也怕三木把洛克希德案挖臭挖得太過分而被拖下水，於是一致同意要拉三木下馬。但三木拒絕下台，眾人也無可奈何。河野洋平等六名國會議員憤而脫離自民黨，自行組成「新自由俱樂部」。到了7月，特搜檢察官終於下令逮捕田中。田中被收押前，從容地寫信辭去自民黨的黨籍，以及自己創辦的派閥「七日會」，堅持以個人的身分入獄，

為自民黨保留顏面。不過他在二十天後就獲得保釋。

田中入獄前後，也有二階堂進、加藤六月等十餘位所謂的「灰色高官」中箭落馬，紛紛被收押。1976 年 12 月，日本舉行眾議院大選，自民黨慘敗，減少 21 席，降到只剩 249 席，低於總席次 501 席的半數，必須吸收其他小黨的議員才能過半。

田中獲得保釋後也參加這次的眾議員大選。令人驚奇的是，田中在洛克希德案中明顯涉案，輿論大多不齒，但在故鄉新潟縣卻仍舊獲得鄉親父老無條件的支持，以高票當選。

自民黨大敗後，三木只好辭職下台。這時自民黨中只剩下福田赳夫和大平正芳兩人有資格競選總裁。經過黨內協調，決定由福田出馬。福田年輕時早就被認為是明日之星、未來的首相，但等到這時已經七十一歲了。據說福田和大平兩人私下協議，先由福田擔任兩年，再由大平接任。部分自民黨大老自稱親身見證這個「大福密約」，但福田本人堅決否認，因而埋下後來自民黨內鬥惡化的因子。

第 12 章
蔣介石父子威權統治下的台灣

　　從歷史的軌跡看，台灣和韓國在過去的一百年間非常相似。兩者分別在十九世紀末及二十世紀初淪為殖民地，都到二次大戰結束後才脫離日本的統治，而接著又都面臨共產勢力的威脅。國共內戰後，台灣與中國分離；韓戰後，南韓與北韓分裂。在六〇及七〇年代，兩者都是在政治上處於威權統治之下，經濟上卻蓬勃發展。兩者經濟發展的成果也都是倚賴美國的援助而達成的。

　　以下先解說美國對外經濟援助的發展背景，然後敘述台灣的發展，至於韓國部分請留待下一章。

美國學者的經濟起飛理論及美國對外的援助

　　韓戰結束後，中共在蘇聯的經濟和技術援助之下實施第一次五年經濟計畫（1953-1957），取得突出的成績，據估計年平均工業成長率達到 16 至 18％，完成多項大型建設，建立了社會主義工業化的初步基礎。中共接著展開第二個五年計畫。北韓在 1954 至 1956 年期間也實施了一項三年計畫，同樣成果非凡；於是接著推行另一項五年計畫，以千里馬之姿追求高速度的經濟成長。中共和北韓的成就對美國產生極大的壓力。美國為了防

止亞洲赤化，除了以武力干涉及實施圍堵政策之外，也決定要協助各國發展經濟。

1954 年，麻省理工學院（MIT）一群傑出的經濟學者由羅斯托（W. W. Rostow）及密立根（M. F. Millikan）領銜，發表一項「經濟起飛」理論。羅斯托等人認為，一個落後國家在追求經濟成長時，可分為傳統社會期、準備期、起飛期、到達成熟期、高度大眾消費期等五個階段；其中最有利於外國提供援助的是起飛（take-off）階段。他們又認為，要想達成快速的經濟成長並沒有必要使用共產革命的暴力手段，也不贊成以發展重工業為優先的模式。

這項理論得到許多美國政治領袖的欣賞和支持，其中以參議員約翰‧甘迺迪最為關注。甘迺迪於 1961 年入主白宮後，聘請羅斯托和密立根為總統顧問，兩人的主張於是成為美國的國家政策。過去美援大多是採用贈與的方式，這時改以貸款和技術支援為主，希望協助各國達到經濟自立。美國要求各受援國家擬定長期的經濟發展計畫，由世界銀行和國際開發總署協助推動。

接受美國此一開發援助計畫的東亞國家，包括台灣、南韓、印尼、新加坡、馬來西亞、泰國，以及菲律賓，紛紛提出四年、五年、六年或八年的計畫。

六〇年代台灣的經濟起飛

實際上，早在甘迺迪之前台灣就已經利用美援進行了兩個四年經濟計畫，詳如第 7 章所述。不過這期間台灣政府的主要目標是「進口替代」，希望能自行生產進口的產品，以減少外匯支出。政府為此實施經濟管制，選擇性地限制進口，以保護國內的新生工業。不過台灣的貿易赤字始終降不下來，到 1958 年仍然達到美金 6,800 萬元，可見進口替代的政策並不成功。

因而，美國建議台灣政府改變政策，從「進口替代」轉為「擴大出

口」，以創造外匯；又建議實施經濟自由化，改善民間的投資環境，以吸引國、內外的資本。台灣於是在 1960 年先後推出「十九點財經措施」及「獎勵投資條例」。政府又廢止多元的匯率制度，改為單一匯率制，固定在美金 1 元兌換新台幣 40 元，以利出口。1961 年至 1964 年之間，台灣實施第三次四年計畫，由尹仲容、李國鼎等人配合美國顧問依以上的政策共同規劃、推動。1963 年初，尹仲容不幸病逝，李國鼎和一批繼起的經濟技術官僚如孫運璿、王昭明等於是成為此後三十年台灣經濟發展的新推手。

六〇年代是台灣經濟真正開始起飛的年代。回溯 1951 至 1960 年間，台灣的 GDP 從美金 12 億增至 18 億，成長了 50％；不過人口成長也超過 40％，從 776 萬增加到 1,079 萬人，所以人均所得仍然維持在同一水平，大約在 160 美元附近。1961 至 1970 年間，台灣的 GDP 突飛猛進，增加了兩倍半，達到 57 億美元。同一期間人口成長雖然也增加為 1,500 萬，但人均所得已經漲到接近美金 400 元。出口成長更是神速，十年間出口金額從 2.2 億美元成長到 15.6 億；多年的貿易赤字也轉為出超。

出口和 GDP 大幅成長背後的原因是成功吸引外資。統計 1961 至 1970 年間，台灣引進外資共 5 億多美元；相對地，1951 至 1960 年只有 3,500 萬美元。1965 年，台灣政府引進香港自由貿易的觀念和作法，在高雄成立加工出口特區，以種種的優惠條件和豐沛的人力資源吸引外資進駐設廠，獲得極大的迴響。一年後，中國爆發文化大革命，政治及社會動盪不安，也促使香港和其他海外的華僑紛紛選擇到台灣投資。因而，華僑在台灣的外人投資中佔有極重要的地位。據統計，自國民黨撤退到台灣後的三十年中，華僑投資台灣總金額達到將近十億美元，高於美國人總投資 8 億美元，是日本人總投資金額的兩倍。

總之，美援雖然在 1965 年完全停止，台灣卻因經濟發展成功，已經能夠自立。

台獨運動

1960 年雷震案後，台獨運動有高漲的趨勢。除了海外，也有人在台灣島內組織活動，甚至有極少數人聲稱要武裝革命。但國民黨長期實施戒嚴，以白色恐怖打壓。1961 年起的兩年中，先後有雲林蘇東啟案，三百多人被捕；廖文毅的家族及支持者被捕事件，兩百多人入獄；花蓮施明德台灣獨立聯盟事件，一百八十人被捕。

蔣介石每次演講時都說要反攻大陸。當初大膽提出「反攻無望論」的雷震雖然還關在獄中，持同樣看法的人比比皆是，只是不敢說出口。1964 年，台大政治系主任彭明敏與兩名年輕的助手謝聰敏、魏廷朝共同撰寫〈台灣人民自救運動宣言〉，其中說「一中一台」已經是鐵一般的事實，「反攻大陸」不過是蔣介石用來延續政權的謊言；主張台灣人民推翻蔣介石政權，制訂真正民主的新憲法，並以新會員的身分加入聯合國。他們印製好一萬份宣言，預備寄出，結果尚未發出三人就通通被逮捕入獄。彭明敏不久因蔣經國有意拉攏而獲得特赦，但每日被特務跟監。

1965 年，海外台獨分子中最有名的廖文毅突然聲明放棄台獨運動，舉家從日本返回台灣。據說廖文毅是因為在台灣的親人遭到國民黨的嚴重威脅，家產有被沒收之虞，不得不同意與蔣經國合作。不過也有人指稱廖文毅生活奢侈，喜好享樂，募款又漸漸不順，「台灣共和國」因而四分五裂，實際上已經無法繼續下去。

但海外的台獨運動並沒有因此停止，反而持續擴大。1970 年，北美、日本和歐洲各地的台獨團體共同在美國成立「台獨聯盟」。這是台獨運動第一次的全球性組織，其中主要的人物有蔡同榮、張燦鍙、辜寬敏、陳唐山等。這些人全部畢業於台灣大學，都到美國留學，並取得博士學位，只有辜寬敏（日據時代皇民派的代表人物辜顯榮的兒子）因為家族的因素選擇在日本發展。彭明敏這時也偷渡出境，輾轉到了美國，加入台獨運動，並且在 1972 年擔任台獨聯盟的主席。台獨組織在美國漸漸獲得許多國會議員的支持，對台灣的國民黨政權造成極大的壓力。

蔣經國的接班之路

六○年代中，蔣經國的地位穩步上升。他在 1963 年的官職不過是行政院政務委員，但出訪美國時卻得到甘迺迪總統接見和特殊禮遇。回國後約一年多，蔣經國又升任為國防部長，權力從情治擴大到軍事。一般認為，在蔣中正安排兒子蔣經國接任的計畫中，最大的競爭對手是當年有「小委員長」之稱的陳誠。但陳誠不幸罹患肝癌於 1965 年病逝，因而再也沒有人擋在蔣經國接班之路的前面。

1966 年，蔣介石第四次當選為總統，嚴家淦被安排為副總統。嚴家淦也是促成台灣經濟起飛的一大功臣。他曾任財政部長，又繼陳誠擔任台灣省政府主席。當尹仲容、李國鼎、孫運璿等技術官僚努力建設經濟時，嚴家淦總能給予充分的支持，使他們能夠放手做事。1963 年，嚴家淦接替陳誠擔任行政院長。不過他並無政治野心，也可說是對政治局勢看得清楚，處處小心，避免被認為會對蔣經國造成威脅。因此，在蔣氏父子交班過程中，嚴家淦總是被安排為中間過渡人物，為蔣經國鋪路。

不過蔣經國對於宋美齡的「夫人派」勢力始終提防，時時在想辦法予以削弱。

剝蕉案

1969 年 3 月，台灣發生一件轟動全島的「剝蕉案」。高雄青果運銷合作社理事主席吳振瑞等人被控剝削種植香蕉的農民，貪污背信，又涉嫌賄賂政府官員。

吳振瑞從 1960 年起擔任合作社理事主席，在任期間改變原先完全由特定商人壟斷香蕉出口的辦法，分一半由生產者自組的青果合作社自行出口，即是所謂的「五五制」。吳振瑞又取得日商全力支持青果合作社。台灣香蕉出口價格隨即節節上升，沒有幾年蕉農所得就從原先的每籠（48 公斤裝）新台幣 55 元暴增到 200 元以上。台蕉出口也從原先的 2.5 萬公噸激增到 43 萬公噸，佔有日本九成的市場。香蕉出口總值達到 6,200 萬美元，約為當年台灣總出口金額的 9％。台灣被美稱為「香蕉王國」。蕉農對吳振瑞

無不感激，稱之為「蕉神」。

吳振瑞為了慶祝香蕉出口成功，在 1967 年社員代表大會上提議購買金碗、金杯三百多件，贈送有功人員。青果社又特別購買八件重達十五兩以上的金盤，分送黨政高官，包括嚴家淦、蔣經國、徐柏園等，還有吳振瑞自己。

不料樂極生悲，兩年後「剝蕉案」爆發，吳振瑞被捕入獄，最後被判二年半徒刑，另有將近二十人也都被判刑。吳振瑞被政府發動的新聞媒體攻擊，原本是「蕉神」，一下子被打為「蕉蟲」。案情發展到最高點，中央銀行總裁兼外貿會主委徐柏園被迫下台，理由是當年他曾經支持吳振瑞，必須為「督導不週，用人不當」負責。

吳振瑞究竟是蕉神還是蕉蟲？六萬戶蕉農們的看法和新聞媒體的批評完全兩樣。吳振瑞被起訴贈送金碗、金盤以行賄官員，事實上是經過青果社舉行大會公開討論決定，並不是私下餽贈，所以最後法院判定「賄賂罪」不成立，而另以「背信罪」將吳振瑞判刑。

不過一般認為，「剝蕉案」並不是經濟犯罪案，而是政治鬥爭事件。重點不在吳振瑞，而在徐柏園。蔣經國既要壓制「夫人派」，最直接的辦法就是拿宋美齡手下的第一大將徐柏園開刀。吳振瑞因而不幸成為政治鬥爭中的犧牲品。

剝蕉案後不久，蔣經國升任為行政院副院長，同時又集合所有財經首長成立一個「財經彙報」，自任主委，於是又掌握了財經大權。幾個月後，年已八十二歲的蔣介石因為意外車禍而受傷，又飽受驚嚇，從此健康和心智都開始走下坡。由於嚴家淦始終只是佔著一個虛位，所以蔣經國除了名義之外，已經成為台灣實質的領導人。

然而，剝蕉案的後遺症是台蕉對日貿易失去領導人，日本商人對於吳振瑞遭遇無理的打壓也極端不滿，決定對台灣政府採取報復行動。台蕉出口因而一落千丈，迅速被菲律賓和南美取代，七○年代後期的景況比六○年代初期還不如。台灣蕉農欲哭無淚，但也無可奈何。

台灣地方政治風貌及蔣經國的本土化政策

蔣經國的理念與他的父親其實有很大的不同。蔣介石一心一意只要反攻大陸，台灣只是暫居之地。大部分的國民黨官員及外省人也不免有過客心態。事實上，許多外省人不但歧視本省人，又刻意防範。本省人因而更加不滿。但蔣經國對此不以為然。據說蔣經國擔任國防部長時，有一次召集高階將領到日月潭開會。晚餐後，一群將軍在外面陽台上聊天，紛紛說如果把本省人晉升為高階將官，將會有如何如何的風險。蔣經國剛好也在一旁聽到，突然打斷眾人的議論，說：「各位，這是一個嚴肅的問題。如果我們不把本省人當作自己人看待，我們的麻煩就大了。」

蔣經國於是開始從黨務和地方選舉著手本土化。

如第7章所述，這時台灣只有一個國民黨，不准有人另外組黨，沒有參加國民黨的人被稱為「黨外」。有許多人加入國民黨後希望參選地方首長或議員，卻被摒除於提名的名單之外，憤而決定「違紀參選」。其中有部分原因自然是國民黨的中央和地方黨部有決定權的官員中有許多人貪汙腐敗，賣官鬻爵所致；不過持平地說，黨部無論怎樣決定，總是有人不甘心而違紀參選。但無論是黨外人士還是國民黨員違紀參選，縱使獲勝，國民黨也總是找機會抹黑、報復，或使其當選無效。

舉一個例。1960年在高雄縣有一位余登發擊敗國民黨候選人而當選，成為台灣第一個黨外出身的民選縣長。事實上，他已經三次參選縣長失敗，終於在第四次勝出。不過余登發執政三年後突然被政府下令停職，理由是涉嫌工程弊案。但高雄民眾普遍認為，余登發是因為拒絕配合國民黨施政，不肯撥公款給國民黨地方黨部辦活動，因而遭到報復。余登發此後不再競選，但他的兒子、媳婦、女兒、女婿繼起，沒有一次選舉缺席，「余家班」從此成為南台灣最有影響力的政治世家。

再舉一例。1968年全台灣舉行地方選舉。在桃園縣有楊梅、龍潭、中壢、大溪四個鄉鎮長都由黨外人士或國民黨員違紀參選而獲勝，但隨即都

被法院判決因涉嫌賄選而當選無效。但民眾普遍認為，國民黨員當選其他的鄉鎮長都沒事，黨外和違紀競選當選卻全部被拉下馬，說明國民黨根本輸不起。實際上，國民黨候選人花錢買票才是肆無忌憚。類似的案件層出不窮，因而法院在百姓的心目中形象也很差，許多人說「法院是國民黨開的」。

經過許多次選舉恩怨，黨外與國民黨對立越來越嚴重。國民黨內部分思想開明的人士深感不安，蔣經國也引以為憂，於是命令加緊在國民黨內培植本省籍的傑出青年。1969 年，蔣經國授意國民黨台灣省黨部主委李煥大幅改組國民黨各縣市地方黨部，將原本清一色外省人擔任的主委換成三分之一由本省人出任。李煥於是漸漸成為黨內開明派的代表人物。

蔣經國訪美遇刺

1970 年 4 月，蔣經國應邀訪問美國。當時尼克森的政策已經明顯地倒向中國，對台灣不利。美國政府也急於要向台灣當局說明今後的動向，要求配合，因而請蔣經國赴美。蔣經國在華府分別與尼克森、季辛吉及其他美國政府要員會談，備受禮遇，但心中明白已經無法改變美國的既定政策。

4 月 24 日，蔣經國轉往紐約，預備出席中午在廣場大飯店（Plaza Hotel）舉行的華人工商團體餐會，並發表演說。不料當他正要走進飯店大門時，突然有兩名刺客向他開槍，但沒有擊中。兩名刺客立即被安全人員制伏，後來經查是台灣赴美留學的高級知識分子，也都是台獨聯盟的成員。蔣經國驚險地逃過一劫後仍然鎮定地照原訂計畫登台發表演說，但對於剛剛幾乎被謀殺的事件卻隻字不提。這個槍擊案立刻成為美國電視和報紙的熱門新聞，使得蔣經國一夕知名。

蔣經國接著又飛到南越訪問，並與阮文紹總統見面。不過美國早已決定「越戰越南化」，蔣經國在南越所見所聞因而是一片混亂，使得他一方面為南越的未來擔憂，另一方面也為台灣暗自心驚。南越是一面鏡子，台灣如果不能自立自強，只是一味地想倚賴美國，將來必定是和南越一樣的下

場；而若想要自立自強，就必須獲得人民的支持，不能像南越政府一樣，被人民唾棄。不過台灣人民是否和政府站在一起呢？那卻是一個極大的問號。紐約遇刺就是明白的答案。

許多人推測，蔣經國就是在這時下定決心要更加速推動本土化和民主化，以爭取更多本省人認同政府。不過也正是在此時，突然有一個「釣魚台事件」發生，隨之出現一個「保釣運動」，對台灣的政治生態產生重大而深遠的影響。

保釣運動

所謂的「保釣運動」，就是保護釣魚台的運動。釣魚台是一個小島（日本人稱之為「魚釣島」），面積不到五平方公里，位在台灣與琉球之間，離台灣東北角約九十海里，離琉球南島南端約二百二十海里。釣魚台旁還有一些其他的小島，統稱為釣魚台群島（日本稱之為「尖閣列島」）。這些原本都只是荒島，無人聞問，但是在 1969 年 5 月，聯合國突然發布一項探測報告，說釣魚台群島周遭的海域可能儲藏豐富的石油和天然氣，從此風雨欲來。

回溯歷史，日本於 1879 年併吞琉球，改稱沖繩縣。清朝後來在 1895 年 4 月簽訂《馬關條約》，把台灣割讓給日本。不過在此之前三個月，日本內閣會議已經把釣魚台劃歸沖繩縣管轄。第二年，日本政府又將釣魚台租給一個古賀家族經營柴魚片和鳥羽工廠。島上最多曾經有兩百多人，但從 1940 年起又回復為無人的荒島。日本在二次大戰失敗後，無論是和美國等四十八國簽訂的《舊金山和約》，或是和台灣單獨簽訂的和約中，都同意放棄先前侵略所得之地，包括台灣、澎湖。至於沖繩等島嶼，日本同意由美國繼續託管，將來歸還。但兩個和約都沒有特別提到釣魚台群島。

1970 年 8 月，日本政府宣布釣魚台和周邊的海域都是其領土，歸沖繩縣管轄。當時沖繩其實仍由美國管理，但日本自認擁有主權。台灣政府立刻抗議，又派出水產試驗船到釣魚台上插國旗。日本也立刻派艦艇前往驅

逐台灣的船隻，將台灣的國旗拔掉。情勢從此開始緊張。11 月，美國普林斯頓大學的台灣留學生率先發起保釣運動，不數月蔚為風潮，在美國各大城市都有大批的台灣留學生舉行示威遊行。數百位有名的留美學者及學生代表聯合簽名上書，籲請台灣政府堅決反抗日本的侵略行為。

在台灣，有一份影響力極大的《大學雜誌》於 1971 年 4 月發表〈我們對釣魚台問題的看法〉，由此點燃了國內的保釣運動。兩個月後，美、日簽訂《沖繩返還協定》，台灣的學生和民眾情緒激憤，超過一萬人走上街頭示威遊行。

釣魚台群島的歸屬引發衝突後，台灣政府堅稱釣魚台群島及周邊原是中國的領土，被日本強行侵佔。日本政府及右派學者卻聲稱尖閣列島原本是無人之島，所以根據國際上「無主地先佔先得」的慣例，屬於日本，並非侵略所得，自然無須放棄。雙方各說一詞，對釣魚台的歷史也有不同的解讀，因而此後數十年仍在爭執中。

話說回來，保釣運動之所以發生，背後另有一個重大的原因是台灣將要被趕出聯合國，引起台灣留學生們對國家前途的憂心和關注。

台灣在聯合國的地位──回溯「葉公超案」

台灣是不是無論如何遲早都會被趕出聯合國？有人說其實不一定，台灣原本有機會和中國分別以不同會員的名稱加入聯合國，但台灣多次自己錯失這樣的機會，以至於在國際社會中被孤立。

回顧歷史，國民黨敗退到台灣後，蘇聯在每年的聯合國大會上必定請其附庸國提案，要求以中共取代台灣進入聯合國，並取代台灣成為安理會常任理事國。但美國總是提出「緩議」的方案，並取得足夠的會員國票數支持此一提議，如此一年拖過一年。不過趨勢很明顯，贊成「緩議」的國家越來越少，反對的國家一年比一年多。美國國務卿魯斯克認為美國不可能保證這樣的延緩策略永遠奏效，所以在 1961 年 3 月與當時台灣的駐美大使葉公超討論，建議台灣政府考慮「兩個中國」的方案，與中國分別以不同

的國名進入聯合國，又說英國也贊成此一方案。

　　葉公超於是搭機返國報告，並建議不要輕言退出聯合國。不料蔣介石斷然拒絕「兩個中國」，因為他的基本國策是反攻大陸，堅持「漢賊不兩立」，表示如果中共進入聯合國，「中華民國」只有退出，至於「以後如何應付，乃是我總統的責任了。」換句話說，台灣是否留在聯合國內，是他一個人的決定，不須和任何人商量。

　　聯合國在同年 10 月也發生一個「外蒙古入會案」的爭議。蘇聯提議讓外蒙古進入聯合國，並威脅美國如果反對就要報復，將否決美國支持的一些非洲國家入聯。蔣介石卻堅持要台灣駐聯合國代表行使否決權阻止外蒙古入聯。美國甘迺迪總統大怒，說美國要維護的是美國的利益，而不是台灣的利益。魯斯克聲稱不惜與台北停止往來。蔣介石被迫屈服，指示駐聯合國大使在投票時棄權，但遷怒葉公超，在投票前就將他召回，從此罷黜不用。

　　葉公超也曾長期擔任外交部長，又兼中、英文造詣典雅高深，才華橫溢，深受本國人及外國人尊敬，所以罷官後人人挽惜。不過葉公超得罪蔣介石不只是上述兩個案。當年蔣介石企圖修憲而第三度競選總統時，葉公超也曾委婉勸諫，使得蔣介石至為不快。蔣介石又收到一些報告，使他認為葉公超一貫地和洋人先套好，然後借外力來壓迫政府。他在日記裡稱葉公超為「吳逆第二」，也就是第二個吳國楨；日記裡又寫道：「文人之無德妄為，毫無國家觀念之可痛，而留美之文化買辦，反長於洋語者，無不以一等奴隸自居為得意，可悲極矣。」蔣介石內心中對於留洋人士的敵視心理，明白可見。

　　蔣介石有用毛筆寫日記的習慣，從 1915 年寫到 1972 年，寫了五十七年，中間只遺失了三年。這些日記現在存放於美國史丹佛大學胡佛研究所（Hoover Institution, Stanford University）裡，成為研究近現代史極重要的史料。也有人評論說，在上述的一段日記中，蔣介石所謂的「國家觀念」，究竟是如何定義？其實是令人困惑，具有爭議性的。

台灣退出聯合國

有關中國入會的提案後來還是年年在聯合國大會裡討論,並且贊成的國家越來越多,看來台灣總有一天還是會被趕出聯合國。美國於是提議此案必須有超過三分之二的票數才能通過,但實質上只是延緩被趕出的時間而已。台灣政府裡有部分有識之士因而為台灣的未來憂慮,但前車可鑒,所以進言的人說話也都必須小心謹慎。後來中國與蘇聯交惡,又爆發文革,小部分人士又大膽向蔣介石進言,說此時阻力較小,請求趁機在聯合國裡另起爐灶。部分美國的官員和國會議員也同樣建議。但蔣介石仍是堅持只有一個中國。據說毛澤東和周恩來對於蔣介石的態度十分欣喜。

季辛吉於 1971 年 7 月突然密訪中國後,蔣介石知道事態嚴重,開始鬆動,不再堅持。然而,這時已經太遲了。10 月 25 日,聯合國大會表決,把台灣驅逐出去。美國國務院這時在聯合國裡提案主張「雙重代表權」,並為台灣努力拉票,但提案被否決了。

三個月後,尼克森訪問中國大陸,與中國共同發表《上海公報》,其中有一段聲明:「美國認知(acknowledge)到,台灣海峽兩邊所有的中國人都認為只有一個中國,台灣是中國的一部分。美國對此一立場沒有異議,但重申其對由中國人自己和平解決台灣問題的關心。」有人指出,美國的認知也可說是蔣介石和毛澤東的共識。

又一個月後,蔣中正和嚴家淦分別當選為第五屆總統及副總統、並提名蔣經國接任為行政院長。不久後,蔣介石心臟病發,從此只能坐在輪椅上,或躺在床上。蔣經國已經不須再向父親請示什麼了。

《文星》、《大學雜誌》及法統問題

台灣退出聯合國的危機引發國民黨內保守派和開明派之間的激烈鬥爭,而爭論的焦點是《大學雜誌》。

　　《大學雜誌》創刊於 1968 年 1 月，創辦人是張俊宏和陳鼓應，當時年紀都只有三十出頭。張俊宏正是國民黨刻意要栽培的本省籍青年才俊的代表人物；陳鼓應是台大哲學系一位極受學生歡迎的外省籍副教授。

　　回顧 1960 年《自由中國》因為雷震事件而遭停刊，當時有另一份標榜「思想的、生活的、藝術的」《文星》雜誌已經創立三年，而仍然繼續發行，深受知識分子和學生歡迎。另有「文星書店」大量出版國內名家的著作，並翻譯外國的經典名著，跨越領域極廣，引領社會的讀書風氣和獨立思考的風潮。但《文星》後來轉而逐漸批評時政，碰觸到國民黨的敏感神經，因而在 1965 年遭到政府勒令停刊。文星書店也在 1968 年被迫關門。《大學雜誌》正好接替《文星》成為知識分子的精神糧食。

　　1970 年 10 月，蔣經國有鑑於國家面臨危難，指示召開國是會議，要求與會的青年暢所欲言，不須顧忌。一個自由開放的新風氣由此吹起，反轉過去懼怕壓制思想、言論的情況。在國民黨的鼓勵之下，許多少壯派的菁英知識分子，不分外省籍或本省籍，紛紛加入《大學雜誌》，其中的代表人物有陳少廷、楊國樞、許信良等。

　　《大學雜誌》對政府提出的批評和建議的範圍極廣，包括民主、自由、人權、法制、經濟等等，是廣受注目的言論廣場。1971 年 4 月，《大學雜誌》登高一呼，國內的保釣運動隨即應聲而起，是其影響力的充分展現。然而，台灣退出聯合國後社會普遍不安，知識分子更加關心國是，對政府的批評也越來越尖銳，漸漸碰觸到更深層而敏感的議題。其中最嚴重的，是公然挑戰國民黨的「法統」。

　　法統問題與當初蔣介石堅持反攻大陸實際上是連結在一起。1947 年在南京選出的國代和立委，經過二十幾年，縱然年邁體衰，只要還活著也仍是「萬年國代」和「萬年立委」。年已八十三歲的蔣介石也還在做「萬年總統」。

　　台灣人民當然不滿意只有地方選舉而沒有中央選舉，國民黨只好在 1969 年破天荒同意舉辦第一次增補選，但限制只選出極少數幾位新國代和新立委，對國會的生態幾乎沒有什麼影響。《大學雜誌》於是領頭發難，刊

登批判的文章，又舉辦大型座談會，還集結數百名大學教授聯合簽名，主張全面改選中央民代。

王昇整肅《大學雜誌》及台大哲學系事件

不過對於國民黨來說，如果失去法統，就失去統治的合法性。說得更直接，國民黨中有超過一千五百位國代和將近四百位立委，代表了強大的保守勢力，如果集結反撲，蔣經國恐怕也沒有把握保得住自己的位置。因而，李煥和國民黨內的開明派逐漸失勢；保守派開始佔上風，其代表人物王昇的權勢大增。「萬年國會」的任期也繼續延長，實際上是長達四十三年，一直到 1991 年才解散。

王昇開始整肅《大學雜誌》，迫使其中的核心成員離開。王昇又安排國民黨的黨報《中央日報》刊出一篇〈一個小市民的心聲〉的讀者投書，內容反對學生運動及過分標榜學術自由，強調以社會安定為要。陳鼓應及自由派分子起而反駁。社會各界這時議論紛紛，兩邊都有人支持。不料警備總部竟以「涉嫌叛亂，為匪宣傳」的罪名把陳鼓應逮捕入獄。陳鼓應不久後被釋放，卻被台大解聘。

王昇又認為陳鼓應任教的台大哲學系是思想混亂的根源，師生差不多已經完全被赤化，下令整頓台大哲學系。台大被迫於 1974 年解聘八名哲學系教師，並停止該年哲學系招收新生。這是台灣的大學校園裡從來沒有發生過的事。

黨外民主運動轉型及國民黨新世代的產生

《大學雜誌》及台大哲學系遭到整肅後，部分國民黨菁英分子極端失望，其中張俊宏、許信良等人決心脫黨，與各縣市的黨外勢力合流。各地的黨外勢力如高雄余家班，雲林的蘇東啟家族，台北的黃信介、康寧祥等當然表示歡迎。黨外於是開始有互相交流，互相支援，聯合作戰的趨勢，

並帶動許多年輕一代的選民和學生投入。黨外民主運動自此開始轉型。

國民黨內保守勢力抬頭，開明派被打壓或出走，也為另外一批國民黨的青年才俊創造機會。當初保釣運動開始後，台灣的海外留學生大致分成兩派，右派支持國民黨，左派支持中共，雙方激烈互鬥。中國取代台灣進入聯合國後，左派聲勢大漲。國民黨於是組織一個「全美中國同學反共愛國聯盟」（簡稱「愛盟」），號召右派留學生對抗左派勢力。

參加「愛盟」的核心成員中有關中、張京育、馬英九、趙少康、李慶華、郁慕明等，大部分是外省子弟。這些成員在七〇年代逐漸都回到台灣，成為國民黨內年輕一代新起之秀，在後來又大多成為國民黨內的中堅分子。

蔣介石去世

1975年4月5日，蔣介石病逝。當天是清明節，台北市整日罕見地大雨傾盆而下，天空一片漆黑，是前所未有的景象。許多市民猜測是不是有什麼大事發生？

事實上，蔣經國的地位早已穩固，父親去世對他並沒有什麼影響。表面上副總統嚴家淦依法繼任為總統，但國民黨臨時中常會一致推舉蔣經國為主席，這才是真正的權力中心。

但蔣經國早已明白，台灣既是被國際社會孤立，內部又有越來越大的反對聲音，光靠威權統治只能壓制一時，不可能永遠，所以必須徹底改變作法。一方面，台灣必須繼續在政治上鬆綁，加速本土化；另一方面，必須在經濟上加速發展，使人民富裕。兩者的目的都是為了讓更多的人民認同政府。

七〇年代的台灣經濟建設

台灣在六〇年代經濟起飛，1965年及1969年又陸續推動第四期及第五

期四年經建計畫,但蔣經國並不以此為滿足。1973 年 11 月,蔣經國宣布要進行「十大建設」計畫,預計在五年內花美金 50 億元,從事六項基礎交通建設(南北高速公路、鐵路電氣化、北迴鐵路、中正機場、台中港和蘇澳港),一項基礎能源建設(核能發電廠),以及三項重化工業投資(大造船廠、大煉鋼廠、石化工業)。過去二十幾年中,台灣每年國防經費佔政府總支出的一半以上,投資基礎公共建設很少。台灣如果要進一步發展經濟,減少倚賴低附加價值的輕工業,勢必要去除這些瓶頸。

當時有部分財經官員對進行十大建設極為不安。由於 10 月才剛剛發生石油危機,全球的經濟大衰退。台灣出口依存度又超過 50%,特別脆弱。台灣雖然年年有貿易順差,外匯存底不過區區美金 10 億元,但十大建設要花掉的錢是外匯存底的五倍。蔣經國要建立一個「大有為的政府」,大刀闊斧地做事,卻不肯大幅地增稅,又堅持民生必需品不可隨油價而隨便漲價。那麼台灣拿什麼錢來進行十大建設呢?

但蔣經國已經下定決心,說:「我們今天不做,明天就會後悔。」政府官員只得全力配合。十大建設的經費最後有 40% 來自國外貸款,60% 來自發行國內公債。台灣政府債信良好,民間儲蓄充裕,是籌款成功的兩大原因。

十大建設完成後,為台灣的經濟升級奠定基礎,光從兩個數字就可以看見。第一,人均 GDP 從 1971 年的 447 美元增加到 1981 年的 2,730 美元,整整增加了五倍。第二,外匯存底在十大建設進行中持平,完成後開始三級跳,於 1980、81、82 年分別達到 22 億、72 億及 85 億美元,後來增加更是迅猛。

產業方面,石化及鋼鐵工業發展也極為成功。石化業從上游的輕油裂解廠,中游的中間石化產品,到下游的人造纖維、塑膠、橡膠等製品,完全整合,逐漸具有國際競爭力,在日本後面追趕。大煉鋼廠(中國鋼鐵公司)於 1977 年第一期建廠完工後,年產能一百五十萬噸粗鋼,也帶動了機械業及相關的下游加工業。此後中鋼又逐步增加產能,四年後達到兩倍,十年後增加到四倍。

第 13 章
朴正熙威權統治下的南韓——兼述北韓

　　本章敘述六〇年代及七〇年代前半期的南北韓。這段期間南韓是在朴正熙的威權統治之下，北韓的金日成則藉由一連串的政治鬥爭剷除內部的敵人，逐漸鞏固其個人和家族的獨裁統治。南韓經濟發展迅猛，北韓經濟卻逐漸遲緩。以下先從南韓的經濟發展說起。

六〇年代南韓的經濟發展

　　韓戰後，南韓國家殘破，李承晚執政期間政治又動亂不堪，因而經濟發展遲滯。朴正熙於 1961 年取得政權後下令著手規劃第一個五年計畫（1962-1966，簡稱「一五」），經濟發展成為新政府施政的重要目標。「一五」計畫和台灣、新加坡、馬來西亞、菲律賓等國的經濟計畫一樣，都是根據美國麻省理工學院學者羅斯托等人所提出的「經濟起飛」理論，由美國政府援助，世界銀行和國際開發總署負責協助推動的長期經濟發展計畫，目標是協助各國達到經濟自立。

　　南韓起步其實比亞洲其他國家已經晚了。例如台灣在同一時間是執行第

三期四年計畫,馬來西亞是執行第二期五年計畫。北韓也接受蘇聯援助,完成了一項三年計畫及另一項五年計畫,成果非凡,自我標榜是像「千里馬」一樣飛快成長。南韓不能不急起直追。朴正熙於是指定副總理金裕澤兼任經濟企劃院長官,率領一批專業的技術官僚,在美國顧問協助之下,負責規劃所有財經相關的政策。

一五的主要目標是希望在維持既有的纖維產業同時,重點發展化肥、煉油、水泥等基礎工業。事實上,一五在初期進行相當不順利。由於資金不夠,不但工業建設進度緩慢,農業生產也低落,糧食不足,物價飛漲。不過南韓後來獲得日本和美國大筆資金注入,在後期加速趕上,使得整個計畫的成績超過預定目標。南韓繼續在 1967 至 1971 年之間推動「二五」計畫。

經過一五及二五,南韓的人均所得大幅成長,從原先 1961 年的區區 83 美元增加到 1971 年的 291 美元。這雖然只有台灣水平的六成,日本的四分之一,但在社會極度的動盪不安之後,已經是了不起的成就。同時,南韓的產業結構發生重大改變,包括化學、鋼鐵、機械在內的重化工業所佔的產值佔 GNP 的比重從原先的 18 % 增加為 32 %。出口更是在十年中從原先不過 5,000 萬美元成長到 13 億美元,增加二十幾倍。

然而,由於南韓的發展偏重於重化工業,導致進口比出口成長更快,貿易赤字也大幅增加,在後期每年赤字達到 10 億美元。外匯不足因而一直是南韓的困境。相對地,台灣的策略是擴大出口,所以很快就獲得貿易順超,開始累積外匯。兩者有很大的差別。

朴正熙的治國理念

1962 年 2 月,朴正熙出版了一本《我們國家的道路──社會重建的理念》,其中反省韓國過去的失敗歷史。他認為,一直以來韓國的政黨爭權奪利,政治腐敗,最主要的原因是照搬外來的民主政治。韓國所要實施的民主,「不是放縱的自由,而是以自律的自由引入指導性的民主。」在麵包與

選舉權之間,他寧願選擇前者。他說:「選舉權對於忍飢挨餓的人們來說,毫無意義。」並呼籲國人共同努力經濟建設,以期脫離長期的貧困。

然而,南韓許多百姓及學生拒絕接受他的理念,對朴正熙本人也不認同。朴正熙於是採取種種高壓或收買的手段,以求鞏固自己的權力。全國各地學生們激烈反抗,大多遭到鎮壓。朴正熙也害怕屬下學他一樣,密謀發動政變,所以十分小心防範。他的姪女婿兼左右手金鍾泌主持 KCIA,雖說主要是對付共產黨,其實也監視任何對新政權的潛在威脅。KCIA 的權勢超越任何部門,是百姓和學生最痛恨、最害怕的政府機關。

1963 年 2 月,一群陸軍士校第十一期畢業的青年軍官,以全斗煥、盧泰愚等五位將官為首,組成一個「五星會」,受到朴正熙的關愛與支持。五星會的會員幾乎全部出身嶺南(在慶尚北道及南道,大致為韓國歷史上三國時代新羅國的國境),與朴正熙有同校、同袍、同鄉的多重關係。「五星會」後來改名為「一心會」,標榜是要為了「太陽」(即是朴正熙),為了祖國而團結一心。一心會每年在陸軍士校畢業生中吸收 5% 的精英加入,也幾乎都是出身嶺南。

南韓大選

朴正熙痛恨外來的民主政治,當初政變後卻迫於美國的壓力,不得不承諾將來要還政於民,也就是必須經由大選產生國家的領導人。因而,他指示金鍾泌組織成立一個新政黨,以他的軍中同袍和盟友為核心,稱為「民主共和黨」(簡稱「共和黨」)。1963 年 10 月,朴正熙脫下軍裝,轉為預備役,由共和黨正式提名參加大選。主要的反對黨一致推出尹潽善為候選人,另外也有三人參選。

這次選舉非常激烈,在 1,100 萬張選票中,朴正熙僅以大約 15 萬票的差距領先尹潽善而獲勝,當選為韓國第五任大統領。尹潽善所屬的民政黨聲稱共和黨賄選舞弊,操縱選舉,向法院提出選舉無效的要求,但已無法改變事實。

　　大統領選舉之後一個月，南韓舉行國會議員選舉，結果共和黨在 170 個總席位中贏得 110 席，取得絕對的控制權。李承晚執政時，政府不斷地在選舉中賄選舞弊，朴正熙時代也是一樣。

　　朴正熙雖然是大統領，治國卻不能大公無私。他的地域觀念濃厚，尤其飽受批評。除了上述的一心會以外，朴正熙特別拉攏、提拔同鄉，所以執政黨裡的高幹、政府裡的高官、軍隊裡的將校以上軍官，以及民間的大企業家，大部分都出身嶺南，尤以出身大邱的人最受關愛，被稱為「TK 軍團」（大邱軍團）。相對地，出身湖南（全羅北道及南道，大致為三國時代百濟國的國境）的人卻備受歧視，無論如何努力也無法獲得拔擢，經商也得不到公平的機會。湖南的百姓和學生因而對朴正熙政權的抗爭特別激烈。韓國歷史上百濟和新羅之間在第七世紀之前曾經敵對數百年，最後由唐朝武則天出兵幫新羅滅了百濟，但雙方的仇恨到此時似乎還無法化解。

　　一般認為，朴正熙採取地域歧視政策而加深的族群分裂，是他在執政期間造成的最大錯誤。

韓日建交

　　朴正熙要推動「一五」經建計畫時，自知缺乏資金，因而派金鐘泌到東京，與日本外相大平正芳討論無償支援及貸款。日本也有意與南韓修好，回復邦交。雙方於是在 1963 年 11 月秘密簽訂《金─大平協定》。但民政黨獲悉後強烈反對，指責簽約是賣國行為及屈辱外交。民眾群起響應，抗爭風潮大起。韓日建交因而延擱。

　　但美國在越戰中越陷越深，財務壓力沈重，因而明白表示希望日本挺身而出，協助亞洲國家重建經濟。1964 年 1 月，美國國務卿魯斯克訪問漢城，鼓勵韓國和日本建交。日本前首相吉田茂受現任池田首相的委託，也訪問台北，直接與蔣介石會談，同意借款一億五千萬美元給台灣。

　　朴正熙羨慕台灣順利獲得日本貸款，在國會和民間都沒有什麼反對的聲音，而他在韓國卻面臨強烈的抵制。當時也有部分溫和派的在野黨人士，

例如民主黨的金大中，主張「有條件的反對」而不是盲目地反對，認為經由與日本建交可以學習活用日本的經濟發展，更符合國家的利益。在野黨強硬派的人士大怒，稱金大中是被執政黨收買的走狗。尹潽善號召數萬人靜坐示威，遭到政府派軍警強力驅散。

《韓日基本條約》最終於 6 月在東京正式簽訂。其中主要的條款是雙方恢復邦交，廢除原有的不平等條約，日本承認南韓政府是「朝鮮半島上唯一的合法政府」。日本又同意給予南韓無償經濟援助三億美元、貸款二億美元，以及民間商業貸款三億美元，但兩國間的戰爭賠償問題從此一筆勾銷。

金大中說，他知道賠款金額是三億美金後，既羞愧又憤怒，因為這不過是先前李承晚和張勉政府向日本要求金額的十分之一，而竟然為此區區之數把日本在朝鮮半島殖民三十五年的掠奪歷史一筆勾銷。條約簽訂後，漢城爆發更大的示威活動，輿論稱此一條約為「第二個《乙巳條約》」，朴正熙和金鐘泌為「第二個李完用」。《乙巳條約》是日本在 1905 年逼朝鮮簽訂的不平等條約，李完用是 1910 年在《日韓合併條約》上簽字的朝鮮總理。

韓日建交後，還有一個有關「獨島」（日本稱為「竹島」）的領土問題沒有解決。獨島位於南韓東方海域的鬱陵島和日本北方海域的隱岐島之間，包括兩個主島和三十幾個小島在內，總面積大約只有 0.2 平方公里，都是無人的荒島。不過由於附近海域漁產豐富，兩國漁民爭相前往捕魚，常有糾紛發生。韓國政府和學者堅稱，獨島遠從三國時代起就是所謂「于山島」的一部分，在《三國史記》裡已有記載，屬於新羅國，是韓國的固有領土，不容爭辯。但日本方面說，竹島原本是無主之島，日本於 1905 年將其劃歸島根縣，並非侵略朝鮮所得，所以在 1945 年日本戰敗後也不須歸還任何國家。兩國各執一詞，最後只能暫時擱置。因而，「獨島／竹島」的爭執和台灣與日本之間有關「釣魚台群島／尖閣列島」的爭執一樣，始終無法解決。

南韓出兵越南

南韓派兵到越南參戰，醞釀於 1961 年 11 月。當時朴正熙首次訪問華盛頓，甘迺迪總統說南韓既是以反共為國策，不如考慮也協助南越對抗共產主義。朴正熙於是開始提供南越物資，派軍醫團前往設置流動醫院，又派跆拳道教官去教美軍和南越兵士。到了 1965 年初，韓國已有一千八百名工兵、運輸兵在南越。詹森總統升高越戰後，朴正熙又應邀派出地面戰鬥部隊，約一萬九千人在峴港登陸。此後三年間又陸續增兵，人數最多時達到四萬八千人。南韓是美國以外出兵越南最多的國家。

在野黨當然一致反對，但美國威脅說如果韓國拒絕派兵，將抽調部分的駐韓美軍到越南；如此北韓可能又再蠢動，必將影響南韓安定。美國又對朴正熙誘之以利，同意支付南韓出兵的所有費用，提供現代化的武器裝備，又提供鉅額貸款給南韓。從 1965 年起的十年間，美國提供南韓的資金，估計平均每年達到一億美金。美國原本每年提供約一億美元援助台灣，這時停止，正好轉給南韓。

南韓派到南越的海軍陸戰隊稱為「青龍」部隊，步兵稱為「猛虎師」、「白馬師」等，都比美軍奮力作戰，比起怯戰的南越政府軍更不用說了，因而名聲響亮，連越共也畏懼。許多西方國家原本看不起南韓，這時開始刮目相看。

總之。朴正熙之所以決定對日建交，又派傭傭兵到越南，而無視於在野黨和國人一片咒罵聲，其實著眼點是為了從日本和美國取得鉅額的賠償金、補助款和貸款。前面提到南韓「一五」經建計畫原本進度大幅落後，這時資金到手，才得以加速趕進度，最終提前達成目標。南韓由於貿易始終有巨大的逆差，如不是美國和日本的資金，接下去的「二五」計畫也是無法推動。

朴正熙三選改憲

南韓的在野黨始終是意見分歧，並且分分合合。1965 年 6 月起的一年半中，民政黨和民主黨先合併，又分裂，然後再度合併而成立一個「新民

黨」；不過黨內各派系仍是你爭我奪，互不相讓，實際上仍處於分裂的狀態。朴正熙因而輕易地再次擊敗新民黨的大統領候選人尹潽善，於一九六七年二月當選為南韓第六任大統領。

　　在國會議員選舉方面，執政黨也大勝，從原先的 110 席增加為 129 席，超過總席次的三分之二。事實上，執政黨這次用盡全力操縱選舉，目標正是為了要奪得三分之二以上的席次，如此才能在國會中依法修憲，讓朴正熙第三次競選大統領。

　　回顧 1960 年 3 月，南韓和台灣同時舉行大選，李承晚和蔣介石分別參選，結果李承晚因四一九學生革命而黯然下台，蔣介石卻只須壓制雷震和《自由中國》就達成目的。對朴正熙而言，李承晚的失敗是一種警惕，蔣介石的成功卻是一種鼓勵。因而，1968 年起「三選改憲」就成為南韓朝野攻防的最重要議題。新民黨宣稱誓死抵抗，成立鬥爭委員會，在全國各地集會，演講造勢，每次少則數萬人，多到數十萬人，萬人空巷。

　　不過出人意料的是，朴正熙的長期左右手金鐘泌也反對修憲，辭去議長，避居國外。一般認為，朴正熙三選連任，金鐘泌就沒有機會更上層樓，所以反對修憲。

　　由於尹潽善兩次參選都失敗，新民黨內有人提出「四十多歲的旗手論」，要求世代交替，因而形成金泳三（1927-2015，出身慶尚南道）和金大中（1924-2009，出身全羅南道）兩人之間的競爭。最後，金大中以極小的票數差距獲選為新民黨大統領候選人。「兩金」之間的競爭從此上演，長達數十年，越演越烈。

　　金大中以善於演講出名，在競選期間吸引無數的選民，其中一場在漢城獎忠壇公園，聽眾竟超過一百萬人。但 1971 年 4 月投票結果，朴正熙仍是以 100 萬票之差擊敗金大中，當選為南韓第七任大統領。一個月後，共和黨在國會議員選舉中獲得的席次又掉回總席次的三分之二以下，但已無法改變朴正熙可以無限制連任大統領的事實。在競選過程中，許多人聲稱這次選舉是「全羅道和慶尚道的戰爭」，又加深這兩個地區人民間的仇恨。

維新體制

1972 年 10 月，朴正熙在三度當選大統領約一年半後突然發布非常戒嚴令，下令解散國會，禁止一切政治活動。又一個月後，政府推出一套新的《維新憲法》，提交國民投票公決。結果獲得 90％的選票而通過。在野黨再次宣稱執政黨在選舉中舞弊，但同樣無用。

根據《維新憲法》，大統領從此不再由人民直選，而是由「統一主體國民會議」的二千五百名議員選出。這些議員六年一任，其中有三分之一由大統領提名推薦，其餘三分之二由選舉產生。到了 12 月，朴正熙被新成立的統一主體國民會議議員選舉為第八任大統領。

直接地說，朴正熙推動「維新體制」的主要目的在於擺脫他所厭惡的西方民主制度的束縛。這一套「維新體制」很可能是向蔣介石借鏡的。如上一章所述，蔣介石請一千五百名「萬年國代」每六年集會一次，照劇本演出，間接選舉蔣介石為「萬年總統」。但朴正熙為什麼不等到第三次大統領任期結束，而急著要實施維新體制？最主要的原因，是當時國際形勢已經發生巨變，使得他的危機感加深。

朴正熙當初發動政變後，第一時間就公布《反共法》，所以反共是他的基本國策，也是政權的基石。然而，尼克森當選美國總統以後的一連串舉動，包括越戰越南化、季辛吉密訪中國、台灣被迫退出聯合國、尼克森會見毛澤東，等等，明白顯示美國長期的反共盟友南越和台灣都已經被無情地拋棄。日本首相田中角榮也在 1972 年 9 月訪問中國，搶先宣布與中國建交，拋棄台灣。朴正熙不能不聯想，南韓是不是也將會被拋棄？

南北會談

美國其實早已地在調整對朝鮮半島的政策。1970 年 7 月，美國通知將撤出部分駐韓美軍，並且在九個月內就完成撤離一個師團。南韓眼看即將

逐漸失去保護傘，人心開始浮動。美國又對南韓施壓，要求與北韓對話，討論和平統一。朴正熙不得不指示透過紅十字會與北韓展開秘密會談，但心中警惕，生怕步入南越的後塵。原本金鐘泌在三選改憲時與朴正熙分道揚鑣，這時也不得不接受他的勸說，以大局為重，回國擔任總理。

北韓與日本的關係也在變化。受到美國和中國的催促，日本也和北韓開始交流。1971年11月，日本跨黨派國會議員共二百四十人以促進「日朝友好」為名，組成聯盟，接著派代表團到平壤訪問，簽訂促進貿易協議。日本首相佐藤榮作公開宣稱，有關「韓國條款」，可以變通解釋。田中角榮繼任後，竟背棄當初簽訂《韓日基本條約》時的承諾，開始否定「南韓是朝鮮半島唯一的合法政府」。

南、北韓經過多次秘密會談，突然在1972年7月同步公開發布《南北統一共同宣言》，雙方都同意在沒有外力干涉的情形下，以和平的方法追求祖國統一。這個聲明震驚南韓所有的人。朴正熙宣布非常戒嚴，正是在這時候。隨著外在的局勢日益嚴峻，他的結論是必須加強對內的控制才能確保國家安全，所以迫不及待地要推動維新體制，不理西方民主那一套。

美國其實也部分同意朴正熙的看法，季辛吉曾經在美國國會中報告說：「在韓國，首要的問題是安全，其次才是民主。」

1973年6月，金日成又單獨提出一個統一方案，建議南北組成聯邦，以聯邦共和國的名義一起進入聯合國。朴正熙立刻發表《六二三宣言》，說不反對最終尋求和平統一，但提議南北韓先行分別加入聯合國，並且要對蘇聯和中共開放門戶。朴正熙已經覺悟，南韓要走的路，是砍斷和北韓之間的糾葛，各自追求獨立，並與背後支持北韓的兩個大國建立直接關係。金日成大怒，談判不久就中斷了。

金大中綁架事件

維新體制發布後，南韓國內的反對運動都被迫停止。許多政治人物只好流亡海外，金大中也到國外去尋求各國支持其發展反對運動。但南韓政府

對此也不能容忍，因而有「金大中綁架事件」。

1973 年 8 月某日，金大中下榻於東京的一家酒店中，突然遭到六名壯漢公然綁架，隨即失蹤。日本電視台立刻報導消息，日本和美國政府大驚，立刻動員展開營救行動。美國懷疑事件是 KCIA 所為，但沒有證據。金大中被繩索捆綁，由一艘船運回韓國，躺在船艙裡，原以為必死無疑，卻在六天後回到國內，突然被釋放，自行回到漢城的家中。

日本及美國情報單位合作調查的最後結果顯示，整個綁架事件果然是由 KCIA 主導，由部長李厚洛親自下令進行，甚至朴正熙也有可能牽涉其中。如果不是美國訓令駐韓大使在事件發生後對南韓政府提出嚴重警告，金大中可能在被綁架後就遭到殺害。日本政府大怒，朴正熙不得不派總理金鐘泌攜帶他的親筆信到東京，向田中首相鄭重道歉，後來又下令將李厚洛免職，整個事件才落幕。

事實上，KCIA 在海外綁架反對分子的惡行由來已久。從 1966 年起，旅居德國、法國各地的南韓留學生或僑民被綁架失蹤的事件屢屢發生。後來 KCIA 發布公告，人民才知道這些人原來都是因為有親共的嫌疑而被綁架回國。1967 年底，漢城法院根據 KCIA 的指控，分別將三十四名被綁架回國的人判處死刑、無期徒刑、或十年以上有期徒刑，引起人民的恐懼和歐洲各國強烈的抗議。

維新體制下的南韓動亂

金大中綁架事件使得朴正熙政權顏面盡失，威信掃地。反對黨、宗教界人士和數十所大學的學生群情激憤，發動示威遊行。反對黨發起一項百萬人簽名運動，呼籲修改憲法，回復民主法治。但朴正熙斷然引用《維新憲法》，命令逮捕為首的數十人，交付軍法審判。

各大學的學生被激怒，有人開始煽動展開共產暴力革命。朴正熙更怒，下令逮捕更多學生。KCIA 對「陰謀叛亂」的學生進行秘密審訊，嚴刑拷打，致使部分學生傷殘，甚至慘死，學生更加激憤。如此這般，南韓遂陷

入政府與人民之間嚴重對立的惡性循環。

1974年8月，在漢城發生一起悲劇。朴正熙與夫人陸英修一同參加在獎忠洞國立劇場舉行的光復週年紀念儀式。一名在日本出生長大的韓國僑民文世光突然從觀眾席中竄出，開槍行刺朴正熙。結果朴正熙幸而無恙，夫人卻中彈身亡。南韓政府認定文世光是被北韓在日本成立的一個左派組織吸收、指使而犯案，金日成卻公開否認。

朴正熙雖然逃過一劫，對夫人之死卻哀痛至極，也因此對他認定是親共的學生運動更加不能容忍，同時下令嚴厲整肅部分同情學生的新聞媒體。政府與媒體衝突中最具代表性的，是1974年底發生的一起「《東亞日報》白紙廣告」事件。

《東亞日報》一向標榜言論自由，大幅報導學生示威遊行消息。KCIA屢勸不聽，於是命令所有大型企業不准在《東亞日報》上刊登商業廣告，企圖逼其就範。《東亞日報》無奈，只好繼續出刊，但在原先的廣告欄上完全空白。不料民眾看見後，如潮水一般紛紛掏錢向《東亞日報》購買廣告欄位。不過《東亞日報》在政府持續施壓之下，最後妥協而接受KCIA的指示，解雇十幾名「有問題」的記者。《東亞日報》和其他報刊的記者於是集體靜坐抗議，其中有一百名以上的記者後來被迫離職，最後大多投入反對運動。

《維新憲法》第二次公投及持續的民主運動

「白紙廣告事件」後，朴正熙為了要消除各種反對的聲音，表示將再舉行一次國民公投，以決定是否繼續實行《維新憲法》。新民黨堅決反對公民投票，但朴正熙下令如期在1975年2月舉行，並獲得超過73％的選票支持。當時北越軍已經南下，南越離滅亡不遠，朴正熙藉機提出警告，獲得多數重視安定的國民認同。不過反對黨再一次宣稱執政黨在選舉中作弊。

公投過後，朴正熙依照原先的承諾，下令釋放兩年多以來被捕的許多反對人士及學生。但這些人出獄後大多又向政府發動激烈抗爭，又被逮捕。

情報顯示，更大規模的反政府運動正在醞釀中。同時，軍方又吃驚地發現北韓挖掘的大規模地道，懷疑是要仿效越共利用胡志明小徑南侵的手法。到了 4 月底，西貢終於淪陷。朴正熙心驚膽顫，發布第九號大統領緊急措施，完全禁止學生集會、示威遊行或其他政治活動；如有任何反對、誹謗或提出廢除《維新憲法》的言論者，一律逕行逮捕。

在一片肅殺的氣氛中，反對人士只得暫時停止活動，但忍耐不到一年，又決心不計代價挑戰政府。1976 年 3 月 1 日，以金大中、尹潽善為首的七百多名反對人士選擇在韓國三一獨立運動紀念日聚集於漢城的明洞教堂中，宣讀《民主救國宣言》，聲稱：「我們的國家因一人大權獨攬而使得人權受到蹂躪，自由慘遭剝奪。」要求民主，追求民族統一。朴正熙下令逮捕所有參加活動的人入獄，審判定罪。其中金大中被判五年徒刑，尹潽善在被逮捕後不久被釋放，金泳三卻從一開始就沒有參加明洞教堂的聚會。新民黨的三位領導人與朴正熙政權之間的距離有明顯的差異，由此可見。

七〇年代南韓的經濟發展

朴正熙在加強對內部控制時，也加速經濟的發展。1972 至 1976 年之間，南韓推動「三五」計畫。1973 年 1 月，朴正熙發表《重化工業宣言》，明白表示要以十年的時間發展政府所選定的六大產業，分別是鋼鐵、有色金屬、造船、機械、電子及化工。

在當時所有的建設中，最令韓國人引以為傲的是浦項鋼鐵廠。1968年，朴正熙下令在故鄉慶尚北道興建鋼鐵廠，指派朴泰俊為總裁。朴泰俊曾經參與朴正熙發動政變成功，也擔任過朴正熙的重要幕僚，參與重要財經決策，是朴正熙的心腹愛將。

當時美國和世界銀行都不看好韓國發展鋼鐵工業，拒絕貸款。朴正熙只好從日本獲得的賠款裡撥一部分給浦項鋼鐵廠，並轉向日本引進技術。1970 年 4 月起，浦項鋼鐵廠開始在海邊建廠，朴泰俊每日戴著安全帽指揮部屬從進行填海工程做起，備極辛勞，但鬥志昂揚。浦項鋼鐵廠完成第一

期年產 260 萬噸後,又大幅擴充,於 1978 年達到第二期年產能 550 萬噸,是同時期台灣中鋼規模的兩倍。浦項生產的鋼材品質優良,成本低廉,具有國際競爭力,後來又不斷地擴充。可以這麼說,如果沒有浦項鋼鐵廠的成功,南韓就不可能在後來發展出排名世界第一的造船業和排名世界第四的汽車工業。

「三五」期間,南韓雖然也受到中東石油危機的打擊,每年 GNP 成長平均仍能維持在 10％以上。「三五」於 1976 年結束時,南韓的人均 GNP 所得已經達到 790 美元,是「三五」實施前的兩倍半,雖然仍低於台灣,但差距縮小到只有 30％;與日本相比,差距也從四倍縮減到剩下三倍。

南韓經濟發展雖然成功耀眼,貧富不均卻越來越惡化。據統計,在七○年代後半南韓上層 20％人均所得是下層 20％人均所得的八倍以上。相對地,台灣同樣的比例大約是四到五倍之間,遠低於南韓。日本引入資本主義雖然比韓國早了很多,但貧富不均情況沒有南韓那樣嚴重,同樣的比例只在六到七倍之間。

財閥坐大

造成南韓貧富不均的主要原因,是超級財閥坐大。

比起日本的財閥(稱為 Zaibatzu),南韓的財閥(稱為 Chaebol)壟斷更加嚴重。有學者研究指出,南韓的大企業有七成是在李承晚時代成立,但在朴正熙時代坐大。朴正熙掌權初期,全國前五大企業的總產出佔 GDP 的百分比還很低。朴正熙推動重化工業初期(1974 年),這個比例也不過是 11.6％,但在 1979 年,也就是朴正熙執政的最後一年,前五大企業(大宇、現代、三星、SK、LG)的總產出已經達到 GDP 的 24.6％。

財閥一旦壯大,不可復制,又過四年(1983 年),五家大企業總產出竟超出南韓 GDP 的一半,達到 52.4％。同一年,台灣前五大企業只佔 GDP 的 10.3％,對比至為鮮明。

南韓財閥大部分是由家族掌控。例如,大宇集團是由金宇中家族掌控,

現代集團是由鄭周永家族掌控，三星集團是由李秉喆家族掌控。南韓家族企業之所以能迅速成長為超級財閥，主要是倚賴和執政者之間建立綿密的政商關係，獲得壟斷產業的特權，以及政府提供長期低利率的資金。這些資金在初期是由政府對外國舉債，後來企業壯大之後，就自行從國外借款了。政府與大企業背負雙重鉅額外債，並且年年貿易赤字，金融因而無法穩定。

朴正熙歷次的五年計畫中，並不是沒有把農業列入。政府也希望藉興修水利，改善農業基本建設，以增加農作物產量。但在他執政期間，重化工業永遠是發展的重點，成果總是超過原先的規劃目標；而農業得不到執政者真正的關愛，發展總是長期落後，所以農民收入永遠落後於城市居民。

全泰壹自焚事件

城市裡的底層工人生活其實也好不到哪裡去。財閥佔盡優勢，但大多只把員工當成賺錢的工具。中、小企業經營困難，為了要生存，工廠只能因陋就簡，並節省支出。但每天仍有許多中、小企業倒閉，解散員工，有時還欠下員工數月薪資無法償還。更有一些企業主尚未到達山窮水盡的地步就無預警地把工廠關掉。

當時有一個在漢城的製衣廠工作的年輕工人全泰壹，眼見自己和同事每天日以繼夜地工作，把青春都奉獻在工廠裡，卻無法獲得溫飽。工人如果受傷，或是生病、懷孕，不但得不到企業主的體恤，往往還被迫離職。國家並不是沒有《勞動基準法》，但只是一紙空文。全泰壹向政府提出訴願，也向媒體求助，卻沒有任何結果。1970 年 11 月 13 日，全泰壹在一次參加示威行動中，手持自己珍視的勞動法規，在自己身上澆上汽油，自焚而死，死時年僅二十二歲。

全泰壹之死震撼了南韓，也是南韓工人運動發展的分水嶺。他在遺留的日記和手稿中說他讀書只有短短幾年，沒有什麼知識，常希望有大學生的朋友來幫忙，但始終沒有這樣的朋友，所以抗爭的路孤獨而無助。韓國的

知識分子大為感動，意識到必須盡力為生活在社會底層的工人們爭取應有的權益。知識分子與工人從此緊密結合，將工人運動推到一個新境界。直到今天，每年的 11 月 13 日是南韓的工人團體必定要集會悼念全泰壹的大日子。

六〇年後北韓的經濟發展

朴正熙統治南韓的期間，北韓是什麼樣的狀況呢？讓我們先從經濟層面說起，然後再敘述政治、社會層面的變化。

五〇年代後期中蘇開始交惡時，金日成一開始是保持等距外交，隔山觀虎鬥，實際上是左右逢源，趁機對兩位老大哥予取予求。1961 年 7 月，金日成訪問莫斯科，與赫魯雪夫簽訂《蘇朝友好合作互助條約》，雙方承諾展開軍事、經濟、文化、科技的多方面合作。回程時，金日成又到北京拜訪毛澤東，並與周恩來簽訂《中朝友好合作互助條約》。金日成無比自豪。北韓這時剛剛把一個五年經濟計畫提前一年完成，正要接著推動另一個七年經濟計劃，所以這兩個條約的意義尤其重大。

但從 1962 年起，金日成開始向中國傾斜。在中印衝突中，北韓批評印度是侵略者；古巴危機時，又批評赫魯雪夫軟弱；美蘇簽訂禁止部分核爆條約後，金日成又批判蘇聯。北韓漸漸附和中國批判「蘇修」，赫魯雪夫更是怒不可遏，下令減少對北韓的援助。北韓的七年經濟計劃因而受到打擊，無法順利推動。

赫魯雪夫在 1964 年因政變被迫下台後，繼任的布里茲涅夫提出和解，金日成立刻同意。但七年計畫仍然嚴重延緩，拖成十年，到 1970 年才完成目標。據北韓自行發布的統計資料，這十年間的年平均工業生產總值成長率只有 12.8%，比先前的三年、五年計畫遜色許多。1971 年到 1976 年間，北韓又進行另一個六年計畫，後來公布的年平均工業生產總值成長率達到 16.3%。

由於北韓幾乎對外封鎖一切資料，就算是政府發布的資料也極不可信，

所以外界有人自行估算，然後與北韓公布的資料相比對。舉一個例。北韓
自行公布的 1974 年人均所得已經達到 1,000 美元，但根據日本一個官辦的
「亞細亞經濟研究所」（IDE-JETRO）所推估的數字，北韓 1976 年的人均
GNP 只有 470 美元。本章在前面曾經提到南韓 1976 年的人均 GNP 是 790
美元，所以幾乎可以確定這時南韓的經濟發展已經遠遠超過了北韓。

金日成整肅甲山派，金正日登場

　　北韓勞動黨的甲山派與滿州派在六〇年代中期開始產生歧見。甲山派有
鑑於七年經濟計畫發展不順，建議將有限的資源用於發展輕工業，以照顧
民生為要，與十年前蘇聯派的主張相似；金日成卻堅持重工業攸關國防，
比輕工業優先。不過兩派的紛爭其實與金日成有意栽培兒子金正日接班的
關係更大。

　　金正日生於 1942 年，二十二歲大學畢業後就跟在金日成身邊參與機
要，也負責部分組織及宣傳的工作，更重要的是協助強化宣導對金日成的
個人崇拜。甲山派大為不滿，其領導人朴金喆、李孝淳等和金日成一樣出
身抗日游擊隊，同樣資深，尤其不滿對金日成的不實誇大吹捧。問題是甲
山派雖然在黨內有極大的勢力，金日成卻牢牢掌控了軍隊，所以輕易地在
1967 年 5 月將朴金喆等人全部撤職，開除黨籍，此後又在全國各地大規模
清洗。早在一年前，毛澤東發動文化大革命，以反資產階級、反修正主義
為名整肅所謂的「劉鄧集團」；金日成這時也是用同樣的罪名整肅甲山派。

　　甲山派垮台恰恰成為金正日登場的踏腳石。自此以後，金正日在勞動黨
裡的地位迅速爬升。1974 年，金正日在中央委員會全體會議中被公推為金
日成的接班人。金日成從事共產革命數十年後，將內部敵人都一一剷除，
最後的結論是唯有自己的兒子是能夠充分信任的，世襲的北韓金氏王朝於
是成形。

　　依據金氏父子的指示，北韓的御用學者黃長燁把「主體思想」從主張追
求國家的獨立自主延伸到對金日成的個人崇拜。朝鮮勞動黨告訴黨員和人

民：

　　首腦是頭，黨是軀體，人民是手足；軀體和手足應當聽從頭腦的指揮。如果沒有頭腦，就失去了生命。……父親給人肉體的生命，領袖賜予人政治的生命。如同在家庭中應當聽從父親的絕對領導一樣，人民應當無條件地忠誠團結在領袖周圍，應當以忠、孝來愛戴領袖。

　　反對的勢力既已被清除乾淨，再沒有人敢挑戰其權威，金日成於是光環日盛一日，逐漸成為一尊神祇，與毛澤東互相輝映。

第三卷

改革的年代

（1976-1999）

第 14 章
中國的改革之路——從鄧小平復出到胡耀邦下台

1976 年 9 月，毛澤東病逝。不到一個月，四人幫倒台被捕。民眾欣喜若狂，光是在北京一地就有一百五十萬人在大街上慶祝。十年文革的磨難終於過去了。

中國現代的一位學者楊繼繩說，毛澤東留下給中國的遺產一大堆，但可歸納為兩個方面：政治上的專制和經濟上的貧困。因而，無論繼任者是誰，最重要的課題莫過於如何改革僵硬的政治制度和發展經濟，讓人民有好日子過。

鄧小平三度復出

四人幫倒台後，政治局立即推舉華國鋒為黨主席、國務院總理兼中央軍委主席。華國鋒拿出毛澤東「你辦事，我放心」的指示，希望取得各方的支持。然而，各國駐北京的外交官寫報告回去，大部分說華國鋒缺乏雄才大略，可能只是一個過渡性的人物。

反過來說，鄧小平在 1975 年短短一年中轟轟烈烈地做出一番成績，使

得國內外鼓掌叫好。許多被下放勞改的老幹部和知識分子被召回復職，尤其感恩戴德。因此，鄧小平再度復出只是時間的問題。鄧小平也寫信給華國鋒，表示擁護。但華國鋒及其左右都怕鄧小平一旦復出就無法壓制，所以遲遲不肯同意。

1977 年 2 月，北京的《人民日報》、《解放軍報》和《紅旗》雜誌同時刊出一篇標題為〈學好文件抓住綱〉的社論，其中強調「凡是毛主席作出的決策，我們都堅決維護；凡是毛主席的指示，我們都始終不渝地遵循」。明眼人都能看見，華國鋒提出「兩個凡是」，就是想要利用毛澤東的餘威阻擋鄧小平復出。

然而，黨內大老如陳雲和王震等也不斷地要求鄧小平復出，支持華國鋒扳倒四人幫的主要人物葉劍英和李先念也勸他點頭。到了 7 月，中共舉行十屆三中全會，會中追認華國鋒為中共中央主席及軍委主席，但鄧小平也恢復原來所有的職位，包括政治局常委、中共中央副主席、軍委副主席、國務院副總理、解放軍總參謀長。

鄧小平一生中曾經三落三起。1933 年，鄧小平因支持毛澤東而被王明領導的共產國際派批判，卻拒絕認錯，第一次被撤除所有職務，但幾個月後就復出了。眾所周知，鄧小平在 1966 年文革初起時被毛澤東打成「走資派」，罷除一切職務，到文革末才第二次復起。1976 年天安門事件後，鄧小平第三次被罷黜，到這時才又復起。

鄧小平重整教育及軍隊

這一年鄧小平已經七十三歲，但身強體壯，雄心勃勃。他最先分管的工作是教育、軍隊和科學。

中國的高等教育在文革十年中幾乎完全停擺。鄧小平第二次復出時，曾經嘗試對各方推薦的工農兵學員考大學增加考試項目，但在考試過程中出現一個「交白卷事件」。有一位考生張鐵生無法作答，故意交白卷，並且在試卷背後寫一份陳情信，說因為專心農業生產，沒時間讀書。四人幫大

喜，宣傳張鐵生是「白卷英雄」，演成一場政治鬥爭鬧劇，考試隨即中止。鄧小平計畫重開大學，也是功敗垂成，負責其事的教育部長周榮鑫後來被鬥爭至死。

鄧小平第三次復出後，立刻召集「全國高等院校招生工作會議」，恢復統一考試辦法，依成績優劣錄取學生。他又堅持先招收部分大學生，趕在當年 12 月就入學讀書，說是已經等了十年，不能依慣例等到明年秋天才開學。到了第二年，高考制度正式恢復，據統計共有六百萬人應考，錄取約四十萬人。此外，政府也開始遴選學生到歐美留學。鄧小平的積極態度，贏得全國學子和知識分子的擁戴，也為中國未來發展所需的人才奠定了重要的基礎。

鄧小平又召開軍委座談會，要求通過辦學校來做好教育訓練，依各軍種開辦各級學校和軍事學院，以提高官兵的知識水平，達到年輕化、現代化。他也重提 1975 年曾經批判過的「腫、懶、驕、奢、惰」五個字，要求重新整頓軍隊。鄧小平在軍中的資歷之深，威望之高，無人能比，又獲得老帥們的一致支持，因而在軍隊裡令出必行。華國鋒雖是軍委主席，沒有任何資歷，只能靠邊站。

摘除「右派分子」的帽子

1978 年 3 月，鄧小平召開全國科學會議，有六千人與會，規模之大，前所未有。鄧小平在會中申明：「四個現代化，關鍵是科學技術的現代化。沒有現代科學技術，就不可能建設現代農業、現代工業、現代國防。」

他又說，四人幫把既無知又反動的交白卷小丑捧為「紅專」典型；把孜孜不倦，刻苦鑽研科學技術的同志誣衊為「白專」典型，完全顛倒是非。依他的解釋，知識分子也可以又紅又專。

到了 4 月，鄧小平宣布摘掉全國右派分子的帽子。當初毛澤東在 1957 年發動「反右運動」，交由鄧小平負責，結果擴大化，竟株連五十幾萬名知識分子，全部打成右派，又連累數百萬家屬一同受害。這幾十萬人現在又

由鄧小平為他們平反，雖然大多對他感激零涕，也有一部分人還記恨不忘。

　　然而，在全國的右派分子中卻還有極少數人未獲得平反，其中包括被列為「大毒草」的章伯鈞、羅隆基和儲安平等，共約九十幾人。鄧小平雖然承認當年反右嚴重擴大化，但仍堅持當時發起反擊少數資產階級的猖狂進攻是完全正確而必要的，所以也堅持不讓這幾個人平反。

「兩個凡是」與〈實踐是檢驗真理的唯一標準〉的論戰

　　鄧小平復出後一年多就取得非凡的成績，但並不滿足。在他的眼中，華國鋒集團堅持「兩個凡是」，就是堅持極左路線，與四人幫無異。中國如果想要追求進一步改革，就必須先把這塊擋在路上的石頭搬開。

　　1978 年 5 月，《光明日報》刊出一篇標題為〈實踐是檢驗真理的唯一標準〉的文章，第二天又由《人民日報》和《解放軍報》同時轉載，來勢洶洶。這篇文章的內容並沒有一個字提到「兩個凡是」，也沒有提到華國鋒，卻藉攻擊四人幫把矛頭指向華國鋒陣營，隱含駁斥「兩個凡是」的意思。文章裡說，馬克思、恩格斯和毛澤東都主張任何理論都要接受實踐的考驗，不容許別人把他們的言論當作聖經來崇拜；四人幫卻以權威自居，而實踐證明他們是「躺在馬列主義、毛澤東思想的現成條文上，甚至拿現成的公式去限制、宰割、裁剪無限豐富、飛速發展的革命實踐，這種態度是錯誤的。」

　　〈實踐〉這篇文章實際上是由一位南京大學的教師胡福明投稿到《光明日報》的。半年後，《光明日報》的編輯在胡耀邦的支持之下，與胡福明來往討論，修改內容之後才刊登。胡耀邦原本就是鄧小平手下的大將，在1977 年底擔任中央組織部部長兼中央黨校副校長。他坐上這位置後，每天收到五百封以上的申訴信，要求平反毛澤東在世時發生的冤、假、錯案。胡耀邦親自處理其中大案，交辦小案，日夜不停，許多人因而獲得平反。上行下效，全國平反的風潮大起。胡耀邦接著率先向華國鋒砍旗。

　　華國鋒陣營大怒，其中的汪東興追問〈實踐〉一文背後是誰指使。鄧小

平於是跳出來，於6月初召開解放軍工作會議時說：「我們也有一些同志天天講毛澤東思想，卻往往忘記，拋棄毛澤東同志的實事求是、一切從實際出發、理論與實踐相結合的這樣一個馬克思主義的根本觀點、根本方法。」老帥們也陸續接著表態支持〈實踐〉。

十一屆三中全會確立「改革開放」的道路

　　1978年11月，中共召開政治局會議，這是華、鄧勢力消長的分水嶺。開會不久後，陳雲首先發難，其他元老們繼起，紛紛主張為文革、天安門事件及反擊右傾翻案風等運動中的受害者平反，又要求還陶鑄、彭德懷、楊尚昆等人清白。眾人其實是在暗指毛澤東的錯誤，只是不能明講，但對華國鋒陣營死死抱住毛澤東教條的「兩個凡是」就肆無忌憚地攻擊了。

　　華國鋒、汪東興等成為眾矢之的，招架無力，只得認錯檢討。會議才開了三天，北京市委已經奉命宣布為「天安門事件」平反，把相關被捕人員全部釋放。

　　會議中也同意進行經濟改革，放寬企業經營和農村生產隊的自主權。鄧小平在會議閉幕時做總結報告，說：「我認為要允許一部分地區、一部分企業、一部分工人農民，由於辛勤努力成績大而收入多一些，生活先好起來。一部分人生活先好起來，就必然產生極大的示範力量，影響左鄰右舍，帶動其他地區、其他單位的人們向他們學習。」

　　接著中共又通過部分的人事案。華國鋒雖然沒有被拉下馬，汪東興卻被免去中央辦公廳主任的職務。鄧小平和陳雲聯手逐步架空華國鋒的態勢已經形成。

中越衝突

　　正當鄧小平與華國鋒激烈鬥爭時，中國在南、北邊境上面臨嚴重的問題。在北方，自從中蘇珍寶島衝突事件後，蘇聯一直在邊境布置重兵，據

估計有五十四個師，約四十幾萬人，對中國造成極大的威脅。在南方，統一後的越南明顯地倒向蘇聯而仇視中國，不但在原來的南越地區清算華人及富商，造成數十萬華人被殺、被捕或逃亡海上，也在北越地區大肆驅逐華人。

越南在與中國接連的幾個省分執行「淨化」政策。他們任意闖入華人家中，強迫填寫「自願回國書」，又趁機敲詐、勒索、沒收財物，最後乾脆掃地出門。1978 年下半年，被驅趕回國的華僑難民前後共約二十萬人。中國政府無法坐視，要求與越南政府談判，但毫無進展。

同時，越南也與鄰國高棉發生衝突。高棉人視越南人為世仇，波布政權在 1975 年攻破金邊後開始實施恐怖統治，殺害兩百多萬人，其中大部分就是越南裔的僑民。可以這麼說，越共政府如何對待華僑，赤柬政府也是同樣辦法對待越僑。越共同樣無法坐視，好言相勸，但同樣得不到赤柬善意回應。兩個紅色政權於是以武力相向，而在背後支持的分別是蘇聯和中國。1978 年 11 月，越南與蘇聯簽訂友好同盟條約。一個月後，越南便直接出兵二十幾萬人進入高棉國境。赤柬向中國求援，但中國尚未出兵，越南軍隊就攻陷金邊，推翻赤柬，扶植橫山林（Heng Samrin）成立新的「柬埔寨人民共和國」。波布逃亡，再向中國求援。

這時，東南亞各國眼見南越和高棉相繼被滅，無不憂心忡忡。美國已經不可能再直接插手東南亞事務，中國是此一區域中唯一有能力壓制越南的強權。但中國共產黨過去也曾經積極輸出革命，如果藉機把手伸到東南亞來，究竟是福還是禍？各國也沒把握。

中美建交

事實上，中國早就決定要對付越南，但知道必須先取得鄰國和美國、日本的諒解與支持。不過中國和美、日的關係多年來一直停滯。

當初尼克森曾經說在第二個任期結束前要完成與中國建交，不料在水門案後黯然下台。繼任的福特處處受到國會掣肘。中國也因為周恩來、毛

澤東相繼病逝,鄧小平再次下台,無法繼續談下去。美中建交既是不能推進,日本怕得罪蘇聯,所以和中共建交後也不敢再簽雙邊友好條約。

1976年底,美國大選,選出民主黨的卡特(Jimmy Carter, 1924-)為總統。在此之前數年中,蘇聯在非洲、中東成功地扶植許多共產政權,勢力大增。東南亞的高棉、南越、柬埔寨相繼赤化就更不用說了。莫斯科支持古巴卡斯楚(Fidel Castro, Cuba)政權在中南美輸出革命,也到處開花。中南美是美國的「後院」,正在著火。

卡特就任後,幕僚都建議加速推動與中共關係正常化,以結盟共同對付蘇聯。卡特請國家安全顧問布里辛斯基(Zbigniew K. Brezinski)主導對華政策,如尼克森倚賴季辛吉一般。但在華國鋒主政時,美國仍然無法跨出大步,而必須等到鄧小平復出。1978年5月,布里辛斯基訪華,後來在回憶錄裡說鄧小平「生氣勃勃,機智老練,思想敏銳,……,他的胸懷和魄力給我留下深刻的印象。」

由於美國的敦促,中日加速談判,終於在8月簽訂《中日和平友好條約》。鄧小平於是應邀於10月訪問東京,造成轟動。天皇及福田首相還為過去的不幸歷史表示遺憾。不過鄧小平也表現了柔軟務實的身段。在一場記者招待會上,有人問他對釣魚台問題有何看法。鄧小平說,對於釣魚台中日雙方有不同的看法,所以雙方同意不談這個問題,「我們這一代的人智慧不夠。下一代的人會比我們更聰明,到時相信他們會想出雙方都願意接受的好辦法。」鄧小平睿智地擱置釣魚台的主權問題,在他有生之年內,沒有人再提起。

美國與中國也加速進行建交談判。雙方達成協議,發表公報,宣布預定於1979年1月1日起建交,美國也將同時與台灣斷交。

鄧小平訪問東南亞——兼述華僑問題

越南大舉出兵高棉之日,是在中美發表建交公報十天後,所以中國已經有恃無恐。中共中央決定,由華國鋒率團訪問東歐,鄧小平率團訪問東南

亞，目的都是為了出兵越南做準備，爭取各國的諒解與支持。

鄧小平訪問了泰國、新加坡、馬來西亞三國，表示將支持他們對抗越南的擴張，又說中國無意在東南亞輸出革命。泰國、新加坡都對鄧小平表示熱烈歡迎。馬來西亞卻因為國內華、巫種族矛盾而有所保留。印尼的反華情緒更強烈，所以鄧小平根本沒有去訪問。

回溯 1955 年印尼主辦萬隆會議，周恩來前往參加，也曾經和東南亞若干國家討論到華僑的問題。周恩來表示鼓勵華僑在居留的國家入籍為公民，並希望保留中國國籍的華僑遵守僑居國的法律。然而，許多華僑世世代代居住在東南亞，卻心向祖國，引起僑居國的不滿。萬隆會議後，華僑與僑居國人民之間的關係不進反退。在文化大革命期間，東南亞各國的毛共分子的種種極端行為尤其使各國政府驚懼，導致排華運動。印尼在 1967 年甚至發生大規模的血腥屠殺華僑事件。

鄧小平訪問新加坡時，曾與新加坡總理李光耀關室密談。根據李光耀的回憶錄，鄧小平顯然不明白，中國越是強調與東南亞華人的血緣關係和民族情懷，越是難以消除各國原住民對華人的疑慮。

鄧小平出兵「懲罰」越南

鄧小平接著在 1979 年 1 月底訪問美國，又造成一股旋風。卡特雖然沒有明言支持中國出兵越南，實質上已經默許鄧小平將要採取的行動。鄧小平返國之後不到兩星期，就在 2 月中發動「自衛反擊戰」，聲稱要對越南進行懲罰。

中國出動約二十萬人，從廣西、雲南邊境兩路進軍，以砲兵及坦克部隊為主，另有飛機在空中支援。越南軍隊人數相當，但火力遠遠不及。中國軍隊於二十天內攻佔越南北部高平、諒山等四個省，宣稱勝利，然後下令撤軍。越南在中國軍隊退出後也宣稱打勝仗。

究竟哪一方才是打勝仗，其實很難說。雙方所宣稱的死傷數字也大多不可靠。不過現代史家大多認為，中國儘管說出兵是要「教訓」越南，實際

上在這場戰爭中並沒有佔到上風。最主要的原因是中國軍隊從韓戰之後已經有二十幾年沒有大戰的經驗,而越軍在這二十幾年中卻是天天在打仗。另外,中國在文革期間把所有的軍階、軍銜都廢掉了,造成指揮系統混亂。

　　然而,對越南來說最大的損失並不是在戰場上,而是中國軍隊在撤退時,一路把他們認為是當年無償支援越南的物資全部運回國內,如不能運回就砸毀。中國軍隊又將越南的鐵路、公路、橋樑、醫院、學校和工業設施也全部破壞殆盡。越南北部因而受傷嚴重,好幾年都無法復原。從這一點看,鄧小平確實也達成了懲罰越南的目的,不過中越的仇恨也就結得更深。一直到十年後,由於蘇聯和東歐共產國家解體,越南失去屏障,才又和中國握手言好。

「北京之春」民主運動及鄧小平的「四個堅持」

　　鄧小平正準備要出兵越南時,中國國內出現了一個被稱為「北京之春」的運動(或稱「民主牆運動」)。

　　「北京之春」之所以出現,其實是有關「兩個凡是」論戰的副產品。胡耀邦公然挑戰華國鋒,又大力平反冤、假、錯案,使得敏感的知識分子受到鼓舞而加入戰圈,市井小民也紛紛跟進。當時在中南海附近的西單牆上出現各式各樣的大字報、小字報,有支持胡、鄧的,有批判華、汪的;有投訴冤情要求平反的,也有要求重新評價文革的。北京其他地區和上海等都市裡也有類似的大字報出現。

　　鄧小平原先當然是支持這些大字報,說是憲法允許的。但是大字報繼續發展,漸漸出現一些更敏感的題目,有人要求探討今後改革的方向,也有人要求民主、自由。1978年12月,有一個工人魏京生在西單牆上貼出一張大字報,標題是〈第五個現代化:民主與其它〉,說民主化比鄧小平所提的「四個現代化」還重要。同時,各種地下刊物也紛紛出現,其中魏京生主編的《探索》及任畹町主編的《中國人權》尤其大膽。魏京生竟敢批評馬列主義、毛澤東思想和無產階級專政,無疑已經踩到紅線。

　　同時，北京、上海各地出現數以百萬計回家探親的上山下鄉知識青年，藉機集結串連。許多中共元老怕局面失控，主張壓制民主運動。1979 年 3 月，魏京生又貼出一張大字報，題目竟是〈要民主還是要新的獨裁？〉，直接向鄧小平挑戰。魏京生不久被捕，後來被判入獄十五年。「北京之春」立刻煙消雲散。

　　鄧小平同時發表講話，說中國在追求四個現代化時，必須堅持四項基本原則，「第一，必須堅持社會主義道路；第二，必須堅持無產階級專政；第三，必須堅持共產黨的領導；第四，必須堅持馬列主義、毛澤東思想。」這「四個堅持」完全沒有討論的空間，不許任何人挑戰。

中國的農村改革——「要吃米，找萬里；要吃糧，找紫陽。」

　　要明白鄧小平主政以後中國農村改革的成績，就必須瞭解改革前農村的起始狀態。簡單地說，當時一億七千萬個農戶，八億人口，幾乎都被劃分在全國五萬多個人民公社裡。所有的人都由國家分配工作，都一樣赤貧。1978 年農民從集體分配到的平均年收入只有 75 美元。一位新華社記者到了安徽鳳陽縣採訪，看見十戶農家有四戶沒有大門，三戶沒有桌子；十個人只有三個破碗，六條棉褲。

　　早在六〇年代初大飢荒時，鄧小平和劉少奇就不顧毛澤東的反對而支持「包產到戶」，結果兩人在文革時都被打為走資派。鄧小平大權在握之後，決定再走老路。實際上，在此之前安徽及四川兩省已經開始試行包產到戶（或稱「大包幹」、「聯產承包責任制」）。

　　安徽省委第一書記萬里和四川省委第一書記趙紫陽都是鄧小平的心腹大將。1977 年 6 月，萬里初次上任，下鄉探訪，發現有很多農家窮到全家只有一條褲子，只能在出門時輪流穿，連一些大姑娘也沒有褲子穿，不禁感慨萬分。幾個月後，萬里下令允許農民經營副業，讓部分生產隊有自主權，實行承包責任制。同時，趙紫陽也在四川提出放寬政策，讓農民休養生息。

安徽和四川的新政推展後,部分農民開始翻身,民間流傳一個順口溜:「要吃米,找萬里;要吃糧,找紫陽。」然而,中國多年來宣傳「農業學大寨」,大多數人都是集體農業的思想,所以各省領導群起反對安徽、四川試行大包幹。

鄧胡趙體制形成,人民公社逐步解散

1980年1月,中共中央在北京召開會議,各省代表又群起批判安徽、四川的作法。會後的結論是要堅定地走人民公社集體化道路。鄧小平這時卻決心要進一步逼退華國鋒陣營。2月下旬,汪東興、紀登奎等被迫辭職,胡耀邦卻獲選為新設的中央書記處總書記,以架空華國鋒。4月中,鄧小平又把萬里和趙紫陽調到北京,都升任為國務院副總理,取代華國鋒的人馬;萬里主管農業,趙紫陽負責經濟體制改革。

5月,鄧小平發表談話,說:「農村政策放寬以後,一些適宜搞包產到戶的地方搞了包產到戶,效果很好,變化很快。……。『鳳陽花鼓』中唱的那個鳳陽縣,絕大多數生產隊搞了大包幹,也是一年翻身,改變面貌。有的同志擔心,這樣搞會不會影響集體經濟,我看這種擔心是不必要的。」

但這時全國各地方的領導大部分還是擔心,所以鄧小平並沒有說要強制在全國搞包產到戶。不過一部分堤防既被衝破,各地方的領導已經不可能長期阻擋農民的強烈要求,改革於是加速。

到了9月,鄧小平直接派趙紫陽取代華國鋒為國務院總理。1981年6月,華國鋒又被迫辭去中央委員會主席及軍委主席的職位,分別由胡耀邦及鄧小平取代。所謂的「鄧胡趙體制」由此形成,並維持到1987年初。實際上,胡耀邦和趙紫陽都只是鄧小平的助手,一個管黨務,一個管政務,而都必須向鄧小平請示。

1982年1月,中共中央發布第一號文件,允許農民自由選擇各種責任制,不再限定地區。中國五萬多個人民公社自此逐漸解散,改為鄉、鎮政府,人民公社下屬的生產隊改為村民委員會。但也有少數公社不肯解散,

過了三十年，全國只剩下一個人民公社，位於河北省晉州的周家庄。

開放經濟特區──深圳的故事

改革開放的目標不僅是在農業，也在工商業。但如何改革？如何開放？由於眾說紛紜，莫衷一是，只好派人到國外去取經。1978 年 5 月，國務院副總理谷牧奉命率領一個龐大的代表團到西歐五國考察；回國後，建議引進外資及技術。

如同農村政策開放只能先行試點，引進外資和技術也不能一開始就全面實施。廣東省過去對外貿易和引進外資的經驗最多，廣東省委第一書記習仲勛也最積極爭取，所以獲得青睞。1979 年 7 月，中共中央同意在深圳、珠海、汕頭、廈門試辦「經濟特區」。鄧小平原本也要把上海列入，但由於陳雲堅決反對，只得作罷。

值得注意的是，被選定試辦特區的深圳這時正發生人民偷渡到香港的大逃亡潮。廣東在 1962 年也曾經發生過一次大逃亡潮。當時由於三年大飢荒，人民蜂擁逃往香港求生。這次的逃亡潮，原因卻是懸殊的貧富差距。香港的人均所得已經接近 4,000 美元，是中國的十幾倍，所以只要從廣東偷渡到香港，就算是做苦力，每月至少也能匯一、兩百美元回去給家人，等於在家鄉全年的收入。因而，儘管中國派軍警持槍在邊界日夜攔阻，每天也還是有數以百計的人偷渡到香港。不過香港地狹人稠，無法承受這樣多的非法移民，英國政府只好出動巡警捉捕偷渡客，送上卡車，再遣送回廣東。偷渡客全都衣衫襤褸，面黃肌瘦。這樣的畫面每天出現在世界各國的電視和報紙上，對英國和中國都造成極大的壓力。

習仲勛一方面爭取中央同意下放權力給廣東，另一方面也同意下放部分權力給深圳，放寬政策，讓深圳發展「邊防經濟」，養豬、雞、鴨、魚，種菜又種果樹，就近供應香港市場。香港也有人接受招商，到深圳辦工廠。不到兩年，深圳人民大多已經富裕起來。珠海、汕頭、廈門的發展雖然沒有像深圳那樣快，但也取得驚人的成績。

「鳥籠理論」──收與放之間

　　經濟特區雖然成功推展，卻遇到許多阻礙。這些阻礙主要是因為中共高層對於改革開放有改革派和保守派兩種不同的思維。

　　改革派以鄧小平為首，主張改革要快，力度要大，陣營中包括胡耀邦、趙紫陽、萬里、習仲勛、任仲夷、項南、胡啟立等人。1980 年起，鄧小平任命任仲夷接替習仲勛主政廣東，項南主政福建，胡啟立主政天津。保守派以陳雲為首，主張選擇性地緩進，反對一下子做太大的變革，陣營裡包括李先念、姚依林、胡喬木、鄧立群等。

　　陳雲在中共內部長期排名在鄧小平之前，又是高層裡少數的財經專家，深受毛澤東倚重。由於鄧小平自認在經濟領域的知識和經驗都不如陳雲，所以對陳雲所提出的意見十分尊重。陳雲曾經在五〇年代提出「摸著石頭過河」的說法，意思是要小心謹慎，步步為營。1980 年，陳雲又重提「摸著石頭過河」，鄧小平也十分贊同。

　　陳雲對設立經濟特區明顯地有保留，尤其反對在上海及江蘇、浙江等地也設置經濟特區，他擔心「江浙一代歷史上是投機活動有名的地區，壞分子的活動都熟門熟路」。

　　陳雲的憂慮並不是無的放矢。經濟特區試行不久，果然出現一些經濟犯罪，有走私中飽，有投機詐騙，有貪污受賄。其中幾個特大的案件甚至驚動中南海，使得保守派對改革開放更有微詞。1982 年 2 月，陳雲在北京召開會議，檢討廣東、福建兩省，指稱資本主義思想已經在腐蝕社會主義。任仲夷和項南被迫寫檢討。但鄧小平仍然支持兩人，說一面要檢討弊端，總結經驗，一面也要繼續改革開放。

　　11 月，陳雲又提出一個著名的「鳥籠理論」，代表了他的中心思想，對後來中國的改革開放也產生無比巨大的影響。他說：「搞活經濟是對的，但必須在計畫的指導下搞活。這就像鳥一樣，捏在手裡會死，要讓牠飛，但只能讓牠在合適的鳥籠裡飛。沒有籠子，牠就飛跑了。籠子大小要適當，

但總是要有個籠子。」

引進外資和技術──寶鋼的故事

　　谷牧出國取經回來之後既是建議引進外資和技術，鄧小平當然重視。1978 年，中國一共引進了二十二個特大型的項目，包含石油化學、化纖、鋼鐵等，耗資總金額達到 68 億美元，其中規模最大的寶山鋼鐵廠（寶鋼）就用去一半的資金。

　　寶鋼選擇與日本新日鐵技術合作，於 1978 年 12 月開始興建，動員數萬人。當時中國已有武漢、鞍山、石景山等鋼鐵廠，年產量共約 3,000 萬噸，只有日本鋼鐵產量的四分之一，並且技術和品質都嚴重落後。韓國浦項鋼鐵廠的成功故事也給中國極大的刺激。鄧小平因而支持在上海北方的長江邊建一個全新的鋼鐵廠。對日本來說，這是中日簽訂和平友好條約之後最重要的一個合作案，更要不遺餘力地促使其成功。

　　然而，寶鋼在開工以後就遭遇重重的阻力。有許多保守派人士認為寶鋼是冒進和媚外的產物。陳雲也擔心國家外匯存底有限，如果引進外國技術建大型工廠太快太猛，財政將無法平衡。隨著投入寶鋼的資金逐年增加，反對的聲音不減反增。有人說，寶鋼將會是一個財務的無底洞。也有人說，寶鋼污染可能嚴重，將會排出黃褐色煙塵，毒害大眾，是新的上海「黃龍」。又有人說，寶鋼地基不穩，安全有問題。結果寶鋼被勒令停工，等待重新「論證」。日本人這時憂心忡忡，不知道寶鋼會不會永久無法復工。不過由於鄧小平等人仍然堅定地支持，寶鋼在半年後才又獲准繼續建廠。

　　1985 年 9 月，寶鋼第一期工程完成，年產能 600 萬噸粗鋼。二期工程也緊接著上馬，產量、品質漸漸追上浦項鋼鐵廠。

鄉鎮企業與國有企業的競爭──八大王事件

　　除了寶鋼等新設大型國企之外，當時在沿海各地更有許多既有的大大小小的國有企業，都急著要在改革開放的風潮中搶進。國務院也開始逐步放權，有限度地讓國有企業自主。但這時也有無數的鄉鎮企業崛起，對國有企業造成威脅。

　　中國有一位財經作家吳曉波後來寫了一本名著《激盪三十年》，對改革開放後中國企業的發展有極為生動而細膩的描述。根據他的說法，鄉鎮企業有兩類。其中一類是由農村的村民在黨委書記領導下興辦的集體企業，例如江蘇省江陰縣華西村村委書記吳仁寶創辦的五金廠，以及天津市靜海縣大邱庄黨支部書記禹作敏創辦的冷軋鋼廠。另一類如魯冠球在浙江省蕭山縣寧圍鎮創辦的農機廠、軸承廠、鑄鋼廠及萬向接頭廠；這是由他自己一人向親友借了四千元，只帶領六個員工辦廠，所以是純粹的私營企業。以上三家後來都成為中國最具代表性的鄉鎮企業，聞名全國，甚至吸引國際媒體大幅報導。

　　事實上，早在改革開放前鄉鎮企業就已經偷偷摸摸地辦起來，雖然不受國家保護或鼓勵，卻遍地開花。改革開放後不過三、四年，全國的鄉鎮企業已經超過百萬家，其中以浙江溫州一地最火紅，達到十幾萬家，超過全國的十分之一。由於鄉鎮企業企圖心超強，膽敢冒險犯難，甚至違法違紀，產品又物美價廉，因而相對保守呆板的國有企業完全無法與其競爭，只有任其宰制。

　　但當時國家法制老舊，尚未修改，所以鄉鎮企業和個體戶動輒得咎。例如，只要雇工超過八人就是剝削，轉手買賣獲利也是重罪。因此，政府隨時可以出手打壓鄉鎮企業，以保護國有企業。1982年初，溫州市柳市鎮發生震驚全國的「八大王事件」，政府以「投機倒把」、「嚴重擾亂經濟秩序」為名，逮捕號稱「電機大王」、「線圈大王」、「螺絲大王」、「舊貨大王」等八名超級個體戶。全國在這一整年裡竟有三萬人因「經濟犯罪」而被判刑。一時之間，鄉鎮企業如驚弓之鳥，再也不敢和國營企業搶奪原料和市場。

毛澤東的功過及歷史地位問題

　　回顧歷史，中共是在毛澤東的領導之下擊敗國民黨而奪得政權的。可以說，沒有毛澤東，就沒有中華人民共和國。但毛澤東在世時不斷地發起政治運動，從延安整風到文化大革命，導致無數的冤、假、錯案。鄧小平復出後，從中央到地方為這些案件一一平反昭雪。據統計，總共有三百多萬件，直接和間接受害的竟達到一億人。這些案件雖不能全部歸咎於毛澤東，但不能說他沒有責任，如果不適當地交代，恐怕很難平息人民的憤恨。共產黨要如何交代這些事？毛澤東本人和毛澤東思想這面旗幟可以丟掉嗎？

　　為了解決此一問題，鄧小平命令胡耀邦、胡喬木、鄧立群等人組成一個小組討論，歷時一年多，並頻頻親自過問。1981 年 6 月，中共中央終於發佈一個重要的文件，稱為《關於建國以來黨的若干歷史問題的決議》（以下簡稱《決議》）。事實上，整個文件就是照鄧小平的意思寫的，歸納起來，有三個重點：

　　第一，要把毛澤東本人與毛澤東思想切分清楚。毛澤東本人確實犯了一些嚴重的錯誤，並且負有主要責任。但「毛澤東思想是馬克思列寧主義在中國的運用和發展，是被實踐證明了的關於中國革命的正確的理論原則和經驗總結，是中國共產黨集體智慧的結晶。」「不僅今天，而且今後，我們都要高舉毛澤東思想的旗幟。」

　　第二，要把毛澤東本人的前後歷史切分清楚。「總起來說，1957 年以前，毛澤東同志的領導是正確的；1957 年反右派鬥爭以後，錯誤就越來越多了。」

　　第三，要把毛澤東的功和過切分比較。「就他的一生來看，他對中國革命的功績遠遠大於他的過失。他的功績是第一位的，錯誤是第二位的。」

　　總之，鄧小平認為毛主席是中國共產黨和中華人民共和國的主要締造者，為中國人民做的事情是不能抹殺的，所以天安門上的毛主席像永遠要

保留下去。

那麼鄧小平對周恩來又是如何看待？1980年，鄧小平曾經在接受一位外國記者訪問時回答此一問題，說

> 他是同志們和人民很尊敬的人。文化大革命時我們這些人都下去了，幸好保住了他。在文化大革命中，他所處的地位十分困難，也說了好多違心的話，做了好多違心的事。但人民原諒他。因為他不做這些事，不說這些話，他自己也保不住，也不能在其中起中和作用，起減少損失的作用。

《苦戀》、「異化論」及清除精神污染運動

鄧小平在經濟改革方面雖然比陳雲顯得急切，在政治體制卻不輕易提出要改變。1982年9月，中共召開十二大，鄧小平致開幕詞，第一次提出「建設有中國特色的社會主義」的說法。儘管新中國在外人看來已經有了一些資本主義的色彩，鄧小平還是堅定不移地守護著「四個堅持」。然而，當時胡耀邦和趙紫陽不但是改革的急先鋒，也多多少少同情民主運動和思想自由化；在許多保守派看來，他們未必能守住「四個堅持」。因而，改革道路上的政治鬥爭無可避免，其中最具代表性的事例就是《苦戀》風波和「異化論」事件。

《苦戀》是一部電影的劇本，根據一位作家白樺的作品改編，於1980年底拍成電影《太陽與人》，但還沒有上映就引起軒然大波。劇本中的主角在新中國成立時舉家從海外返回祖國報效，但在文革中全家飽受折磨。他的女兒決定要再逃出國外，他反對。女兒反問：「您愛這個國家，苦苦戀著這個國家，可這個國家愛您嗎？」

主管意識型態的胡喬木大怒，發動報刊圍剿《苦戀》，卻遭到胡耀邦阻止。胡喬木向鄧小平告狀，鄧小平也大怒，說：「這樣醜化社會主義制度，作者的黨性到哪裡去了呢？」對胡耀邦明顯不滿。

「異化論」是《人民日報》副總編輯王若水最先發表的，主要是說社會

主義發展過程中，由於沒有民主和法制，有人會濫用權力作威作福，使得權力異化。中共前「文藝沙皇」周揚於 1983 年 3 月受邀在中央黨校演講，請王若水把「異化論」放進他的講稿裡。周揚和王若水也都宣揚「人道主義」，認為應當把人的價值擺在第一位。

周揚演講後，鄧立群和胡喬木認為內容有政治錯誤，周揚卻不理而逕自把講稿刊登於《人民日報》，雙方因而火爆爭執。鄧小平得知後，卻批評「異化論」是對社會主義沒信心；又說人道主義是資產階級用來攻擊社會主義的，沒想到黨內也有同志宣傳人道主義。鄧小平接著公開批評文藝界裡存在「精神污染」現象。王若水於是被撤職。《人民日報》的總編輯胡績偉無法接受，也決定辭職。

《人民日報》由新的領導班子接手，第二天就刊出一篇文章〈高舉社會主義文藝旗幟，堅決防止和清除精神污染〉。其他黨政報刊也紛紛轉載。「清除精神污染」運動於是展開，人們感覺一場政治風暴又將襲來。

不過清除精神污染運動從一開始就有擴大化的現象，引起反感。有些單位的黨委干涉青年人的服裝、打扮、髮型，禁止聽抒情歌曲或輕音樂，連一些世界名著也不准看。農村和科學界人士尤其反對。胡耀邦和趙紫陽也都反對，於是向鄧小平進言，說運動立意雖好，但已經有些類似文革再現。鄧小平勉強同意煞車。胡耀邦於是召集各報刊，指示從此不提「精神污染」和「資產階級自由化」。

「我們都下海吧！」──鄧小平南巡後的風潮及經濟失序

一場政治風暴驟然停歇後，接著是活潑躍動的 1984 年。這年元旦後，鄧小平突然決定親自到深圳、珠海、廈門巡視，到處參訪題字，並發表講話讚揚經濟特區的政策是正確的。他說：「我們建立經濟特區，實行開放政策，有個指導思想要明確，就是不是收，而是放。」鄧小平回北京後不久，國務院發布命令，選定天津、上海、大連、煙台、青島、寧波、溫州等十四個城市，對外開放投資及貿易，並給予減征或免征企業所得稅、工商統

一稅的優待。

　　中國的經濟風向於是迅速轉變，只要是有足夠敏感度的人都能強烈感受到一個前所未有的大時代已經來到。許多人決定開始從商，邀約有志一同的人一起創業，說：「我們都下海吧！」。

　　中國後來有許多全國知名的企業就是在這一年開辦的。例如，王石在深圳創辦一個展銷中心，是「萬科集團」的前身；柳傳志在北京中關村奉中國科學院之命創辦一個計算機公司，是所謂「電子一條街」裡四十幾家科技公司中的一家，後來發展成為「聯想集團」；張瑞敏在山東青島接掌一個瀕臨倒閉的電器廠，日後發展成為「海爾集團」；廣東三水縣的一個酒廠廠長李經緯野心勃勃地推出一種健康飲料「健力寶」，後來成為全國第一品牌。

　　不過1984年起中國的經濟活動也越來越失序。全國各地無論是國有或私人的企業都瘋狂地尋求和外國合作，引進彩電、電冰箱、洗衣機、機械、食品等的成套生產線，造成極為嚴重的重複投資，或是引進老舊不堪使用的設備。此外，鄉鎮企業遊走於黑色、灰色地帶，無縫不鑽，也迫使國有企業節節敗退。

　　國務院於是又決定挺身保護代表正統計畫經濟的國企，在1985年初宣布實施「價格雙軌制」。具體地說，就是國企支付生產資料的「計畫內價格」與鄉鎮企業採購原材料的「計畫外價格」有極大的價差，甚至達到50％以上。不僅如此，銀行利率和進口的匯率也有雙軌制，有巨大的利差和匯差。

　　然而，價格雙軌制直接加溫「倒爺經濟」。國企只需把買進的原材料倒賣給鄉鎮企業，立刻可以獲取豐厚的利潤，有時同一批原材料甚至被倒賣二手、三手、四手。無論國家如何嚴令禁止投機倒把，利之所趨，無從禁絕。

海南汽車案及晉江假藥案

當時全國各地經濟活動違法亂紀的情況五花八門，日漸猖獗，其中尤以海南及福建最為嚴重。

海南行政區隸屬於廣東省，由於發展相對落後，黨委書記雷宇向中央爭取，獲得特准自行進出口商品，但依規定只能在行政區內使用，不得流出海南島外。雷宇卻無視中央的規定，聽任部屬大發進口批文，轉賣商品到大陸各省市，其中有彩電、錄像機等家電和家具等，不過最重要的是汽車。

根據《激盪三十年》裡的敘述，1985 年上半年海南不過進口二千多輛汽車，在下半年卻簽出將近九萬輛汽車的進口批文，全國各地於是出現許多掛著「粵」字開頭車牌的高檔進口車。海南無分黨政高官或是販夫走卒，無論在辦公地點或是酒樓茶肆，人人都興高采烈地在談論汽車，因為只要弄到一張批文，獲利從一萬元到數萬元人民幣不等。

再說福建。省委書記項南有鑑於福建引進外資比較廣東相對緩慢，規模也小，所以特別支持鄉鎮企業發展。其中晉江市轄下有部分農民興辦的企業原本是生產食品，後來漸漸轉為生產利潤較高的藥品，最後竟有五十幾家在製造偽劣的假藥，大賣到公營的醫院裡，給有心臟病、肺病、肝病、胃腸病的病患服食。

海南和福建違法亂紀的情事逐漸哄傳，北京中央獲悉後派出大批調查組前往，海南汽車案和晉江假藥案於是成為 1985 年的兩個特大事件。雷宇被撤職後降調，項南也被迫辭職下台。

項南和雷宇都是改革派大將，在任時深受百姓愛戴，下台後百姓無不同情。輿論尤其推崇雷宇勤政愛民，正直不阿，甚至把他比作明朝的清官海瑞。據說他雖然放任人民倒賣汽車，自己並沒有倒賣過一部，也不曾收受任何賄賂。有人指出，雷宇之所以如此膽大妄為，其出發點不外犧牲自己一人的清譽，換取海南一地迅速脫離赤貧。

改革開放中的循環政治鬥爭

保守派的代表人物鄧立群後來曾經以一句話描述 1978 年改革開放後的

現象:「每逢雙年,自由化氾濫;每逢單年,左派反擊。」

這樣的說法究竟有什麼依據?讓我們再一次回顧歷史。1978 年,〈實踐是檢驗真理的唯一標準〉戰勝「兩個凡是」。1979 年,北京西單民主牆被推倒,魏京生入獄。1980 年,鄧小平支持「包產到戶」,胡耀邦任總書記,趙紫陽任國務院總理。1981 年,白樺《苦戀》事件造成文藝界風聲鶴唳。1982 年,第一號文件全面允許農民自由選擇各種責任制。1983 年,清除精神污染運動造成全國一片肅殺景象。1984 年,鄧小平南巡,開放十四個沿海城市。1985 年,項南和雷宇中箭落馬。

但是由於國有企業虧損越來越嚴重,政府無法一直繼續填補這個無底洞,不得不在 1986 年 12 月發布試行《企業破產法》。事實上,瀋陽市政府在此四個月前已經宣告轄下的一家機械廠破產倒閉。這是中國改革開放以來最大的一次地震,國有企業工人的「鐵飯碗」從此被打破。此後數年中,政府最棘手的問題就是要如何處理數以百萬、千萬計的「下崗」工人。

循環未必剛好兩年一輪,但起落十分明顯。為什麼有這樣的循環?主要是圍繞在兩個根本的問題:政治制度和腐敗。改革開放以來,經濟發展雖然成功,卻帶來腐敗。保守派因而說自由化導致違法亂紀,主張踩煞車。改革派卻說問題的根源在政治制度,所以也必須改革政治制度。鄧小平其實也不是不談改革政治體制,但每逢有人挑戰共產黨和社會主義,就抬出「四個堅持」嚴厲打壓。自由化被打壓後,噤聲躲藏一陣子,又漸漸冒出頭,又挑戰共產黨和社會主義;直到當局無法忍受,又被打壓。如此循環。

事實上,早在 1980 年鄧小平就已經提出要改革黨和國家的領導制度。他自己和陳雲、李先念等都要辭去國務院副總理的頭銜,說要破格提拔青年優秀幹部。他又提出要修改憲法,保證人民享有公民權力;各級政府和各級黨委都要明訂權責分際。

然而,鄧小平話聲剛落,波蘭就爆發一起震驚國際的「團結工聯事件」。一位造船廠的工人華勒沙(Lech Walesa)領導成立團結工聯(Solidarity),發起大罷工,公然挑戰政府。團結工聯不但抱怨工資太低,主張工會脫離共產黨的控制而獨立,又要求新聞自由。胡喬木收到來

自波蘭的報告，立刻寫信給黨中央。鄧小平吃了一驚，只得同意靜觀波蘭的變化，暫不採取任何行動。團結工聯後來被鎮壓，華勒沙被捕。鄧小平的政治體制改革計畫於是偃旗收兵。

鄧小平重提政治體制改革

鄧小平等了很多年，到 1986 年 6 月起才又重提改革政治體制。他說：「不改革政治體制，就不能保障經濟體制改革的成果。……。進行政治體制改革的目的，總的來講是要消除官僚主義，發展社會主義民主，調動人民和基層單位的積極性。」

鄧小平為什麼要在這時提政治改革呢？主要是他受到當時蘇聯共黨總書記戈巴契夫的影響。

戈巴契夫的出現十分有戲劇性。1985 年 3 月，年邁體衰的蘇共總書記契爾年科（Konstantin Chernenko）病逝。在他之前的布里茲涅夫和安德洛波夫（Yuri Andropov）也都死於任上，死時年紀都超過七十歲。蘇聯在短短兩年半中舉行了三次國葬，在國際上被譏為「葬禮外交」，形象大大受損，因此選了只有五十四歲的戈巴契夫繼任。戈巴契夫決定大刀闊斧地改革，但在進行經濟改革後不久，又決定也要同時進行政治改革，否則連經濟改革都無法推動。他喊出兩個口號，"Perestroika"（意思是改造）和"Glasnost"（意思是開放），而特別強調民主，允許自由發表意見。

戈巴契夫想要做的，比中國只在經濟層面改革更大膽，給國際社會更鮮明的形象。中國怎能落在蘇聯後面？鄧小平因而受到壓力。

1986 年 12 月學潮

有了戈巴契夫的刺激和鄧小平的表態，中國的思想界就活躍起來了，一時之間又是百家爭鳴。中宣部召集全國報刊總編輯座談，一位副部長竟說：「報紙登什麼，不登什麼，這個權應歸編委會或總編輯。報社領導應該

有取捨新聞的權力。」從中央到地方的報紙於是百無禁忌，出現許多激烈的言論。越是敢言的知識分子，越是全國知名，其中包括劉賓雁、王若望、劉再復、方勵之等人。

劉賓雁寫了許多揭發社會黑暗面的報導文學，又寫了一本《第二種忠誠》，其中說對共產黨大膽提出批評也是一種忠誠。劉再復說文學應該高舉人道主義的旗幟。方勵之是安徽中國科技大學副校長，講話尤其尖銳，說解放後三十幾年來沒有幹過什麼好事，中國什麼都落後；又說大學要獨立於政府之外。各大學紛紛辦演講會，學生踴躍參加，動輒數千人。學生們越聽越是內心澎湃，對政府越發不滿。

1986 年 11 月，安徽中國科技大學及其他幾所大學爆發示威遊行，抗議一項人大代表選舉不公。方勵之帶頭一路高喊「打倒官僚主義！」「打倒封建獨裁！」全國各大城市如北京、上海、南京等地也發生學潮，口號都是要求民主、自由，反對一黨專政。

就在一年多前，北京也曾發生過一次學潮。日本首相中曾根康弘率領內閣閣員於 1985 年 8 月 15 日前往靖國神社，舉行二次大戰陣亡將士的追悼會。這一天日本訂為「終戰紀念日」，對中國來說卻是抗戰勝利四十週年紀念日。北京學生怒不可遏，發起反日遊行，全國群起響應。胡耀邦一向同情學生，主張對學潮冷處理，於是親自和學生進行溝通、對話，最終順利平息了學潮。

因而，胡耀邦在 1986 年這次學潮還是希望沿用溝通、對話的辦法。但這次沒有用，示威學生久久不散。

在一些中共的老人們眼裡，胡耀邦的對話、溝通是軟弱的表現。王震尤其不滿，說是反革命分子造反，要把共產黨趕下台，為什麼不把這些教授、學生關在監獄裡？相對地，上海市長江澤民和天津市委書記李瑞環對學生採取強硬的態度，很快就平息當地的學潮，得到老人們的讚賞。鄧小平也發表嚴厲的談話，堅決不讓步，下令開除王若望、方勵之和劉賓雁的黨籍。北京的學潮最後被強制解散。

胡耀邦下台

　　學潮結束後，胡耀邦自動請辭總書記。鄧小平立刻接受。鄧小平為什麼不再支持胡耀邦？一般認為，鄧小平確實已經對胡耀邦失望，不再信任他。

　　胡耀邦給人的一般印象是寬厚開明，負責認真，不端架子，不搞陰謀詭計；但有一個致命的缺點，缺乏政治敏感度。一些老人對他都有微詞，但鄧小平總是勉強包容。然而，胡耀邦於 1985 年 5 月接受香港《百姓》半月刊的社長陸鏗採訪時，說了一些話，在專訪刊出後引起軒然大波。

　　陸鏗對胡耀邦極盡吹捧，對保守派人物如鄧力群、胡喬木等卻有負面的評價，甚至問說為什麼不換掉鄧力群。胡耀邦不但沒有為兩人說話，反而加入品評。陸問到高層的人事安排，指名道姓說某軍區司令是「拔不掉的釘子」，胡也沒有迴避討論。

　　最致命的是，陸鏗說胡是現在中國的「第一把手」，胡卻說「掌舵的還是我們小平同志。」陸說外面擔心鄧小平一旦去見馬克思，胡不一定能指揮得動一些軍頭，問胡能不能趁鄧小平還健康的時候先接任軍委主席？胡耀邦竟也對這個話題一問一答，不知迴避。

　　其他不得體之處還有很多，不勝枚舉。總之，陸鏗的一篇專訪，使得胡耀邦得罪了幾乎所有的黨內同志。鄧小平更是生氣，傳話請胡耀邦來說明。胡耀邦的左右也都勸他去見鄧小平，給個交代。胡耀邦卻沒有任何行動。鄧小平失望至極，對人說：「這幾年我如果有什麼錯的話，就是看錯了胡耀邦這個人。」

　　胡耀邦主張不提反對「資產階級自由化」，鄧小平尤其不以為然。鄧小平曾經公開地說：「自由化是一種什麼東西？實際上就是要把我們現行的政策引導到走資本主義道路。」

　　鄧小平已經看見，胡耀邦反自由化不夠堅定；將來老人都走了，胡耀邦必定擋不住資本主義復辟，所以決定把胡耀邦換掉。

十三大

胡耀邦下台後,左派聲勢大漲。不過「反資產階級自由化」運動引起中國海外留學生極大的關注,有二千多人聯名簽署寫公開信給鄧小平,表示抗議。此外,鄧小平也不願意保守派把「反自由化」推得太左,以致妨礙改革開放,所以決定由趙紫陽兼任代總書記。

1987 年 11 月,趙紫陽正式接任為總書記,李鵬為代總理。12 月,中共召開十三大。趙紫陽以「沿著有中國特色的社會主義道路前進」為講題做政治報告,其中一方面說必須堅持全面改革,堅持對外開放,另一方面卻說必須以公有制為主體,以馬克斯主義為指導。這就是說,改革還是只能在經濟層面,不能動搖政治體制。事實上,這篇報告並不是趙紫陽一個人的意見,而是經過黨內討論妥協的產物。這樣的妥協也表現在人事安排上。十三大新任的五名政治局常委中,趙紫陽和胡啟立屬於改革派,李鵬和姚依林屬於保守派,最後一名喬石則是中間派。

鄧小平在十三大的另一個布局重點是汰舊換新。前述的五名政治局常委中,除了趙紫陽以外,都是新人。十二大時選出的常委中,鄧小平、陳雲、葉劍英、李先念等四個老人全部退下。政治局的二十名委員裡,只有四人是十二大的委員,其中也沒有鄧小平、陳雲等人的名字。

但鄧小平既不是政治局常委,也不是政治局委員,卻繼續擔任軍委會主席。軍委會的兩名副主席分別是總書記趙紫陽和國家主席楊尚昆,反而必須向鄧小平報告。陳雲也沒有全退,而是繼續擔任中央顧問委員會主任。為了方便這樣的安排,十三大還特別修改黨章,刪除軍委主席和中顧會主任都必須是政治局常委的規定。由此可見,中國在實質上並沒有擺脫老人政治,人治也仍然高於法治。

第 15 章
台灣的改革之路——兼述香港的發展及回歸問題

　　1971 年 10 月台灣退出聯合國後，蔣經國面臨危機，雖然逐步推動民主化及本土化的決心不變，但政治安定絕對是最高的前提。情治機關不容任何敏感而逾越尺度的言論及行動。

　　1975 年底，政府舉辦增補中央民代選舉，有一位名叫白雅燦的候選人印發競選傳單，其中洋洋灑灑列舉二十九個問題，矛頭全部對準蔣經國，不但質疑國家政策，質疑蔣經國本人，又攻擊他的兒子。結果白雅燦被捕，未經公開審訊就被判無期徒刑。

　　1976 年底，政府又勒令一家雜誌《台灣政論》停刊。《台灣政論》是由黨外人士黃信介、康寧祥和張俊宏三人聯合創辦的，創刊第一期就銷售三萬份以上，聲勢驚人，不過只發行五期就遭到停刊。主管機關的理由是這份雜誌「為匪宣傳」，又煽動人民反抗政府。

　　不過由於美國總統卡特在 1977 年初上任後宣稱「人權」為其外交政策的基本原則，台灣政府只得稍微收斂。

中壢事件

1977 年 11 月，台灣舉行一項史無前例的五項地方選舉。黨外決定聯合作戰，全島大串連，氣氛緊繃。其中脫離國民黨的許信良參選桃園縣長，選情尤為萬眾矚目，結果許信良以懸殊票數大勝國民黨候選人。不過投票當天有一個位於中壢的投票所在開票過程中疑似作票，引起民眾不滿，導致暴亂。數千群眾聚集，砸毀、燒毀警察局和警車，延燒附近的民房。警察前往鎮暴，但奉令不准開槍。軍隊奉令不准進入，只是在外圍待命。

「中壢事件」後，政府並沒有大肆拘捕，只起訴少數「涉嫌叛亂」的首要分子。國民黨的保守派這時又砲轟開明派，說許信良是國民黨組織工作會主任李煥刻意栽培的本土菁英，卻成為國民黨的大敵，李煥難辭其咎。李煥只得辭去黨內所有的職務，被派到高雄去開辦一所新的大學。

三個月後，蔣經國選擇一個台灣籍的謝東閔搭檔競選總統及副總統，分別順利當選。又兩個月後，蔣經國宣誓就職，並任命一個外省人孫運璿為行政院長，但內閣裡有五位閣員是台灣人。新任的台灣省政府主席林洋港和台北市長李登輝也都是台灣人。蔣經國不僅沒有因為「中壢事件」而改變推動「本土化」的想法，反而是加速了。

台美斷交

蔣經國和鄧小平都曾留學俄國，有一段時間還是孫逸仙大學的同學。鄧小平於 1975 年二度復出時，曾經透過管道表示要尋求與台灣和解，與昔日的同學談判統一問題。但蔣經國斷然拒絕，認為和共產黨接觸談判將在台灣引起各方不必要的猜測和疑慮，無異於自殺。

鄧小平三度復出後，美國卡特政府決定加速與中國建交，不過雙方談判的最後一道障礙是美國對台的軍售問題。中國堅持美國此後不得繼續出售武器給台灣。美國卻堅持有權繼續銷售防禦性的武器。談到最後，雙方各讓一步，美國可以繼續對台軍售，但必須先暫停一年。雙方達成協議後，決定中國於北京時間 1978 年 12 月 16 日發布消息，卡特在同一時間從白宮發表電視談話。

美國在此之前曾經一再承諾，必定會和台灣充分諮商有關與中國建交之事，但到了緊要關頭卻刻意保密隱瞞。直到台灣時間 12 月 16 日清晨兩點半，美國駐台灣大使安克志（Leonard Unger）才奉命求見蔣經國。睡夢中的蔣經國被新聞局副局長宋楚瑜叫醒，聽見美國大使的口頭照會，大怒。但他仍然保持冷靜，命令緊急召集重要官員開會。

在中美聯合發表的公報中，雙方同意從 1979 年 1 月 1 日起開始建交，美國同時與台灣斷絕外交關係，不過仍將和台灣繼續維持文化、商業及其他非正式的交流。美國認知只有一個中國，台灣是中國的一部分。台美之間的共同防禦條約在一年後自動失效。

卡特在發表公報後，派副國務卿克里斯多福（Warren Christopher）到台灣做正式的說明。台北的輿論一致指責美國背信忘義，憤怒的群眾向克里斯多福和安克志的車隊丟擲雞蛋、蕃茄，打破車窗，使得兩人都掛彩。美國十分不快，認定是台灣政府在幕後策劃一切。

中美建交的頭一天，中共發表《告台灣同胞書》，提議兩岸開始「三通」，也就是「通郵、通航、通商」，最終目標是完成祖國統一大業。蔣經國的回答卻是「三不政策」，也就是「不接觸、不談判、不妥協」。

《台灣關係法》

卡特急急忙忙和中國建交，事實上使得美國國會極端不滿。大部分議員雖然同意與中國建交，卻認為美國在談判中對中國讓步太多，使得一向忠誠的盟友台灣受到嚴重傷害。共和黨參議員高華德（Barry Goldwater）於是領銜制訂一個《台灣關係法》（Taiwan Relations Act）。兩院院會在 1979 年 3 月以懸殊的票數強行通過，卡特只得簽署這個法案，使其成為美國的法律。

《台灣關係法》的主要目的是取代行將被廢止的《中美共同防禦協定》，以保障台灣的安全。其中規定，美國期望台灣的前途將以和平方式決定，「任何企圖以非和平方式來決定台灣的前途之舉──包括使用經濟杯葛

及禁運手段在內，將被視為對西太平洋地區和平及安定的威脅，而為美國所嚴重關切。」又規定美國將繼續提供防禦性武器給台灣。條文中也詳細規範成立「美國在台協會」，做為兩國之間非官方聯繫的管道，以進行文化、經濟交流。美國政府並允許台灣的「北美事務協調會」在美國設立辦事處。

在美國國會推動《台灣關係法》時，蔣經國派外交部次長楊西昆為全權特使前往美國負責交涉，用盡全力爭取美國親台人士的支持，並利用兩黨國會議員對白宮的不滿。楊西昆功成返國時，蔣經國破例親自到機場迎接，表示感謝。

《八十年代》、《美麗島》及《疾風》雜誌

中美建交後，原本台灣預定在 1978 年 12 月底又要舉行另一次中央民代選舉，但蔣經國擔心在此敏感時刻進行選舉會引發不可預料的暴力事件，下令停止這次的選舉。

黨外人士卻很難接受這樣的命令，於是決定在次年 2 月和余登發父子在高雄縣糾眾進行集會抗議。不料警備總部先發制人，竟以「涉嫌參加匪諜吳泰安叛亂」的罪名逮捕余登發父子。第二天，黨外人士張俊宏、許信良、施明德、黃信介等人南下示威抗議，但被警察驅散。余登發父子後來分別被判八年及三年徒刑，許信良被處分停止縣長職務。

台灣退出聯合國後，蔣經國有鑑於中共的統戰攻勢，又擔心國內有潛伏的匪諜及認同中共的反對人士配合行動，指示王昇另外成立一個「劉少康辦公室」，負責所有反統戰的行動。王昇的勢力於是達到頂點，伸入所有黨、政、軍單位及特務機關。

不過蔣經國有條件地允許黨外人士逐漸參政的想法並沒有改變。

1979 年 6 月及 8 月，有兩份黨外政論性的刊物《八十年代》及《美麗島》分別獲准創刊。這兩份刊物分別代表兩派不同立場的黨外人士。《八十年代》的社長康寧祥及總編輯江春男（筆名司馬文武）代表主張體制內改革的一派；《美麗島》的發行人黃信介、社長許信良、總編輯張俊宏代表主

張街頭鬥爭的一派。

但國民黨內有一部分右派分子極端痛恨黨外運動，也創辦一份《疾風》雜誌，由沈野擔任社長。《疾風》雜誌自認是正義之劍，對《美麗島》口誅筆伐。《美麗島》雜誌在台北市中泰賓館舉辦創刊酒會，《疾風》雜誌和一群「反共義士」及外省籍的幫派分子竟前去鼓譟叫罵，丟擲石頭。《美麗島》人士手無寸鐵，靠警方出動上千名的警力保護才能離開會場。

「中泰賓館事件」之後，《疾風》又派人在全島四處搗毀《美麗島》的辦事處。但《美麗島》受攻擊越慘，民眾越支持，發行量達到十萬份。不過這時部分黨外人士也越來越心懷不平，認為政府袒護《疾風》的行為，由此埋下「美麗島事件」的種子。

「美麗島事件」及「林宅血案」

1979 年 12 月 10 日是國際人權日，《美麗島》決定於當天晚上在高雄舉辦慶祝活動。政府從一開始就拒絕《美麗島》的申請，明白禁止任何遊行活動。但黨外人士由黃信介率領，與來自全國各地的支持者聚集在高雄，共有數萬人。主辦單位分發火把給部分人，因為火把是世界人權運動的象徵。也有部分人攜帶棍棒。自從中泰賓館事件後，許多參加黨外活動的人都攜帶棍棒，自稱是用來自衛。

警察首長和黃信介見面後，臨時決定准許在原地舉行演講會，但不准遊行，不准點燃火把。黃信介點頭同意，卻無法約束其他同仁。施明德率先帶領一部分人轉往其他可以容納更多人的場地。也有一部分人開始點燃火把。警察首長認為主辦單位不遵守承諾，命令憲警封鎖交通。警民於是爆發肢體衝突。

黨外人士在後來指出，有數十名來歷不明的人在其中製造事端，毆打群眾，也攻擊憲警，致使場面失控。群眾用棍棒攻擊憲警，用火把、汽油瓶攻擊警車。憲警奉命「打不還手，罵不還口」，以致受傷慘重，後來只得動員鎮暴部隊以裝甲車及催淚瓦斯驅散暴民。第二天，政府宣稱民眾只有幾

十人受傷，但警察受傷一百八十多人。

事件發生後，情治單位擬定一份數百人的名單，預備將黨外異議分子一網打盡，蔣經國卻批示「以美麗島為限」。其中只有黃信介、施明德、張俊宏、林義雄、陳菊等八名首要分子以叛亂罪送交軍法審判，其餘數十人交由正常的司法審判。

美麗島事件對蔣經國是一次大挫敗。美國朝野一致譴責國民黨政府開民主倒車，藐視人權。美麗島事件被捕人士的家屬紛紛向美國告狀。國民黨內的保守派又藉機批判開明派。

正當美麗島大審進行中，台北又發生一件驚人的事件。1980年2月28日（二二八事件紀念日），有不明暴徒侵入在押的省議員林義雄的家中，殺死他的母親。林義雄的一對六歲雙胞胎女兒中有一個也被殺死，另一個重傷，幸而被救活。

「林宅血案」震驚台灣及海外，一般懷疑和極右派分子有關，但警方始終找不到兇手。國際媒體因而對黨外人士更加同情，美國政府及國會議員對台灣政府施加更大的壓力。不過兩個月後美麗島事件的八名主要被告仍是被判重刑，其中施明德被處無期徒刑，其餘被處十到十四年有期徒刑，但沒有人被判死刑。

黨外的壯大

美麗島事件是台灣現代政治史上的一個重要分水嶺。

在審判過程中，國民黨破例允許傳播媒體詳細報導，外國人列席旁聽，大幅增加司法透明度。黨外延攬十幾名本土籍律師組成辯護律師團，其中如陳水扁、謝長廷、蘇貞昌、游錫堃、張俊雄等，經由媒體報導，都成為家喻戶曉的人物。由於許多黨外領導人紛紛入獄，形成短暫的政治真空，這些人剛好填補進來。1981年，陳水扁和謝長廷同時以高票當選為台北市議員，蘇貞昌和游錫堃當選為台灣省議員。這些人一出場就是政治明星，後來漸漸成為台灣的重量級政治人物。被判刑的八名黨外人士大部分刑期

未滿就獲得假釋出獄。新舊兩代於是結合，對國民黨造成更大的挑戰。

　　黨外的壯大，真正要感謝的是蔣經國默許反對力量成長。國民黨有些保守分子認為蔣經國縱容黨外勢力挑戰國民黨，只是敢怒不敢言。但蔣經國小心翼翼，對黨外的過火行動也絕不容忍。他雖然認為政治改革是必要的，卻堅持只能漸進，不能危及國家的安定。不過話說回來，當時美國卡特政府及部分國會議員關注人權及民主政治的發展，對蔣經國也造成極大的壓力。

「八一七公報」及兩岸統一問題

　　蔣經國堅持三不政策，但鄧小平想要早日完成統一大業，不免著急。他下令修繕蔣家在浙江奉化縣溪口鎮的祖墳，對蔣經國頻頻示好。但蔣經國完全無動於衷。鄧小平也想利用美國對台灣施壓，但美國國會通過的《台灣關係法》無異是台灣的一道護身符。鄧小平尤其不滿美國繼續供應台灣先進的武器，認為蔣經國因此有恃無恐。

　　1980 年 11 月，共和黨的雷根（Ronald Reagan, 1911-2004）擊敗尋求連任的卡特，當選美國總統。雷根以反共著稱，在中、美建交後發表聲明嚴厲指責卡特政府，又親自飛到台灣訪問，旗幟鮮明。鄧小平大失所望。不過雷根任命的國務卿海格（Alexander Haig, Jr.）卻把和北京之間的戰略關係視為第一要務。中國於是向海格施壓，要求美國明訂停止銷售武器給台灣的日期，否則要降低雙邊的外交關係。海格建議雷根同意中國的要求。

　　共和黨參議員高華德大怒，向雷根痛批海格。當初海格其實是他極力向雷根推薦的，原以為海格反共，不料海格竟為了反蘇而拉攏中共，不惜犧牲台灣。雷根也大怒，立刻請海格遞上辭呈。不過雷根最後還是同意逐漸減少對台灣武器銷售的質與量，中國也不再堅持要美國明訂停止軍售的最後期限。雙方於是在 1982 年 8 月簽定了「八一七公報」。對於美國軍售問題，雙方最後妥協的文字是「經由一段時間而達到最終解決」，實際上是模糊處理。

當時的美國在台協會台北辦事處處長（實質上等於駐台灣大使）李潔明（James Lilley）後來回憶，說雷根自覺對台灣有愧，也不放心，親自擬了一份總統指令，並由國務卿副署，用以解讀「八一七公報」，其中說：「任何減少對台軍售要以台灣海峽和平，及中國維持其尋求和平解決台灣問題的基本政策為前提。」此後每當對台軍售有爭議時，這份指令就被拿出來，作為討論的參考依據。

中國在與美國談判時，也對台灣發動和平攻勢。1981年中共國慶前夕，葉劍英代表全國人大發表談話（後來稱為〈葉九條〉），建議由共產黨和國民黨對等談判，達成三通，歡迎台灣人民到大陸探親、旅遊、定居、投資。統一後，台灣可以保留軍隊，維持社會、經濟制度不變，視為中國的一個特別行政區，享有特別自治權。

葉劍英所提出的，已經是「一國兩制」的構想，只是當時還沒有這樣的名詞。一國兩制的說法是中國在和英國談判香港回歸問題時提出的。香港回歸問題其實和兩岸統一問題有部分的相似性及關連性，所以本章在此也要為讀者簡介香港的歷史發展，並敘述中英如何談判香港的回歸問題。

香港總督麥理浩

香港之所以成為英國的殖民地，牽涉到清朝晚期與英國簽訂的三個不平等條約。1842年鴉片戰爭後，清朝被迫簽《南京條約》，永久割讓香港島。1860年英法聯軍攻北京後，清朝又被迫簽《北京條約》，永久割讓九龍。1898年，趁各國強行以租借為手段瓜分中國，英國和清朝簽訂《展拓香港界址專條》，強行租借九龍半島大部分的土地及兩百多個島嶼（即是新界），租期九十九年。後來英國人又不斷地強行往北拓展，最終劃定以深圳河為界。

新中國從成立之日起就宣稱不承認上述的三個條約，只是香港是中國對外聯絡及貿易的重要窗口，不便採取什麼行動。1974年5月，英國前首相希斯（Sir Edward Heath）訪華。毛澤東和他談到香港問題，轉頭問周恩來

香港還有幾年。周恩來回答，到 1997 年還有二十三年。毛說：「到時候怎麼辦，再商量吧。」又指著鄧小平等人，說以後都是他們的事了。顯然，毛澤東並沒有不承認新界的租約，也不急於提前收回。

1978 年 8 月，中國在國務院之下成立「港澳辦公室」，任命廖承志（國民黨元老廖仲愷之子）為主任。香港總督麥理浩（Crawford M. MacLehose）開始詢問港澳辦新界的租期是否能夠展延。

麥理浩是香港第二十五任總督，在他之前，英國人在香港可說建設不多。1967 年文革期間，香港發生大暴動，雖然主要是由毛派狂熱分子挑起，但也有部分原因是香港政府長期忽視人民的權益和福祉。1971 年，麥理浩接任總督，在十年半裡（1971-1982）推動無數的建設，徹底改變了香港的風貌。

麥理浩推動十年建屋計畫，到卸任前總共提供了九十六萬人（佔香港六分之一人口）價廉、舒適而實用的住宅；同時先後開發了荃灣、沙田、屯門、大埔、粉嶺、元朗六個新市鎮。香港的地下鐵系統由麥理浩開始規劃興建，同時帶動沿線金鐘、太古城、海港城、灣仔、太子、觀塘的繁榮發展。香港原本只有紡織、塑膠加工等輕工業，在麥理浩的推動下，電子、鐘錶產業也開始蓬勃發展。麥理浩又推動學童九年免費義務教育，並為配合工業發展而興辦許多工業學校，其中包括後來的香港理工學院。麥理浩大膽開放金融市場，撤除外匯、黃金等各種管制，使得香港日後成為亞洲的金融中心。

麥理浩還有幾件重要的施政。一是為了解決長期來的嚴重貪污問題而創辦廉政公署，使得香港在多年後成為亞洲最廉潔的城市之一；二是為了解決水荒而興建香港最大的萬宜水庫；三是制訂《郊野公園條例》，使得香港彈丸之地也有多處綠水青山。

麥理浩也是中共建國後第一次邀請到北京訪問的港督。麥理浩在 1979 年 3 月成行，當他見到鄧小平時，又問到新界租約的問題。

「九七大限」問題

英國人為什麼不停地問《新界租約》呢？因為 1997 年越來越近，如果租約不能延長，香港政府批出與新界有關的地契期限就只能越來越短，與土地相關的商業合同也都無法簽訂。麥理浩在新界到處大興土木要如何繼續？這就是所謂的「九七大限」，麥理浩和所有的英國人、香港人當然都著急。

英國人又為什麼不提香港和九龍呢？因為在他們的認知裡，香港和九龍是永久割讓，所以不須討論。不過英國人也知道，新界的土地面積超過香港和九龍土地總和面積的十倍以上，並且供應香港和九龍大部分的水、電、瓦斯和其他民生所需。中國縱然只收回新界，香港和九龍也無法獨立生存。因而，《新界租約》影響的是香港、九龍、新界三者（以下總稱香港），而不只是新界一地。

中國能不收回香港嗎？答案很明顯，任何人只要敢說一個「不」字，就必定被打成「李鴻章第二」，臭名萬世。不過有很多人擔心，香港如果收回了，或是還沒有收回就發生外國人撤走，人民恐慌逃散，經濟崩盤，無論對英國、香港或是中國，都是無法承受的損失。所以問題不在要不要收回，而在收回後要如何維持香港的繁榮。

柴契爾夫人與鄧小平的會談

廖承志奉令在港澳辦裡成立一個小組，由他的助手魯平擔任組長，以一年的時間研究如何保持香港繼續繁榮的辦法。魯平邀集香港各層面的人士來討論，包括工商、法律、社會、教育、宗教界，以及政府相關人員，得到的初步結論是：「把國旗換一換，英國國旗下來，我們五星旗上去。馬照跑，舞照跳，就是這麼一個概念。它的資本主義制度保持不變，生活方式也不變。」

不過英國人越來越擔心，陸續派大臣到北京詢問，而得到的答案總是說，中國到時一定要收回香港，但對香港將會採取特殊的政策，請英國人和香港人放心。但號稱「鐵娘子」的英國首相柴契爾夫人（Margaret H.

Thatcher, 1925-2013）還是不放心，決定親自出馬。柴契爾夫人於 1982 年 9 月飛抵北京。在此之前五個月，英國才大舉出兵遠征南美，擊潰侵犯其屬地福克蘭島（Falkland Islands）的阿根廷軍隊，大勝而歸。柴契爾夫人因而意氣風發。

柴契爾夫人見到鄧小平時，堅持三個條約仍然有效，又說中國如果收回香港，必定引起大亂，將影響香港的繁榮。鄧小平卻指出，關於香港有三個主要問題。第一，是主權問題；第二，是 1997 年以後中國要採取什麼方式來管理香港；第三，是中、英兩國要如何使香港在 1997 年前的十五年中不出現大的波動。

鄧小平說，中國在主權問題上沒有迴旋餘地，1997 年不但要收回新界，也要收回香港和九龍；不收回就無法向人民交代，連他自己都必須下台。他訂下期限，說最遲兩年內中國就必須宣布收回香港的政策。換句話說，到時如果兩國談不成，中國只好單獨宣布收回香港的辦法。

關於第二個問題，鄧小平明確地說，中國收回香港後，將允許香港繼續實行資本主義，保持現有的政治、經濟、法律等制度。

關於第三個問題，他說希望得到英國的合作，一同磋商制訂方針和政策。如果各方合作，香港或許還不免會有小的波動，但應能避免大的波動。不過製造混亂是很容易的，如果在十五年的過渡期內香港發生嚴重的波動，怎麼辦？「那時，中國政府將不得不被迫對收回的時間和方式另做考慮。」言下之意是不排除以武力解決。

柴契爾夫人沒有想到鄧小平竟如此強硬，談了兩個多小時後出來時臉色凝重，心神恍惚，一不小心竟踩空一個階梯，跌倒在地。旁邊的人趕忙扶她起來。全世界媒體立刻大幅報導，都說大事不妙。

《十二條》及《中英聯合聲明》

1983 年 3 月，廖承志向中央提出正式建議，以作為香港回歸後施政的基本方針及政策，簡稱《十二條》。內容大致如下：

中國政府於一九九七年七月一日對香港地區恢復行使主權,同時在香港設立特別行政區,直轄於中央人民政府。特別行政區享有立法權、司法權和終審權。現行的法律、條例基本不變。特別行政區政府由港人組成,主要官員由中國政府委任。原香港政府各部門的公務、警務人員可留任。現行的社會、經濟制度不變,生活方式不變。保障言論、出版、集會、結社、旅行、遷徙、通信自由和宗教信仰自由。私人財產、企業所有權及外來投資均受法律保護。香港特別行政區仍為自由港和獨立關稅地區。保持金融中心地位,繼續開放外匯、黃金、證券、期貨等市場,資金進出自由,港幣照常流通,自由兌換。特別行政區可同英國建立互惠經濟關係,英國在香港的經濟利益將得到照顧。特別行政區可以「中國香港」的名義,單獨地同世界各國、各地區以及有關國際組織保持和發展經濟、文化關係,簽訂協定。

最值得注意的是《十二條》裡的最後一條,規定上述的方針政策「在香港回歸後五十年不變」。

但中英之間的後續談判並不順利。1983 年 9 月,由於雙方談判破裂,引發港幣、股市大跌,銀行擠兌。香港政府被迫取消行之有年的浮動匯率,宣布港幣與美元掛勾,固定在 1 美元兌換 7.8 港幣,才使得金融轉趨穩定。

不過有許多香港的企業因為擔心未來而決定趁早「遷冊」,也就是把公司註冊轉移到香港以外的地方。匯豐銀行和怡和集團是其中的代表。香港人民大部分也不相信共產黨,早就想方設法要移民到美國、英國、澳洲和紐西蘭等地。越是有錢的人,逃得越快。也有些人把妻兒送到國外,自己留在香港,以便隨時可以逃走。

中、英經過二十二輪艱辛談判,終於趕在鄧小平訂下的兩年期限之前達成了協議。1984 年 12 月,柴契爾夫人又來到北京會見鄧小平,並與趙紫陽共同簽署《中英聯合聲明》。雙方同意於 1997 年 7 月 1 日依上述《十二條》的政策方針移交香港。在過渡期間,英國將繼續管理香港,中方將給予合作。雙方並同意成立一個聯絡小組,以確保過渡期間一切順利。

一國兩制

1984 年 6 月，也就是中英發布《聯合聲明》之前半年，鄧小平接見一個香港工商代表團，發表談話，題目是「一個國家，兩種制度」。鄧小平自己說在此之前也曾經講過很多次「一國兩制」，不過這是他第一次在重要場合中正式提出這樣的說法。「一國兩制」當然不是只針對香港、澳門，也在向台灣喊話。

事實上，鄧小平對台灣的重視程度可能還超過香港。鄧小平與新加坡的李光耀於 1978 年初次見面後就建立友誼，他又知道蔣經國與李光耀私交甚篤，所以也透過李光耀問候蔣經國。但蔣經國仍是無意於任何的接觸或談判。

港澳辦主任廖承志其實和蔣經國也是舊友。他們各自的父親廖仲愷和蔣介石原本在 1920 年代初期就是孫中山的左右手，所以兩人可說是幼時玩伴，也曾一起到莫斯科孫逸仙大學留學。廖承志因而直接寫信給「經國吾弟」，希望同意國民黨和中共和談，或由他到台灣來探望老友。但蔣經國竟連信也不回。

總之，中共千方百計要和蔣經國聯繫，希望透過談判達到兩岸和平統一，方案就是「一國兩制」，但蔣經國一概不理不睬，只是專注於內部的事務。以下轉回來敘述台灣的情況。

陳文成事件

美麗島事件後，台灣的國民黨內保守勢力大漲，王昇主持的「劉少康辦公室」逐漸插手各部會的事務，儼然是「太上內閣」。情治系統列了一長串國內、外的黑名單，任意決定這些人士是否可以出境或入境。警備總部隨意約談人民，肆無忌憚。

1981 年 7 月，警總約談一名回台灣探親的留美學人，卡內基美隆

（Carnegie Mellon University）大學的助理教授陳文成。不料第二天清晨陳文成被發現陳屍於台灣大學研究生圖書館旁的草地上，屍體的前胸及後背的骨頭都嚴重斷裂。

根據國內及來自美國的法醫推斷，陳文成極可能是從圖書館五樓的平台上墜落，並且是在遭人毆打以致重傷、昏迷的狀況中被人拋下致死，並非自行跳樓而死。社會大眾為此議論紛紛，大多認為陳文成的死因有兩種可能，一是警總對他刑求以致重傷，所以故意布置成跳樓而死；二是在離開警總後被不明分子截堵後害死。

不論陳文成因何而死，美國部分國會議員大怒，為此召開特別聽證會。由於陳文成一向熱心參加台灣同鄉會的活動，又大力支持《美麗島》雜誌，所以被台灣情治單位列入黑名單中。美國國會因而也要求調查國民黨派在美國校園中的特務學生的活動。參眾兩院甚至通過決議案，禁止出售武器給派出特務在美國校園裡活動的國家。台灣政府被迫宣布取消海外的黑名單，禁止治安單位隨意約談人民，百姓出入境也不再需要警總核准。

王昇貶放巴拉圭

儘管台灣的白色恐怖統治因陳文成案而大大收斂，王昇卻仍然藉「劉少康辦公室」迫使各部會首長俯首聽令，威風凜凜。蔣經國由於長期患糖尿病，到 1983 年已經不良於行，又動過視網膜手術，幾乎足不出戶，市井傳言王昇有接班的可能。國民黨內有部分元老對此深感不安，私下晉見蔣經國，說出他們的憂慮。蔣經國的次子蔣孝武與王昇一向交惡，時常公開或私下批評王昇，對蔣經國也有影響。

1983 年 5 月，蔣經國召見王昇，直接說不能容忍劉少康辦公室發展成為一個超級部會，下令立刻解散。王昇先被安排擔任一個沒有實權的位置，不久後又奉命出使巴拉圭（Paraguay）。巴拉圭遠在南美，王昇從此離開權力核心。

王昇從贛南開始跟隨蔣經國，四十幾年來對蔣經國始終忠心耿耿，被認

為是蔣經國白色恐怖統治的白手套，造成許多冤、假、錯案。但蔣經國自認是不得已而為之，否則共產黨地下人員到處潛伏，禍害無窮，將蹈失去大陸的覆轍，未戰先敗。然而，蔣經國也知道一日不罷黜王昇，人民對政府的向心力就無法凝聚。他又知道自己來日無多，不能留下後患，因此毫不猶豫地就把自己的親信罷除了。

王昇貶放巴拉圭後，台灣民主化之路當中的一塊大石頭已經移開。蔣經國接著朝本土化又大步前進，拔擢李登輝。

李登輝再上層樓

1984 年 3 月，台灣舉行大選，蔣經國與李登輝搭檔，分別當選為為正、副總統。

李登輝是土生土長的台灣人。他在年輕時曾經留學日本，就讀於京都大學，但在太平洋戰爭期間被軍部徵召到砲兵部隊服役。日本戰敗後，李登輝回到台北，在台大畢業。李登輝在四十三歲時又到美國康乃爾大學（Cornell University）留學，獲得農經博士；回國後繼續在農復會任職，漸漸成為有名的農經學者，引起蔣經國的注意。

不過李登輝在台大讀書時曾經參加馬克思主義研討會。二二八事件中，李登輝甚至擔心自己隨時會被逮捕。蔣經國以情治起家，當然不會不知道他的歷史，卻還是重用李登輝。有人解釋，這可能是因為蔣經國自己年輕時也是共產黨員，懷抱過馬克思主義的理想，所以對此不以為意。1972 年起，李登輝歷任行政院政務委員、台北市長、台灣省主席，政績斐然，受到蔣經國的賞識。

不過當時的行政院長孫運璿比李登輝更資深，也深獲蔣經國器重，被認為是最可能的接班人之一。孫運璿是工程師背景的技術官僚，勤政親民，清廉自持，無論國民黨或黨外人士都十分敬重。然而，蔣經國還是出人意外地宣布提名李登輝為副總統候選人。不久後，孫運璿卻突然不幸中風，從此退出政壇。

　　蔣經國的健康明顯惡化，許多人猜測他可能無法做完最後一任總統的六年任期，所以李登輝擔任副總統，極可能依法繼任，登上大位。這意味外省人當家將近四十年的台灣就要變天了。國民黨保守派對此尤其擔心。但蔣經國說話不多，天威難測，沒有人敢問他為什麼，或是將來怎麼辦？

　　由於雷根明顯親台，蔣經國貶放王昇及加速推動民主化、本土化，台美之間因陳文成事件而籠罩的陰影逐漸散開。正在此時，美國加州卻突然發生一件謀殺案，震驚美國和台灣。

劉宜良案（或稱江南案）

　　1984年10月，美國加州舊金山發生一件命案。一位美籍華人劉宜良在家中被人開槍擊斃。劉宜良來自台灣，除了經營商店，也從事寫作。1983年起，劉宜良（筆名「江南」）在華文報紙上連載《蔣經國傳》，其中揭露不少蔣經國的隱私。因而，一般人都認為劉宜良可能是因為寫《蔣經國傳》而遭到殺害。但聯邦調查局（FBI）發現他是一個三面間諜，同時向台灣、中國和美國提供情報，所以死因可能不單純。

　　事有湊巧，台灣的國安局在一個月後突然發動一項「一清專案」，逮捕數以千計的黑社會幫派分子及流氓。台灣最大的外省幫派「竹聯幫」總堂主陳啟禮也被捕。他為了要避免被判刑，在接受審訊時竟說自己是被國防部情報局吸收的探員，曾經奉命前往美國，指揮兩名竹聯幫幹部「執行任務」，殺死劉宜良。台灣當局於是通知美國國務院，但沒有充分說明情報局牽涉其中。

　　竹聯幫開始擔心陳啟禮可能會被滅口。不久後，有一名竹聯幫的堂主「白狼」張安樂在美國召開記者會，說陳啟禮在犯案後曾經留下一個錄音帶，詳細說明被情報局吸收及奉派「出任務」的經過。竹聯幫將錄音帶交給FBI，又指稱國防部情報局背後另外有人主使，並咬定就是蔣經國的次子蔣孝武。

　　一時之間，台、美之間猶如被投下一顆震撼彈。台灣的情報單位竟然

雇用黑社會幫派分子在美國土地上殺害美國公民。許多美國國會議員和政府官員暴跳如雷，其中有人揚言要阻止美國繼續銷售武器給台灣。蔣經國也震怒，下令逮捕情報局局長，又將國安局長撤職。美國獲得台灣同意，派員到台北偵訊陳啟禮等人，但沒有足夠的證據可以指控蔣孝武在背後指使。陳啟禮後來被判處無期徒刑。

十信案

江南案後，又有「十信案」爆發。十信是「台北市第十信用合作社」的簡稱，在台灣所有的信用合作社中歷史最久，規模最大，曾經由台灣最富有的國泰集團創辦人蔡萬春控制達二十幾年。國泰集團後來分家，蔡萬春的次子蔡辰洲接掌十信的理事主席。蔡辰洲與黨政要人密切來往，與國民黨秘書長蔣彥士尤其親近，當選為立法委員後又與其他委員組成「十三兄弟」，引人側目。蔡辰洲又違法讓十信放款給自己經營的一家塑膠公司，金額達到新台幣七十億元，約佔十信存款總額的半數。十信逾放款總額超過存款，情況嚴重。

蔣經國獲得報告，於 1985 年 2 月命令中央銀行及財政部對十信採取行動，不料消息傳出後引爆存戶瘋狂擠兌，將存款提領一空。政府只得接管十信，由其他行庫承接十信的償債責任，結果又遭到輿論嚴厲批評。甚至有黨外立法委員公開要求蔣經國下台。蔣彥士被迫辭職。經濟部長和財政部長也都被迫辭職。蔡辰洲被判刑入獄，不久病死於獄中。

江南案及十信案相繼而來，顯示國民黨的情治系統、財經系統、黨務系統都荒腔走板，貪污腐化，對蔣經國的威信也造成巨大的衝擊。黨外勢力以這兩個案件為由，痛批是國民黨一黨專政的惡果。

蔣經國的兒子們

不過江南案也暴露一件事，蔣經國必須慎重處理他的兒子們。

　　蔣經國有三個兒子，其中長子孝文和次子孝武從小叛逆，不受管教，常常在外打架鬧事，被送到軍校讀書也都桀敖不馴，藐視軍紀和長官，繼續惹是生非，結果都被送到國外讀書。孝文回國後由於生活不檢，沒有幾年就開始染病，長期倒臥病床。

　　蔣經國的希望轉到孝武，卻因有顧忌，並沒有讓孝武出任黨政高位。但孝武的四周總是有一大群人圍繞，奉承諂媚，所以也能呼風喚雨，宛如儲君。江南案發生後，國內外都傳說孝武涉案極深，雖提不出證據，孝武的政治前途已經蒙上陰影。

　　蔣經國的第三子孝勇在三兄弟中是最不讓他的父親傷腦筋的一個。他在大學畢業後從商有成，又對人謙恭有禮，頗獲好評。江南案後，蔣經國把孝勇喚到身邊，每週至少兩次向他簡報國內外情勢。蔣經國由於眼疾，幾乎無法讀任何文件，必須有他能夠相信的人讀給他聽。許多人於是開始巴結孝勇，反對人士開始稱他為「地下總統」。

　　不過蔣經國也很清楚人們在擔心什麼。1985年8月，蔣經國在接受《時代雜誌》採訪時，明白表示從來沒有想過由蔣家的人繼任總統。到了12月，蔣經國在國民大會上演講，更清楚地說在他身後「既不能也不會出現蔣家人或軍人執政的情形」。1986年2月，蔣經國乾脆命令蔣孝武出任駐新加坡代表處的副代表，像王昇一樣貶放國外，以實際行動消除人們的疑慮。

　　蔣經國其實還有兩個私生子：章孝嚴及章孝慈。他們兩人是雙胞胎，母親章亞若是蔣經國在贛南時的部屬，但在生出兩兄弟後不久就被謀殺。蔣經國不願公開認他們兩人，只好請人暗中接濟。兩兄弟來台灣後與外祖母相依為命，刻苦奮鬥，長大後才知道自己是蔣經國的兒子。孝嚴是外交官，孝慈在大學任教。蔣經國之所以不讓他們兄弟認祖歸宗，據說主要是自認對原配方良十分愧疚，兩人因此沒有什麼機會攀上權力之路。

蔣經國最後的改革——解嚴及開放黨禁、報禁

　　江南案及十信案使得蔣經國痛心疾首，決心加速改革。但其實還有另外的兩股勢力在背後催促他：一股來自本土的反對勢力，另一股來自美國。

　　先說本土的反對勢力。1984 年 9 月，長期被稱為「黨外」的反對勢力成立一個「黨外公政會」，已有政黨之實，但不敢用政黨之名。不過江南案及十信案爆發後，政府威信大失，黨外決定組黨。

　　來自美國的壓力更大。1986 年 8 月，美國眾議院以壓倒性的票數通過一個決議案，敦促國民黨開放黨禁。不久後，民主黨派代表團到台灣，除拜會政府官員之外，也參加黨外舉辦的組黨說明會。美國參議院外交委員會主席盧魯嘉（Richard G. Lugar）接著也訪問台灣，面見蔣經國和李登輝，要求允許成立反對黨，並盡早取消戒嚴。

　　黨外人士於是在 9 月底舉行盛大的集會，公開宣布組黨，取名為「民主進步黨」（簡稱「民進黨」，Democratic Progressive Party）。國民黨保守派大驚，但蔣經國召集情治高層，警告不得擅自抓人。國民黨不承認民進黨，但已默認其成立。

　　10 月中，蔣經國接受美國《華盛頓郵報》（*Washington Post*）發行人葛蘭姆夫人（Katharine Graham）的採訪，出人意外地宣布台灣即將解除戒嚴。他在事前保密到家，完全不曾告訴任何人。1987 年 7 月，台灣政府公布新擬的《動員戡亂時期國家安全法》，隨後正式解除實施長達三十八年的《台灣省戒嚴令》。

　　解除戒嚴其實離葛蘭姆夫人來訪已經八個多月，不能不說十分緩慢。國安法之上還有「動員戡亂時期」幾個字，也表示改革還沒有碰觸到最核心的問題。至於開放報禁，也是到 1988 年 1 月 1 日才開始實施。這些延緩，一般認為是由於國民黨內部保守勢力的阻擋。宋美齡於 1986 年底從美國回到台北長住，保守勢力重新集結。

開放大陸探親、旅遊、經商

　　蔣經國在推動改革同時，也漸漸對大陸採取開放的態度。

　　事實上，自從大陸改革開放以來，沿海城市開放帶來的巨大商機，使得台灣商人趨之若鶩，台灣政府不得不允許兩岸之間的間接轉口貿易。儘管政府嚴格禁止台商到大陸投資，中、小型台商已經開始偷跑，透過第三地在大陸間接投資設廠。

　　1986年5月，兩岸之間發生一個突發事件。台灣中華航空公司有一個貨機機長王錫爵挾持兩名同事，將飛機降落在廣州白雲機場。王錫爵在記者會上自稱想念在大陸的親人。蔣經國被迫允許華航與中國民航談判飛機及人員歸還的問題，打破自己的「三不政策」。

　　當時台灣還有數十萬老兵，都和王錫爵一樣想念親人。但國民黨保守派並不支持開放老兵探親，老兵於是組織「外省人老兵返鄉促進會」，發起抗爭。政府於是在1987年11月起開放大陸探親。數十萬老兵像鮭魚一般，紛紛由家人陪同返鄉探視失散多年的父母、兄弟、姊妹、糟糠之妻和子女，演出無數的人間悲喜劇。

　　不過一旦開放老兵探親，實際上也已經無法阻止台灣的中、小企業藉機到中國大陸直接經商，並掀起一股巨大的投資浪潮，漸漸追上香港對大陸的投資。有關台商對大陸的投資，請容在第18章敘述。

蔣經國病逝，李登輝繼任

　　1988年1月13日，蔣經國突然大量吐血，撒手人寰。雖然他長期患糖尿病，健康極差，沒有人料到他會突然過世。數小時後，李登輝宣誓繼任為總統，任期剩下二年四個月。

　　李登輝繼任為總統是依據憲法規定，沒有任何疑義。不過國民黨的黨主席一職卻必須等到7月召開全黨代表大會才能選舉產生，所以這時只能由中常會選舉代理主席。但無論是誰擔任代理主席，在半年後選舉黨主席時就站在絕對有利的位置。眾所周知，當時台灣的權力中心不是總統，而是國民黨黨主席。

　　美國這時暗暗地表示支持李登輝，國民黨內許多人見狀也紛紛表示支

持。國民黨秘書長李煥和行政院長俞國華等大老也不想推翻蔣經國生前的安排。不料宋美齡在中常會開會的前一天突然寫信給李煥，主張不必選舉代理主席，而由幾名中常委輪流主持中常會。事實上，由於蔣經國生前經常臥病而無法主持中常會，親自指定由幾名中常委輪流代為主持，所以宋美齡自認此一提議是有例可循的。不過蔣經國已經去世，是否能延用這樣的辦法，有人認為太過牽強。

李煥與俞國華等人一時左右為難，在會議中遲遲不敢照原訂議程提名李登輝為代理主席。不料在一旁列席，但沒有發言權的國民黨副秘書長宋楚瑜霍然起身，慷慨陳詞，說如果今天不提出代理主席案，對國家和黨所造成的傷害將一天大過一天，也對不起經國先生。宋楚瑜說完後，拂袖而去。在場所有人一片錯愕。主持會議的余紀忠於是請俞國華發言，提議由李登輝出任代理黨主席，獲得會議通過。

六個月後，國民黨舉行十三大，代理主席李登輝以高票當選為新任黨主席。

第 16 章
日本第一？

　　1976 年（昭和五十一年）12 月，福田赳夫如願以償就任日本首相時，事實上面臨多重的困境。從政治面看，洛克希德案重創執政的自民黨，前首相田中角榮和十幾位「灰色高官」都被起訴，自民黨又在眾議院大選中慘敗。從經濟面看，中東石油危機爆發後，日本的物價連續三年大幅上漲，同時日本的 GDP 卻有兩年是負成長。更糟的是有超過一百萬人失業。從社會面看，整個日本也充滿暴戾和不安的氣氛，在他上任後不久就發生幾次重大的事件，其中最驚人的有兩件：赤軍分子劫機事件及成田機場抗爭事件。

　　以下就先從這兩個事件說起。

赤軍分子劫機事件及成田機場抗爭事件

　　1977 年 9 月，沉寂一陣的日本赤軍又在海外犯案。五名赤軍分子劫持一架從巴黎飛往東京的日航班機。暴徒以一百多名機員和乘客為人質，要求日本政府付出贖金六百萬美元，並釋放關押在監獄中的九名赤軍分子。赤軍所提的條件可說是超過一般政府所能接受的範圍，但福田召集閣員緊急會議，不讓與會者暢所欲言就決定同意了。他說：「人的生命比地球還重

要。」第二天報紙都說這將是福田的傳世名言。不過法務大臣不同意福田的裁斷，辭職抗議。一部分的輿論也批評福田的決定太過軟弱，日後赤軍將更為猖狂。

　　成田機場的抗爭問題讓福田更加頭痛。日本政府很早就預備在東京附近新建一個國際機場，以補羽田機場的不足。經過多年四處選址，由佐藤首相於 1966 年裁定在千葉縣成田市三里塚地區。政府預定徵收的土地有一大部分屬於天皇御用的農場，天皇表示同意。但政府對待當地的農民並沒有像對天皇那樣積極解說、溝通，因而農民自認權益被忽視，決心拼命阻止興建機場。農民組織聯盟發起「一坪運動」，把土地分割成一坪一坪，登記在不同人的名下，以增加持有土地的人數，擴大與政府抗爭。社會黨、新左翼團體和左派學生紛紛支援農民，參加登記成為一坪地主。

　　衝突於是擴大。有人在機場跑道線上的自有土地搭建高聳的鐵塔，目的就是要阻止飛機起降。抗爭在最高潮時，曾經發生兩次大規模的衝突，警、民各自出動五千人以上，結果造成三名警察死亡，數百人受傷，數百名反對者被捕。

　　1978 年 4 月，反對者又發起數千人抗爭，其中有部分人竟佔領即將啟用的機場管制塔，破壞設備。警察再度出動鎮壓，但已無法讓成田機場如預期開始營運。成田機場原本規劃三條飛機起降跑道，由於少數農家誓死抵制，到後來只能完成一條。至於第二條跑道啟用，已經是二十幾年後的事了。

　　成田機場的抗爭事件反映出日本在經濟迅速成長過程中弱勢團體對政府的憤恨和對社會不公的反抗。

福田內閣（1976 年 12 月—1978 年 12 月）

　　福田曾任三屆大藏大臣，向來以穩定的財政政策著稱，但面臨經濟困境，不得不採取種種刺激景氣的作法；例如擴大公共建設，超額發行國債，降低利率，以及減稅。不過日本的經濟到了 1977 年底也仍然沒有起

色。

　　福田在任上引以為豪的，是與中國簽訂和平友好條約，又接待鄧小平到訪，在第14章已經敘述。但福田其實在簽約前還是十分猶豫，不知該不該聽美國的勸說。在福田上任前不久，蘇聯有一架米格-25戰鬥機在日本北海道的函館機場迫降。機員選擇到美國接受政治庇護，日本軍方與美軍藉機合作暗中拆解飛機。蘇聯大怒，在福田上任後宣布設置二百海里專屬漁業區，造成日本北方部分漁民無法下海捕魚。福田想起當年鳩山一郎首相曾經主導與蘇聯邦交正常化，被蘇聯認為是朋友，於是請鳩山的兒子威一郎擔任外相，才漸漸解開與蘇聯之間的芥蒂。

　　福田任期將滿兩年，自民黨決定開放黨員參加總裁初選。選前根據調查，福田大幅領先，因而自信滿滿，誇下海口說如果初選沒有得到最高票就不參加決選。不料田中角榮傾全力為大平正芳拉票，結果大平擊敗福田，位居第一。福田只好宣布退出選舉。大平正芳於是當選為總裁兼首相。據說大平之所以拼命與福田競選，是因為福田食言而不履行「大福密約」。但福田始終否認有大福密約。

　　有人稱這次的選舉為「第二次角福大戰」，田中又一次擊敗福田。事實上，大平並不是主角，田中才是。大平自己的派系小而弱，全靠田中派的支持才能擊敗福田，因而只能任由田中角榮予取予求，在黨裡或是內閣中安排人事。田中在幕後操控，人稱「闇將軍」或「今太閣」。他已經不是自民黨黨員，在新內閣中也沒有任何職位，又還在交保中，等待法院最後的判決，卻能在自民黨派系鬥爭中藉機取得自己最大的政治利益。闇將軍的巨大影響力不只是在大平內閣，在其後的兩任內閣中也還是繼續發威。

大平內閣（1978年12月—1980年6月）

　　大平正芳於1978年12月開始擔任首相，過了一個月中東就爆發了第二次石油危機。伊朗發生革命，伊斯蘭教長什葉派何梅尼（Ruhollah Khomeini）領導人民驅逐國王巴勒維（Mohammad Pahlavi），敵視所有的

西方國家。國際石油價格從每桶 14 美元漲到 35 美元，全球經濟震盪。日本幾乎所有的石油都倚賴進口，受到衝擊最大。大平政府不得不發行超額國債，達到破紀錄的 15.3 兆日圓，相當於當年政府總預算的 40％。

為了要平衡赤字國債，大平公開提出要開徵消費稅。不過由於反對聲浪高，他又想收回，結果遭到在野黨緊咬不放，一路追打。自民黨因而在 1979 年 10 月舉行的眾議院選舉又大敗，只獲得 248 席，比 1976 年的選舉還少 1 席。自民黨在選後內鬥加劇，福田、三木、中曾根派等三個非主流派聯合對抗田中、大平的主流派，要求大平讓出首相寶座給福田，只保留自民黨總裁位置。大平有意退讓，田中卻堅決不肯。經過四十天的紛爭擾攘，主流派再次以投票決戰獲勝，大平蟬聯首相，時為 1979 年 11 月。

但在雙方繼續惡鬥中，在野黨因故提出不信任案，非主流派趁機要脅，主流派卻堅決不讓步，結果不信任案竟獲得通過。這是日本有史以來第一次參、眾兩院必須同時改選。選舉投票日訂於 1980 年 6 月。

大平正芳自從擔任首相以來，為石油危機、預算赤字、美日貿易摩擦、自民黨內鬥等問題而心力交瘁。他又頻繁地出國訪問，光是在五月就訪問了北美、東歐共四個國家，還接待了中國總理華國鋒來訪。之後，他又投入前所未有的大選戰，據說一天內趕場五個地方，登台演講助選。大平因而驟然身體不適，被送進醫院裡，不久竟因心肌梗塞而死。這一天，離選舉投票還有十日。田中角榮也正在家鄉新潟忙著競選演講，聞訊趕到，抱著大平冰冷的屍體，放聲大哭。

大平出身貧寒，性情善良，不幸過勞死，人民大多對他表示同情。自民黨內各派閥也決定暫時停止內鬥。結果自民黨在參、眾兩院選舉大勝，都取得絕對多數的席次，成為穩定的執政黨。

鈴木內閣（1980 年 6 月—1982 年 11 月）

大平派的第二號人物鈴木善幸與田中角榮一向很親近，又個性憨直，所以田中推薦他繼任為總裁兼首相。各派閥也沒有人反對。日本人民和外國

人在此之前大多對鈴木不熟悉，有些人看到報紙報導新任首相才問說：「這是誰啊？」鈴木既是因田中支持而登上總裁及首相寶座，田中當然就不客氣地繼續在幕後操縱，呼風喚雨。

鈴木上台時，第二次石油危機的衝擊正是最嚴重的時候。鈴木面臨和前前兩任首相一樣的困境，不得不繼續發行公債，不過決心推動改革，逐步平衡預算，目標在 1985 年停止發行公債。

當初池田勇人擔任首相時，曾經為了要推動行政改革而下令成立一個「臨時行政調查會」，以調查所得資料作為施政的參考依據。鈴木當時參與其中，所以自己擔任首相後也想效法池田，下令成立第二次臨時行政調查會（二次臨調），聘請經團連前會長土光敏夫為會長。二次臨調最後提出的結論是以「小政府」為目標，在不增稅的大前提下進行行政及財政改革。具體地說，就是削減老人、兒童、教育及健康保險等社會福利經費，又推動國營事業民營化。

說到外交，鈴木過去經驗不多，所以是他的弱項。1981 年 5 月，鈴木訪問美國，與新任的美國總統雷根會談，結果發生巨大的風波。雷根不滿他的前任卡特總統的政策，認為是軟弱外交，主張建構「強大的美國」。雷根也不滿蘇聯入侵阿富汗，要求日本共同對付蘇聯。鈴木與雷根會談後發表共同聲明，強調要加強雙邊的合作，也同意大幅增加國防預算以強化日本的防衛力量，並負擔部分在日美軍的費用。不過當鈴木首相接受記者訪問時，卻說雙方的同盟關係「不帶有軍事同盟的性質」。

鈴木回國後，黨內大老紛紛表示首相對共同聲明的解釋與美國不同，將影響兩國的互信。外務省官員也不滿，竟對記者說，首相認為美、日同盟關係不包括軍事關係的發言是廢話。鈴木大怒，外務大臣和次官雙雙被迫辭職。雷根政府因而對鈴木表示極端失望，使得雙方的關係陷入低潮。

田中與中曾根的合作

鈴木的總裁任期到 1982 年 11 月屆滿。他自知在內外衝突中不受歡

迎，因而宣布不再參選。自民黨的五大派系中只剩下中曾根康弘還不曾擔任總裁，田中角榮適時地又聯合鈴木共同支持中曾根，因而中曾根順利地當選為總裁兼首相。

中曾根素有「風見雞」的稱號，意思是有如牆頭草，搖擺不定。他雖然如願坐上總裁及首相的寶座，卻一樣不得不按照田中的意思安排人事。當然，其他派閥的要求也不能不考慮。結果中曾根自己的派系在黨三役中竟然一個位置也沒有，在內閣裡也只分到兩個大臣的位置。中曾根派下成員原本也有很多人希望入閣，卻都成為泡影，無不憤恨。報紙對中曾根冷嘲熱諷，說他組成了「田中曾根內閣」。

田中角榮竟能躲在前後三屆首相的背後垂簾聽政，當然志得意滿，但洛克希德案的陰影總是揮之不去。1983 年 10 月，離案發七年後，東京地方法院終於做出第一審判決。田中被判處四年徒刑，並追繳五億元賄款。田中立刻上訴，完成保釋手續，並公開宣稱要奮鬥到底，拒絕辭去眾議員的位置，自認是黑暗政治的受害人。

到了 12 月眾議院大選，田中又執意參選，結果得到破紀錄的二十二萬票而當選，比先前他擔任首相時所得的選票還多四萬票。在田中最困難的時候，家鄉新潟的選民們以選票來明確表達對他的感恩與支持。不過自民黨在這次選舉大選中卻又慘敗，只得到 250 席，又必須吸收其他黨派議員才能過半。自民黨各派閥領導盡皆大怒，認為中曾根必須負起敗選責任，中曾根卻說是田中造成的。不過田中早已不是黨員，自民黨對他也無可奈何。

1984 年 10 月，中曾根總裁任期即將屆滿。田中派內有人不願再支持中曾根，提議擁立同屬田中派的副總裁二階堂進。但田中不接受，決定讓中曾根繼續擔任總裁兼首相，換取中曾根同意由他繼續主宰自民黨及內閣中重要位置的分配。

中曾根派是自民黨內是最小、最弱的一個派系，中曾根康弘本人卻因為與田中角榮合作而連任三屆自民黨總裁，擔任首相長達五年之久。戰後日本歷任首相中，只有佐藤榮作和吉田茂任期比中曾根長。

中曾根的外交與內政（1982 年 11 月—1987 年 11 月）

中曾根自知根基不穩，希望透過與外國領袖交往而建立自己的威望，所以就任後不久就前往美國訪問雷根，並表示日、美兩國是連結太平洋兩岸的命運共同體。中曾根公開對媒體說：「日本列島是西太平洋不沈的航空母艦」，能協助美國阻擋蘇聯的威脅。雷根大喜，當初鈴木所造成的兩國間的陰霾自此煙消雲散。

在內政方面，中曾根上任後仍然請土光敏夫繼續主持「二次臨調」。土光於 1983 年 3 月提出最後的報告，其中包括 1,350 項建議。總體來說，中曾根所要推動的目標與鈴木一致；不同的是，中曾根在推動國營事業民營化時強調要借重「民間的活力」來進行大型的基礎建設，例如東京灣跨海大橋、明石跨海大橋，以及都市周邊的道路系統。

相關的政改法案逐項獲得國會批准後，開始實施。1985 年 4 月，已成立一百一十五年的國營電氣通訊事業走入歷史，新的日本電信電話公司（NTT）發足。日本煙草公司（JT）也在同時成立。國鐵也從 1987 年起分割成為六家客運及一家貨運公司。在福利制度方面，通過的法案包括提高健康保險制度中的自負額，提高領取養老金的年齡，降低養老金的金額，廢除老人醫療免費制度等。

中曾根擔任首相期間，日本經濟發展相對穩定，雖然不如六〇年代每年平均 GDP 成長超過 10％那樣迅猛，至少也和七〇年代一樣，平均超過 4％。因而，日本的經濟實力越來越強，已有逐漸趕上美國的趨勢。到了八〇年代後半期，國際間有人開始喊出「日本第一」的說法。日本是不是真的已經世界第一，其實很難說，有關這一部分，在後面的章節中將會專門敘述，以下先繼續敘述日本政治方面的紛爭。

竹下登接收田中派

　　田中派是自民黨裡最大的派閥，老大田中角榮卻三次扶植其他派閥的領導人擔任首相，完全沒有意思要提拔自己派閥裡的人。田中曾經對部下說：「這世界是由坐轎子的人，抬轎子的人和編草鞋的人組成，而編草鞋的人就是諸君。」但無論是編草鞋或抬轎子的人，內心裡總想有一天也成為坐轎子的人。田中派的元老二階堂進對田中忠心耿耿，原本也有機會擔任首相，卻被田中否決了。其他有野心的人半夜睡覺時不免在想，究竟自己要等到什麼時候才能出頭？大藏大臣竹下登正是這樣一個野心勃勃的人。

　　竹下登精明能幹，完全學到田中的政治策略及手腕，而小心謹慎遠遠超過田中。他交遊廣闊，對中央和地方政界的人脈瞭若指掌。問題是他只比田中小六歲，當然著急，不能一直等下去。竹下登把長女嫁給田中派另一位大老金丸信的長子。金丸信歷任黨政要職，但年紀比田中大，已經沒有機會更上層樓，卻希望協助親家當上首相。兩人於是聯合暗中布置。

　　1985 年 1 月底，竹下、金丸召集二十位議員秘密集會，決定組成竹下派，稱為「創政會」。不料事機不密，第二天報紙就報導了。田中大怒。竹下大驚，只得向田中委婉解釋。田中餘怒未消，但還來不及對竹下採取行動反制就突然因腦梗塞而倒下，從此半身不遂，連說話都困難，只能回家養病，退出政壇。竹下登從此無人能制，在兩年內吸收了九成原來田中派的議員，於是成立「經世會」，陣容龐大，有一百一十三位會員，又成為自民黨內最大的派閥。

　　1987 年 10 月，自民黨選舉新任總裁。竹下登與安倍晉太郎（福田派推薦）及宮澤喜一（鈴木派推薦）出馬競選。三人都希望避免競爭太過激烈而傷和氣，但協調多次而無結果，只好請中曾根裁決。中曾根指定竹下登為總裁，兼任首相。竹下就任後，依約定任命安倍為自民黨幹事長，宮澤為副首相兼大藏大臣。自民黨無論是誰擔任總首相，各派閥利益分配的大原則總是不變的。

竹下內閣（1987 年 11 月─1989 年 6 月）

　　竹下登雖然掌握自民黨最大的派閥，擔任首相的時間卻很短，只有一年七個月，與田中一樣因為弊案醜聞而下台。在下台之前，他的施政重點有三方面：稅制改革，地方建設，以及美、日外交。

　　先說稅制改革。竹下登時代日本已經和美國並駕齊驅，是世界上數一數二的經濟大國；稅收也大幅增加，但總是趕不上政府增加支出的速度。鈴木內閣時誓言要在 1985 年停止發行公債，事實上根本辦不到。竹下上任時，累計國債發行餘額已經達到約二百兆日圓，接近該年政府總支出的四倍。竹下登面對財政危機，只好把當年大平內閣所提的消費稅又拿出來討論。大藏省主張消費稅率為 5％，但竹下決定只課徵 3％。日本財界勉強同意，法案在 1988 年 11 月通過，而於次年 4 月開徵。

　　再說地方建設。竹下聲稱為了振興地方經濟，發展地方的建設及活力，提出設立「故鄉創生事業」。全國所有的市町村，不論大小，一律發給一億日圓的經費，也不問其用途。直接地說，這是一種政府亂花公帑以示惠於人民的行為，目的無非是為了選票。

　　最後說美、日外交關係。竹下上台不久後也飛往美國，與雷根總統會談。竹下對雷根重申日本將保持外交的連續性，與美國繼續維持良好關係，並承擔應有的國際責任。美國所要求於日本的，其實也就是分擔責任。

　　日本要分擔什麼樣的責任呢？雷根的副總統布希（George H. W. Bush, 1924-）提出的具體說法如下：「分擔責任是美國對日政策的核心，由美國在軍事方面，日本在援助第三世界方面分別發揮領導作用。」由於雷根這時第二任期即將屆滿，布希正要競選下一任總統，竹下登當然要豎起耳朵，注意聽布希在說什麼。

　　美國為什麼指明要日本負擔對第三世界提供援助？部分的原因當然是日本已經富有，但其實背後還有美蘇持續冷戰、美日貿易摩擦、美國的亞洲外交策略等諸多的原因。美日貿易摩擦尤其是其中的重點。本章以下就為讀者敘述日本與美國如何發生貿易摩擦。

美日貿易摩擦及「廣場協議」

　　日本的各種生產事業在六〇到七〇年代獲得長足的進步，具有絕對的競爭力，出口快速成長。美國本土的產業受到日本進口的威脅，在出口市場也競爭不過，於是透過參、眾議員及美國政府不斷地對日本施壓。日本鋼鐵業因而被迫於 1966、1972、1974 年三次對美國輸出自我設限。纖維業於 1971 年對美國輸出也自我設限，1972 年又簽訂《日美纖維協定》。

　　八〇年代起，同樣的事例發生在其他產業上，其中最嚴重的是日本汽車出口。1980 年，日本生產 1,100 萬輛汽車，超過美國而成為世界第一。其中一半以上出口，有 182 萬輛賣到美國，佔美國市場的 21%。美國汽車業當年總計虧損 42 億美元，把問題全部歸罪於日本汽車賣得太便宜。實際上，日本汽車之所以受美國消費者歡迎，很大的原因是車小省油，物美價廉，恰恰適合中東石油危機後的市場需要。相對地，美國汽車業一時還改不過來製造龐然大車的觀念。但不管原因為何，日本汽車業被迫同意在未來三年對美國出口自我設限。

　　美國不只關切日本產品大量出口到美國，也不滿日本國內市場不夠開放，或是關稅太高，以致於美國產品無法進入。八〇年代後期，美國與日本貿易摩擦的焦點是要求日本開放牛肉、柑橘、農產品進口，以及降低半導體、通訊、電子、機械產品及元件的關稅。

　　美日貿易發生爭執時，日本除了在農產品進口方面不敢得罪農民之外，其他總是讓步。雖然如此，日本對美國的貿易順差始終有增無減。根據日本通產省統計，1981 年順差是 133 億美元，到 1985 年已成長為三倍，達到 394 億美元。美國至此已經無法忍耐。不過美國對歐洲各國也有巨額的貿易逆差問題，所以必須同時一起解決。

　　1985 年 9 月，美、日、德、英、法五國財長及央行總裁在紐約的廣場飯店舉行會議。各國代表一致認為美元幣值過高，導致美國的貿易赤字，所以各國政府都同意直接干涉外匯市場。代表日本出席的大藏大臣，正是後來擔任首相的竹下登。

　　「廣場協議」後，日圓急速上升，從原來 1 美元對 240 日圓升到 1986 年初的 200 日圓；1987 年初及 88 年初，分別又漲到 160 日圓及 120 日

圓，從此就維持在 120 日圓附近。

泡沫經濟的形成

　　但日圓升值也無法減少日本對美國的貿易順差，1986 年竟達到創紀錄的 514 億美元，其後兩年也維持在同一水準。美國失望之餘，又在日本半導體、工具機出口及柑橘、牛肉進口等問題做文章。

　　中曾根內閣也依美國的要求推動擴大內需的政策，其中包括大規模增加公共投資、推動土地開發計畫、刺激民間消費、國營事業民營化等。為了刺激民間投資，日本銀行從 1986 年 1 月到 1987 年 2 月的十三個月間連續調低貼現率，從 5％降到 2.5％，是全世界最低的貼現率，此後一直維持不動。全國各大都市於是出現許多大型建設項目。例如，關西國際機場耗資 1.5 兆日圓，東京灣臨海副都心計畫耗資 8 兆日圓。

　　竹下登接任首相後，不僅撥給全國所有的市町村各一億日圓經費，又鼓勵市町村向金融機構貸款，或自行發行公債，而由政府背書，以興建休閒、娛樂、公園等設施。這些計畫數以千計，全國地價於是節節上漲，五年內平均漲幅超過一倍，都市地價漲幅更是超過兩倍。

　　由於日本出口持續順暢及內需擴大，日本的股市也快速地上升。1986 年初，日經指數（Nikkei Indexes）只有 11,500 點左右，在 1987、1988 及 1989 年初，分別漲到 18,800、21,700 及 30,200 點。東京股市的總市值竟然達到紐約證券交易所總市值的兩倍以上。

日本第一？

　　回溯 1979 年，曾經有一位美國學者傅高義（Ezra Vogel）寫了一本《日本第一》（*Japan as Number One: Lessons for America*）。這本書對日本推崇備至，經翻譯後大受日本讀者歡迎，成為暢銷書，賣了超過五十萬本。這本書出版時，日本的人均所得還只有 9,290 美元，低於美國，相差約

20％。但傅高義認為日本終將成為世界第一，主張美國人要謙虛地向日本學習。

不過傅高義的書出版後，第二次石油危機爆發，使得日本的經濟發展在原地踏步了好幾年。但從 1986 年起，由於日圓升值及上述各種因素，日本的人均所得開始跳躍成長。1988 年，日本的人均所得達到 24,500 美元，超越美國的 22,700 美元，竟真的成為世界第一。

日本的企業和個人驟然富有起來之後，對外投資也突然暴增。據統計，日本從 1951 到 1985 年的三十五年間，對外投資總金額為 836 億美元，但從 1986 到 1988 僅僅三年中，對外投資就達到 1,027 億美元。在這三年中，有 36％是投資在亞洲各國，28％在歐洲，27％在美國。這些對外投資，有一部分是在汽車、機械、電子、化學等產業，但有更多是投資到股票、債券、不動產。美國紐約、洛杉磯、舊金山和夏威夷的房地產，尤其是日本人的最愛。美國人開始緊張了，也有人開始表示反感。

直接地說，「日本第一」並不是事實，而是在廣場協議後被迅速地吹起來的一個氣泡，到 1988 年底已經吹得太大了，但還在繼續膨脹。可以想像，泡沫如果有一天吹破，日本將承受極大的痛苦。

日本對外的經濟援助

回顧二次大戰後，美國開始推動馬歇爾計畫，提供援助給歐洲盟友，使其得以迅速復興。美國後來又與歐洲各國共同成立經濟合作暨發展組織（OECD），並將提供經濟援助給開發中國家列為宗旨之一，稱為「政府開發援助」（Official Development Assistance，簡稱 ODA）。包括日本在內的世界七大經濟體（G7）分擔 ODA 的責任。

美國原本在七〇年代以前是 ODA 最大的貢獻者，但在八〇年代後經濟實力下滑，而日本越來越富有，美國當然認為日本有義務分擔更多 ODA 的責任。布希既然說了話，日本當然就要努力達成，於是加速對外援助。根據 OECD 的資料，日本在 1970、1980 及 1990 年度的 ODA 金額，分別為

28、59 及 95 億美元（依 1990 年的物價及匯率計算），分別佔該年度 GDP 的 0.22％、0.30％及 0.32％，事實上比例並不高。其他 G7 國家提供 ODA 佔其 GDP 的百分比，大抵也在同一水準。

日本對外援助的主要對象在亞洲，約佔日本 ODA 總金額的 70％，其中又以中國為最多。日本提供給中國的經濟援助，大多用於進行大型鋼鐵廠、鐵路、發電廠、化肥廠等建設。援助的方式大多是貸款，只有少數是無償援助，或是技術合作。到 1988 年為止，日本至少對中國進行了三次大規模的長期援助。

第一次是中國於 1979 年要求日本提供貸款以進行項目建設。日本大平政府同意貸款 500 億日圓，年息 3％。另有一個建設北京現代化醫院的項目，大平決定以無償援助的方式協助建設。1981 年底，為了避免中國停止進行寶鋼二期工程及其他幾個石化廠項目，日本鈴木政府同意提供額外資金 3,600 億日圓。1984 年 3 月，中曾根訪問北京，同時宣布將分期提供第二次貸款給中國，總金額 4,700 億日圓。

日本對南韓的援助是先冷後熱。1981 年，南韓外長曾經與日本外相在東京舉行會談，並表示希望從日本取得 60 億美元貸款，卻遭到拒絕。南韓至為不快。1983 年 1 月，剛剛上任不久的日本首相中曾根康弘突然訪問漢城，在和南韓總統全斗煥會談後同意提供 40 億美金以進行經濟合作。

日本政府對東南亞各國也提供援助，總金額超過 2,000 億日圓。事實上，日本在東南亞地區的直接投資遠遠大於其提供的經濟援助。日本企業投資在東南亞主要是製造業，而集中於高污染、高耗能、人力密集的產業，將低端的工業外移，而在日本發展高附價值的新產業。

台灣雖然沒有獲得多少日本的經濟援助，日商投資的金額及件數卻是居亞洲之冠。因而，日商對台灣經濟發展的貢獻功不可沒。

日本教科書審定問題

日本對亞洲鄰國提供經濟援助，目的之一當然是要和亞洲鄰國修好，彌

補在二次大戰中發動侵略戰爭造成的不快。然而日本與各鄰國之間卻時常發生爭議事件，其中包括日本教科書的修訂問題、大臣發言失當的問題以及參拜靖國神社的問題等。其中最早出現的，是教科書問題。

戰後的日本各級學校教科書，通常是由學者應書商的邀請而編寫，完成後由文部省聘請的專家審定。文部省又制訂《學習指導要領》做為審查標準，如違反標準就判定不合格，必須修改，否則不准出版。五〇年代起，文部省自行設置審查官，並指示將《學習指導要領》修得越來越偏向右派思想，漸漸引起部分學者不滿，發起抗議。

學界中最堅決反對教科書審查的，莫過於東京教育大學教授家永三郎。家永從戰前就反對日本軍部政府控制輿論，在戰後又反對政府藉審查制度干涉言論、出版自由。文部省聲稱，自由化過度將會使得「壞書」充斥。但家永三郎說：「在我看來，應該說只有戰前的國定教科書，才是真正的『壞書』，正是這類書籍把我們帶入了戰爭，使我們對戰爭喪失了起碼的判斷和批判能力。」

家永編定的教科書也被文部省審查官判定不合格，經過一改再改，三改四改，始終被退回。家永忍無可忍，於 1965 年到法院狀告日本政府，主張教科書審查制度違憲。1967 年，家永編寫的教科書《新日本史》又被判不合格，於是向法院提告，請求取消文部省的審查意見。

這兩件獨立的官司後來都纏訟很久，第一件拖了二十八年，第二件拖了二十二年，最後都打到最高法院，而家永都敗訴。不過他的官司逐漸受到全國矚目。認同家永的學者和教師組成後援會，達到數萬人。每次官司宣判時，法院外擠滿人群，必須抽籤才能進入旁聽，第二天全國報紙必定顯著報導。

教科書問題也逐漸引起中、韓兩國政府的注意。1982 年 7 月，文部省頒訂新的高中教科書指導要領，對日本在第二次大戰期間的侵略行為要求淡化。例如，把「侵略」改成「進出」，把日軍在南京大屠殺及在華北的三光政策都含混地處理。中國和南韓政府提出強烈抗議，認為是故意竄改史實，警告日本政府要防範日本軍國主義復起。

　　1984年，家永三郎第三次控告日本政府審定的教科書違反史實。其中明確提出八點，包括對南京大屠殺事件的記載，對「侵略」一詞的使用，日軍對中國婦女的暴行，對731部隊的恐怖暴行，以及對日軍虐殺沖繩居民的暴行的記述等。這件官司也整整打了二十三年，一直到1997年最高法院宣判，家永獲得部分勝訴，其所提的八點中有四點確實違反史實。家永的後援團雀躍不已。

日本大臣「妄言」的爭議

　　1986年，教科書的問題引發一個更大的事件。文部省在該年的五月批准一個日本右翼團體所編寫的《新編日本史》。學界批判其中多處隱蓋日本侵略的史實。中國和南韓也提出抗議。日本右翼團體卻說外國批評日本教科書是干涉內政。

　　兩個月後，青嵐會成員藤尾正行受命為文部大臣，卻在記者會上公開為教科書問題辯護，說遠東國際法庭審判戰犯乃是勝者裁判敗者，沒有正義可言。藤尾在9月接受《文藝春秋》專訪，刊出的內容更是使得國內外一片譁然。例如，他說所謂的南京大屠殺其實真相不明，日軍暴行可能被誇大，即使是真的也不能說是罪行，因為是戰爭的一部分，而戰爭本來就是殺人。他又說，1910年日韓合併是兩國商議決定的，所以韓國也有責任。在野黨紛紛指稱藤尾是「妄言大臣」。中國和南韓政府也提出強烈抗議。但藤尾拒絕收回言論，也拒絕道歉。中曾根首相迫於內外的壓力，只好把他免職。

　　1988年4月，竹下內閣的國土廳長官奧野誠亮也發表驚人的言論。他說，1937年的盧溝橋事件是偶然發生，不應稱為侵略戰爭；又說，南京大屠殺並非事實。中國政府這次反應更激烈，要求竹下首相明白表態，竹下只好說奧野的言論不當，請奧野辭職。

　　其他類似的「妄言」事件還有很多。事實上，凡是「妄言」的，幾乎都是右派分子，只能代表一部分日本人的言論，不能代表所有的日本人。不

過從中國和南韓的角度看，如果容忍這樣的言論，他們擔心日本軍國主義
必將復起。

參拜靖國神社問題

靖國神社位於東京都千代田區，從明治時代起就陸續供奉在戊辰戰爭、
西南戰爭、甲午戰爭、日俄戰爭、第一次大戰、第二次大戰等歷次戰爭中
死難的英魂，據估計名冊上共有 246 萬人。其中也包括數萬名在太平洋戰
爭中被徵召為天皇而戰的韓國人及台灣人。連後來的台灣總統李登輝也有
一個哥哥因為出征戰死而列在靖國神社的名冊上。從性質上說，靖國神社
與北京的人民英雄紀念碑、台北的忠烈祠及首爾的顯忠院相似。

日本天皇、首相及大臣在戰後都幾乎每年前往靖國神社參拜，鄰國原本
不曾有任何意見。1978 年 10 月，靖國神社的宮司（即管理人）松平永芳
突然決定把東條英機等十四名二次大戰的甲級戰犯名字也放在神社的名冊
裡，但在事前並沒有與任何人妥善商量。媒體在半年後開始報導，參拜靖
國神社的活動從此不平靜。

昭和天皇得知後，私下批評宮司的決定不智，從此拒絕到靖國神社參
拜。日本歷屆的首相福田、大平、鈴木和中曾根及其閣員卻照常前往。但
中、韓兩國開始抗議，因為十四名甲級戰犯是日本對外侵略的表徵，首相
和大臣去參拜，在他們看來就等於認同侵略的行為。

1985 年 8 月 15 日，中曾根首相率領所有閣員參拜靖國神社，引發中國
有史以來最嚴重的一次抗議。對於日本人來說，8 月 15 日是終戰紀念日，
選在這一天參拜最適當，因為靖國神社 246 萬英靈中有超過 230 萬人是在
中日戰爭及太平洋戰爭中犧牲。但這一天也是中國慶祝抗戰勝利四十週年
紀念日。在中國人民看來，日本首相、大臣選在這一天參拜靖國神社，就
是刻意對中國挑釁。北京及全國各大都市的大學生認為忍無可忍，紛紛發
起大規模的反日遊行。經胡耀邦與學生溝通、對話後，學潮才終於解除。

有人提議，今後的首相和外務大臣最好就避免參拜靖國神社了。但在日

本有許多人對此不以為然,認為即便是日本首相也應該有選擇參拜與否的
自由。也有人認為,當初這十四名甲級戰犯雖然要負對外侵略的責任,出
發點也是為了愛國及效忠天皇,並且在極東法庭審判時都已經受到懲處。
如果像明治年間公然舉兵反叛的西鄉隆盛、江藤新平這樣的人後來都被天
皇下令撤除反叛的罪名而供奉在靖國神社裡,有什麼理由堅持不把這些人
也列在靖國神社的名冊裡?至於說靖國神社裡只因為有這幾個人在名冊裡
就強行要求日本首相和官員不准前去參拜,同樣是強人所難。

　　如此這般,參拜靖國神社的問題就繼續成為日本與鄰國之間的敏感問
題,至今沒有妥善解決的辦法。

第 17 章
後朴正熙時代的南韓軍人執政

　　從七〇年代後期到九〇年代初，是南韓從軍人獨裁的體制轉變到民主政治之前的一段很長的陣痛期。朴正熙在 1979 年意外被槍殺，接下去的八年是全斗煥軍人獨裁統治，和朴正熙時代其實沒有什麼差別。不過在他統治的後期南韓內部的反對勢力越來越強，外部美國的壓力也越來越大，所以後繼的盧泰愚雖然還是軍人執政，已經無法再高壓統治了。

　　本章接續第 13 章，從 1976 年金大中、尹潽善在漢城的明洞教堂集會抗爭，宣讀《三一民主救國宣言》而被捕說起。朴正熙下令逮捕所有參加活動的人，金大中被判五年徒刑。美國政府及國會大為不滿，對朴正熙施壓，雙方關係惡化。正在敏感時刻，當年曾經揭露水門案醜聞的美國《華盛頓郵報》突然在 10 月報導一個「韓國門事件」（Koreagate），美韓關係因而更加惡化。

「韓國門事件」及美、韓關係惡化

　　《華盛頓郵報》的報導中說，有一個韓國商人朴東宣涉嫌透過美國眾議員漢納（Richard T. Hanna）為其牽線，以收買多名參、眾兩院議員。後來經過調查，KCIA 顯然牽涉其中。行賄的目的自然是要減輕美國對朴正熙

政權的壓力，同時也想壓制美國政府內部主張撤退駐韓美軍的聲音。南越剛剛滅亡不久，朴正熙緊張萬分，認為是尼克森的「越戰越南化」政策所致，當然不想重蹈覆轍。

「韓國門事件」在美國造成軒然大波。十幾名國會議員被迫辭職，也有少數幾位被判有罪。美國新任總統卡特在 1977 年 1 月上任，宣稱要分年撤回駐韓美軍。南韓社會立刻陷入不安，反對黨人士藉機抨擊政府。不過卡特的幕僚都認為總統發言的時機太敏感，提醒他美國在冷戰中已經明顯地落於下風（詳見上一章），卡特才逐漸改變立場，並在六月訪問南韓時宣布收回先前撤軍的決定。朴正熙終於鬆了一口氣。但卡特標榜「人權外交」政策，仍然要求他改善人權。

1978 年 7 月，南韓統一主體國民會議重新選舉大統領，只有朴正熙一人候選。在 2,500 多張選票中，只有 1 票棄權，其餘都是贊成票。朴正熙當選為第九任大統領後，下令特赦六十幾名政治犯，名單中第一號就是金大中。到了年底，南韓舉行國會議員選舉。在總數 154 個議員席次中，執政的民主共和黨獲得 68 席，主要反對黨新民黨獲得 61 席。兩黨的席次從來沒有這樣接近過。兩個選舉結果完全不一樣，原因很明顯，前者是間接選舉，而且只有一個候選人；後者是直接選舉。

YH 工會事件及釜馬抗爭

由於中東在七〇年代爆發兩次石油危機，南韓政府無法控制物價飛漲，工人和農民境況更苦。1970 年，參加工會的工人只有四十七萬人，到了 1979 年，人數增加到一百零九萬。工會運動隨之更加熾烈。此外，在李承晚時代曾經盛極一時的農民運動也漸漸復起。

在工農運動發展中，釜山發生一個「YH 工會事件」，點燃一連串的衝突和意外，最後導致無人能想像得到的結果。

YH 是一家生產假髮出口的貿易公司，有數千名工人，大多是女工。1979 年 4 月，YH 公司宣布倒閉，解雇所有的員工。女工們都認為老闆是

故意惡性倒閉，發起抗爭、陳情及示威靜坐，政府卻出動警察驅逐女工。女工裡有兩百多人走投無路，又不甘心就此罷手，於是在 8 月到漢城的新民黨總部，請求主持正義。不料政府竟出動一千多名鎮暴警察，持棍棒毆打女工，其中有一名工會領袖被毆致死。警察又衝入新民黨總裁辦公室及會議室，毆打金泳三總裁和十幾名議員、幹部及記者。

　　金泳三忍無可忍，發表聲明譴責政府的暴行，決定動員發起全面鬥爭。執政黨卻先下手為強，授意漢城地方法院藉故撤銷金泳三的新民黨總裁職位，接著又在國會反對黨議員缺席的情形下迅速發動表決，取消金泳三的議員資格。反對黨所有的議員於是全部辭職抗議。

　　兩天後，南韓第二大城釜山市爆發大規模的學生示威遊行，不久後市民也加入，與學生一起砸毀釜山十幾處派出所。朴正熙大驚，宣布非常戒嚴，禁止一切集會遊行，派空降部隊前往鎮壓。但在釜山西邊不遠的馬山市人民無視禁令，也開始示威遊行。馬山市民性格強悍，不久就砸毀馬山市政府、法院、派出所、廣播電台等，以及執政黨的地方黨部。朴正熙又驚又怒，增派空降及裝甲部隊前往鎮壓。

　　回顧歷史，馬山是 1960 年點燃「四一九革命」的地方，導致全國響應，推翻了李承晚政權。馬山既已出現示威，漢城、光州、大邱等大城市看來不久也將響應。正當南韓國內、外許多人在注目局勢將如何演變時，漢城鍾路區宮井洞突然於 10 月 26 日晚上傳來一陣槍響，朴正熙大統領竟遭到槍殺而死。所有在街頭上的學生及市民立刻都停止示威抗爭。大家都在問一個問題：「究竟是發生什麼事？」

朴正熙之死

　　朴正熙是在宮井洞 KCIA 秘密招待貴賓的地方和中央情報部長金載圭、警護室長車智澈、秘書室長金桂元一同晚餐時，被金載圭槍殺的。當時旁邊還有兩位美女陪侍，一位是名歌手，另一位是大學生。金載圭和朴正熙是慶尚北道龜尾市的同鄉，也和朴正熙一樣是韓國陸軍士校畢業生，兩人

關係密切。車智澈是強硬派的軍人，也備受朴正熙寵信。但兩人的芥蒂極深。金載圭發現車智澈經常利用職權阻止朴正熙接見他，又暗中扣留他的報告，並且在朴正熙面前說他的壞話。金載圭認為朴正熙對自己日漸冷淡，懷疑自己的位置將會不保。

釜馬抗爭爆發後，車智澈主張不顧一切鎮壓學生，獲得朴正熙讚賞；金載圭卻認為事態嚴重，有所保留，被朴正熙指責鎮壓不力。當天晚餐時，朴正熙又責怪金載圭，車智澈也在一旁加油添醋。金載圭大怒，藉故到自己的辦公室裡取出手槍後，回來對車智澈前後開了兩槍，又對朴正熙也開了兩槍。兩人當場斃命。同時現場一陣槍戰，KCIA 的警衛將五名大統領的警護人員全部格殺。

「十‧二六事件」至今還有很多迷團無法解開。有人說金載圭是臨時起意，也有人說是早有預謀。七十年前（1909 年）的 10 月 26 日，曾任日本首相的韓國總監伊藤博文被朝鮮人安重根刺殺，是韓國歷史上的大日子。朴正熙在這一天遭到槍殺，引起一部分人的聯想。但金載圭為什麼要殺朴正熙呢？根據他自己在後來供稱，主要是他認為這時國內的情勢緊急，美韓關係又處於前所未有最惡劣的情況，所以必須結束一人獨裁統治，恢復民主，改善與美國的關係。不過有許多人認為他是因為與車智澈之間的衝突，連帶痛恨朴正熙；更有一部分人認為事件背後有美國的陰謀。

朴正熙前後掌權十八年，在位期間扼殺民主，無視人權，又造成嚴重的地域仇恨，貧富懸殊，死後背負許多罵名。但他對南韓經濟發展的貢獻實實在在不可磨滅，光是國民人均所得就從 83 美元增加到超過 1,600 美元。韓國重化工業的特殊成就，也是由他奠定。一般都認為，朴正熙自持清廉，不像後任的幾個總統那樣貪污腐化。因而，在他死後數十年也仍然有很多韓國人對他表示崇敬與懷念。

不過對於那些痛恨朴正熙的人來說，金載圭無疑是國家的大功臣。許多人呼籲免除他刺殺大統領的罪責，然而接下去南韓局勢的發展，卻是朝相反的方向進行。

全斗煥與「雙十二政變」

金載圭槍殺朴正熙當晚，另有一位陸軍參謀總長鄭昇和上將也到了宮井洞，不過是在另一個廳裡，由金載圭的副手招待。事件發生後，鄭昇和也曾和金載圭見面談話，然後從容地離開宮井洞。第二天凌晨，政府發布非常戒嚴令，以鄭昇和為戒嚴司令官，又任命陸軍少將、保安司令官全斗煥為戒嚴司令部聯合搜查本部長。總理崔圭夏被統一主體國會選為南韓第十任大統領，申鉉碻任總理。但後二者都是文人，無法指揮軍人，並沒有實權。

全斗煥位在鄭昇和之下，但在他看來，有蛛絲馬跡顯示長官鄭昇和與金載圭、金桂元可能都是同謀。全斗煥於是聯合另一名陸軍少將盧泰愚一起在 12 月 12 日派軍隊包圍鄭昇和的官邸，逮捕鄭昇和。兩人又派兵佔領政府各個重要部會，逮捕其他各軍種的將領。全斗煥發動此一「雙十二政變」後，從此掌握國家大權。金載圭後來經軍法審判，被處以絞刑，金桂元、鄭昇和兩人被判無期徒刑。

全斗煥之所以發動政變，背後其實還有另一個重要的原因。全斗煥和盧泰愚都是陸軍士校十一期（正科班第一期）畢業生裡的菁英分子，也是「一心會」的首腦。在後來加入「一心會」的會員，都是十一期後的正科班陸士畢業生。鄭昇和雖然也是陸士畢業生，資格比較老，卻不是正科班，沒有被邀請加入一心會。據說鄭昇和原本計畫要清洗一心會的成員，但全斗煥先下手為強。因而，雙十二政變實質上牽涉到軍隊裡的派系鬥爭。

雙十二政變後，新軍部對文人政府並沒有任何干涉。崔圭夏照常宣誓就職，申鉉碻繼續組閣。政府宣布大赦，七百名政治犯獲釋出獄。尹潽善、金大中等反對人士也恢復參政權。一時之間，人民大多以為國家前途似錦，春天到了。但大部分人都看錯了。

光州事件

　　朴正熙執政末期之所以有工農運動，示威、靜坐、罷工不斷，根本的原因是百姓不滿。「十‧二六事件」之後，釜馬抗爭雖然暫停，抗爭背後的原因還是沒有解決。新政府成立後，一片新氣象鼓舞更多工廠成立工會，爭取權益，要求提高薪資，改善工作環境。1980 年前四個月發生的勞資糾紛件數比上一年竟超過十倍，各地的罷工、示威運動更加激烈。學生也紛紛要求校園民主化。

　　反對勢力的活動也更頻繁，「三金」（金鐘泌、金泳三、金大中）之間的競爭比從前還要激烈。金泳三說新民黨執政的時候快到了，圍在金大中左右的人則說金大中將會成為大統領。

　　1980 年 4 月起，全斗煥兼任 KCIA 代理部長。反對人士擔心全斗煥不但掌控了軍隊，干涉行政，又伸手到情治系統，將無人可制。金大中連續一個月在全國各地舉辦大型演講，提醒學生和百姓要小心防範軍隊的陰謀。5 月初起，全國各大學學生走出校外，從要求民主化轉為反政府，高呼「全斗煥下台！」、「解除戒嚴令！」。但學生示威日益激化後，全斗煥也在暗中布置軍隊，準備出手鎮壓。

　　5 月 15 日，漢城又爆發一次大規模的學生示威，參加人數超過十萬，但沒有市民響應，百姓似乎並不支持學生的過激抗爭。學生代表因而決定解散，各自回校。但全斗煥已經決定出手，強迫崔圭夏發布擴大戒嚴令，關閉國會，禁止一切政治活動及集會、示威、煽動的行為，大學一律停課；同時逮捕金大中、金鐘泌、李厚洛等二十幾名主要的反對人士。

　　金大中被捕後，光州市的學生被激怒，群起抗爭。但軍隊在 5 月 18 日凌晨時分開到光州各大學。全斗煥共派出三個空降旅，一個步兵師團，總共約二萬人，最後又有坦克加入。鎮暴部隊殘暴的程度遠超過一般人的想像，許多學生被毒打，血濺校園和街頭，也有少數學生喪生，另有數百人被捕。學生最多只能手持石頭、木棍來抵抗。許多光州百姓目睹慘況，也憤而加入學生的陣營。第三天起，有超過二十萬人參加抗爭，佔領市政府。這時部隊竟持槍向群眾掃射，還有狙擊手逐一射殺示威隊伍前帶頭的人。

光州事件的後遺症

光州在被鎮壓十天後,景象宛如人間地獄。在這期間究竟有多少人死傷,官民始終是各說各話。官方的數字,共有一百五十多人死亡,七十人失蹤,四千多人傷殘,另有二十幾名軍警死亡。民間卻說死亡至少兩千人,輕重傷達到數萬人。光州事件的嚴重性其實不只在死傷人數,更在於把長久以來的地域仇恨又劃下一道既深且長的傷痕。

如前所述,朴正熙出身慶尚道,在他執政時期所有的經濟建設獨厚於自己的家鄉,而全羅道一點機會也沒有。朴正熙死後,同樣出身慶尚道的全斗煥竟對光州下毒手。光州人認為這是有意的屠殺,仇恨意識更深。

光州事件的另一個後遺症是挑起韓國人的反美情緒。

光州事件發生前,美國駐韓大使來天惠(William Gleysteen, Jr.)發表談話,說美國支持南韓政府動用軍隊。駐韓美軍司令魏克翰(John Wickham)更說韓國人就像北極的旅鼠(lemmings),任何人做領袖都會乖乖地跟從。南韓政府在鎮壓學生時,多次引用來天惠和魏克翰的談話。因而,南韓民眾認定美國是共犯。美國卡特總統高唱人權第一,不是說謊,就是有雙重標準。

全斗煥政權的高壓統治

光州事件後,全斗煥下令取消一百七十多種刊物,關閉六百多家出版社;並以淨化為名,整肅五千多名公務人員,三千多名國營企業職員,以確保對新政府忠心不二。政府迫使許多工會幹部辭職;又以掃除犯罪為名,逮捕四萬多名「流氓和暴徒」,送交管訓。

8 月中,崔圭夏大統領宣布辭職,統一主體國民會議選舉全斗煥為南韓第十一屆大統領。隨後軍事法庭以「陰謀叛亂」的罪名起訴光州事件前被捕的二十幾名政治犯。9 月中,金大中被判死刑。消息傳出,世界各國領袖

紛紛表示嚴重的關切。美國總統卡特派特使到漢城，直接警告全斗煥不得處死金大中。日本政府宣布暫停對南韓的貸款，日本最大的工會組織「總評」發起拒購韓國貨。

美國這時正好舉行大選，於11月揭曉，共和黨候選人雷根擊敗卡特而當選總統，立刻邀請全斗煥到美國訪問，但前提條件是不得處死金大中。金大中因而被改判為無期徒刑。雷根就任不久後就在白宮接待全斗煥，國內、外紛紛批評他支持獨裁者，但當時很少人知道這其實是他和全斗煥的交換條件。

全斗煥回國後宣布解除非常戒嚴令，並組成一個立法會議以推動修憲。根據新憲法，統一主體國民會議解散，由一個五千多人的新選舉人團取而代之。全斗煥被選為大統領，於1981年3月就職，距離上次就任大統領只有六個月。實際上這是換湯不換藥，唯一不同的是，大統領的任期改為七年，比原先延長了一年。

全斗煥也效法朴正熙組成一個新政黨，稱為「民主正義黨」，其骨幹就是「一心會」的成員。同時也有幾個在野黨組成，不過都只是花瓶黨，接受政府的補貼，由軍政府嚴密控制。新民黨被迫解散，總裁金泳三被禁止參加任何政治活動。大統領選舉後，接著進行國會選舉，選出兩百七十多位議員，但和民意已經脫節。

1982年12月底，美國以「人道」為由，獲得全斗煥同意讓金大中赴美就醫。金大中從此成為南韓流亡海外的領導人物。

仰光爆炸事件，金大中回國

1983年5月，光州事件三週年紀念將至，金泳三由於長期被軟禁在家，忍無可忍，決定對政府進行無限期絕食抗議，要求恢復人民參政的基本權利。八天後，金泳三陷入昏迷，被強制送到醫院急救，國際媒體大幅報導。金大中也在美國聲援金泳三，呼籲美國協助南韓恢復民主政治。南韓的反對人士及激進學生也群起聲援。全斗煥只得同意分階段開放反對人

士參政。金泳三和金大中由此化敵為友，同意攜手合作以對抗全斗煥。

10 月初，全斗煥率領一個龐大的代表團訪問東南亞，目的是爭取各國支持南韓主辦 1988 年奧運會。代表團第一站訪問緬甸的首都仰光，預備向緬甸建國之父翁山將軍獻花致敬。不料墓地上突然發生爆炸，南韓一名副總理、三名部長以及其他官員、記者共十六人瞬間被炸死。全斗煥比原先預定晚到兩分鐘，倖免於難。事後雖然北韓否認涉案，緬甸政府仍然斷定是北韓間諜引爆預置炸彈所致，宣布與北韓斷交。

全斗煥黯然回國後，預備迎接美國雷根總統到訪，卻迎接到光州事件以來最大的一次反美風潮。漢城示威人數之多，規模之大，使得全斗煥不得不出動十萬警察及鎮暴部隊以保護雷根一行。

1985 年 1 月，全斗煥獨裁統治下的第一個反對黨成立，名稱仍是「新民黨」，由李敏雨擔任總裁，背後有金泳三和金大中兩人共同支持。這時離預定的國會大選日期已經不到一個月，金大中決定回國，全斗煥發出嚴厲的警告；美國政府大驚，極力勸阻金大中。

美國為什麼勸金大中不要回國？因為有前車之鑒。1983 年，菲律賓馬可仕總統（Fedinand Marcos）的政敵阿奎諾（Benigno Aquino, Jr.）不顧馬可仕的警告，搭乘台灣的中華航空班機回國，不料抵達馬尼拉機場後還沒有下飛機就直接被槍殺，命喪黃泉。美國怕金大中成為第二個阿奎諾。但金大中仍是不顧一切，於大選前四天回到故鄉。儘管他在下機後立刻被送回家中軟禁，對選情仍然造成極大的衝擊。新民黨在 276 個國會席次中奪得 67 席，之後在兩個月內又吸收其他黨派的議員，總共達到 103 席，又是第一大在野黨。

改憲及護憲的鬥爭

新民黨主張大統領直選，但全斗煥主張漸進式的改變，建議等 1988 年漢城奧運圓滿舉辦後，再來討論。新民黨斷然拒絕，於 1986 年 2 月發動支持大統領直選的「一千萬人簽名運動」，在全國各地展開。不久後，菲律

賓傳來消息，馬可仕被人民革命推翻，倉皇地逃到夏威夷，阿奎諾的遺孀科拉蓉（Maria Corazon Aquino）上台執政。南韓的改憲運動因而受到鼓舞，更加如火如荼。新民黨在各大城市舉辦改憲支部的成立大會，警察百般阻撓，雙方衝突不斷。

　　兩黨在美國的協調之下進行協商，但歷經數月而沒有任何進展。學生不耐，運動又熾熱起來。10月底，全國二十六所大學的學生二千多人聚集在漢城建國大學，焚燒美國總統雷根和日本首相中曾根的畫像，把南、北韓無法統一的原因歸咎於外國勢力的干涉。政府派三千名警察衝進校園，以棍棒及催淚彈鎮壓學生，逮捕一千二百多名學生，又起訴其中四百人。

　　由於警察認定被捕的學生中有親北韓的地下分子，在偵訊時以酷刑逼供。新聞媒體揭露後，引發人民激憤。1987年1月，《東亞日報》報導一名漢城大學的學生朴鍾哲遭到嚴刑拷打致死。瞬時間，全國掀起反政府的狂潮。各大學學生紛紛舉行大規模的示威遊行。金大中與金泳三（以下簡稱兩金）也率領群眾靜坐抗議。軍政府被迫承認警方確曾對朴鍾哲動刑，並且將兩名相關的部長撤職。

　　不過這時新民黨已經瀕臨分裂。新民黨總裁李敏雨在修憲問題上與兩金意見其實不一致，竟獨自召開記者會，發表「李敏雨構想」，主張在有前提的條件下實施議會內閣制。民正黨代表盧泰愚立刻表示歡迎。兩金大怒，率領所屬的國會議員七十四人一起退出新民黨，另外成立「統一民主黨」。

　　全斗煥立刻發表「護憲措施」，聲稱任期屆滿後將把職位交給下一任大統領，但在1988年奧運結束前將不再進行任何有關修憲的討論。換句話說，完全否決下一屆大統領由直接選舉產生。兩金於是糾集反政府人士於5月在漢城明洞教堂集會，舉行光州事件七週年的紀念活動，要求再追究光州事件及朴鍾哲事件。同一時間，全國六十幾所大學的學生也紛紛集結，聲討全斗煥政權。軍政府不得不讓檢調單位公布更多涉及朴鍾哲案的警察及辦案人員，最後連總理盧信永也被迫辭職。

1987年6月的南韓政治危機

　　民正黨決定提名黨主席盧泰愚為下一任大統領候選人，預定於 6 月 10 日舉行全黨代表大會。反政府人士也決定在同一天舉行大會，訴求改憲，與執政黨針鋒相對。然而，漢城警察在前一天就已經和學生發生劇烈衝突。警察發射催淚彈，不料正中一名大學生李韓烈的後腦，經送醫不治。李韓烈之死，使得第二天的改憲大會現場火爆。全國各地參加示威的人數暴增。值得注意的是，一大批中產階級人士也加入了遊行的隊伍，其中包括上班族、小店主、教員、家庭主婦等。

　　從近代歷史看，南韓中產階級以上的人士大多經歷過韓戰的洗禮，飽嚐家破人亡，流離遷徙的艱辛。戰後他們在朴正熙、全斗煥執政下辛勤工作，使得南韓取得傲人的經濟發展成就，所以極為珍視已經擁有的。這些人向來支持政府，反對激進學生和工人的暴力示威，如今竟也加入爭取民主改革的行列，反政府活動無疑已經發生質變。

　　示威的隊伍從此一天比一天壯大。一星期後，全國各大城市參加反政府示威遊行的人數達到一百五十萬。全斗煥政權面臨前所未有的危機。如果全斗煥下令以武力鎮壓，外國觀察家認為軍中有部分將領可能不同意，內戰可能爆發。

　　事實上，全斗煥已經召集國防部長、三軍將領和情報機關開會，決定再次發布戒嚴，派軍隊進駐各大城市及大學，並擬妥計畫大肆逮捕反政府人士。正在千鈞一髮之際，美國駐韓大使李潔明（James Lilley）於 6 月 19 日下午持雷根總統的親筆函，求見全斗煥。雷根重申美國保障南韓安全的承諾，卻明確地要求全斗煥釋放政治犯，保障言論出版自由，確保南韓進一步朝民主化發展。李潔明又以口頭補充說美國不願見到光州事件重演。全斗煥在接見李潔明時，臉色始終鐵青，不過已經別無選擇，只能取消戒嚴和動用武力的打算。

盧泰愚《六二九民主化宣言》

　　李潔明後來在回憶錄裡寫道，他認為全斗煥性格強硬，而盧泰愚比較

有彈性，也明白民心之所向，有可能帶領南韓走上民主化的道路，值得支持。當初民正黨預備舉行黨員大會提名盧泰愚為大統領候選人時，漢城有六十幾個外國大使拒絕民正黨邀請出席，李潔明卻突然現身會場。盧泰愚喜出望外。美國大使出席民正黨大會，意義重大，事實上對九天後李潔明在青瓦台面見全斗煥的結果也產生極大的影響。

　　6 月 29 日，南韓的危機發生戲劇性的轉折。在當天一次執政黨例行的記者會中，盧泰愚突然宣布他本人同意在野黨的一切要求，並發表八點《民主化宣言》，其中包括修改憲法，大統領直選；開放言論自由；解除對金大中的軟禁，釋放所有的政治犯等。兩天後，全斗煥也發表聲明支持盧泰愚的宣言。一般猜測，盧泰愚在發表宣言之前已經獲得全斗煥的同意，美國在其中也扮演重要的推手。

　　又過三天，美國大使館舉行 7 月 4 日獨立紀念日慶祝酒會。李潔明同時邀請盧泰愚、金泳三和金大中三人參加酒會。當金大中拄著柺杖進入使館，又與盧泰愚互相握手那一刻，攝影機的閃光紛紛亮起，標誌著南韓已經走入一個嶄新的時代。五個月後，南韓舉行 1971 年以後的第一次大統領直選，參加競選的，正是這三個人。

兩金之間的矛盾

　　南韓新憲法規定，大統領直選，任期五年，不得連任。反對勢力如果只推出一個候選人，必然可以把執政黨趕下台。然而，兩金之間的矛盾由來已久，任何一方都不可能退讓。

　　朴正熙和全斗煥都視金大中為眼中刺，認為他是共產黨的同路人。對於金泳三，兩個軍事強人相對地防範較鬆。金大中從美國流亡回國後大部分時間都被軟禁，並且被剝奪參政權。因此，兩金雖然共同創立統一民主黨，金泳三被推舉為總裁，金大中卻連出席成立大會都不可能。執政黨對兩金的差別待遇，其實十分明顯，也可說是時時刻意要分化兩人。

　　另有一個關鍵。金泳三出身慶尚道，所以在許多全羅道人的眼中和全斗

煥是一丘之貉，不無可能一起合作以對付金大中。

　　總之，兩金之間至少有三重矛盾：一是自身的利益衝突，二是背後抬轎者之間的利益衝突，三是根深蒂固的地域衝突。因此，兩人注定還是要分裂，無論如何都找不到妥協的辦法。最後的結果是金大中率領其同志脫離統一民主黨（簡稱民主黨），另組和平民主黨（簡稱平民黨），與金泳三、盧泰愚之間三雄逐鹿，進行決戰。

　　大統領直選的日期訂在 12 月 16 日，但在投票前選情緊繃之際，忽然發生一件韓航客機爆炸事件，震撼國際，並影響了南韓大選的結果。

韓航 858 號空難事件

　　1987 年 11 月 29 日，一架編號 858 的韓航客機從中東阿布達比（Abu Dhabi）起飛，預定飛往漢城，但在途中突然爆炸，墜入海裡。機上的乘客及機組人員共一百十五人全部喪生。南韓、日本和中東的情報單位迅速判定是一對持日本護照的父女所為，並在巴林（Bahrain）找到兩人。其中一位年紀較大的男子立刻咬含氰化物的香菸自殺，另一名二十六歲的女子蜂谷真由美還來不及自殺香菸就被搶走，因此沒死。後來證實，蜂谷真由美的真實姓名是金賢姬，是北韓特務。

　　經巴林政府同意，南韓政府派員把金賢姬帶回漢城。又經過數天偵詢，金賢姬終於承認奉命爆破韓航班機。北韓的金日成屢次命令對南韓進行恐怖攻擊，事發後又否認。這次韓航班機案，證據充分，但北韓還是極力否認。

　　韓航 858 班機事件也順帶證實了日本政府一向懷疑北韓特務綁架日本人的事。金賢姬後來招供，說她從小就被訓練成為特務，與一名日本女子一起生活，向她學日語，唱日本歌，學習日本人的生活習慣，以便假扮日本人。日本政府認定，金賢姬口中的這名日本女子就是十年前在日本被綁架而失蹤的田口八重子。

　　北韓為此目的綁架的日本人也不只是田口一個人。過了許多年，北韓在

與日本建交後承認前後共綁架十幾名日本人，但日本懷疑有數十人之多。被綁架的人當中最年輕的一位是只有十三歲的女孩。這些事件被統稱為「拉致事件」，引起日本政府極端不滿。

　　金賢姬在被偵訊時，原本都用日語回答，也不肯招供。直到她被帶到漢城的鬧區街上，親眼看見繁華的景象，而不是金日成所宣傳的那樣貧窮，才終於明白自己從小被洗腦，於是承認犯案，失聲道歉。從金賢姬的身上也可以明顯地看見，北韓金日成封閉外來所有的訊息，實施愚民政策，將人民徹底洗腦，極為成功。

盧泰愚當選大統領，南韓「朝小野大」

　　金賢姬犯下重案，又貌美如花，冷若冰霜，比西洋的 007 電影上的美艷間諜一點也不遜色。當她被引渡到漢城時，正是南韓大選前四天。此後數天中，南韓國內所有的報紙版面都被有關金賢姬的新聞佔據，大統領選舉反而是次要的新聞。對盧泰愚來說，這真正是天上掉下來的禮物。在所有大統領候選人中，盧泰愚無疑是最反共的。相反地，金大中常常被貼上共產黨的標籤。盧泰愚問選民是要安全，還是支持親共分子？又說如果執政黨下台，南韓奮鬥多年所得的經濟成果將全部付諸東流。

　　選舉最後的結果，盧泰愚獲得 828 萬張選票（36.6%），當選大統領；金泳三獲得 633 萬張（28.0%）；金大中得到 611 萬張（27.1%）。盧泰愚原本並沒有把握勝選，如果沒有韓航事件，鹿死誰手，猶未可知。但據估計，金賢姬至少為他增加 150 萬張選票。

　　又過了五個月，南韓舉行國會議員選舉，改採小選區制。結果在 299 個席次中，民正黨只得到 125 席（41.8%），平民黨奪得 70 席，民主黨 59 席，另有金鐘泌主導的共和黨獲得 35 席。執政黨的席次遠低於半數，國會「朝小野大」，這是南韓軍人威權時代從來不曾發生過的現象。可以想見，盧泰愚未來的大統領之路必定是坎坷無比。

　　果然，新國會開議後不久，就為了清算全斗煥執政期間（稱為第五共

和）發生的事件成立七個特別委員會，其中包括光州事件真相調查特委會（光州特委）、第五共和不正之風調查特委會（五共特委），以及緩解地域情感、調查大選舞弊、釋放良心犯等的特委會。光州特委及五共特委尤其受到大眾矚目。當國會首次召開聽政會時，電視台現場直播，收視率竟高達 60％。不久，全斗煥的家人被揭發非法斂財而入獄。全斗煥被迫發表「對國民謝罪書」，宣布將捐出所有財產，隨後自我放逐，於隆冬大雪之際到江原道深山中的古廟百潭寺隱居。

全斗煥時期的南韓經濟發展

新國會清算第五共和之際，漢城奧運會於 1988 年 9 月開幕，共有一百五十九個國家參加，規模之大超過先前任何一次的奧運。

北韓在奧運籌備期間要求與南韓共同舉辦，但雙方在談判時無法達成協議，北韓憤而拒絕派隊參加比賽。先前發生的韓航班機爆炸案，極有可能是北韓不滿南韓拒絕其所提的條件而採取的報復行動。雖然如此，漢城奧運圓滿舉行，博得世界各國的讚揚。尤其可貴的是，南韓代表隊在自己國人面前大放光彩，獲得十二面金牌，十面銀牌，十一面銅牌，排名世界第四，僅次於蘇聯、東德和美國，被稱譽為體育大國。中國和日本被拋在後面，尤其使得南韓人欣喜若狂。

南韓在奧運的表現，也可說是其經濟實力的展現。

在八〇年代亞洲有四個國家或地區由於成功地發展經濟，被國際社會稱譽為「亞洲四小龍」，其中包括香港、新加坡、台灣及南韓。其中的南韓在 1988 年的人均所得達到 4,230 美元（世界銀行公布數字，以下同），是 1979 年朴正熙去世時的 1,620 美元的二點六倍。不過這個數字不到香港、新加坡的一半，也只有台灣的七成，在四小龍中敬陪末座。但如果把人口乘上去，南韓的國民所得（GDP）卻比台灣多 50％，是香港的三倍，新加坡的七倍有餘，是四小龍的龍頭。

全斗煥掌權的第一年（1980 年），由於中東石油危機及光州事件的衝

擊，南韓的經濟成長率是負 1.9％。但第二年起就轉為 7.4％正成長，以後逐年攀高，到他下台前的 1987 年，已經衝到 12.3％。八年的平均成長率達到 8.5％，南韓堅實的經濟力量由此確立。第五共和的後四年中，每年的失業率都只有 3 至 4％。因而，中產階級大多安於現狀，並不認同激進的學生運動。在六月危機中，部分中產階級之所以選擇和學生、工人站在一起，不僅是因為政府全然無視人權，特權的貪腐及社會上的貧富不均情況，也已經到了難以接受的程度。。

全斗煥時期的特權貪腐現象

全斗煥執政期間的經濟政策是自由化，如巨鱷一般的大財閥於是繼續攻城掠地，漫無止境。政府雖然頒布《限制壟斷及公平交易法》，並立法支持中、小企業發展，實際上都只是一紙空文。全斗煥任期才過一半，五大財閥的總產出已經超過全國 GDP 的 50％。

全斗煥又推動金融自由化，結果是無論是全國性的商業銀行或是地方性的銀行都被財閥壟斷，成為「財閥的金庫」。

全斗煥絕對的獨裁，導致絕對的貪腐。金融界對軍政府的高官畏懼如虎，哪裡敢不借錢？因而，特大號的醜聞案不斷地發生。舉幾個例。1982 年，全斗煥的妻子、岳父及親戚涉及非法貸款，私吞金額達到一千八百億韓元。1983 年發生「明星集團案」，高官受賄，涉及的非法融資金額超過一千一百億韓元。1984 年發生「丁來赫非法蓄財案」，國會議長丁來赫個人涉嫌收賄，超過一百億韓元。當時南韓最大的兩家商業銀行是朝興銀行及韓國商業銀行，在 1988 年的呆帳比率分別達到 33％及 39％，都是天文數字。

美韓貿易衝突

南韓經濟發展的另一項結果是與美國發生貿易衝突。由於特殊的產業

結構，南韓必須從日本購買機器設備及原料，在加工後出口賺取外匯。因而，南韓對日本貿易逆差的數字不斷地增大，對美國貿易順差也不斷地增加。南韓在 1985 年對美國的順差只有三十億美元，在 1987 年增加到八十億美元。美國無法接受，又用壓迫日本的同樣一套來壓迫南韓，例如要求開放貿易及投資自由化，要求停止保護國內市場，出口自動設限，最後又拿出超級 301 條款來威嚇南韓。

美國駐韓大使李潔明自己說，南韓人民普遍認為在韓國歷史上遭遇的一長串外侮之後，美國是最新的惡棍。但無論美國如何施壓，兩國之間的貿易不平衡和美、日之間一樣，始終是無法降下來。

事實上，美國與日本和南韓之間的貿易衝突也存在於和台灣之間，因為台灣的產業結構和南韓幾乎是一樣的。台灣的經濟發展比南韓早，所以對美國的貿易順差遠大於南韓，比南韓更早受到美國 301 條款的威脅，但貿易順差同樣地始終無法降下來。

第 18 章
從六四事件到九〇年代中國的崛起

　　在近現代的歷史中，1989 年是極為特別的一年，世界上爆發許多大事。在歐洲，蘇聯內部發生劇變，東歐許多共產國家隨之相繼崩潰。在德國，柏林圍牆被推倒。美、蘇兩國在年底宣布結束冷戰。在亞洲，中國爆發六四天安門事件。

　　六四事件和蘇聯、東歐的巨變其實關連極大。因而，本章雖以記述六四事件及其後中國的發展為主，在此還是必須先敘述蘇聯、東歐的變化，並從其中的一位關鍵人物蘇聯總書記戈巴契夫說起。

戈巴契夫的改革開放

　　戈巴契夫於 1931 年出生於蘇聯高加索地區的一個農村裡。他出生後，蘇聯連年大飢荒，村子裡的人死了一半。戈巴契夫成年後進入莫斯科大學修讀法律，而與工人家庭出身的萊莎（Raisa）相遇，兩人都還沒有畢業就結婚了。萊沙終其一生與戈巴契夫形影不離，是戈巴契夫從政之路的同伴及「最高顧問」。

　　如第 14 章所述，戈巴契夫從 1985 年 3 月起擔任蘇聯共黨總書記，意氣風發；不過蘇聯帝國這時早已外強中乾，垂垂老矣。蘇聯的國防科技雖

然和美國並駕齊驅，民生工業卻起碼落後十五年，農業也年年欠收，所以經濟十分困窘。蘇聯為了維持強大的軍力以壓制東歐各附庸國，並與西方國家武力對抗，又從事軍備競賽，每年的軍事預算達到美金五、六百億美元，佔其 GDP 的 20％，負擔沈重。對比美國軍事預算佔 GDP 不到 7％，日本只佔 1％，相差不可以道里計。

戈巴契夫不願和他的前三任總書記一樣，對這些問題視而不見，決定發動變革，喊出改革（Glasnost）及開放（Perestroika）的口號。他的想法和鄧小平一樣，但有一點不同：鄧小平始終把改革鎖定在經濟範圍內，戈巴契夫卻很快就決定同時推動經濟及政治改革。

不過戈巴契夫從一開始作法就不夠周延，並且操之過急。舉一個例。政治局通過的第一個法令是杜絕酗酒，立意良善，因為蘇聯至少有五百萬人長年酗酒，造成許多人死亡及社會的巨大損失。但酗酒已是幾百年來人民的習慣，伏特加酒又是國家稅收的重要來源，怎能一下子禁絕？最終禁酒令只能草草收兵，但已傷害到新政府的威信。

戈巴契夫特別強調「公開性」，主張開放言論自由，下令解禁出版翻譯的西方文學作品，甚至不再干擾美國之音、BBC 等外國對蘇聯的廣播。他又為許多無辜遭到整肅的人平反。一時之間，百花齊放，其中有許多人開始指責政府，要求更快、更大幅度的改革。著名的科學家、諾貝爾獎得主沙卡洛夫（Andrei Sakharov）正是其中的一個代表人物，並不因為當初戈巴契夫特別為他平反而減緩對改革的要求。

蘇聯及東歐共產集團的崩解危機

戈巴契夫認定蘇聯無法繼續維持強大軍力，所以於 1986 年 7 月特別在海參威發表談話，表示希望與中國化敵為友。蘇、中兩國外長於是開始互訪，為戈巴契夫訪問鄧小平鋪路。出於同樣的思考，他和美國總統雷根只見面三次就在 1987 年 12 月簽訂了一份有關中程導彈及裁軍的協議。1988 年 4 月，蘇聯又與美國、巴基斯坦及阿富汗共同簽署《日內瓦協定》，訂下

從阿富汗撤軍的期限。事實上,阿富汗十年的戰爭對蘇聯造成的傷害,絕對不亞於越戰對美國的傷害,所以戈巴契夫不得不決定撤軍。

戈巴契夫的一連串舉動刺激了蘇聯境內長久以來被壓制的分離主義分子。1988 年 2 月,亞塞拜然(Azerbaijan)和亞美尼亞(Armenia)發生種族衝突。緊接著,喬治亞(Georgia)、哈薩克(Kazakhstan)、烏茲別克(Uzbekistan)也發生流血衝突。蘇聯雖然派兵前往,情況漸漸失控。

東歐也漸漸有情況發生。波蘭的團結工聯死灰復燃,大有取代波共而執政的態勢。波羅的海三小國聲稱要尋求獨立。戈巴契夫不願像史達林和布里茲涅夫一樣派兵前去鎮壓,只是袖手旁觀。其他東歐國家的共產黨政權於是都搖搖欲墜。蘇聯帝國離分崩離析已經不遠。

中國的亂象

蘇聯改革開放引發的動亂失序,使得中共的執政者暗自驚心,而這時中國正發生通貨膨漲及搶購物資的風潮。改革開放以來,在一片經商熱之中,全國各地的黨政機關、武警、人民解放軍也不落人後,紛紛「下海」,開始掛起公司的招牌。由於中國多年來實施價格雙軌制,所以特權「官倒」的現象尤其嚴重。此外,通貨逐年膨脹,從 1985 年起每年的物價指數都比前一年上升 8 至 10%。

1988 年 8 月,鄧小平決心要取消雙軌制。不料相關消息才傳出去,全國各地的民眾就開始搶購,從衛生紙到電冰箱,從鞋子到彩電,無所不搶,以致物價更加急速飛漲。由於中國連貸款利率及匯率也是雙軌制,各城市的銀行外面也排滿長龍,搶著擠兌。鄧小平只好收回成命,暫緩實施改革,轉而進行「宏觀調控」、「治理整頓」。但 1988 年的物價指數已經比前一年上升 20%,並且腐敗現象嚴重,百姓極為不滿,異議分子紛紛提出撻伐。

一波未平,一波又起。1989 年 1 月,西藏班禪十世突然因心臟病發而死,享年只有五十一歲。由於班禪十世生前不斷地批評中共對西藏的統治

不當，許多藏民懷疑他是被害而死。到了 3 月，正值達賴喇嘛逃亡印度的三十週年紀念日，西藏再度發生動亂，部分激進的藏民到處打、砸、搶、燒。國務院總理李鵬斷然發布戒嚴令，派武警及解放軍入藏。西藏自治區黨委第一書記胡錦濤奉命指揮軍警鎮壓藏人。動亂弭平後，鄧小平對胡錦濤讚賞有加。

胡耀邦病逝

1989 年 4 月 15 日，中共前總書記胡耀邦也和班禪一樣，因心肌梗塞而猝逝。中國國內更大的動亂由此點燃。

胡耀邦思想開明民主，操守清廉，不僅受學生歡迎，也得到黨內同志敬重。回溯 1986 年底胡耀邦因反自由化不夠堅決，壓制學潮不力，被罷黜總書記的職務，全國學生對他尤其同情。

北京各大學學生獲知胡耀邦的死訊後，紛紛湧進天安門廣場，貼出大字報。表面上，學生們是悼念胡耀邦；實際上，一場反貪腐、反老人政治，要求民主化的政治運動正轟轟烈烈地展開。一週後，天安門廣場已經聚集了三十萬人。4 月 25 日，鄧小平在家中聽取李鵬、楊尚昆的彙報後，說學潮是「動亂」。第二天，李鵬根據鄧小平的講話指示全國的報紙刊出社論〈必須旗幟鮮明地反對動亂〉，其中說：「這是一場有計畫的陰謀，是一次動亂，其實質是要從根本上否定共產黨的領導，否定社會主義制度。」

但「四二六社論」激起學生們更大的反彈，引發十萬人大遊行。沿路的標語和口號比先前更激烈，諸如：「請願不是動亂！」、「媽媽，我們沒有錯！」、「血諫政府！」、「新聞要講真話！」、「打倒官倒！」等。中共總書記趙紫陽這時卻不認為學生運動是動亂。陳雲、李先念等人因而提醒鄧小平要注意。

趙紫陽下台

學生越聚越多，到 5 月中旬已經達到五十萬人。天安門廣場中有數百人開始絕食。西方媒體蜂擁而至，學生領袖吾爾開希、柴玲、王丹等人對群眾發表演說，被捧為英雄。正在此時，蘇共總書記戈巴契夫受邀訪問北京。天安門廣場的學生也製作大字報歡迎戈巴契夫，讚揚他在蘇聯實施的改革開放及民主化。有一幅大字報上寫著：「蘇聯有戈巴契夫，中國有誰？」

5 月 16 日，鄧小平在人民大會堂會見戈巴契夫。這是四十年來中、蘇領導人第一次的會面。雙方同意「結束過去，開闢未來。」又同意恢復邦交。當天稍晚，趙紫陽也和戈巴契夫會面。趙紫陽對戈巴契夫說，鄧小平雖然已經退下來，但黨在重大的問題上仍然必須向他請示。經媒體報導後，第二天遊行隊伍又多了「黨要總書記，不要太上皇！」、「垂簾聽政，誤國害民！」等標語。鄧小平對趙紫陽更是惱怒。北京的學生曾經於 1976 年在天安門廣場集會悼念周恩來，同時為鄧小平聲援。然而，鄧小平作夢也沒有想到，十三年後學生又在天安門集會，抗爭的對象竟然是他本人。

第二天，鄧小平召集政治局常委開會，討論戒嚴。他認為，現成的例子就是匈牙利，政府不能再讓，否則很快學生運動就會發展為全國性的動亂。趙紫陽、胡啟立堅決反對戒嚴，但李鵬、姚依林等人贊成。鄧小平說：「實行戒嚴如果是個錯誤，我首先負責，不用他們打倒，我自己倒下來。……將來寫歷史，錯了寫在我的帳上。」於是拍板決定。趙紫陽回到家中，立刻寫辭職信。

當時學生加入絕食已有數千人，有人不只絕食，還絕水，一千七百人因昏迷而被送到醫院急救。總理李鵬代表政府與學生代表吾爾開希等人會面，但雙方的態度都是強硬而傲慢，最後不歡而散。

5 月 19 日清晨，趙紫陽到天安門廣場探視學生，說：「我們來得太晚了。對不起同學們了。不管你們說我們、批評我們，都是應該的。」呼籲學生們停止絕食。到了傍晚，李鵬宣布戒嚴，但學生們仍然在天安門廣場據守不退，喊出的口號已改為「打倒李鵬！」、「打倒鄧小平！」。政府開始稱抗議者為「反革命分子」。

六四天安門事件

戒嚴令發布後，鄧小平開始調動軍隊。但奉召進京的部隊在北京外圍遭到大批民眾截堵，發生流血衝突，戒嚴指揮部只好命令軍隊在北京城外休整待命。也有一部分軍隊奉令喬裝為百姓，化整為零進城後再集結。學生們截獲一部分預備運進城的武器，公開拍照、展示，譏刺政府。鄧小平已經無法忍耐，決定不顧一切鎮壓。

6 月 3 日下午，駐紮城外的部隊同時接到命令，向天安門廣場進軍。但群眾從四面圍上來，拋擲磚塊、石頭，如冰雹一般，擊碎軍車的車窗；也有人手持木棍、鋼筋攻擊部隊。許多軍人受傷，也有少數被打死。軍警只得以警棍、催淚彈驅散民眾，對空鳴槍。

到了深夜，部隊已經齊集天安門四周，於是奉命發起攻擊。全副武裝的士兵和坦克、裝甲車逕自壓過學生聚集的帳棚區。解放軍向群眾開槍掃射，一時濃煙四起，廣場宛如戰場。外國的電視台紛紛即時轉播。美國 CNN 電視台捕捉到一個畫面，震撼了全球所有電視機前的觀眾。一名穿白衣服的年輕男子提著一個手提袋，站在大馬路上，擋在一長列十七輛坦克車隊的前面。當第一輛坦克車要繞過他時，他又移動身體，意圖以血肉之軀繼續阻擋其前進。

6 月 4 日清晨，大部分學生被迫撤離天安門廣場，解放軍宣布全市恢復秩序，但廣場上仍然火光沖天，黑煙瀰漫。北京市長陳希同後來提出報告，說六四事件中有三千名學生及民眾受傷，二百多人死亡。但同情民運的人說至少有二千人死亡。

江澤民接班

六四天安門事件的悲劇結束後，鄧小平接見參加鎮壓行動的各級將領，公開表揚，又聲稱幸好有一批仍然健在的老同志支持對暴亂採取堅決的行

動,所以還能維持國家安定。中共接著召開會議,正式罷黜趙紫陽所有的黨政職位,只保留黨籍;趙紫陽卻拒絕接受「支持動亂」及「分裂黨」的指控,堅決不肯認錯檢討。趙紫陽的手下班底,如他的辦公室主任委鮑彤等,早在六四之前就已被捕了。會中同時罷除政治局常委胡啟立的職位,增選江澤民、李瑞環和宋平為政治局常委,並選舉江澤民為中央總書記。

在六四事件前後,李鵬對學生態度最為強硬,其黨政地位又在江澤民之上,那麼鄧小平為什麼捨李鵬而提升江澤民?一般認為,鄧小平在動亂後還要確保改革開放,但在他看來李鵬思想保守,一旦掌權,改革開放能否繼續就很難說。也有人指出,李鵬指示全國報紙刊登「四二六社論」,利用鄧小平將天安門學生運動定性為動亂,以致於學生反彈,終至發生六四慘劇。鄧小平和他的家人為此對李鵬心存芥蒂,無法釋懷。陳雲、李先念知道鄧小平不能接受李鵬,所以推薦江澤民,鄧小平也別無其他人選,於是接受了。

六四事件使得鄧小平心灰意懶,因而在六個月後堅持完全退休,辭去中央軍委會主席一職,由江澤民繼任。江澤民同時擔任黨和軍隊的領導人,看似全面接班,其實不然,因為擔任國家主席兼軍委第一副主席的楊尚昆並沒有和鄧小平一起退下來,楊尚昆的弟弟楊白冰又擔任軍委秘書長。楊氏兄弟在六四事件中全力支持鄧小平,調動軍隊鎮壓學生,獲得鄧小平的讚賞。由於江澤民與軍方沒有任何淵源,軍委會的實權其實是在楊氏兄弟的手上。因而,鄧小平雖然「退休」了,江澤民還是必須小心翼翼地聽他在說什麼。

六四之後

六四事件後,中國的政治氣氛一片肅殺。二十一名民運領袖遭到通緝,其中七人逃亡到海外,包括吾爾開希、柴玲、李錄等;其餘十四人被捕並遭判刑入獄,包括王丹。此外,許多被稱為民運的「幕後黑手」,如劉曉波、包遵信、戴晴、王若望等,大多也被捕入獄。另有超過一千兩百位參

與或同情民運的人士也被捕。

北京的新聞媒體聲稱，解放軍在事件中受傷比學生還要慘重。西方國家卻都認定解放軍的鎮壓行動是血腥屠殺，毫無人性，紛紛表示要進行嚴厲的制裁。美國總統布希宣布停止雙方高層接觸，停止出售武器給中國，又示意世界銀行和亞洲開發銀行停止貸款給中國。

不過布希並不是真正要和中國斷絕關係，暗中派特使到北京討論善後事宜，等於自己破壞自己的禁令。布希又請被認為是中國友人的前總統尼克森訪問鄧小平。中國政府為了緩解西方國家的抵制，也採取配合措施，宣布解除戒嚴，釋放數百名民運人士；不久後又釋放幾名罪名較輕的學生領袖。

六四後的東歐演變

六四事件對中國的經濟發展產生極負面的影響。歐美國家在宣布經濟制裁後雖然多少在暗中放水，仍是產生極大的衝擊。國內的保守派也質疑先前的改革開放是否過頭了，紛紛重提究竟改革是「姓社姓資」？擔心改革帶來「和平演變」。江澤民被夾在改革和保守兩派之間，左右為難，說話模擬兩可，但態度比較接近保守派。緊接著發生的蘇聯及東歐巨變，尤其使得保守派心驚肉跳。

由於戈巴契夫公開表示不再支持華沙公約，東歐各國的共產黨在 1989年最後三個月內全部崩潰。波蘭舉行選舉，團結工聯囊括幾乎所有國會席次，共產黨黯然下台。匈牙利共產黨被迫宣布解散。柏林圍牆於 11 月 4 日被推倒，一週內有兩百萬東柏林人穿過圍牆湧入西柏林。東、西德開始討論合併。捷克共產黨也垮台，異議人士哈維爾（Vaclav Havel）當選為總統。羅馬尼亞首都布加勒斯特的市民走上街頭，軍隊鎮壓無效，最後共黨總書記西奧塞古（Nicolae Ceauşescu）被逮捕，竟於聖誕節遭到公開處決。

進入 1990 年，波羅的海三小國決定脫離蘇聯。其他如烏茲別克、亞美尼亞、土庫曼、塔吉克等紛紛跟進。一向與戈巴契夫不合的葉爾辛（Boris

Yeltsin）當選為俄羅斯最高蘇維埃主席，開始與戈巴契夫爭領導權。1991年8月19日，蘇聯發生一場軍事政變，戈巴契夫被軟禁。葉爾辛卻異軍突起，發表強硬的聲明，號召群眾反抗，終使政變失敗。戈巴契夫因而恢復自由，但從此失勢，只擁有蘇聯總統的空殼頭銜，地位完全被葉爾辛取代。到了年底，原蘇聯的各盟邦大多加盟葉爾辛主導的「獨立國協」，蘇聯終於解體。

六四後中國經濟發展的困境

蘇聯「八一九事件」發生後幾天，鄧小平在北戴河過八十七歲生日，談到蘇聯問題。他說：「戈巴契夫看上去聰明，實際上很笨；先把共產黨搞掉了，他憑什麼改革？……。蘇聯的教訓證明，中國走自己有特色的社會主義道路是正確的。這個特色的關鍵是以經濟建設為中心，離開了這一條什麼口號也不靈。」保守派雖然擔心蘇聯及東歐的崩潰可能在中國重演，鄧小平卻明白地表示在經濟上還要繼續改革開放。

鄧小平為什麼如此地堅持？讀者如要明白其原因，最好先瞭解他在先前十年改革中究竟取得什麼樣的成就，而六四後究竟中國經濟成長又面臨什麼樣的困境。以下就請參考一些相關的數字。

改革開放後，中國大量引進外資。根據中國國家統計局的數字，實際利用外資金額從剛開始的零到1984年的29億美元，到1988年成長為102億。但1989及1990年並沒有成長，分別是101億及103億美元。從另一組數字看，中國的進出口總值從1978年約200億美元成長到1988年的1,000億美元，剛好是五倍，平均年成長率約為20%。但1989及1990年進出口年成長率分別只有9%及3%。世界銀行的資料也顯示，這兩年中國的GDP成長都只有4%左右，對比前十年中平均超過10%，無疑失去成長的力道。

鄧小平推動改革開放，說是要讓人民收入翻幾番，其實和當年毛澤東說要「超英趕美」一樣，最終的目的是要中國早日脫離貧困，邁向富強之

路。這也關係到鄧小平身後的歷史地位。

但老實說，中國離富強還遠，1989 年中國的人均所得不過是 330 美元，不要說只有美國的六十分之一，也不到台灣的二十分之一。縱使中國的 GDP 成長維持在每年 10％，至少也要三、四十年後才能趕上美國。但如果 GDP 成長停留在 4％，那麼即使再過一百年，差距恐怕還是無法縮小。因而，六四及蘇聯、東歐事件所帶來的衝擊雖大，鄧小平絕對不甘心讓中國走回頭路，不再改革開放。

皇甫平事件

不過在六四之後鄧小平的威信已經下滑，保守派的聲音蓋過改革派，陳雲的「鳥籠經濟」理論成為李鵬、姚依林草擬「八五計畫」的指導思想。鄧小平的「白貓黑貓」理論在北京已經找不到幾個人支持，只有在廣東及上海等少數地方的領導人主張繼續改革開放。

1991 年 1 月，鄧小平帶著全家老小到上海過春節。這時雖然改革開放已經十幾年了，上海的建設還很落後，市容陳舊，連一棟摩天大樓也沒有。浦東比浦西更是落後，部分地方還是一片荒煙蔓草。上海市委書記兼市長朱鎔基向鄧小平報告，主張加速改革，開發浦東。鄧小平有感而發，對朱鎔基說浦東如果像深圳經濟特區那樣，早幾年開發就好了。言下之意，十分後悔當年聽從陳雲的建議，沒有堅持同時開發上海。

鄧小平在上海停留二十幾天，到處參訪，大力鼓吹改革開放。2 月15 日，上海《解放日報》刊出一篇文章，標題為〈做改革開放的「領頭羊」〉。鄧小平離開上海後，《解放日報》又陸續刊出三篇，其內容大多是鄧小平在上海停留時講過的話，例如：「改革開放是強國富民的唯一道路，……，我們要把改革開放的旗幟舉得更高。我們要進一步解放思想，突破任何一種僵滯的思維方式的束縛。」「如果我們仍然囿於『姓社還是姓資』的詰難，那就只能坐失良機。」

這幾篇文章都由一位「皇甫平」署名撰寫，而猶如丟下震撼彈，引起全

國矚目。許多中央及地方的領導紛紛派人查問「皇甫平」究竟是何許人？
背後是何來頭？當年毛澤東發起文化大革命就是從上海開始布置，因此只
要具備足夠政治敏感度的人都知道要先弄清楚。事實上，「皇甫平」是一個
化名，代表以上海《解放日報》黨委書記周瑞金為首的一個寫作班子，背
後當然是朱鎔基，再後面是鄧小平。

皇甫平的第四篇文章還沒有出刊，中共中央已經在 4 月中宣布朱鎔基升
任為國務院副總理兼生產辦公室主任。情勢很明顯，鄧小平預備要為改革
開放打開新局面，陳雲和保守派雖然極力抵制，還是擋不住鄧小平堅持把
朱鎔基調升到北京。

但左派陣營對皇甫平的文章還是反應激烈，從夏天到秋天，不斷地公
開問「姓社還是姓資？」，高唱反資產階級自由化及反和平演變。雙方鬥爭
中，夾在其間的江澤民左右為難。不過到了 9 月，江澤民決定向鄧小平靠
攏。當時左派控制的《人民日報》預備要刊出一篇社論，其中寫道：「我們
要問『姓社姓資』，我們要堅持社會主義方向。我們要問『姓社姓資』的目
的是為了堅持公有制的主體地位。」江澤民下令把這幾行字刪掉。江澤民向
鄧小平靠攏後，其他政治局常委如李瑞環、喬石等也陸續表態支持鄧小平。

鄧小平第二次南巡

改革派雖然漸漸扳回局勢，鄧小平卻不敢掉以輕心。中共預定在 1992
年底之前召開十四大，將會是一次重要的決戰，鄧小平決定「南巡」，以確
保改革開放。1984 年初，鄧小平曾經大舉南巡，結果引領全國的經濟發展
風潮迅速地熾熱起來，這是關係到中國未來的另一次重要的南巡。

1992 年 1 月，鄧小平帶領全家老小到達深圳視察。廣東所有的黨政
軍首長齊集歡迎。鄧小平到處參訪，目睹多年未見的深圳一片高樓大廈，
又參觀數家高科技工廠，以及休閒、公園設施，欣慰萬分。他一路發表言
論，句句不離改革開放，說：

「誰堅持改革開放，誰就上台；誰不搞改革開放，誰就下台。」

「對辦特區，從一開始就有不同意見，擔心是不是搞資本主義。深圳的建設成就，明確回答了那些有這樣那樣擔心的人。特區『姓社』，不『姓資』。」

「『左』的東西在我們黨的歷史上可怕呀！一個好好的東西一下子被他們搞掉了。『右』可以葬送社會主義，『左』也可以葬送社會主義。要警惕『右』，但主要是防『左』。」

「亞洲『四小龍』發展很快，你們發展也很快。廣東要力爭用二十年的時間趕上亞洲『四小龍』。」

鄧小平南巡時，楊尚昆也和他一起到深圳、珠海、上海，歷時一個月。鄧小平雖無任何頭銜，不過是一個老百姓，楊尚昆卻是國家主席兼軍委副主席，兩人同行的意義不問可知。楊尚昆的弟弟楊白冰後來在接受訪問時，脫口而出：「中國人民解放軍要為改革開放保駕護航。」鄧小平南巡結束後，楊尚昆下令各大軍區司令、政委組團到深圳、珠海學習考察，對保守派造成更大的壓力。

鄧小平南巡的消息先是由香港的報紙、電視報導，接著美國的媒體也大幅報導。控制中國新聞媒體的保守派剛開始還想抵制，但後來在震驚、無奈之下，只得下令新華社發稿報導。江澤民也命令發出中共中央的文件，傳達鄧小平的「南巡講話」。

鄧小平一輪強力猛攻，保守派陣營抵不住他的鋒芒。鄧小平曾經暗諷陳雲，說：「有的人，中國搞特區這麼大的事，自己從來就不來看看，站在老遠處指手劃腳。」到了五月初，陳雲突然出現在上海的電視螢幕上，說非常贊成開發浦東。

中共十四大

1992 年 10 月，中共召開十四大，接著召開一中全會，選出國家的黨政

軍各級領導人。

鄧小平在十四大中取得輝煌的勝利。大會確立他的「建設有中國特色社會主義」理論，明確以「建立社會主義市場經濟體制」為改革目標。在人事方面，政治局裡改革派佔多數。

政治局選出七名常委，包括江澤民（兼總書記、國家主席、軍委主席）、李鵬（兼國務院總理）、喬石（兼人大委員長）、李瑞環（兼政協主席）、朱鎔基（兼國務院常務副總理）、劉華清（兼軍委副主席）和胡錦濤（兼中央書記處書記），其中後三人是新人。

鄧小平堅持用「懂經濟」的朱鎔基擔當發展經濟建設的重任。朱鎔基曾經長期在國家計委工作，熟悉工業及財經，頭腦敏捷清晰，有大局觀，行事大膽而細膩，又直來直往，清廉不阿，在鄧小平心目中乃是國之重臣。

十四大最令人驚訝的是「楊家將事件」。鄧小平在年初還要靠楊氏兄弟保駕護航，到了年底卻免去楊尚昆的國家主席職位，讓江澤民兼任。楊尚昆的軍委副主席的職位也被免去，由另一位忠於鄧小平的劉華清替代。楊白冰被晉升為政治局委員，卻被免去有實權的軍委秘書長職位。鄧小平為何要罷黜楊家將？至今眾說紛紜。有人說，是因為楊氏兄弟過於跋扈，引起軍中多數將領不滿，鄧小平也怕自己百年之後無人可制楊家將。也有人說，是因為楊尚昆曾經私下表示對六四事件後悔，鄧小平怕身後有人為六四翻案。

十四大之後，由於鄧小平堅持，原有的中央顧問委員會解散，包括陳雲在內的老人和鄧小平一樣全部退休。江澤民因而既是掌握黨政軍大權，又免於老人干政，權力大增。

西藏自治區黨委書記胡錦濤在十四大後出人意料地晉身為政治局常委，進入中共的政治核心，又是一件大事。鄧小平甚至明白地指定胡錦濤為江澤民的接班人。這種隔代指定接班人的安排空前絕後，江澤民無論是否同意，已經無法改變。

經濟過熱及「十六條」

回溯 1991 年 4 月朱鎔基剛剛就任副總理時，全國各地的企業之間由於長期相互連環拖欠，形成「三角債」，總共達到三千多億元，嚴重影響企業的資金運轉。朱鎔基於是開始整頓，決定從銀行體系注資，以注入一元清理四元拖欠債務的理念推動，在一年內就清理了全國二千多億的三角債，獲得國人一致讚譽，由此樹立其權威。

鄧小平南巡後，中國的經濟發展重新加速，但很快就出現過熱的現象。各省市的領導紛紛決定「大幹快上」，唯恐落在人後，沒有人再提先前的「治理整頓」。全國各地到處都在興建鐵路、公路，蓋高樓大廈和廠房，並計畫新建四十幾個機場，新購數百架民航機。地方政府命令銀行無限制地提供放款，用於設立經濟開發區，設立新公司，開發房地產。各種非法經濟活動也層出不窮。

中央政府既無力管控地方，中央銀行也無法有效控制貨幣發行及信貸，導致嚴重的通貨膨漲。中國在 1992 年的消費者物價指數比前一年不過上漲 5.4％，1993 年及 94 年卻分別上漲 11.3％及 21.7％。糧價漲幅更是驚人。解決新問題的重擔於是又落在朱鎔基的身上。1993 年 6 月，中共中央及國務院依朱鎔基的建議，聯合發布有關「宏觀調控」的文件，公布「十六條」。

「十六條」的重點是控制貨幣發行，控制信貸，控制房地產市場，控制政府部門「亂」採購；禁止非法集資，禁止非法發行股票，禁止銀行拒絕存戶要求提款；又提出新的中央與地方分稅制，改革外匯及利率雙軌制，強制公務員以收入的百分之一購買國庫券。「十六條」是一劑猛藥，充分顯示朱鎔基的鐵腕作風。

宏觀調控

國務院公布「十六條」後，朱鎔基派出十幾個督察組到全國各省市，其成員來自政府財經部門、中共中央組織部，以及中共中央紀律檢查委員會。各省市官員無不忌憚。不久，兩名公然違法的銀行高層官員被送交司

法審判，另有一名非法集資的黨官被判死刑。如此，達到殺雞儆猴之效。

朱鎔基又決定自兼中國人民銀行行長，然後召集所屬各地銀行行長們到北京，命令與會者在四十天內收回所有非法的貸款。屆時如果貸款沒有回籠，必將嚴懲。與會行長們又驚又怕，期限到後銀行體系果真增加七百多億的現金。

朱鎔基提出的新分稅制也十分重要。當時全國財政收入中，地方所得遠高於中央。以 1992 年為例，全國財政收入約三千五百億元，中央只拿到一千億，佔不到 30％；地方分到二千五百億，高出 70％。朱鎔基取得黨政高層的支持，又馬不停蹄地趕赴全國各省市溝通，最後拍板，從 1994 年起中央分配所得增加到 55％，地方只有 45％。從此地方幾乎都是收支無法相抵，每年都要向中央伸手，請求補助。

朱鎔基取消匯率雙軌制更是一件大事。美元在 1993 年兌換人民幣的官方匯率大約是 1：5.7，兌換發給外國人的外匯券卻是 1：8，黑市價格甚至高於 1：10。其中的匯差因而給「官倒」巨大的獲利空間。1994 年元旦，朱鎔基宣布併軌，匯率訂在 1：8.7 附近，人民幣形同大幅貶值。併軌雖然斷了許多人的財路，卻減少了中間剝削，企業從此有了更公平的競爭環境。人民幣貶值後也有利出口。在後來十年中，人民幣始終盯住美元，穩定地維持在 1：8.3 左右。

朱鎔基雷厲風行推動「宏觀調控」後，通貨膨漲終於趨緩。物價指數在 1995 年降到 14.8％，1996 年又降為 6.1％。

朱鎔基對中國經濟成長的貢獻及其面臨的困境

1997 年 9 月，中共召開十五大，再一次確立要「建設有中國特色的社會主義事業」，並將「鄧小平理論」訂為黨的指導思想，寫入黨章中。接著舉行一中全會，選出新的政治局常委共七人為領導班子。其中江澤民、李鵬、朱鎔基、李瑞環、胡錦濤都留任，並分別繼續擔任原來的職務。1998 年 3 月，李鵬轉任全國人大委員長，朱鎔基升任為國務院總理。在此之

前，他已經擔任副總理整整七年，並交出一張漂亮的成績單。以下用一些數字簡單敘述這期間中國經濟的成長。

在這七年間，中國的經濟發展是學習日本和亞洲四小龍，主要靠出口，成長三倍，於 1997 年達到約 1,800 億美元。在此期間，除了有一年例外，其餘每年貿易都是順差，並且數字一年比一年大。因而，中國的外匯存底也逐年快速累積。中國 GDP 七年平均成長率約為 12％。1997 年，中國人均所得達到 750 美元，是朱鎔基就任前一年 1990 年的兩倍有餘。

中國在 1998 年的出口總金額也是 1,800 億美元左右，對比前一年幾乎沒有成長。不過必須說明，1997 年 7 月亞洲金融風暴爆發，東南亞各國和南韓都遭到致命的打擊，中國能夠在第二年維持出口不變，已屬不易。朱鎔基在就任國務院總理時，回答記者的問題，說：「不管前面是地雷陣還是萬丈深淵，我將一往無前，義無反顧，鞠躬盡瘁，死而後已！」當時正是亞洲金融肆虐最嚴重的時候，他卻堅持要保住人民幣不貶值，說是要承擔穩定亞洲金融環境的大國責任，無怪乎被稱呼為中國的「經濟沙皇」。

朱鎔基事實上還面臨其他種種的困難及艱險。舉一個例，軍隊經商導致的腐敗問題，從改革開放以來就有，而越來越嚴重。據估計，當時中國每年走私的金額超過八千億人民幣，其中軍方走私就超過六成。朱鎔基對軍隊無可奈何，只能據實報告，請江澤民禁絕。江澤民在各方的壓力之下，不得不於 1998 年 7 月下令禁止軍方經商。

再舉一例，1999 年 4 月廈門爆發中國有史以來最大的一件遠華集團走私案，涉及的金額超過五百億人民幣；涉案人員超過六百人，除主犯之外，還包括公安、解放軍、海關、金融、稅務機關及地方黨政系統。朱鎔基不避艱難親自督辦，但旁人不免擔心他的人身安危。

有關前述亞洲金融風暴的詳情，請容在第 21 章中再敘述。

國有企業的改革

事實上，九○年代在中國有無數的國有企業因不堪虧損而破產倒閉，經

濟卻能夠持續快速成長，鄉鎮企業（含私人企業）功不可沒。回顧 1978 年改革開放後的幾年中，鄉鎮企業備受政府歧視及打壓，動輒得咎，自嘲連私生子都不如。但經過十五年的奮力求生，逐漸茁壯，鄉鎮企業的產值在 1993 年追上國企，首次超過全國工業產值的一半，達到兩兆人民幣。

中國政府也想加速改革國企，所以從 1992 年起就在山東省荷澤市轄下的諸城市從事一項實驗，授意地方政府處理掉一些虧損嚴重的中小國企。諸城市長陳光把所屬的兩百七十幾家國企或是集體企業都賣掉，大部分是賣給企業的員工，因而被謔稱為「陳賣光」。

1996 年，朱鎔基親臨諸城市，召集中央及地方官員和財經學者一同學習討論「諸城經驗」後，決定全面調整國家政策，表示此後將重點扶持大型國有企業，放棄中小型企業，稱為「抓大放小」。全國約三十萬家中小型國有企業於是逐漸由員工接手，或成為鄉鎮企業和外資企業低價收購的目標。

第二年，政府又提出「國退民進」的戰略，方向與原先的「抓大放小」略有不同，主要是放棄比較具有市場競爭性的民生工業，但堅持國家壟斷與能源有關及攸關國家安全的產業，例如鋼鐵、石油、煤炭、電力、汽車、電信、銀行、保險、軍事工業等。

「國退民進」進一步加速了國企的改革，但在過程中也出現部分的阻力。一般來說，國企只要有盈利，持有控股權的地方政府就不願意放手；企業越大，賺錢越多，越不肯放手。中國在改革開放後，國企的股權始終沒有清晰的規範，也不曾修改過。許多人受命接辦老舊的國企，或在政府支持之下創辦新事業；上任後都帶領團隊披荊斬棘，開疆闢土，建立起龐大的企業版圖，因而意氣風發；但其實都只是領薪水，並沒有什麼股權，即使有也是少得可憐。第 14 章中提到萬科集團的王石、聯想集團的柳傳志、海爾集團的張瑞敏、健力寶集團的李經緯，正是其中的代表人物。此外，還有科龍集團的潘寧、華晨集團的仰融，長虹集團的倪潤峰等，都是赫赫有名。

這些人當然希望藉國家政策而出資買下政府的股權，成為真正的企業

主。不料當他們提出請求後，地方政府官員無不死命抗拒，甚至無所不用其極地打擊這些人。因而，這些真正的企業家在力爭的過程中幾乎全部經歷痛苦的煎熬，最後多半境況悲慘。有人被迫辭職，有人被判罪，有人逃亡國外。只有少部分人耐心等待時機，謀定而後動，最終得償所願。不過後來也有部分官員及學者嚴厲批評少數企業家在「國退民進」的過程中操弄手段，導致國企被賤賣。

外資及港商、台商對中國經濟成長的貢獻

必須說明，九○年代另有一項至關重要的因素在支持中國的經濟成長，那就是成功地引進外資。如前所述，1990 年中國實際利用外資金額不過是103 億美元，到 1997 年已經成長為六倍，達到 644 億美元。尤其值得注意的是，原本在外資裡面對外借款（來自外國政府或世界銀行、IMF、亞洲開發銀行）佔大多數，後來外商直接投資（來自私人或公司）佔的比率卻越來越高。2001 年之後，中國基本上已經停止對外借款。

外商直接投資從哪裡來？毫無疑問，主要是香港和台灣。

六四事件後的幾年中，由於西方國家都抵制中國，外商大多遲疑不前，因而香港是外商直接投資最主要的來源。鄧小平南巡後，外商直接投資突然大幅成長，其中港商約佔一半，到九○年代後期每年穩定地維持在 200 億美元左右。

中國和台灣政府也都有台商對中國大陸的投資統計，但必須指出，這些數字都不正確。由於台灣當局百般阻撓，許多台商到中國大陸投資並不是登記為台資，而是間接透過其他國家或地方轉投資，其中以香港和維京（Virgin）、開曼（Cayman）和薩摩亞（Samoa）群島為最多。台灣的學者估計，前述三個群島在中國的投資有七成以上是台商轉投資，但香港在中國大陸的投資裡究竟有多少是台商的轉投資，那就難以估計了。不過許多學者推估九○年代台商在大陸的實際投資總額和港商不相上下，甚至超過港商。在廣東的深圳、東莞，以及上海、昆山、蘇州等地，有許多台商工

業區及住宅區聚落形成，但沒有什麼港商聚落，也間接說明這個現象。

　　香港和台灣是「四小龍」之二，但在多年成功發展經濟後，土地、人工及環保問題等都成為瓶頸。中國大陸改革開放後，制訂優惠的招商政策，提供特惠工業區土地，以及廉價的人工，正是港商及台商發展所需，得以從事於原有的勞力密集加工生產，擴大規模。

　　從另一方面看，中國在關閉數以萬計的國有企業當中，有大批的員工「下崗」，是極其嚴重的社會問題。同時，數以千萬計來自內陸各省農村的年輕人湧向沿海城市，都要尋找工作。上述港資、台資的勞力密集產業，以及許多需要大批人手的服務業，正好提供就業的機會。因而，台商及港商也適時幫助中國解決部分的就業問題。

　　總之，在九〇年代中國大陸發展經濟的過程中，台商及港商的貢獻至為關鍵。

第 19 章
九〇年代的兩岸關係發展及香港、澳門回歸

　　六四天安門事件對台灣、香港及澳門都是極大的震撼。

　　《中英聯合聲明》在 1984 年發布後，中國開始起草香港特區的《基本法》，香港人無不關注，六四事件卻帶來一大片烏雲。許多香港人不得不發生疑問，中國在 1997 年後真的會放手讓「港人治港」嗎？澳門人也是惶惶不安。

　　香港和澳門其實已經無法決定自己的命運，但台灣多少還能選擇自己的未來。不過台灣內部的政治紛爭這時逐漸升高，有關兩岸和平統一的談判也越來越困難。

李登輝的困境與矛盾

　　表面上看，李登輝同時擔任國民黨黨主席和總統；實際上，他的權力有限。李登輝出身台灣本土，在他身邊許多位居要職的黨國元老卻大多是外省人，其中包括國民黨秘書長李煥、行政院長俞國華、參謀總長郝柏村，以及各軍種的總司令。宋美齡也不時請他去談話，對他做一些「指示」，李登輝私下稱之為「不法命令」。

在國民黨來台灣之前，台灣曾經被日本統治。日本之前是清朝統治，清朝之前是鄭成功父子，又再前面是荷蘭人。李登輝認為,四百年來台灣人一直無法自己統治自己,所以必須從這種「外來政權」的統治解放出來。他在多年後寫回憶錄，其中明明白白地說，最討厭的就是「中華思想」這個名詞。因而，李登輝一方面是國民黨的黨主席，另一方面卻排斥自己所領導的外來政黨，內心十分矛盾。

李登輝在執政初期雖然不敢公開說出自己心底的話，他的思想無疑已經決定了他的行動方向。從另一方面說，蔣經國在世時，國民黨裡有很多外省人不滿李登輝接班，但不敢公然反抗，這時對李登輝刻意掣肘。因而，國民黨內的政治鬥爭不斷上演，支持李登輝的一派被稱為「主流派」，反對李登輝的一派被稱為「非主流派」。

「主流派」、「非主流派」及二月政爭

「非主流派」以俞國華、郝柏村、林洋港、蔣緯國、陳履安等為主，再加上宋美齡。郝柏村是軍系強人，任職參謀總長已經八年，長期掌控軍隊。李登輝認為軍隊必須國家化，堅持郝柏村必須卸職，強行將他調任為國防部長。郝柏村因而與李登輝關係惡劣。林洋港是本省籍人士，在國民黨內資歷比李登輝深，最後卻未獲蔣經國的青睞，一般認為與李登輝有瑜亮情節。蔣緯國原先被外界認為是蔣經國的同父異母弟弟，實際上並不是蔣介石的親生子。陳履安是陳誠的兒子。

「主流派」以外省籍的李煥、宋楚瑜為大將，還有一些本省籍的政治人物，如立法院的次級團體「集思會」的成員。李登輝獲選為國民黨主席後，與秘書長李煥互動密切，又於 1989 年 6 月發布命令，以李煥取代俞國華為行政院長，外界認為兩人已經結盟。宋楚瑜繼李煥而擔任國民黨秘書長，年僅四十七歲、如日中天。

李登輝接替蔣經國的未完總統任期到 1990 年 5 月，一般以為他將會邀李煥為搭檔競選下一任的正副總統。不料李登輝在 1989 年底竟出人意料

地宣布選擇一位沒有派系色彩的總統府秘書長李元簇為搭檔。李煥大失所望，轉而加入非主流派，接著爆發了「二月政爭」。

1990 年 2 月，國民黨準備提名李登輝和李元簇為正副總統候選人，非主流派突然發起連署，也預備推出林洋港和蔣緯國搭檔競選正副總統。由於當時正副總統依法規定仍然是透過國民大會代表（簡稱國代）選舉，總統府和國民黨部急忙拉攏數百名國代，並動員對林洋港和蔣緯國勸退。最後，林、蔣兩人宣布退選，李登輝和李元簇篤定當選，但黨內的鬥爭隨時可能再次爆發。

野百合學運

「二月政爭」中，全國百姓看見執政黨內部紛擾，除了憂心之外，更不滿總統選舉竟是由七百多名無法代表大多數民意的國代來投票決定。國代中大部分是萬年國代，被認定是代表大陸各省市，即是代表「法統」，在完成反攻大陸之前不須再改選；只有極少數是所謂的「增額國代」，代表台灣因為人口增加而增加的配額。總統大選前十天，國代先行集會，竟通過一個修正案，將增額國代任期從六年延長為九年。增額國代趁著選舉時正副總統候選人都有求於彼，所以膽敢公然圖謀私利，看來和萬年國代都是一丘之貉。有一部分大學學生及教授忍無可忍，決心挺身驅逐這些「老賊」，開始在總統府前的廣場靜坐抗議。大部分的輿論都表示支持。

到了大選當天（3 月 20 日），靜坐人數達到六千人，其中有人開始絕食。廣場學生將運動訂名為「野百合運動」，強調其崇高、純潔及草根性。學運的主要訴求有四項，分別是解散萬年國會，廢除《動員戡亂時期臨時條款》，召開國是會議，以及提出政治改革時間表。李登輝在當選總統後第二天就接見學運代表，並表示接受學生的訴求，將儘速分段實施。學生代表於是同意結束抗爭，撤離廣場。

結束「萬年國會」

　　1990 年 5 月，李煥辭行政院長，李登輝提名郝柏村繼任。媒體譁然，反對軍人組閣。民進黨聲言要退出即將召開的國是會議。李登輝為什麼要提拔和自己關係惡劣的郝柏村升任為行政院長呢？外間猜測，李登輝的勢力原已單薄，又和李煥反目，所以必須與郝柏村合作，藉其影響力減少政治改革的阻力，並分化非主流派。李登輝自己後來說，另有一個重要原因是希望藉此讓郝柏村離開國防部，不再直接掌控軍隊，以達到軍隊國家化的目的。

　　6 月起，李登輝召開「國是會議」，集合朝野各黨派討論憲政改革相關的許多重大議題。根據會議的結論及後來國民大會的決議，政府宣布從 1991 年 5 月起廢止已有四十三年歷史的《動員戡亂時期臨時條款》。

　　結束動員戡亂時期容易，但要如何才能廢除「萬年國會」？這件事其實十分弔詭。台灣既是法治國家，修法當然也要依法辦理。要廢除四十三年前選出的第一屆國大代表及立法委員或許簡單，請大法官解釋其任期到何時結束就可以了。然而，有關選舉第二屆國代及立委的相關條文要由誰制訂？依法恐怕還是必須由這些「老賊」在退職前代勞。但有什麼人會願意自己修法來終止自己的特權呢？李登輝和宋楚瑜無可奈何，只能分別一一拜訪六百多名資深國代，請求他們合作，並接受他們的要求，同意為他們制訂優裕到不可想像的退職辦法。當初蔣介石發明萬年國會，十分方便；但到李登輝時想要廢除，真正是費了九牛二虎之力。

　　雖然如此，第二屆國民大會及立法院終於在 1991 年及 1992 年分別全面改選，完成憲政改革。其中立法院共選出 161 名委員，國民黨獲得 102 個席次，超過半數；民進黨獲得 51 席，第一次超過三成，也是大有斬獲。

兩岸的關係及交流

　　回顧台灣退出聯合國後，許多國家決定與中國建交，台灣的邦交國因而逐漸減少，到蔣經國病逝前只剩下二十四個。李登輝繼任後積極發展所謂的「彈性外交」，到 1990 年邦交國的數目增加到三十個。不過這些邦交國

大多是位於南美洲、大洋洲及非洲的小國、弱國，在國際上沒有什麼影響力，所以多幾個或少幾個其實意義不大。對台灣真正有意義的，是能不能加入國際組織的活動。

1989 年 5 月，李登輝派財政部長郭婉容到北京參加亞銀年會。這是兩岸互動的一次大突破，打破長期不相往來的作法，引起世人注目。亞銀為了要請中國加入，未經台灣同意就將台灣的名稱從原來的「中華民國」改為「中國台北」（Taipei, China）。李登輝當然不滿，但為了避免在國際社會上繼續被孤立，仍然派代表與會。

事實上，台灣在 1981 年已經和國際奧運會達成共識，以「中華台北」（Chinese Taipei）的名義參加奧運。所以在後來，台灣也漸漸採用此一名稱加入其他的國際性組織，例如亞太經合會（APEC）。

蔣經國在世時，無論中共如何統戰，始終以三不政策回應。後來他雖然同意開放人民到大陸探親、旅遊，但始終不允許和中國有官方的接觸。李登輝繼任後，決定逐步與中國交流。1990 年 5 月，李登輝在總統就職演講時說：「如果中共當局放棄在台灣海峽使用武力，不阻擾我們在一個中國的前提下開展對外關係，則我們願以對等地位，建立雙方溝通管道，全面開放學術、文化、經貿與科技的交流，以奠定彼此間相互尊重，和平共榮的基礎，期於客觀條件成熟時，依據海峽兩岸中國人的公意，研討國家統一事宜。」

北京對李登輝的講話十分欣喜。李登輝後來也根據國是會議的結論，在當年 10 月成立一個國家統一委員會（國統會），並通過一個《國統綱領》。綱領中指出，大陸與台灣都是中國的領土，促成國家的統一，應是兩岸共同的責任。不過統一要分成三個階段進行，依次是互惠交流、互信合作及協商統一階段。

1991 年 1 月，台灣進一步成立一個「行政院大陸委員會」（簡稱陸委會）的常設部會；兩個月後又成立了一個民間組織，稱為「海峽交流基金會」（海基會），以處理兩岸相關的事務。海基會具有半官方的色彩，是陸委會的白手套。相對於台灣的海基會，中國大陸也設置一個「海峽兩岸關

係協會」（海協會），由國務院台灣辦公室（國台辦）指揮。海協會是國台辦的白手套。

　　1992 年 7 月，台灣政府通過一項《兩岸人民關係條例》，有關兩岸人民之間的經濟、貿易、文化交流從此才有明確的法律規定。先前台灣到大陸投資經商的大部分是中小企業，並且大多經由香港及其他地區轉投資，至此大規模的台商才敢到大陸直接投資。

兩岸統一問題的癥結

　　如果依台灣所訂定的《國統綱領》三階段循序漸進，兩岸此時還在互惠交流階段的初期，離互信合作階段還遠，也不可能一下子就跳到協商統一。但從中國的角度看，台灣如果不能早早同意有關統一的大原則，互惠交流和互信合作就難以進行。因而，當雙方碰觸到政治議題時，談判就開始出現落差。

　　舉幾個例。李登輝在總統就任演講時，說希望中國「放棄在台灣海峽使用武力」。但中國認為如果聲明放棄使用武力，台灣就有恃無恐，統一大業恐怕永遠無法完成。中國在東南沿海布置導彈及特種部隊，對此李登輝和台灣人民至為反感，認為是在恫嚇台灣。

　　李登輝又說希望中國「不阻擾我們在一個中國的前提下開展對外關係」。但李登輝採行彈性外交，積極拓增邦交國，甚至有重回聯合國的打算，在中國看來，已經脫離一個中國的前提，所以必須對台灣施壓，逼使台灣在國際社會中邊緣化。李登輝又說：「願以對等地位，建立雙方溝通管道。」但中國始終認為台灣只是中國的一個省，也就是說無法對等。

　　兩岸雖然都說「一個中國」，但「一個中國」究竟是什麼涵義？實際上雙方有不同的解讀。為此，台灣的國統會特別在一九九二年八月作出解釋，說：「中共當局認為一個中國即為中華人民共和國，將來統一後，台灣將成為其管轄下的一個特別行政區。台方則認為一個中國應指一九一二年成立迄今之中華民國，其主權及于整個中國，但目前之治權，則僅及于台

澎金馬。台灣固為中國之一部分，但大陸亦為中國之一部分。」又說：「中國是一個分裂的國家，有兩個政治實體分別統治兩岸。」

李登輝自認以上只是表述現實的情況，但江澤民認定這等於主張分裂國家，宣稱：「堅決反對任何『兩個中國』、『一中一台』或任何形式的『一國兩府』。」

「九二香港會談」及「辜汪會談」

海基會及海協會的會長分別是辜振甫及汪道涵。辜振甫出身台灣本土的第一世家，是台灣工商業界公認的龍頭大老，在國民黨裡又地位尊崇。汪道涵曾是中國部長級的重要財經官員及上海市長，又曾經是江澤民的長官。兩人一樣的年高德劭，一樣的溫文儒雅。兩岸政府和人民都希望兩人能夠坐在一起，「相逢一笑泯恩仇」，於是積極籌備「辜汪會談」。但為了替辜汪會談鋪路，兩會決定先行派代表於 1992 年 10 月在香港舉行處長、副主任層級的會談。

在這次「九二香港會談」的議程裡，雙方代表針對「一個中國」各自提出許多不同版本的表述，卻無法找到一個雙方都能接受的版本。簡單地說，台灣堅持「一個中國，各自表述」，簡稱「一中各表」，而中國大陸只注重前面的四個字「一個中國」。雙方最終也沒有簽訂任何協議，只是同意各自以口頭表述。

1993 年 4 月，辜汪會談在新加坡舉行。當兩位年愈七旬的老人見面握手的一剎那，攝影燈光紛紛閃起，全世界媒體無不注目這一次歷史性的會晤。但直接地說，兩人在會後簽訂四項協議都是事務性的文書，而不是政治性的協議，顯示在統一問題上雙方的看法有重大的歧異。事實上，兩岸最高領導人先前分別發表的談話已經注定「九二香港會談」無法達成具體的結論，而「九二香港會談」又注定「辜汪會談」不會有結果。

在「九二香港會談」中，兩岸是否有達成共識，後來成為一項極大的爭議。中國大陸堅持有「九二共識」，也就是「一中」的原則；但台灣內部對

於是否有「九二共識」有各種不同的說法。大致來說，統派傾向同意中國大陸的說法，獨派堅決否認有「九二共識」，或解釋說「九二共識」是「一中各表」，不能只說「一中」。

兩岸漸行漸遠

　　李登輝認為，台灣如果同意中國單方面定義的「一中」大前提，又不容有不同的解讀，正好落入中國預設的陷阱，還沒有談判就已經輸了。中國觀察李登輝的一言一行，漸漸懷疑李登輝是在暗中領導台灣朝獨立的道路上前進。

　　1994 年 3 月，中國大陸浙江省發生一個重大事件，二十五名台灣遊客在千島湖遊覽，遭到持槍的暴徒登船洗劫，全數喪生。中國地方治安單位迅速逮捕三名疑似嫌犯，未經司法審判就立刻槍斃，案情因而無法查究。台灣人民極為憤慨，李登輝也公開激烈指責。

　　兩個月後，日本雜誌《週刊朝日》刊出名作家司馬遼太郎與李登輝對談的一篇文章〈生為台灣人的悲哀〉。李登輝在談話中毫無保留地吐露他長久以來藏在心裡的話，說幾百年來台灣人都受到外來政權統治，實在悲哀，而國民黨也是「外來政權」。李登輝又自比《舊約聖經》中帶領猶太人走出埃及的摩西（Moses）。北京的領導人至此確信不能再對他寄予任何希望。兩岸關係從此急速惡化。

　　李登輝對中國的態度之所以日趨強硬，與國內的政局發展也有關係。民進黨具有強烈的台獨傾向，攻擊國民黨的大陸政策是明顯地屈服於中國，在歷次選舉中卻越來越受選民歡迎。在國民黨裡，李登輝也積極培養本土派人士，以與非主流派對抗。這些本土派人士或多或少也有台獨的傾向，以爭取支持台獨的選民。

國民黨內部的衝突

　　李登輝在黨內也不斷地面臨挑戰。1993 年 2 月底，李登輝強迫行政院長郝柏村下台，以連戰取代之。郝柏村從三年前上台後，與李登輝仍是不和，數度拒絕副署總統的命令。他又無法忘情軍隊，每個月在行政院召集軍團司令以上的高級將領參加軍事會議。民進黨在立法院質詢，攻擊郝柏村破壞國家體制，不尊重總統的三軍統帥權。郝柏村辭職時，情緒激動，高呼：「消滅台獨！」

　　由此凸顯，統獨問題不但在兩岸之間難以妥協，在台灣朝野兩黨之間，以及國民黨內部也都是衝突的關鍵因素。到了 8 月，國民黨內一批不滿李登輝言行的黨員，以趙少康、郁慕明等為首，決定退出國民黨，自組一個新的政黨，稱為「新黨」。

　　1994 年，國民黨在又為總統選舉的辦法發生一次劇烈的內鬥。當初李登輝召開國是會議時，關於下屆如何選舉總統的議題曾經有直選及委任間接選舉兩種不同版本，李登輝不置可否，裁示兩案並陳討論。國民黨內部最後的決議是維持由國代委任選舉總統。民進黨不同意，發動群眾走上街頭抗爭，但無法阻止國民黨的決定。

　　李登輝逐漸鞏固在黨內的地位之後，卻突然聲稱當初黨內做成委任選舉的決策不符民意，直接表示傾向總統直接由人民直選。國民黨內的主流及非主流派於是又展開激辯，出現劇烈的衝突。最後，國民黨主流派與民進黨聯手，於 1994 年 7 月通過修憲，將總統選舉改為直接民選。

　　李登輝之所以決定改弦易轍，一部分原因在於他自信經由直選就能當選總統，並且希望藉此獲得更寬廣的民意基礎。

李登輝訪美

　　1995 年農曆春節前，江澤民首次發表對台灣人民講話，後來簡稱為「江八點」。李登輝在 4 月提出答覆，即是所謂的「李六條」。綜合來說，江澤民仍是強調台灣是中國不可分割的一部分，兩岸只要在「一個中國」的原則下，什麼問題都可以談。他也反對台灣以搞「兩個中國」、「一中

一台」為目的而從事「擴大國際生存空間」的活動，但提議加速進行「三通」及兩岸互訪，不過還是不肯承諾放棄對台灣使用武力。李登輝則強調中國必須客觀地體認兩岸分治的現實，雙方才能探討統一的可行方式。他希望兩岸能平等參與國際組織，如此才能緩和彼此的敵對；中國不應以台獨勢力和外國干涉為由拒不承諾放棄對台用武。至於三通，李登輝仍有所保留。

兩岸隔空互相放話，其實內容了無新意，但雙方至少同意舉行第二次辜汪會談。

事實上，中國多年來激烈反對李登輝拓展所謂的「彈性外交」或「務實外交」，但李登輝已經訪問了中東、中南美及非洲十幾個國家，不過他最期盼的是訪問美國。這一年，李登輝終於如願以償，獲得美國同意發給簽證，做非官式的訪問，而於 6 月 9 日回到母校康乃爾大學，並發表題為〈民之所欲，長在我心〉的演講。第二天，世界各國主要媒體紛紛報導。李登輝的演講內容有三個重點。

第一，他宣揚「台灣經驗」，說台灣除了創造「經濟奇跡」之外，也成功地塑造了「政治奇跡」，經由非暴力的過程邁向政治民主化。他又說希望大陸的領導人士能接受台灣的指引，因為台灣的成就「很明顯的能夠幫助中國大陸經濟自由化和政治民主化」。

第二，他抱怨台灣未能獲得國際社會應有的外交承認，在國際社會上被孤立。「有人說台灣不可能打破外交上的孤立，但是我們會盡全力向不可能挑戰！」

第三，他說台灣已為強化與美國的關係作好準備，因此殷切期盼此次訪問再為兩國的合作開創新機。

李登輝或許自認演說成功，卻沒有想到同時激怒了中、美兩國。中國領導人事先獲得美國通報李登輝將要訪美時已經非常憤怒，但勉強忍耐，但他的話讓中國領導人聽起來無一不是在公然挑釁，極為刺耳。美國認為李登輝是在進行私人的訪問，但他竟說出這些話來，使得柯林頓總統和國務院官員都十分尷尬。

　　總之，中國立刻宣布取消第二次辜汪會談，又對台灣進行「文攻武嚇」。「文攻」就是發動媒體圍剿李登輝；「武嚇」就是在台灣海峽試射導彈，進行多次海陸空作戰演習，恫嚇台灣。

1996 年台灣總統大選及台海危機

　　1996 年 3 月，台灣舉行第一次全民直選正副總統。國民黨主流派推出李登輝和連戰搭檔；非主流派推出林洋港與郝柏村搭檔，脫黨參選；另外還有一組候選人由陳履安領銜。民進黨也推出彭明敏和謝長廷搭檔。

　　中國為了要影響選舉結果，決定加緊文攻武嚇，而作法激烈。例如，中共試射的導彈落點竟離台灣陸地不到三十海里。中國在福建省福州外海的平潭島舉行一項規模龐大的三棲登陸軍事演習，地點距離台灣也不過七十海里。台灣人民驚惶憤怒，股市大跌，部分外國使館準備撤僑。有秘密情報指出，中共如果認定台灣選舉出現「最壞的結果」，可能將演習改變成真正的軍事行動。美國總統柯林頓斷然下令兩艘航空母艦進入台灣海峽。中國沒有料到美國的反應如此果決，於是開始節制行動。

　　台灣大選的結果是李登輝和連戰搭檔大勝，獲得 54％的選票；民進黨候選人只得到 21％；從國民黨出走的兩組候選人合計只有 25％。中共的文攻武嚇不但沒有達到目的，結果適得其反。

戒急用忍下的台商西進動向

　　李登輝連任總統後，對台商在大陸投資經營者提出「戒急用忍」的勸誡。他認為，中共並未消除對台灣的敵意，大陸的法制也不夠健全，因而台商在中國大陸投資經商的腳步應當忍一忍，不必急躁。政府也重提「南進政策」，鼓勵台商增加在東南亞各國的投資，以分攤風險。不過有部分工商界人士表示懷疑，認為投資是否有風險應由企業自己去判斷，不須政府來指導。但李登輝既已明說要戒急用忍，許多台商不願得罪政府，只好維

持間接投資，迂迴前進大陸。

必須說明，兩岸的關係雖然烏雲罩頂，台商在本地大多面臨工資上漲、勞力不足、環保抗爭以及其他種種不利的因素，如果想要繼續發展，只能大膽西進。九〇年代台商到中國大陸，剛開始時是由中小企業打頭陣；從最基礎的來料加工及勞力密集產業開始，後來漸漸升格，提高代工的附加價值，或以中國國內的市場為目標。到最後，高科技產業及大企業也紛紛西移。

九〇年代台商在中國大陸投資的金額，上一章已經敘述，此處不再重複。不過必須指出，台商與港商還有互補的作用。大致來說，台商投資大多屬於製造業或簡易的服務業，港商則大多投資於商業大樓、工業區、道路交通建設及都市周邊基礎設施等。

台灣修憲凍省及李、宋交惡

自從蔣介石敗退到台灣後，台灣就承襲了「中華民國」的國名。中華民國管轄的領土有兩部分，98％以上屬於台灣省，餘下不到2％號稱是福建省，實際上只有金門及馬祖兩個小島，有人認為十分可笑。中華民國與台灣省的轄區因而幾乎完全重疊。後來政府雖然把台北和高雄升格為直轄市，台灣省與中華民國的重疊還是太大。

回溯1993年，李登輝任命宋楚瑜為台灣省政府主席，又在1994年決定台灣省政府主席改為台灣省長，而由人民直選，並力挺宋楚瑜出馬競選。結果宋楚瑜以高票當選，被公認是李登輝未來的接班人。當時直轄市也同時進行直選，由於國民黨內部分裂而有兩人出馬競選台北市長，結果民進黨候選人陳水扁漁翁得利，僥倖當選，與宋楚瑜一樣成為耀眼的政治明星。

1996年12月，李登輝邀集朝野人士隆重地召開一個體制外的國家發展會議，討論如何進一步憲政改革。會中做成一項「廢省」的決議。有人指出，李登輝之所以要廢省，表面上說是要減少一個層級，提升行政效率，

真正的原因卻是因為中共刻意矮化台灣，說台灣不過是中國的一個省，所以決定乾脆廢掉台灣省。

問題是如果廢省，那麼原先的省長、省政府裡的數千名員工及省議會裡的一百多名省議員的出路在哪裡？當時的省長宋楚瑜在事先顯然不曾獲得充分告知，又自覺無法向省府的員工交代，怒不可遏，堅決請辭省長。一場巨大的政治風波於是形成。後來宋楚瑜勉強同意留任到 1998 年 2 月任滿。不過在他的堅持之下，「廢省」改為「凍省」，或稱「精省」，台灣省名存實亡。

宋楚瑜是李登輝身邊的第一號大將，與李登輝一齊對抗國民黨非主流派。如果沒有宋楚瑜，當年李登輝恐怕連國民黨的代主席位置都無法坐上去，遑論其他。後來李登輝任命宋楚瑜為台灣省主席，兩人關係密切，外界都說「情同父子」。不料宋楚瑜在「廢省」過程中竟遭到嚴重的打擊，從此與李登輝漸行漸遠。

李登輝的「兩國論」及 2000 年台灣總統大選

1999 年 5 月，民進黨在黨主席林義雄主持之下召開全黨大會，通過一個《台灣前途決議文》，明確地表述該黨的理念。《決議文》主張台灣擁有獨立的主權，不同意「一中」原則或「一國兩制」；台灣必須參與國際社會，尋求加入聯合國，並與中國展開對話，進行經貿合作，以期達成長期的穩定與和平。客觀地說，《決議文》其實和李登輝一向的主張十分相似。

約兩個月後，李登輝接受德國的媒體「德國之聲」（Deutsche Welle）錄影訪問。當記者提出有關「台灣獨立」及「一國兩制」的問題時，李登輝答道：「兩岸關係定位在特殊的國與國關係，所以並沒有再宣布台灣獨立的必要。」

專訪播出後，引起軒然大波。民進黨人士大喜。國民黨內意見分歧，有人贊成，有人反對。台灣的民意調查顯示，贊成的民眾過半，而反對的不到三成。中國政府卻反應激烈，斥責李登輝與民進黨台獨分子唱和，暴露

其一貫蓄意分裂祖國的意圖，下令停止海基會、海協會的交流對話。

中國領導人對李登輝實際上已經不抱任何期待，只希望在他下台後國民黨的新領導人能當選為總統，並遵守「一個中國」的原則。不料2000年初台灣舉行大選，李登輝支持連戰代表國民黨參選總統，宋楚瑜不服，堅持也要參選。民進黨候選人陳水扁因而再一次漁翁得利，當選為總統。實際上連戰和宋楚瑜所獲的選票加起來接近60％，而陳水扁得票還不到40％；如果不是連、宋兩人都堅持參選，不肯妥協，陳水扁根本沒有機會當總統。

宋楚瑜在選前被國民黨開除黨籍，選後決定自立門戶，創立「親民黨」。國民黨內部一再地分裂，似乎無法停止。中國對台灣的發展徹底失望，與台灣之間的距離也越來越遠了。

九〇年代的兩岸關係敘述至此告一段落，以下為讀者敘述香港。

中、英有關香港「九七回歸」移交問題的歧見

英國是民主政治的發源地，但英國人統治香港一百四十幾年來，從來不曾推行過民主政治。在立法局及行政局裡，有所謂的「官守議員」，是由政府官員擔任；也有所謂的「非官守議員」，由民間人士擔任。實際上兩者都是由港督任命的。在地方也有分區的區議會，同樣由港督任命議員。

但是當英國人體認到終究必須把香港歸還給中國後，卻突然決定要在香港實施民主代議制度。1980年起，香港政府年年發表綠皮書、白皮書，公布其民主改革的計畫。1982年，香港舉行第一次區議會選舉，但只開放四分之一議員民選，其餘官派。1983年，行政局舉行第一次選舉，但還是有一半是官派。中英兩國在簽訂《聯合聲明》之前，港府又提出一份白皮書，計畫次年在立法局中經由間接選舉選出一部分議員，將來逐步推動直選。

中國政府又驚又怒，向英國提出抗議。在中國人看來，英國人實際上是不懷好意，想要生米煮成熟飯，讓中國在接收後無法改變既成的事實，只能繼續實施民主代議政治。九七回歸雖然已經定案，不知道在過渡時期

中英國人還會端出什麼菜來？但英國人無視抗議，還是照計畫推動民主選舉，中國政府於是放話：「這是英國人搞的，中國政府不負擔責任，1997年後香港特別行政區的政治體制應由《基本法》決定。」

《基本法》事實上是《中英聯合聲明》裡明白規定由中國制訂的。中國在 1985 年 4 月開始組織一個委員會，負責起草，由國務院港澳辦公室主任姬鵬飛兼任主任委員。姬鵬飛後來與港英談判，表示希望英國在香港的政制改革不要太劇烈，而能與將來公布的《基本法》銜接。這就是所謂的「直通車方案」，英國人也同意了。

香港《基本法》

《基本法》影響香港的未來，關係重大，所以北京政府慎重其事，經過各方推薦，共得 59 名委員進入起草委員會；其中香港委員 23 人，中國內地委員 36 人。委員們大多是中國或香港知名的工商界巨頭、知識界領袖，或是政治人物。《基本法》歷經四年又八個月才完成起草，總共有一百六十條。按照規定，每一條都必須有三分之二以上的委員同意才能通過。

在起草過程中，鄧小平親自過問，並作指示。舉一個例。當時有人主張中國不一定要在香港駐軍，鄧小平大怒，說：「為什麼中國不能在香港駐軍？英國可以駐軍，我們恢復了主權反而不能在自己的土地上駐軍，天下有這個道理嗎？」不過鄧小平同時也拍板決定香港財稅不必上繳中央，比起當時廣東、上海肩負財稅重擔，這是極為優惠的待遇。鄧小平主要從大局著眼，希望香港繼續繁榮，支援中國的改革開放，帶動經濟發展，所以不斤斤計較於稅收。

委員中也有部分激進的民主派人士，例如有「香港民主教父」之稱的李柱銘。他主張一步到位，甚至連香港特區行政長官（特首）也要從 1997 年起開始由市民一人一票直選。但鄧小平堅持特首只能由間接選舉產生；直選議員也只能逐年增加，一步一步來。

1989 年 2 月，香港《基本法草案》經過審議通過，送請中國人大討

論。不料三個多月後爆發六四事件，李柱銘及另一名民主派大老司徒華不滿中共鎮壓民運，宣布退出起草委員會。《明報》發行人查良鏞（即著名的武俠小說作者金庸）和大主教鄺廣傑跟著退出。

起草委員會的主要人員大為緊張，只得又做出一些讓步，同意加快改革的速度，增加直選的議員人數。1990 年 4 月，《基本法》終於獲得委員會投票通過，並經人大完成立法。

1991 年，立法局 60 名議員中有 18 人第一次由直選產生。李柱銘、司徒華所領導的「香港民主同盟」與其他的民主人士共贏得其中的 17 席，聲勢驚人。香港民主同盟後來合併其他友黨而成立「民主黨」，是立法局中的第一大黨。

末代港督彭定康

香港由於日益繁榮，原有的啟德機場已不敷使用。1989 年 11 月，香港總督衛奕信（David Clive Wilson）提出一項在大嶼山赤鱲角建新機場的計畫，預備花費資金 1,270 億港幣。衛奕信之所以要宣布這個龐大的計畫，另有一個原因是希望穩定六四事件後香港的社會人心。不料中國擔心這個計畫花費鉅資將債留香港，拒絕承諾在 1997 年後為銀行的貸款做保證。所有的銀行因而都不敢借錢給新機場計畫。英國與中國談判，千辛萬苦才取得中國的合作，但英國首相梅杰（Sir John Major）被迫承諾在 1991 年 9 月親自到北京和中國總理李鵬簽備忘錄。

六四事件後，世界大國中只有日本主張不可孤立中國，其餘都對中國採取封鎖。梅杰被迫成為第一個到北京的西方大國首腦，還得和被西方媒體稱為「劊子手」的李鵬握手，心中惱怒至極，而怪罪在衛奕信頭上。也有人向梅杰告狀，說衛奕信對中國不夠強硬。衛奕信去職於是乎成為定局。1992 年 4 月，梅杰任命彭定康（Christopher Francis Patten）為香港第二十八任總督，也是最後一任。

彭定康是英國保守黨第三號人物，獲得梅杰充分的信任及授權。他上任

不久後就公布新的政改方案，主要是加速推動直接選舉。例如，原本區議會是部分委任，部分直選，新方案改為全部直選。又如，原本立法局有三十名議員是由間接選舉產生，彭定康卻將有權投票的人從區區數萬人增加到一百萬人以上，等同於直選。

國務院港澳辦主任魯平大怒，厲聲指責彭定康破壞香港的平穩過渡，將成為香港的「歷史罪人」。不過由於民主黨支持彭定康，香港立法局在 1994 年 5 月投票通過了彭定康的政改方案。中國大失所望，認為直通車已經不通，決定提早成立香港特別行政區籌備委員會，自行討論接收事宜。但彭定康認定籌備委員會為非法，不准在香港召開，委員們只得到深圳開會。

香港人民的信心問題

六四事件爆發後，香港人民出現信心危機，人人擔憂 1997 年後的未來。香港行政局及立法局的首席議員聯袂飛到倫敦，請求英國政府秉持人道立場，允許香港人移民到英國定居。英國政府明知違反兩國《聯合聲明》的協議，卻仍宣布將提供居留英國的權利給五萬個香港家庭，其他西方國家也跟著提供香港人移民的機會。

香港移民潮於是開始，估計 1989 年就有四萬人，第二年更超過六萬人，其中大部分是菁英家庭，擁有高學歷及高收入。他們大多選擇移民到加拿大、澳洲、紐西蘭、英國及美國。有人把妻兒遷到國外，自己回到香港工作，也有人先在國外「坐移民監」（居留一定期間），等到取得國籍及居留權後，再回到香港工作。

魯平對彭定康惡言相向後，國際媒體更懷疑香港交接是否能夠順利。美國《財富》（Fortune）雜誌在 1995 年 6 月刊登一篇文章，標題竟是「香港之死」（The Death of Hong Kong）。香港移民潮於是再起。魯平只得動員香港各界到世界各國去解釋中國接收香港後的政策，說香港必定會繼續繁榮。

香港九七回歸

　　香港特區籌委會成立後約一年，又組成一個政府推選委員會（推委會），共有 400 名委員，涵蓋香港各行各業。推委會在 1996 年底選出 60 名香港臨時立法會的議員，其中有 33 名是港英統治下選出的立法局議員，卻沒有一個是民主黨的議員。推委會隨後又選出董建華為香港第一任特首。

　　董建華的父親董浩雲是一個傳奇人物。他出身寧波，年輕時就在上海創立航運公司，1949 年轉到香港，後來又成立東方海外集團，成為航運業的巨擘，世界七大船王之一。董浩雲的政治立場明顯地親台、親美。但董建華接棒後台灣的國際地位與中國已經無法相比，東方海外又陷入營運困境，經中國注資援助才起死回生。董建華因而轉為親中，並獲得北京政府青睞，被選為第一任特首。

　　1997 年 6 月 30 日深夜，中英兩國在香港舉行交接典禮。中國方面由國家主席江澤民、國務院總理李鵬率領，英國方面由代表女王的查爾斯王子（Prince Charles）及布萊爾首相（Tony Blair）率領。午夜將至，會場中的英國國旗及英屬香港旗幟在英國國歌《天佑女王》（God Save the Queen）樂聲中緩緩下降。7 月 1 日零時，中國國旗及香港特區旗幟在中國國歌《義勇軍進行曲》樂聲中徐徐升起。

　　雙方代表致詞後，董建華率領所屬官員一同宣誓就職。查爾斯王子與彭定康向香港市民揮手告別。在間歇的大雨中，維多利亞港（Victorial Harbor）上空串起燦爛的慶祝煙火。英國在鴉片戰爭之後統治香港共一百五十五年（1842-1997），到此結束。可惜香港回歸最重要的推手鄧小平已經來不及看見，在四個多月前去世了。

澳門九九回歸

　　中英兩國決定香港回歸後，澳門的回歸問題也浮上台面。不過澳門的情

況與香港不同，並不是因為中國戰敗而割讓給葡萄牙人的。

早在明朝嘉靖年間，葡萄牙人便已聚居於澳門（濠鏡），主要從事傳教及貿易。後來葡萄牙人向廣東的地方官員取得澳門的租借權，約定每年租金為白銀五百兩。明熹宗天啟三年（1623 年），葡萄牙政府任命的第一任澳門總督到任。

從明朝到清朝，兩國之間租借關係持續。光緒年間，清朝與葡萄牙簽訂和好通商條約，同意葡萄牙人「永居、管理澳門」的權利；後來國民政府也和葡萄牙人簽訂新約，維持原有的條款。1979 年，葡萄牙與台灣斷交而與中共建交，同時承認澳門是中國的領土。至於何時歸還，兩國同意在適當時間協商解決。

中葡兩國有關澳門回歸的談判，基本上是參考《中英聯合聲明》的內容，依循「一國兩制」的原則。1987 年 4 月，兩國的總理在北京正式簽署《中葡聯合聲明》。中國政府承諾「澳人治澳」，並保持原有的資本主義制度和生活方式，五十年不變。雙方同意的回歸日期是 1999 年 12 月 20 日，過渡時期的作法也比照香港。

澳門第一任特首何厚鏵與香港特首董建華的背景十分相似。何厚鏵的父親何賢出身廣東，年輕時到澳門與友人共同開設大豐銀號（大豐銀行的前身）。太平洋戰爭期間，何賢大力協助澳門政府解決與日本皇軍之間的衝突，因而與葡萄牙人建立密切關係。他原本是親國民黨，但在國共內戰時倒向中共。澳門的華人公認何賢為領袖，稱他為「澳門地下總督」、「澳門王」。何賢於 1983 年病逝，澳門政府下令降半旗三天。但不久大豐銀行發生擠兌危機，經中國銀行出手救援才免於倒閉。何家與中共政權因而更加密切，何厚鏵也獲得中國青睞，被選為特首。

澳門交接儀式同樣在交接日的前一天午夜前開始舉行。葡萄牙方面由總統及澳門最後一任總督代表，中國方面由國家主席江澤民、總理朱鎔基及第一任特首何厚鏵代表。兩國國旗一降一升，完成交接。

如果從第一任的澳門總督到任起算，到最後一任（1623-1999），歷經一百二十七任總督，葡萄牙人統治澳門達三百七十六年。

第 20 章
日本失落的十年

　　日本昭和天皇於 1989 年 1 月因病駕崩，在位六十二年，享年八十七歲。明仁太子繼位，改元「平成」，開啟一個新時代。

　　「平成」的年號是取自中國古籍《尚書・大禹謨》裡記載的文字「地平天成」，以及《史記・五帝本紀》中的「內平外成」。但平成元年無論在國外或國內卻都是騷亂不斷的一年。國外情況已如前述。在日本從年初起就爆發一件「瑞克魯特案」，竟使得政壇動盪，首相竹下登被迫黯然下台。同時，日本股票市場整年狂飆，到年底泡沫達到最高點，即將破滅。

瑞克魯特案

　　瑞克魯特（Recruit）集團是一個企業王國，在 1985 年營業額超過四千億日圓，轄下有二十七家公司。集團的創辦人江副浩正在東京大學畢業後就立即創業，從廣告仲介開始，一路發展到飯店、休閒、不動產、金融業、電信電話等行業，憑著特殊的政商關係，無往不利。江副浩正又野心勃勃地推出一個計畫，預備將集團中的房地產部門瑞克魯特宇宙（Cosmos）公司上市。1986 年 9 月，他決定分配未上市股票給政界和財界相關的官員認購，數量分別從幾千股到兩萬股不等。認購的價格是每股

3,000 日圓。這時日本的股市一片榮景，房地產類的股票尤其火紅。一個月後，瑞克魯特宇宙股票上市，每股漲到 5,270 日圓。認購的人大多立刻賣掉，大賺一筆。

不過後來有人對外透露，引起媒體大幅爆料。東京地檢署特搜部獲悉後，認為其中涉及內線交易、利益輸送、賄賂，以及隱匿政治獻金不報，決定大舉調查，從 1988 年開始約談涉案人。這些涉案人的身分逐一曝光後，震驚整個日本社會，因為名單中的人物不只包括前首相中曾根康弘、現任首相竹下登、副首相宮澤喜一、自民黨幹事長安倍晉太郎等，還包括其他所有在野黨派的要人。日本電信電話公司（NTT）的會長也在內。名單洋洋灑灑，最後共列入約九十人。

這麼多政壇要人涉案，其實和日本政黨每次選舉時都要砸大錢的文化有關。舉一個例。1987 年中曾根即將下台，竹下登、宮澤喜一和安倍晉太郎三人激烈爭奪自民黨總裁及首相寶座，準備再多錢也不夠用，所以都接受江副浩正的變相政治獻金。江副浩正沒有把握三人中誰會勝出，所以同時押寶在三個人身上。

涉案人面對特搜部，有人推說是秘書收受的，自己完全不知情；也有一部分人承認收受政治獻金而隱匿不報，情節尚輕，只不過涉及誠信，不免受到公眾質疑。但另有一部分人獲利之後給與江副浩正「有關其職務的方便」，就構成了賄賂罪。素有「清廉」美譽的前內閣官房長官藤波孝生就是因為這樣遭到東京地檢署起訴。

總之，由於眾多大臣一一因涉案而辭職，竹下內閣瀕臨崩潰。竹下首相也被迫公布三年中收受瑞克魯特捐款的全部內容。但特搜部查出竹下少報了一筆五千萬日圓的捐款，於是傳詢一名跟隨他已經三十五年的秘書青木。青木不得不招供自己在竹下競選總裁時曾經收受江副五千萬日圓，但當時只同意是借款，並且在六個月後就全部歸還了。第二天，「竹下首相向江副借款五千萬日圓」就成為報紙的頭版頭條。竹下被迫在 4 月 25 日宣布辭職，「以挽回國民對政府的信賴」。

第二天早晨，青木在自己的公寓裡自殺，既割腕又自縊，一心求死。當

晚竹下親自到港區增上寺中停放青木屍體的靈堂守夜，兩眼直視，臉色蒼白，雙手發抖。

宇野、海部及宮澤內閣

竹下登雖然下台，其所領導的「經世會」仍然是自民黨內最大的派閥，足以主宰自民黨。竹下的手下有所謂的「七奉行」，包括小淵惠三、橋本龍太郎、小澤一郎、羽田孜等，都是傑出的新生代政治人物。不過這些人大多也在內線交易的名單中，所以竹下只能推薦沒有涉案的外相宇野宗佑繼任首相。

宇野多才多藝，是劍道高段及馬術高手，彈鋼琴達到職業水準，又精研文學及歷史，就任首相時意氣風發地宣稱要展現清新的政治。不過就在他上台沒幾天後，日本一家週刊雜誌突然報導一名神樂坂的美貌藝妓指稱宇野曾經與她交往，有不正常的關係。外國報紙也跟著深入報導。宇野陷入緋聞風波，聲望大跌。

宇野就任前，政府在4月開徵3%消費稅，激怒許多選民。7月起，日本先後舉行東京都議會及參議院兩項選舉，自民黨和宇野本人又因醜聞案而飽受攻擊，因而慘敗。宇野被迫下台，在任只有兩個多月。竹下登於是在8月又推出海部俊樹為自民黨總裁兼首相。

海部俊樹原屬自民黨內的小派閥，既無資歷，也無聲望，被認為是一個無名小卒。然而，在瑞克魯特案的陰影下，竹下登無法推出自己的人馬，正是要選一名容易被操縱的傀儡當首相。竹下指派小澤一郎擔任自民黨幹事長，領導黨三役討論並決定內閣閣員名單。海部首相根本無法置喙，只是被告知。

1990年2月，日本眾議院大選，自民黨又大敗，從原先300席降到275席。反之，社會黨在強悍的女性委員長土井多賀子帶領下，颳起「土井旋風」，席次一下子從85席躍增到136席。不過自民黨掌握的席次仍然超過議會的半數，海部仍然可以繼續擔任首相。

　　日本政壇上有許多人不滿選舉制度，主張在眾議院選舉改採小選舉區及政黨比例代表制，以落實政黨政治。也有人提議限制企業團體對政黨的政治獻金額度，以端正選風。1991 年 7 月，海部內閣提出三項「政治改革法案」送國會審議，其中比較重要的兩項就是為了前述的目的。然而，由於自民黨內的保守派極力反對，三項法案都被宣布為廢案。海部大失所望，公開表示如果國會不重新審議三法案就要解散眾議會。竹下派不受威脅，反而迫使海部辭職下台。

　　自民黨新任的總裁兼首相是宮澤喜一，於 11 月組閣。宮澤與海部不同，並非無名之輩。他從池田內閣時就開始位居要津，遍歷通產、大藏、外務大臣等職位，同時也是自民黨中的一個派閥領袖。然而，面對竹下派，宮澤還是得卑躬屈膝才能登上總裁和首相寶座。

　　事實上，宮澤和宇野、海部一樣，都是傀儡。宮澤自己在多年後出版回憶錄，其中坦承當初確實答應只要能順利當首相，人事方面一概不過問，都由竹下派決定。在他就任後，本來閣員有很多事是要向首相匯報的，卻很少有人來向他報告，所以出現「大家忙得團團轉，只有首相置身事外」的景況。

日本經濟泡沫破滅前的榮景

　　當初海部俊樹上任首相不久後，日本的經濟泡沫已經吹到即將破滅前的臨界點。如第 16 章所述，日圓在廣場會議後開始升值，但即便是升到 1 美元兌換 120 日圓，日本的出口也繼續成長，貿易順差繼續擴大。單單 1990年順差就達到 1,100 億美元。政府推動的大規模公共投資及土地開發計畫更是使得景氣居高不下，地價飛漲。1989 年 12 月 29 日，日經指數於收盤時衝到歷史新高點，達到 38,915 日圓。

　　日本的人均所得也快速增加，1988 年達到 24,470 美元，首次高於美國的 23,580 美元。不但如此，日本企業也在全世界企業排行榜中名列前茅。根據 1990 年《富比士》（*Forbes*）公布的世界五百大企業，前二十名中日

本佔四家，分別是豐田汽車、日立製作所、松下電器、日產汽車。在世界二十家最大的銀行中，日本更是佔了十四家。

　　日本人驟然富有起來，在海外出手闊綽，除了在亞洲鄰國投資設廠外，最愛的是在歐洲購買名畫及在美國購買不動產。1987 年，安田海上火災公司以 400 萬美元購買梵谷（Vincent van Gogh）的名畫「向日葵」。1989 年，三菱地所以 14 億美元收購美國紐約著名的「洛克斐勒中心」（Rockefeller Center）。1990 年，大昭和造紙以 7800 萬美元購買法國印象派畫家雷諾瓦（Pierre Auguste Renoir）的「紅磨坊舞會」及梵谷的「加索醫生」，新力公司以 34 億美元收購哥倫比亞電影公司（Columbia Pictures），松下企業以 75 億美元收購環球影業公司（Universal Pictures）的控股公司 MCA（Music Corporation of America）。紐約、洛杉磯、夏威夷的房地產也是日本人大肆收購的對象。

《日本可以說「不」》

　　許多美國人對日本人暴發戶似的舉止又妒又恨，說美國正被擺在拍賣台上，也有人說發生了經濟領域的珍珠港事變。

　　日本經濟實力驟然強盛，也使得部分日本人認為應該對美國人硬起來。自民黨鷹派議員石原慎太郎與新力公司社長盛田昭夫合寫一本書《日本可以說「不」》，於 1989 年出版。書中主張日本要擺脫戰後以來對美國的從屬地位，敢於說出自己的主張，該說「不」的時候就斷然說「不」。例如，石原認為美、日之間的貿易摩擦問題的根源是因為美國人追求短利，不用心經營製造業，所以經濟衰退，卻對日本提出無理的要求。石原對於美軍強佔沖繩基地也十分不滿。

　　《日本可以說「不」》獲得許多讀者激賞，賣了超過一百萬冊。當時也有許多其他的作者出版類似的書籍，採用類似的書名，充斥在書店裡。不過也有許多人批評這些書，認為代表日本人「成功後的傲慢姿態」，並不可取。

後來《日本可以說「不」》被翻譯成英文在美國出版。盛田昭夫怕美國人對新力公司產生敵意，把自己的名字拿掉，只由石原慎太郎一個人具名。石原應邀在美國四處演講，上電視接受訪問，與美國國會議員激辯，引發更多的爭議。

石原對中國也是不假辭色，批評中國正在採取新的霸權主義，執行愚蠢的國家政策。他不否認日本曾經對外殖民，卻辯稱日本實際上是幫助殖民地的人民脫離白人的統治。石原因而是中國人和韓國人普遍痛恨的對象，卻是許多日本人崇拜的英雄。石原強硬的政治立場使其漸漸無法在中央政府擔任重要大臣的職位，後來於 1999 年競選東京都知事而當選，並連任四屆，無人能取代。

政治改革及自民黨的分裂

回來談日本的內部政治。宮澤喜一雖是自民黨總裁，自知無法指揮得動，於是請前首相中曾根康弘和竹下登擔任黨的最高顧問，又敦請實力派人物金丸信擔任副總裁。但這些人過去都牽涉不只一個醜聞，自民黨在選民眼中越加腐敗。黨內年輕的議員漸漸坐不住，認為前途堪憂。前熊本縣知事細川護熙率先發難，於 1992 年 5 月宣布退出自民黨，成立「日本新黨」，呼籲進行政治改革。

到了 8 月，自民黨又爆發一樁醜聞。東京佐川急便的社長因案被起訴，在接受偵訊時供稱曾向金丸信行賄五億日圓。金丸信只得承認。但事情並未就此了結，東京地檢處又查出金丸信透過佐川急便與黑社會組織往來，自民黨因而形象更差。金丸信最後被以逃漏稅的罪名逮捕，不得不辭去竹下派會長的職務。金丸信倒台後，竹下派分裂成兩派：一派是保守的「小淵派」，以小淵惠三為首；另一派是主張改革的「羽田派」，以羽田孜和小澤一郎為首。

當時在野黨和宮澤首相也都高呼要重提政治改革，但宮澤態度搖擺，一下子說非要在本屆國會中通過，一下子又附和自民黨內的保守派說本屆國

會恐怕無法通過。在野黨大怒，於 1993 年 6 月提出對首相的不信任案。自民黨的羽田派議員也倒向在野黨，結果通過不信任案，宮澤被迫宣布解散眾議院，預備重新改選。

選戰尚未開打，自民黨內又有有兩組改革派議員已經脫黨出走。武村正義率領十名議員，另組「魁新黨」（新党さきがけ）。羽田孜和小澤一郎共同率領四十四名議員，另組「新生黨」。

小澤一郎其人及其政治理念

關於小澤一郎，在日本有許多爭議。日本在後來數年中發生一連串的政治大地震，有些政黨消失，有些互相合併，有些新政黨成立，其背後大多有小澤在操縱，或間接穿針引線的影子。九○年代有人稱小澤為「現代的信長」，把他比作戰國時代的織田信長，是一個不可多得的人才。但也有人說他不過是一個翻雲覆雨的政客，是造成日本後來「矮小政治」的元兇。因而，在此必須略述一下小澤的來歷。

小澤一郎出身政治世家。他的父親長期擔任國會議員，歷任各部會大臣，是吉田及岸首相身邊的要人。小澤二十七歲時父親驟逝，於是被老臣擁戴，披掛上陣，當選眾議院議員。他拜田中角榮為師，從田中身上學了許多政治手法。不過他的經歷大多是在黨務系統方面，從來不曾擔任過重要的大臣。小澤也受到竹下登的提攜，擔任自民黨幹事長。當初宮澤喜一想要擔任總裁兼首相，還必須放下身段到後輩小子小澤的事務所，過他這一關，才能如願以償。

小澤曾經集合身邊的智囊團討論，出版一本新書《日本改造計畫》，闡述他自己的政治理念。書中指出，日本在政治方面必須積極進行改革，學習英、美建立兩大黨輪流執政的體制，並導入小選舉區選舉制。同時必須推動貿易自由化，開放市場，並積極在國際間做出貢獻，目標成為「普通國家」。小澤並且應許人民可以獲得他所謂的「五大自由」，包括免於在東京等大都會辛苦通勤和居住的自由，免於因為企業繁榮而綁住個人發展的

自由，減少工時的自由，避免因年齡及性別而受限的自由，以及破除不合理的規章制度的自由。

這本書出版後，被稱為「平成版的《日本列島改造論》」，因為和田中角榮在昭和年間出版的《日本列島改造論》不只書名相近，內容也神似。不過有人指出，書中內容其實只是迎合美國希望日本改革的方向。當時其他的政治人物如橋本龍太郎、武村正義也都出書，但沒有一本比得上《日本改造計畫》，賣了七十多萬冊。許多日本人讀了之後，對於政治革新寄予厚望。這時田中還活著，但已病得奄奄一息，小澤自然有利用田中來抬升自己的政治行情之意。

日本變天——五五年體制的結束

1993 年 7 月，日本眾議院進行改選，結果天翻地覆。自民黨由於醜聞不斷，又有許多黨員出走，只獲得 223 席，比原來少了 53 席，只佔總席次 511 席的 43.6％。過去自民黨的席次比率也曾經三次不過半，但從來沒有這樣低過。相對地，新成立的日本新黨、新生黨、魁新黨大獲選民歡迎，分別得到 35 席（6.8％）、55 席（10.8％）、13 席（2.5％），戰果輝煌。不過更值得注意的是社會黨失去選民支持，從原來的 136 席掉到剩下 70 席（13.7％）。

大選後，自民黨選出河野洋平為新任總裁。河野自以為可以像以往一樣，找到其他小黨合作，組織聯合內閣以取得首相寶座。不料小澤一郎和自民黨以外的所有黨派一一聯絡，主張聯合組閣，並請細川擔任首相。細川大喜。八月初，社會黨、新生黨、公明黨、日本新黨、魁新黨及其他三個小黨，共八個黨派聯合作戰，在眾議院選舉投票選出細川護熙為首相。八個黨又聯合選出前社會黨委員長土井多賀子為眾議院議長。社會黨雖然在選舉中大敗，創黨以來第一次有人擔任眾議院龍頭，土井也是日本有史以來第一個女性議長。

自從 1955 年以來，自民黨就是執政黨，沒有其他的政黨可以挑戰，而

第二大黨社會黨只能做永遠的在野黨。這樣的體制被稱為「五五年體制」，有人認為這是日本政治穩定的基石，但也有人認為是日本政界醜聞不斷，無法大刀闊斧改革的根源。但在這次選舉後，五五年體制已經結束。

細川及羽田內閣

日本新任的首相細川護熙出身豪門巨室。他的家族原本是天皇世系，後來降為臣籍改姓源，又改姓足利，最後改姓細川。在日本歷史上，細川氏最有名的人物是南北朝的細川賴之。他接受足利氏二代將軍託孤，輔佐十一歲的三代將軍足利義滿，最終結束南北朝的對立。

細川護熙就任時發表演說，聲稱在年底前要立法通過政治改革四法案。這也是當初八個黨派聯合時達成的共識。不過關於法案的具體內容，各黨派各有不同的主張。例如，大家都同意選舉改為小選舉區和政黨比例代表並行制，但究竟兩者的議員人數要如何分配，各黨派爭執不下。實際上，有許多社會黨議員根本反對政改案，特別認為小選舉區對社會黨不利，所以拒絕黨團的指示而投反對票。但四法案最後還是立法通過，社會黨一部分議員大失所望，對黨內高層及土井多賀子表示強烈的不滿。社會黨後來分裂的種子從此埋下。

有關眾議院議員的席次，最後在 1994 年 3 月初立法決定共 500 名，其中由小選舉區選出 300 名，政黨比例代表選出 200 名。選民一次投兩張票，一張投給選區的候選人，另一張投給屬意的政黨。

不過這時細川內閣已經走到盡頭。細川也曾經向佐川急便借款，分別用於競選熊本縣知事和購買東京的住宅，在議會中被質詢又無法交代清楚，只得宣布辭職下台，距離上任時不到九個月。

小澤一郎於是又一次聯合各黨派，把羽田孜扶上首相的寶座。但小澤一郎行事過急，作風霸道，執政聯盟才剛組成不久，就想把各黨派整併成為一個黨，效法英國、美國實施兩大黨體制。武村正義大怒，率領魁新黨黨員脫離執政聯盟而出走。社會黨隨後也宣布退出。

事實上，當初執政聯盟的八個黨派並不是基於共同的政治理念，而是臨時的利益結合，所以共處時間不需太久就矛盾百出。自民黨趁機提出不信任案。羽田首相被迫宣布內閣總辭，距離宣誓就職只有六十四天，是日本歷史上在任最短的首相。

村山內閣的困境及社會黨的危機

羽田孜下台後，自民黨、社會黨和魁新黨決定聯合籌組新政府，並推社會黨委員長村山富市為新首相。日本人民實在無法相信，自民黨和社會黨在過去數十年中尖銳對立，這時竟組成聯合政府。新聞媒體直接稱這種不顧原則，只為利益而結合的政府為「野合政權」。

石原慎太郎自稱禮讓村山富市組閣是他提出的主意。他認為，日本的勞工團體一向支持社會黨，一旦社會黨執政而不再堅持與自民黨相左的政策，勞工團體可能會棄社會黨而去。他半開玩笑地說，為村山抬轎是一項陰謀，最終的目標是讓社會黨解體。村山和社會黨內高層半信半疑，卻無法抗拒引誘而接受。然而，石原的話立刻應驗。

村山於 1994 年 6 月就任，在國會中發表演說，肯定《日美安保條約》，同意自衛隊合乎憲法；又承認「日之丸」為國旗，「君之代」為國歌。這些都是社會黨過去堅決反對的。社會黨內左派議員大怒，表示無法認同，有二十幾人陸續遞出退黨申請書。不料在 1995 年 1 月日本突然發生「阪神‧淡路大地震」，震度達到芮氏（Richter Scale）7.3 級，衝擊兵庫縣南部和淡路島。據統計，有六千四百多人死亡，三萬人受傷，房屋全毀超過十萬棟，半毀也有十五萬棟，損失總金額超過十兆日圓。村山立刻指示政府全面動員救災，暫緩處理社會黨內的退黨申請案。

天災過後兩個月，又有人禍。新興的「奧姆真理教」在東京五條地下鐵的車廂中同時施放沙林（Sarin）神經性毒氣，造成五萬餘人就醫，十三人死亡的慘劇。村山又被迫忙於救災。

橋本內閣及新進黨、民主黨的成立

　　兩次大災難後，村山被批評是「領導能力不足」，社會黨也受到池魚之殃，無論是地方總選舉或參議院改選都慘敗。村山不得不辭去首相職位。自民黨新任總裁橋本龍太郎在 1996 年 1 月獲選為新任首相。社會黨決定修改黨章，兼採社會主義及民主主義，改名為「社會民主黨」（社民黨）。但有許多黨員並不認同，隨時準備脫黨。

　　正當社會黨瀕臨解體時，其他的政黨也發生巨大的轉變。

　　1994 年 12 月，海部、細川、羽田、小澤等人聯合組成「新進黨」（New Frontier Party）。海部俊樹被推為黨首，實際上擔任幹事長的小澤仍是背後的主導人物。新進黨擁有二百多名參、眾議員，是日本第二大黨，但內部同樣矛盾重重。海部任滿後一年，小澤獲選為新黨首，但在劇烈的競選過程中與羽田已經關係破裂。

　　1996 年 9 月，日本又出現一個新政黨，稱為「民主黨」，陣容中有五十幾名參、眾議員，成員來自各個不同的黨派，而主要的領導人是魁新黨的菅直人、鳩山由紀夫，新進黨的鳩山邦夫（鳩山由紀夫之弟），以及前社會黨書記長山花貞夫。

　　民主黨之所以在此時成立，主要是因為再過一個月就要舉行眾議員選舉，並且是第一次實施小選舉區和政黨比例代表並行制。事實上，前述兩年中許多政黨的分分合合，也莫不與這新的選舉競賽規則有關。直接地說，在新的選舉辦法之下，小黨已經沒有生存的空間。

　　選舉的結果，自民黨、新進黨、民主黨分別獲得 239 席（47.8％）、156 席（31.2％）、52 席（10％），都堪稱滿意。社民黨卻慘不忍睹。原先社會黨還有 70 席，改名社民黨後卻只剩下 15 席，已經成為一個無足輕重的小黨。

　　不過政黨的分合繼續發展。新進黨的羽田孜、細川護熙先後率眾出走；不久後，原屬公明黨的議員也宣布脫黨，預備自行重建公明黨。小澤一

郎終於嚐到眾叛親離的滋味。民主黨趁機收編小黨,逐漸成為國會第二大黨。1998 年 7 月,日本舉行參議院選舉,民主黨大勝,自民黨大敗。橋本首相立刻辭職,由小淵惠三繼任為首相。

泡沫經濟崩潰

從 1989 到 1999 年,日本在十年裡總共出現九位首相,其中任期超過兩年的只有海部俊樹和橋本龍太郎,任期不到七十天的也有宇野宗佑和羽田孜兩人。這十年中政治的混亂可說是無以復加。

與此同步,日本的經濟也是一團亂。如前所述,日經指數在 1989 年底衝到 38,915 日圓的歷史高點,但從第二天起就無量下跌。八個月後,指數跌到 20,000 日圓;然後在兩年內又跌到 15,000 日圓。日經指數之所以迅速下滑,關鍵原因之一是日本銀行在 1989 年 5 月至 1990 年 8 月之間連續五次調高銀行貼現率,從 2.5％調到 6.0％。對比 1986 年 1 月到 1987 年 2 月的十三個月間連續調低貼現率,從 5％降到 2.5％,剛好成為兩個極端。日本政府同時採取緊縮貨幣的政策,要求所有的金融機構嚴格控制對不動產的貸款。地價於是也急速反轉下跌。景氣泡沫於是破滅,股市及房地產雙雙崩盤,直接導致不良債權,嚴重動搖金融體系。

屋已漏,卻偏逢連夜雨。1997 年 7 月,亞洲金融危機突然爆發。最先是泰國被國際投機客襲擊而出現危機,接著東南亞各國也不支倒地,到最後連東北亞的南韓和日本也波及。南韓受創最嚴重,只能向 IMF 求援(詳見下一章敘述)。日本幸有高達兩千兩百多億美元的外匯存底,位居世界第一,但受到內外衝擊,受傷也不輕。

背負不良債權的金融機構首當其衝,紛紛倒閉,其中包括全國證券商中排名第七的三洋證券,以及銀行中排名第十的北海道拓殖銀行。到了 11月,日本四大證券公司之一,擁有百年悠久歷史的山一證券竟宣布「自我廢業」,據估計負債總金額超過三兆日圓(約合二百四十億美元)。這是日本戰後以來最大的倒閉事件,嚴重打擊日本民眾的信心。橋本內閣為了要

保護銀行存戶大眾，宣布由日本銀行提供無擔保的特別融資，金額達到一兆二千億日圓。1999年初，日銀又決定注入七兆日圓，用以拯救十幾家瀕臨破產的銀行。

但日本政府只能出手救援金融機構，不可能出手救援數以萬計瀕臨倒閉的民間企業。沒有倒閉的企業大多也出現虧損，不得不裁員，停止投資，削減開支。百姓只能跟著緊衣縮食，服務業跟著蕭條。

總之，當初日本泡沫經濟吹得有多大，破滅後日本經濟的損失就有多大。1991年到1997年間，日本各年的GDP成長大多只在零至2％之間。接著的兩年間，日本甚至發生經濟負成長。這就是日本人後來所稱的「失落的十年」（The Lost Decade）。

海灣戰爭及PKO法案

本章以下敘述九〇年代日本對外的關係，特別是日美及日中關係，不過也必須介紹日本參加聯合國維和行動（Peacekeeping Operations, PKO）的前後經過，因為此事對日本的國家政策產生重大的影響。

1990年8月，在中東的伊拉克（Iraq）突然出兵佔領科威特（Kuwait），全世界的石油進口國大驚。聯合國通過美國的提議，要求伊拉克限期撤出科威特。但伊拉克置之不理。美國總統布希於是在次年一月下令美軍與其他三十餘國的部隊出擊。海灣戰爭（Gulf War，或稱灣岸戰爭）開打。聯軍勢如破竹，四天後就攻到巴格達（Baghdad）附近。伊拉克總統海珊（Saddam Hussein）被迫同意撤出科威特。

打仗要花錢，所以美國派財政部長到東京，要求日本貢獻。日本政府在戰爭尚未開打就同意捐出四十億美元；戰爭開打後，又同意追加九十億美元。據估計，海灣戰爭花掉大約六百億美元，日本前後捐款加起來超過總費用的20％，不能說不多。但參戰各國在戰爭結束後紛紛指責日本「只出錢不出人」，未盡到國際義務。

事實上，美國當初替日本制訂的和平憲法明訂日本不得派兵到海外，

但各國仍不諒解。日本國會為此激烈辯論，最終在 1992 年 6 月通過一項法案，同意此後可以派兵參加聯合國的 PKO 行動。這時正好柬埔寨結束十三年的內戰，宮澤內閣於是在聯合國的要求下，派遣自衛隊到柬埔寨參加 PKO，協助戰後重建的工作。

日本國內有部分國民一向堅決捍衛憲法第九條，擔心右派分子藉機修法，將使得日本又走上軍國主義的道路。但也有部分人主張日本應該積極參與國際社會，和別的大國一樣，而不是自我設限。小澤一郎在《日本改造計畫》所說的「普通國家」，正是這個意思。日本開始參加 PKO 後，已經踏出新的一步，但國外內的爭議從此不斷。

九〇年代的日、美關係──貿易摩擦及沖繩駐軍問題

從六〇年代起，日、美關係主要圍繞在兩個議題：貿易摩擦及《日美安保條約》，後者又逐漸聚焦在美國駐軍沖繩島的問題。

貿易摩擦問題在九〇年代實際上已經自動緩和。1989 年，就在日本經濟泡沫破滅的前夕，美國還以日本存在非關稅障礙為由，威脅要祭出超級 301 條款對付。日本被迫承諾將開放國內市場，特別是開放流通業，又將致力抑制地價高漲，並增加公共投資。但日本泡沫破滅後，所有的協議條款等於是一紙空文。流通業瞬間蕭條，地價大幅跌落，公共投資哪來的錢？此後數年中，日本的經濟對美國而言相對弱勢，所以雙方雖然仍有貿易摩擦，最後總能取得妥協。

其次說到沖繩駐軍的問題。據統計，九〇年代美國在日本的駐軍約有三萬五千人，遍布日本全國，其中沖繩駐軍佔總人數的四分之三。沖繩的居民抱怨生活受到嚴重干擾，尤其痛恨陸戰隊駐紮的普天間航空基地。任何人只要看一下空照圖，就會明白普天間基地的位置正在當地的市中心，旁邊是密密麻麻的民房，所以當然影響都市的發展。但客觀地說，在美軍開始入駐之前，普天間基地四周是荒煙蔓草，大多數的居民是後來才搬過來的。但不管是誰先來，現實的情況是沖繩居民對美軍越來越反感，不時示

威抗議。

1995 年 9 月，沖繩發生一件三名美軍強姦一名日本小學女生的案件，引爆有史以來最大的一次反美抗爭行動。由於有《日美地位協定》，美軍拒絕把嫌犯交給日本警方，沖繩縣民憤怒至極。美國克林頓總統公開表示遺憾，卻因故無法到日本親自處理此一事件。

1996 年 4 月，柯林頓終於親自飛到東京，與橋本首相會談沖繩問題。不過就在他到達日本前一個月，台灣正舉行總統選舉，中國竟進行導彈試射及軍事演習。柯林頓斷然下令兩艘航空母艦巡弋台灣海峽，以避免發生意外（詳見第 19 章）。因而，柯林頓在與橋本會談後雖然表示預備在五至七年間歸還普天間航空基地，卻又聲明美軍必須在遠東維持強大的軍力，所以還要尋覓其他替代的地點。

日、美兩國後來決定擴大《安保條約》的適用範圍，周邊地區凡是「對日本的和平與安全有重大影響的事態」都成為雙方協防的重點。另一方面，柯林頓雖然承諾將來要歸還普天間基地，但代替方案遲遲無法找到，一年拖過一年，經過十幾年還是無法兌現。

九〇年代的日、中關係——從六四事件到 1992 年天皇訪問中國

談到九〇年代的日、中關係，必須從六四事件前後說起。

1988 年 8 月，竹下登首相訪問中國時，代表日本政府表示對過去歷史進行嚴肅的反省，並將致力於發展兩國的友好關係。竹下同時宣布將從 1990 年起分六年提供中國第三次貸款，總金額 8,100 億日圓，用於興建發電廠、鐵路、港口和肥料工廠等四十幾個項目。不料竹下因瑞克魯特案而下台，接著爆發六四事件。美國及西方國家紛紛揚言抵制中共。日本首相宇野宗佑卻在國會中表示中日關係特殊，不同意對中國採取制裁的行動。

兩個月後，新首相海部俊樹又在國會中表示將繼續支持中國改革開放，後來也正式決定恢復對中國的第三期貸款。1991 年 8 月，海部訪問北京，

比英國的梅杰首相被迫訪問北京還要早一個月（請參見第 19 章），並且是自願的，因此受到中國領導人熱烈歡迎。

1992 年 10 月，平成天皇及皇后應邀訪問中國。這是有史以來第一次有天皇踏上中國的土地上。天皇對中國國家主席楊尚昆說：「對中國人民帶來極大苦難的不幸時期深感悲傷。」話中有遺憾的表示，卻不是道歉。

九〇年代的日、中關係——「村山談話」

事實上，自民黨內一直有強硬派分子不願對中國和韓國道歉。1993 年自民黨失去政權，細川護熙成立了非自民黨聯合內閣，在記者會中說出：「太平洋戰爭是侵略戰爭」；不久後，又在國會中說：「對日本過去的侵略行為及殖民統治，表示深刻的反省和道歉。」日本在戰後從來不曾有人如此明確地公開認錯。在細川之後，出身社會黨的首相村山富市也重複一樣的說法，而更加正式，更加慎重。

1995 年 8 月 15 日是中日戰爭結束五十週年紀念日，村山選在這一天公開發表談話。這篇「村山談話」並不是他一個人的意思，而是在內閣會議中獲得所有大臣一致同意後才發表的。村山原本希望國會也通過這篇談話，但由於部分自民黨議員堅決反對，未能如願。以下是「村山談話」的概要：

> 今天，日本成為和平、富裕的國家，因此我們動輒忘掉這和平之尊貴與其來之不易。我們應該把戰爭的悲慘傳給年輕一代，以免重演過去的錯誤。並且要同近鄰各國人民攜起手來，進一步鞏固亞太地區乃至世界的和平。為此目的特別重要的是，同這些國家之間建立基於深刻理解與相互信賴的關係。
>
> 我們在過去的一段時期，國家政策有錯誤，走了戰爭的道路，使國民陷入存亡的危機。殖民統治和侵略給許多國家，特別是亞洲各國人民，帶來了巨大的損害和痛苦。為了避免未來又犯錯誤，我將謙虛地對待這一毫無疑問的歷史事實，謹此再次表示深刻的反省和由衷的歉意。同時謹向在這段歷史

中遭遇災難的所有國內外人士表示沈痛的哀悼。

村山之後──德國的借鏡

　　村山之後，日本歷任的首相也都採用相同的談話版本，其中包括自民黨的橋本龍太郎和小淵惠三。但中國和南韓部分的領導人並不以此為滿足，總是希望每一位日本首相在新上任時，或在互訪時，都能發表類似的談話。後任的日本首相大多也照辦，不過有人表現得十分勉強。事實上，並不是每一位日本首相都完全認同村山的談話，即便認同，也有人問：「究竟日本要道歉到幾時？」許多日本的右翼人物尤其反感，而往往直接表示，結果又引起鄰國的不快。

　　總之，上述的情況充分顯示，日本和中、韓之間缺乏基本的互信。一直以來，日本首相參拜靖國神社總是引起中、韓激烈反應，同樣也是缺乏互信所致。有什麼方法可以解決呢？有人指出，或許德國是個很好的借鏡。二次大戰時，德國也犯了極大的錯誤。但一般認為，德國人的反省和道歉比日本人顯得深刻而真誠。

　　1970年，德國總理布蘭德（Willy Brandt）訪問波蘭時，為前納粹對波蘭境內猶太人所犯下的罪行獻花道歉，竟激動地跪了下來，使得周邊的人無不動容，所有的波蘭人和猶太人也無不感動。

　　1985年，德國總統魏茨澤克（Richard von Weizsäcker）在國會發表終戰四十週年演講。他認為，四十年前的5月8日並不是戰敗日，而是德國從「納粹暴力統治的殘害人性體系」中脫離的解放日，意味不必因戰敗而感到恥辱。他又對二次大戰中的所有受難者道歉，並強調必須幫助青年人認清歷史真相，以絕對誠實的態度面對。他說，將父祖輩的集體罪責強加在並未參戰的下一代的德國人身上其實並不恰當，但這是所有德國人都必須要承接的「沉重的遺產」，屬於德國這個國家的黑暗面。

　　德國是一個言論絕對自由的國家，但從來沒有人公然表示反對布蘭德和

魏茨澤克的言論及行為。鄰國也大多相信德國人是真誠地道歉了，並沒有人一再地要求德國人道歉。

　　這一代的日本人也並未參戰，但要如何面對歷史的黑暗面？又要如何承接父祖輩留下來的沉重的遺產？鄰國的人又在何種情況下能夠接受日本的道歉而不會一再提出呢？有人指出，德國這面鏡子顯示，其中需要的只是真誠、智慧和包容。

第 21 章
九○年代南韓的蛻變及北韓的核武導彈威脅

南韓的軍事強人全斗煥政權結束後,同樣是軍人出身的盧泰愚由人民直接選舉選出為大統領。盧泰愚所領導的民主正義黨在隨後舉行的國會議員選舉卻只獲得少數席次,「三金」(金大中、金泳三、金鐘泌)所領導的三個在野黨加起來佔總席次的 55%,形成「朝小野大」的局面。

盧泰愚、金泳三、金鍾泌合組民自黨

由於「朝小野大」,執政黨在國會中多次受到在野黨聯合抵制,發生劇烈的衝突。雙方最後不得不各讓一步,同意定期由盧泰愚和三金舉行會談,協調解決爭端。盧泰愚也不得不同意讓已經躲入深山古廟中的全斗煥再回到國會作證,接受議員質問及侮辱。

三金其實立場也未必永遠一致,所以有時聯合,有時互相對抗,有時利用執政黨壓制對方。舉一個例。1989 年底金大中在國會中提出一個《家庭法修正案》,內容規定男女平權。在韓國的社會中,千百年來總是歧視女子,所以妻子沒有財產所有權,女兒的地位比兒子差得遠。金大中的提案

遭到抵制，但他對盧泰愚施壓，同意在別的法案與他配合，盧泰愚於是動員執政黨支持，使法案勉強通過。金大中所領導的平民黨又強烈主張推動地方自治，其他三黨也是在不得已的狀態下勉強同意的。

但盧泰愚不願長久處於三金的掣肘之下，總想要有一個徹底解決的辦法。1990 年 2 月，盧泰愚突然和金泳三、金鐘泌一同在青瓦台舉行記者會，宣布三人所領導的政黨合併成立一個新的民主自由黨（民自黨）。盧泰愚被選為總裁，金泳三和金鐘泌也在黨內位居要津。朝小野大的局面於是結束，轉為三人聯合孤立金大中。

三人之間的結合被稱為「朝野大苟合」，在背後其實是密室會談中達成利益交換。據說盧泰愚答應支持金泳三在下次選舉時代表民自黨參選大統領；金泳三承諾在擔任大統領後任命總金鐘泌為總理，並實施內閣制；兩金也同意在盧泰愚剩餘的任期中與他完全配合。

金大中自稱，盧泰愚也曾經和他密談，要求與他單獨合作，以對抗金泳三和金鐘泌，但是被他拒絕了。盧泰愚與金大中之間合作的可能性其實十分微小。從政治立場看，盧泰愚和金泳三、金鐘泌都屬於保守派，只是保守的程度各有不同，金大中卻是鮮明的改革派。從出身看，盧泰愚、金泳三及金鐘泌都來自慶尚道，只有金大中來自全羅道。因而，許多韓國人認為，「朝野大苟合」實質上是三個保守派聯合抵制一個改革派，也是新一輪的地域性對抗。

金大中與民自黨的鬥爭

不過金泳三原先領導的統一民主黨（簡稱民主黨）裡也有部分成員，如李基澤、盧武鉉等，拒絕加入民自黨，而決定與平民黨合作以對抗民自黨。但民自黨掌握國會中絕大多數的席次，無視於在野黨議員的存在，強行投票通過數十個法案。平民黨和留在民主黨裡的議員忍無可忍，全體在 7 月提出辭呈，退出國會。

民自黨於是更加為所欲為，決定延緩實施當初共同立法通過的地方自

治,並積極推動內閣制。金大中既驚又怒,宣布進行無限期的絕食。新聞媒體大幅報導,世界各國領袖無不表示關注。回溯1983年金泳三也曾對全斗煥政權進行絕食抗爭,金大中當時在海外大力聲援。金泳三因而在此時不能不有所表示,以免被人批評不知回報。金泳三其實並不反對地方自治,心中更不願將來擔任大統領後實施內閣制。盧泰愚因而在他的勸說下同意提出具體實施地方自治的時間表。金大中於是結束十三天的絕食。

1991年9月,金大中決定與民主黨合作,把自己的人馬都併入民主黨中,而由他自己和李基澤共同擔任代表。

南韓的外交突破——「北方政策」及南北韓關係的轉變

由於南北韓在韓航班機事件後完全停止對話,但北韓始終是南韓安全上的一大威脅,所以盧泰愚在1988年7月發表「七七宣言」,宣稱要終止與北韓敵對的關係,又說要促成南北人民的自由往來及雙邊貿易。南韓成功舉辦奧運後,盧泰愚對北韓繼續不斷示好,又宣布《對北方經濟開放措施》。

南韓所謂的「北方」其實不只是北韓而已,也包含蘇聯、中國和東歐國家。「北方政策」的目的是拉攏與北韓同屬共產陣營的國家,藉以對北韓施壓。當時美國與蘇聯剛好宣布終結冷戰,戈巴契夫又明確表示將停止干涉衛星國,所以提供了南韓一個絕佳的機會。

1989年至1990年間,南韓先後和匈牙利、波蘭、南斯拉夫、捷克、保加利亞、羅馬尼亞建交,同時也積極拉攏劇變中的蘇聯。1990年3月,金泳三率領民自黨代表團訪問莫斯科。盧泰愚不久後也在舊金山與戈巴契夫會談,承諾貸款給蘇聯三十億美元,換取同意建交。兩國外長在9月正式簽署建交公報。至於中國,南韓早在奧運前就已經建立溝通管道。1989年六四事件後,歐美各國抵制中國,南韓卻和日本一樣,決定與中國繼續維持友好,加速通商、通航。

東歐國家的共產勢力既已土崩瓦解,各國新政權又都與南韓建交,北

韓只得接受友邦勸告，與南韓重新啟動對話，並且將對話升級。1990 年 9 月，南北韓歷史上第一次總理會議在漢城召開，此後又分別在平壤及漢城召開多次。八〇年代期間，南北韓總是說要追求祖國統一，絕對不能分裂。北韓堅持南北必須以同一國家的名義進入聯合國。但面臨國際情勢劇變，這個底線已經鬆動。

1991 年 9 月，南北韓同時以個別會員國的身分分別加入聯合國；緊接著，雙方又簽訂有關和解、互不侵犯及合作交流的協議書。1992 年 2 月，雙方又再簽訂有關雙方關係的《基本協議書》。一時之間，國際社會期盼的南北韓和平共處似乎已經在望。

1992 年 8 月，南韓與中國共同簽署建交公報，同時宣布與台灣斷交。當初台灣先是錯失單獨進入聯合國的機會，最終被趕出聯合國，後來許多國家紛紛與台灣斷交；到此時，連多年的反共盟友南韓也掉頭而去，在國際上可說是完全被孤立了。

1992 年南韓大選

1992 年是南韓的大選年，年初 3 月選舉國會議員，年底 12 月選舉大統領。

在上次大選時，後來合組民自黨的三個黨加起來在國會總共獲得 219 席。這次選舉民自黨卻大敗，只得到 149 席，差 1 席才過半。不過民主黨獲得 97 席，只是小勝。另有一個異軍突起的國民黨獲得 31 席。國民黨是由現代集團的創辦人鄭周永創立的。鄭周永野心勃勃，不但創立新政黨，還要參選大統領。

盧泰愚和金鐘泌依約支持金泳三為民自黨的大統領候選人。因而，年底的大統領選舉主要是金泳三、金大中和鄭周永三人競選，結果分別獲得 44.1％、33.4％和 16.1％選票。金泳三當選為大統領。分析這次選舉，金大中和金泳三分別在自己的家鄉湖南地方和嶺南地方囊括幾乎所有的選票，顯示選民地域觀念依舊是根深柢固。但由於嶺南地區人口比湖南地區

多，金大中在這兩個地區就已經輸了 130 萬票。在其他地區兩人的輸贏都不大。

大選後，金大中宣布為敗選負責，辭去國會議員職務。他接受英國劍橋大學（Cambridge University）的邀請擔任短期的客座研究員，自稱要就近以德國為案例研究韓國未來統一的模式。東西德在戰後分別加入聯合國，各自成為會員國，但在 1990 年 10 月又統一合併。對於部分韓國人來說，南北韓雖然已經分別加入聯合國，將來還是希望能再次統一。

金泳三政權的改革及失敗

1993 年 2 月，金泳三就任南韓第十四屆大統領。必須指出，金泳三是因為有盧泰愚的支持才得以執政，與過去的軍事強人全斗煥無法完全切割。然而，金泳三上台後卻急於和舊政權劃清界線。在就職演說中，金泳三誓言要進行改革，消滅腐敗，整肅官場風紀，在患有「韓國病」的土地上建立「新韓國」。

一場轟轟烈烈的「淨化運動」於是展開。全國超過三萬名公務員都必須按新規定公開申報財產。許多國會議員、內閣閣員及執政黨重量級人物都因貪腐及隱瞞財產不報而被迫辭職下台。1994 年 3 月，國會通過「改革三法」，包括《公職選舉及舞弊防止法》、《地方自治法》及《政治資金法》。本書在上一章敘述了日本改革派致力推動「改革四法」，其實和金泳三在南韓推動的目標是一樣的。

此外，金泳三特別推動一項《金融實名制》，規定無論個人或企業在銀行、證券、期貨及外匯交易都必須用真名登記，不准使用人頭及假名字。金泳三又整頓軍隊，宣布軍中的一心會及九九會等為非法的組織，下令取締。南韓人民對新政府推出一系列的改革措施無不欣喜，金泳三的民調支持度扶搖直上，超過 80%。不過從第二年起，情勢開始轉變。

金泳三家住漢城上道洞，所以他所領導的派系被稱為「上道洞系」。在他就任總統後，上道洞系人馬雞犬升天，紛紛在青瓦台和政府各部門位居

要職。儘管金泳三本人聲稱要消滅腐敗，這些親信卻大多貪腐不堪。更糟的是金泳三的次子金賢哲也在青瓦台安插親信，被稱為「小總統」，利用權勢與財團勾結，收受賄賂，營私舞弊。

　　金泳三對盟友金鐘泌也不尊重。金鐘泌幾次橫遭侮辱，最後忍無可忍，於 1995 年 2 月宣布脫離民自黨，對外說金泳三「視約定如糞土」，轉而與金大中結盟。

　　金泳三上台後，在勞資糾紛中也明顯地偏袒資方。1995 年 6 月，金泳三不耐煩電信工會發動長期罷工，下令逮捕靜坐示威的工會幹部。工會幹部逃入漢城的明洞教堂和曹溪寺，結果警察衝入教堂和佛寺中抓人。全國工會、宗教團體及在野黨都發表聲明，譴責政府，認為新政府和過去的軍事獨裁政權沒有兩樣。金泳三卻變本加厲，企圖修訂對資方更有利的勞工法。勞工團體因而發起總罷工。

　　正當金泳三的聲望一路下滑時，南韓又發生一連串驚人的公共事故，造成民心惶惶，對金泳三政權有如雪上加霜。

逮捕盧泰愚及全斗煥——世紀審判

　　1994 年 10 月，一座橫跨在漢江上的聖水大橋突然垮下來，造成三十幾人死亡。兩個月後，漢城近郊一座瓦斯廠意外爆炸，又造成數十人死傷。1995 年 5 月，漢城鬧區一棟五層樓的百貨公司突然倒塌，造成五百多人死亡，這是南韓有史以來最大的意外慘劇。經過調查，上述這些事件發生的原因都是特權分子透過行賄黨政高層，或繳交政治獻金而取得工程許可，然後大膽地偷工減料所致。

　　無論是行賄或政治獻金，顯然都和前兩任大統領有關。金泳三原先在推動改革時，都盡量避免觸及兩位前大統領，這時卻不得不同意擴大調查。弊案正在調查當中，突然有一名民主黨議員朴啟東在國會揭發盧泰愚有四千億韓圓（約當五億美元）的銀行存款，分別存在許多秘密的人頭帳戶裡。由於證據確鑿，不久後盧泰愚就承認曾經收受賄款，流淚向國民謝

罪，並因為違反《金融實名制》而被捕。

盧泰愚供稱，這些錢大部分是由財團捐的政治獻金，用於選舉及其他政治運作。從李承晚、張勉、朴正熙以來，這其實早已成為慣例。鄭周永後來也透露，他曾向歷任的最高當局捐款，每年中秋和農曆年各一次，每次數字從二十億到一百億韓圓不等。

檢調單位又發現，1992年底大選時不只金泳三獲得盧泰愚拿出的大筆資金用作競選經費，連金大中也獲得贈與。金大中立刻坦承曾經收到盧泰愚給的二十億韓圓。不過他表示這是盧泰愚致贈的「鼓勵基金」，並沒有任何附加條件。當時既沒有《政治資金法》的規定，所以收受「鼓勵基金」不算違法。雖然如此，金大中和金泳三兩人的形象都遭到重大傷害。

檢查官也調查全斗煥，並查出他在銀行有超過二千億韓圓的秘密存款。十幾名財團領袖接著被捕入獄，罪名是賄賂大統領及政府官員。政治獻金在日本早就是一項大病，看來在南韓更加嚴重。由於弊案越滾越大，人民憤怒，金泳三又不得不下令重新調查1980年的光州事件，並追溯責任。不久，全斗煥再度被捕入獄。十幾名與光州事件有關的退休將領也都被捕。

1996年8月，漢城地方法院一審判決，全斗煥以「策動軍事叛亂及內亂罪」被判死刑，並處罰款二千二百多億韓圓；盧泰愚被判處二十二年半有期徒刑，並處罰款二千八百多億韓圓。兩位前大統領都戴著手銬出庭，低頭聆聽宣判。這場「世紀審判」的畫面出現在全世界的電視和報紙頭版，震撼所有的觀眾及讀者。後來全斗煥上訴，獲得改判為無期徒刑，盧泰愚減為十七年徒刑。

北韓的核武及導彈問題

談到北韓，不能不詳細說明其核武及導彈的發展，因為這是攸關國際社會安全的大問題，對北韓與其他國家之間的關係也有極大的影響。

二次大戰後，全世界掀起一股發展核武的熱潮，無論是富國還是窮國都在暗中發展較勁，而陸續有部分國家試爆成功。為了避免核武戰爭，美、

蘇兩個始作俑者開始倡議要防止核武器擴散。1968 年，全世界有五十九個個國家同意簽署《不擴散核武器條約》（Treaty on the Non-Proliferation of Nuclear Weapons, NPT），於 1970 年生效。其中規定只允許美、蘇、英、法、中五個已經發展出核武的國家繼續保留核武，其餘國家不准研發或製造核武器；並決定由國際原子能總署（International Atomic Energy Agency, IAEA）協助各國發展核能的和平用途，同時負有監督、檢查是否有違約發展核武行為的責任。

然而，法國和中國在當時並沒有簽約。也有許多國家拒絕簽署 NPT，其中印度、巴基斯坦和以色列後來都成功地發展出核武。其實台灣從六〇年代後期起也開始秘密研發核武，不過經過二十年花費無數的人力、財力和心血，最終還是被美國強迫停止所有的核武器發展計畫。

北韓從六〇年代起也暗中發展核武，不過在 1985 年也簽署了 NPT。然而，西方國家懷疑北韓也在暗地裡利用核廢料提煉濃縮鈾以發展核武。IAEA 要求派員檢查，但北韓拒絕，理由是美國在南韓布置核武器，對北韓是巨大的威脅。

1991 年 9 月，美國宣布將撤除部署在南韓所有的核武，同時停止每年實施的美韓聯合軍事演習，以表示善意。北韓因而在 12 月底與南韓簽訂有關朝鮮半島的《非核化共同宣言》，並且點頭同意接受 IAEA 派員檢查，前後六次。然而，當 IAEA 最後要求對在平安北道疑似發展核武的寧邊軍事區進行檢查時，北韓卻拒絕了。

在此期間，正值南韓大選，金泳三陣營大肆攻擊對手金大中「容共」，同時以激烈的語言攻擊北韓政權。金日成大怒，下令取消原訂在 12 月舉行的第九次南北韓總理會談。金泳三就任大統領後，發表許多強硬的談話也使得金日成至為不快。1993 年 2 月，金日成宣布退出 NPT。聯合國安理會要求北韓收回聲明，但北韓置之不理。

到了 5 月底，北韓突然進行一項「蘆洞一號」導彈試射，導彈的落點就在北韓與日本中間的日本海裡。日本全國震動。據研判，這枚飛彈的射程已經能打到部分日本國境，而飛彈如果攜帶核子彈頭，後果就不堪設想。

一時間，東北亞危機四伏，烏雲密布。

美國也大驚，急忙邀請北韓代表到紐約會談，多方示好，以換取北韓同意暫緩退出 NPT。雙方談判一年卻毫無進展，美國漸感不耐，認定北韓是蓄意勒索。柯林頓總統同意軍方研擬計畫，預備發起突擊，直接摧毀北韓寧邊地區的核武設施。但中國堅決反對。正在此時，美國前總統卡特突然宣稱接到金日成的邀請，以特使的身分於 1994 年 6 月飛往平壤訪問。兩人會談氣氛和好，金日成表示願意重啟對話。

金日成病逝，金正日接班

不料金日成年老體衰，在 7 月初突然病死，享年八十二歲。由於金日成早已把北韓勞動黨中所有的異己剷除殆盡，金正日又逐步接管黨、政、軍，成為一人之下，萬人之上，所以政權過渡順利平穩。

北韓國喪期間，全國人民痛哭流涕，如喪考妣。這時南韓國會議員卻有人對金日成出言不遜，甚至說：「怎麼能給挑起『六‧二五戰爭』的罪魁禍首弔唁呢？」金泳三政府不只沒有發出唁電，還禁止南韓民眾前往平壤參加弔唁。南北韓之間的關係因而更加惡劣，北韓再度拒絕與南韓對話。

但美國決定不理金泳三而直接與北韓談判。雙方最後於 10 月在日內瓦簽訂《核框架協議》，北韓同意將逐步停止已有的舊式石墨核反應爐，並停止兩座正在興建中的反應爐，而由美國負責為北韓在 2003 年底前建成兩座巨型的新式輕水反應爐以取代之，供發電之用。在新式反應爐完成之前，美國、日本及其他各國共同承諾每年運送五十萬噸重油給北韓，以補償其接受協議而發生的損失。美國簽訂此一協議的著眼點是，輕水反應爐的核廢料相對不易發展核武。

然而，此後美國在限制北韓核武的進展仍是有限，而無可奈何。

北韓的經濟困境

北韓之所以在核武問題上如此強硬,除了與美國的互信不夠,與南韓關係惡劣之外,與其日益惡化的經濟情況也有很大的關係。

回顧歷史,當蘇聯強大時,北韓經濟發展跟著水漲船高;但是在共產世界經濟逐漸衰頹後,北韓的發展也跟著遲緩。如前所述,朴正熙剛開始執政時,南韓的國民人均所得遠低於北韓。十八年後,當朴正熙去世時(1979 年),北韓自行發布資料聲稱其人均所得為 1,920 美元,也比同一時期世界銀行公布的南韓人均 GNP 1,640 美元高。但是根據日本亞細亞經濟研究所推估的數字,北韓在這一年所得只有 1,130 美元,已經不如南韓。到了全斗煥下台前一年(1986 年),北韓自行公布的人均所得達到 2,400美元,是歷史最高點,但已經不如世界銀行公布的南韓人均所得 2,930 美元。如果再把北韓公布的數字裡的虛報成分拿掉,北韓人均所得很可能只有南韓的一半。

東歐集團和蘇聯相繼崩潰後,北韓經濟更是急遽下滑。北韓自己承認,1991 年及 1995 年的人均所得分別只剩下 1,000 美元及 719 美元。反觀南韓在這兩年卻是突飛猛進,分別達到了 7,550 美元及 11,650 美元。相比之下,1995 年北韓的人均所得只有南韓的十五分之一。

蘇聯崩潰對北韓經濟的衝擊從北韓的進出口資料可以看得更清楚。同樣根據日本的資料,1990 年北韓對外貿易總金額(含輸出及輸入)為 53 億美金,其中蘇聯為 32 億美金,約佔 60%,中國和日本分別都在 5 億美金上下,各佔約 9%。但到了 1995 年,北韓對外貿易降到只剩 24 億美金,其中和新生的俄羅斯的貿易額竟只有不到 1 億美元。幸好中國和日本與北韓的貿易都略有成長,其中的中國和北韓同為僅存的少數幾個共產國家,對北韓尤其重要。

北韓飢荒

南韓的金大中後來在自傳中回憶一個故事,清楚描繪了北韓經濟的困窘。1996 年有一天他到青瓦台去和金泳三大統領會面,兩人一同觀看衛星

拍照的朝鮮半島夜景圖，看出南韓這邊是燈火通明，北韓那邊卻是一片漆黑，對比十分明顯。兩人對此卻有不同的解讀。金泳三認為，這證明北韓已經奄奄一息，隨時會崩潰，主張對北韓採取更強硬的態度。金大中卻提倡「陽光政策」，呼籲西方國家與南韓一起協助北韓早日脫離經濟困境。

北韓更嚴重的問題是連年飢荒。由於缺乏外匯進口肥料、燃油，以及其他種種因素，北韓農業生產從1994年起逐年下降，餓死的百姓一年比一年多。但北韓對外封鎖一切新聞，所以外界無法獲知真正死亡的人數。不過1997年北韓前國會議長黃長燁突然叛逃，根據他的估計，從1995年起算的三年間餓死的人數超過二百五十萬，佔北韓人口的11%。美國、中國及世界各國急忙透過聯合國世界糧農組織對北韓提供人道救援，1996年大約有五十萬噸，此後又逐年大幅增加。

在此期間，金正日卻發動國家宣傳機器，把飢荒說成是由於「美帝」的陰謀，惡劣的天候，以及部分官員的無能，並藉機整肅異己。數以萬計的人被捕入獄，其中數千人被處死。

韓寶案

回來敘述南韓的情況。1997年1月，南韓爆發一件「韓寶案」，使得金泳三總統僅存的一點聲望也徹底毀掉。

韓寶是南韓資產規模排名第十四位的財團，因為負債將近五兆韓圓，無力償還而宣告破產。韓寶的資本額不過三千多億韓圓，如何能借這麼多錢，以至於負債超過資產十三倍？檢察官調查發現，金泳三大統領的次子金賢哲和十幾名政府高官、國會議員涉嫌其中。他們擔任中介，強迫銀行對韓寶放款，而收取鉅額回扣。這些人也涉嫌插手於韓寶集團的採購、銷售及工程發包，獲取豐厚佣金。金賢哲等人紛紛被捕入獄。金泳三被迫公開向國人道歉。

韓寶案後的半年裡，又有三美集團（第二十六名財團）、真露集團（第十九名）及起亞集團（第八名）也相繼宣告破產。剛開始時，南韓企業倒

閉大多只是肇因於國內諸多的弊端，到後來卻是由於受到亞洲金融風暴的雙重打擊。

亞洲金融危機對南韓的衝擊

亞洲金融風暴之所以發生，與 1990 年後美國施壓迫使東南亞各國實施金融自由化有關。各國大多沒有足夠的外匯存底，實施自由化後又沒有適當的管制措施，因而容易遭到外資進出的影響，造成外匯市場大幅波動。

1997 年 7 月初，國際投機客突然發起惡意攻擊泰銖。外資大量流出，造成泰銖遽貶。泰國國內多家企業瞬間倒閉，股市及不動產市場崩盤。鄰近的馬來西亞、印尼、新加坡受到波及，紛紛加入競貶貨幣，受害嚴重。南韓雖然遠在東北亞，也受到沈重的打擊。

當初金泳三上台後，在美國及 IMF 的壓力下實施金融改革，實際上是放任企業隨意取得資金。南韓在其後的數年中的經濟成長可說只是盲目擴充的結果。就以 1997 年南韓前五大企業（現代、三星、樂金、大宇、鮮京）的營運狀況分析，由於投資過剩，資產急遽膨脹而利用率極低，營運利潤大多不到 1％。除了三星之外，負債比例都遠超過 300％。至於第六名到第十名的企業，營運全部都是虧損，負債比例平均在 500％以上。

南韓國家的整體數字更糟。1993 年南韓的經常帳還有 4 億美元小小的盈餘，但從次年起就急遽惡化，到 1996 年創下高達 237 億美元的赤字。1996 年底南韓的外債因而達到 1,575 億美元，而這時外匯存底只剩大約 340 億美元，估計到 1997 年底就所剩無幾。因而，當亞洲金融危機襲來時，南韓完全沒有抵抗能力。韓圓對美元的匯率從從年初約 840：1 到年底貶值為 1,695：1。股市跌幅竟達到 70％。

極為諷刺的是，南韓在 1996 年底才被「經濟合作暨發展組織」（OECD）接納，成為富國俱樂部的一員，隔一年卻深陷在危機中。南韓不得不伸手向 IMF 求援，取得 570 億美元貸款紓困。但 IMF 同意貸款的條件嚴苛，例如要求南韓政府透過增稅和大幅削減政府支出以平衡預算；取消

出口補貼；停止保護大企業，防止企業間的交叉持股及互相借款保證；放寬外資在南韓企業的持股比例等等。南韓國民大部分認為國家等於接受經濟託管，是一項國恥。

　　順便一提，本書在前三章中對於亞洲金融風暴的影響著墨不多，主要原因是此一危機對日本、中國、台灣雖有影響，但衝擊不如南韓那樣大。例如，台灣向來不願接受金融過度自由化，外匯管制嚴格而保守。台灣多年來貿易大多出超，所以累積豐厚的外匯存底，1996 年底為 880 億美元，並且沒有什麼外債。新台幣貶值幅度也不大，只有 15％左右。1997 年南韓的人均所得是 12,190 美元，1998 年降為 9,200 美元，降幅達到 25％，經過五年後才勉強回復到 1997 年的水準。反觀台灣，1997 年的人均所得是13,810 美元，1998 年是 12,598 美元，只微降 9％。

1997 年南韓大選

　　金融危機的巨大陰影才剛籠罩後不久，南韓於 1997 年 12 月舉行第十五屆大統領選舉。金大中獲得金鐘泌支持，代表新成立的「新政治國民會議」參選。執政黨也改名為「大國家黨」，推舉總裁李會昌為候選人。但另有一位京畿道知事李仁濟卻執意參選大統領，決定脫黨而另組新黨。金泳三在韓寶案後已經失去影響力，只能坐視執政黨分裂。

　　大選結果，金大中獲得 40.3％選票，擊敗李會昌（38.7％）及李仁濟（19.2％），當選為大統領。金大中之所以勝選，並不是因為選民唾棄貪腐的金泳三，而是因為執政黨分裂。本書在此必須重複提醒讀者，台灣在兩年後（2000 年 3 月）舉行總統大選，同樣也是因為執政的國民黨分裂，使得反對黨的候選人陳水扁漁翁得利，只得到不足 40％選票就當選為總統。

　　統計各地區開票的結果，金大中在湖南地方獲得超過 90％的選票，但在嶺南地方得票只有不到 15％。從這些數字不難看出，湖南及嶺南兩地的選民地域觀念仍然根深蒂固。

　　依照憲法規定，大統領從當選到就任還有兩個多月，但由於迫切的危

機，金大中不等政權正式移交就成立一個緊急經濟對策委員會，實質上開始參與施政。金泳三與金大中討論後，決定特赦兩位前總統全斗煥和盧泰愚。金大中自稱主張「寬恕論」，被害者不應向陷害者採取政治報復。在國家面臨危難時，和解尤其重要。

金大中的財經改革

當初 IMF 同意對南韓紓困時，要求參選大統領的候選人一一簽下保證書，同意在當選後忠實地履行金泳三對 IMF 的承諾。因而，金大中在當選後沒有什麼選擇，只能接受 IMF 規範的條件。不過正是因為有 IMF 做強力的後盾，金大中才能大刀闊斧地進行改革。反對黨雖然控制了半數以上的國會席次，卻不得不在短短三個月裡快速通過三十幾條修正法案，其中包括公司法、銀行法、證券交易法、保險法、勞動基準法、公平交易法等重要的法案。

金大中的改革背後還有一股推動的力量，那就是南韓人民強烈的愛國心和不認輸的民族性。1997 年底開始，南韓出現一個收集金子的運動。人民紛紛拿出自家收藏的金飾品，在銀行門口排成長長的隊伍，把金子存入，讓國家出口換成外匯。根據金大中的回憶錄，到 1998 年 3 月為止已有三百五十萬人加入這個運動，收集了價值二十一億美元的金子。許多世界各國的領袖和人民都被感動，願意提供更多的幫助，也相信南韓必定能夠克服難關。

金大中的改革是全面而激烈，其中尤以金融改革及財閥改革最為關鍵。以下先簡述金融改革。

1997 年底，政府撥出二十五兆韓圓成立「韓國資產管理公司」，用以清理銀行及金融機構的不良債權。據統計，到 1999 年 6 月就已經處理了六十三兆不良債權。政府另外撥出二十五兆韓圓用於增加銀行自有資本及強化存款保險。

1998 年 4 月，政府又成立一個獨立於中央銀行和財政部之外的「金融

監督委員會」，利用重整、合併、關閉及拍賣的方法以整頓金融機構。在金融改革前，南韓有33家銀行、30家綜合金融公司、35家證券公司、50家保險公司，到了1998年底，分別減到剩下24、14、30及45家。金融機構也大幅提昇了經營效率、透明度及健全營運。其中有兩家銀行還透過國際招標由美國的一家新橋資本公司及英國匯豐銀行收購。

財閥改革

1998年1月，金大中召集大財團的總裁集會，當面要求進行改革，以提高經營透明度，解除集團內互相保證，並調整產業結構。金大中又要求財閥們捐獻部分私人的財產以協助國家度過難關，展現對社會的責任感，以減低人民對財閥的惡劣印象。財團雖然拼命反抗，最終只能聽從政府的指示。

南韓政府堅持大財團必須集中力量於核心事業，並以事業互換（Business Swap）的手段達到此一目的。舉幾個例。南韓原有現代、起亞、大宇、三星四大汽車廠。政府強制起亞汽車併入現代汽車，三星汽車併入大宇汽車。同時，大宇集團的電子部門併入三星集團。其他如LG半導體併入現代電子，韓和能源煉油事業併入現代煉油，現代及三星的石油化學事業合併成一家獨立公司。航空、鐵路事業也都合併到全國只剩下一家公司。

據統計，現代、三星、大宇、LG及SK五大財團轄下的關係企業原本各為63、65、41、53及42家，在整併後各自減到30、40、10、30及20家。由於外資投入，財團的負債比例從原先超過400％降到200％以下。外資投資瀕臨破產的韓國企業，支付的價格平均大約是金融危機前的四分之一。雖然如此賤賣，韓國的企業還是拼命尋找外資投入，以免淪落倒閉的命運。

不過在整併的過程中，現代集團及大宇集團實際上已經被拆分，不再是由一個人控制的大集團。大宇集團的總裁金宇中甚至因為無法取得外資

支持，只得潛逃海外。金宇中由於父親曾經是朴正熙的老師，藉此關係而於 1967 年創辦大宇集團，三十幾年間靠政商關係不斷地超額貸款而擴充事業，至此劃下休止符。

在西方國家中，商業上獨佔或寡佔向來是大忌。如果在某一產業中排名第一及第二的公司想要合併，必定要經過政府長期的反托辣斯（anti-trust）調查，最後還多半不准。但是在 1998 到 1999 的兩年間，南韓大企業經由合併及事業互換而達到獨佔或寡佔，不但是由政府主導，還由外國政府及 IMF 出錢出力促成，不能不說十分怪異。

亞洲金融危機後南韓與台灣經濟發展的比較

由於改革成功，南韓在 1998 年底基本上已經脫離風暴。有幾家南韓的大企業，如現代汽車、三星集團、LG 集團等，後來都在國際市場上展現生龍活虎的競爭能力。金融風暴中，金大中也大刀闊斧進行政府機構的改革，整併各部會，並宣布政府裁員 10%。

如前所述，台灣和南韓相比，在亞洲金融風暴中受到的衝擊比較小；但也正因為如此，台灣政府及企業背後沒有壓力迫使其積極進行改革。許多財經學者認為，亞洲金融風暴是一道分水嶺。南韓因禍得福，在成功渡過危機後，如脫胎換骨一般重新起飛。反之，台灣「塞翁得馬，焉知非禍。」經濟成長從此趨緩。

南韓的 GDP 成長率在 1999 年已經回復到 10.9%，而台灣只有 6.0%。此後三年，雖然國際間由於美國發生網路泡沫而再度經濟不景氣，南韓的平均經濟成長率仍然維持在 7% 左右，而台灣只有 3%。南韓的人均所得於是追上台灣，此後距離越拉越遠。

不過南韓的改革及成功也帶來一項嚴重的後遺症。由於政府及外資的資金大部分都流入大財團的口袋，許多中小企業因為分不到錢而紛紛倒閉。大財閥營收佔全國 GDP 的比重因而越來越高，社會上貧富差距的情況也越來越嚴重。

金大中的「陽光政策」與北韓持續的導彈威脅

金大中上台後，一面努力解決上述的金融危機，一面也積極地推動「陽光政策」。多年來，他不斷地提倡「三階段統一論」，第一階段是由南北韓政府及民間共同推動交流合作，第二階段是組成南北聯邦，最後完成統一。

1998 年 6 月，八十三歲的現代集團創辦人鄭周永響應政府號召，親自趕著五百頭牛和以卡車裝載的五萬噸玉米，穿過板門店，回到日夜思念的北方故鄉。金正日接見鄭周永，並允許他和北韓一起開發金剛山旅遊事業。

然而，8 月底又發生一個事件。北韓發射一枚「大浦洞一號」飛彈，飛越日本上空，掉落在太平洋公海上，距離日本本島東岸只有幾百公里。北韓接著宣稱已經成功地以三節火箭推進，發射一枚「光明星一號」人造衛星。上述的飛彈是其中第二節，另有第三節火箭載送「光明星一號」進入太空軌道。

外國情報後來證實，這枚人造衛星的任務實際上是失敗的，衛星並沒有進入軌道。但日本全國民眾赫然發現國防安全出現大漏洞，隨時可能遭到北韓的致命飛彈攻擊，無不驚恐。美國也極度震驚，因為這枚飛彈的射程達到二千公里。根據情報，北韓正在研發射程可達四千公里的飛彈，足以攻擊美國的夏威夷和阿拉斯加地區。

北韓發展彈道飛彈的目的其實是多方面的，既可反制美國，威脅日本、南韓，還可以出口賺取外匯，以解決國內糧荒和經濟遲滯的問題，並鞏固金正日的領導地位。在「大浦洞一號」試射前不久，巴基斯坦和伊朗也都進行飛彈試射，造成南亞及中東地區的緊張情勢升高。情報顯示，這些飛彈的來源都是北韓。

日本原本拒絕參加美國所提的一項大規模的彈道飛彈防禦系統計畫，至此別無選擇，只能掏錢配合美國，尋求自保。美國一向暗地裡把北韓、伊朗、伊拉克、巴基斯坦都列為「惡棍國家」，卻是無可奈何。北韓政權比西方國家想像的還要穩固，完全沒有崩潰的跡象。金大中決定繼續推動「陽

光政策」。鄭周永於 1998 年 10 月又趕著另一批五百零一頭牛到北方，並與金正日達成共同開發油田及各項體育、經濟交流合作的計畫。

美國接受金大中的遊說，同意支持其陽光政策，承諾將提供北韓六十萬噸糧食。1999 年 5 月，柯林頓總統指派國防部長佩里（William Perry）攜帶他的親筆信前往平壤訪問，與金正日會面，雙方會談氣氛良好。佩里回國後，撰寫報告，建議調整對北韓的政策，不要期望北韓政權自動崩潰，或企圖瓦解其政權，而是逐步放寬對北韓的經濟制裁，加強交流，以換取北韓承諾停止部分飛彈研發及試射，最終目標是引導北韓完全放棄飛彈及核武，終止朝鮮半島的對抗局勢。9 月初，美國與北韓代表在柏林舉行雙邊會談，會後達成協議：北韓同意暫時停止飛彈試射，柯林頓宣布取消部分對北韓實施已有五十年的經濟制裁，同意開放通商、通航、部分投資及私人金融資助。

美、日、南韓與北韓之間的緊張情勢雖然暫時緩解，但基本矛盾仍然存在。和解後不免衝突，衝突後北韓又試射飛彈，試射後各方又進行新一輪的談判，然後又達成和解。這樣的循環模式，在後來的十幾年中遂不斷地上演。

附錄 1
東亞及世界大事年表 1945-1999

西元	中國大事記	日本大事記
1945	4-6 月，中共七大確立毛澤東領導地位。 8 月，中蘇簽友好同盟條約。 9 月，國府南京受降。 10 月，國共簽雙十協定。蘇聯阻國府接收東北。 11 月，馬歇爾來華調停國共。	4 月，美、日沖繩之戰。 8 月，美國在廣島、長崎投原子彈。蘇聯參戰。日本投降。 9 月，麥克阿瑟抵日本赴任。 10 月，幣原任首相。GHQ 開始發發號施令。
1946	4 月，蘇軍完全撤出東北。 5 月，四平街之戰。馬歇爾迫蔣介石發布停戰令。 7 月，李公僕、聞一多遭暗殺。美國對國府武器禁運。 12 月，沈崇案，反美風潮。	1 月，天皇發布《人間宣言》。 5 月，整肅財閥鳩山大選獲勝遭追放，吉田茂任首相。糧食危機。 6 月，東京極東法庭開庭。 10 月，國會通過農地改革案。 11 月，公布新憲法。
1947	1 月，馬歇爾離華。國共內戰加劇。金融失序。 3 月，國軍攻克延安。 5 月，南京哭陵事件。孟良崮戰役。 11 月，選出第一屆國大。美國取消武器禁運。	3 月，第二次農地改革。 5 月，第二次大選，社會黨／民主黨組片山聯合內閣。 12 月，GHQ 宣布完成財閥解體。
1948	1 月，選出第一屆立委。 4 月，蔣介石、李宗仁當選正、副總統。5 月，發布動員勘亂。 8 月，發行金圓券。 11-12 月，遼瀋戰役。陳布雷自殺。	3 月，片山下台，蘆田均組閣。 肯南訪東京會麥克阿瑟。 4 月，昭和電工事件。 10 月，蘆田下台，吉田組閣。 11 月，7 名甲級戰犯被判死刑。
1949	1 月，淮海戰役、平津戰役結束。蔣介石辭總統，李宗仁代。 4 月，共軍渡長江。劉少奇發表「天津講話」。 10 月，毛澤東宣布建國。 12 月，毛澤東抵莫斯科訪問。	1 月，眾院大選，民自黨過半，吉田茂二次組閣。 2 月，道奇抵日推新經濟政策。 6 月，修正獨佔禁止法，財閥開始復活。 7-8 月，國鐵事件。
1950	2 月，簽《中蘇友好同盟條約》。 6 月，推土改運動。 10 月，彭德懷率志願軍抗美援朝。毛岸英被美軍飛機炸死。	5 月，GHQ 彈壓共產黨。 6 月，杜勒斯訪日，要求重整軍備。吉田茂拒絕。 8 月，全國佃地減至 10%。 ○ 韓戰特需景氣。

韓國大事記	台灣大事記	世界大事記
8 月，蘇聯進佔平壤。 9 月，美軍登入仁川，抵漢城。 12 月，美英蘇提韓國信託案。金九、曹晚植南北分別反託管。宋鎮禹遭刺。	8 月，陳儀任台灣行政長官，實施統制經濟。 10 月，陳儀接受日本投降。70 軍 500 官兵入基隆港。 11 月，62 軍 500 人入高雄。	2 月，雅爾達會議。 4 月，美國總統羅斯福病逝，杜魯門繼任。 5 月，德國投降。 7 月，《波茲坦宣言》。 10 月，聯合國成立。
1 月，曹晚植被捕入獄。 2 月，金日成發動北韓土改。李承晚、金九分任南韓正副議長。 9 月，南韓 50 萬工人罷工。 10 月，大邱人民暴動。	3 月，辜振甫涉台獨被捕。 5 月，改組日本遺留工礦業，成立國營及省營企業。 ○ 東南亞、海南十餘萬台籍日本兵待遣回。	2 月，史達林演講指控西方資本主義。肯南發「長電報」致白宮。 3 月，邱吉爾鐵幕演說。 12 月，法軍與越盟河內激戰。
5 月，美蘇談判南北統一選舉失敗。 7 月，呂運亨遭暗殺。 9 月，聯合國通過經由監管選舉成立新政府。	○ 物價暴漲。 2 月，二二八事件。 3 月，戒嚴，清鄉。 4 月，陳儀遭撤職。魏道明任台灣省主席。	1 月，馬歇爾任美國國務卿。 3 月，杜魯門防共演說。 6 月，馬歇爾宣示復興歐洲計畫。 7 月，肯南提圍堵政策。莫洛托夫計畫開始。
4 月，濟州島四三事件。 5 月，選舉制憲國會代表。 7 月，南韓通過憲法，選李承晚為大統領。 10 月，麗水、順天事件。	○ 中國軍隊及難民湧入台灣。 5 月，發布《動員勘亂時期臨時條款》。 12 月，首批大陸國庫黃金運抵台灣。	1 月，緬甸獨立。 2 月，馬來亞聯合邦成立。 3 月，蘇聯撤南斯拉夫技術專家及顧問團。 9 月，印尼茉莉芬事件。
1 月，蘇聯從北韓撤軍。 6 月，南韓公布《農地改革法》。美國完成撤軍。金九遭刺。 7 月，南北韓勞動黨合併。	1 月，陳誠任台灣省主席。 4 月，實施三七五減租。四六事件。6 月，成立生管會。 7 月，澎湖七一三事件。 12 月，國府遷台。陳誠任行政院長，吳國楨任省主席。	4 月，北約成立。 8 月，美國發表《中美關係白皮書》。 12 月，荷蘭撤出印尼。李彌率國軍由雲南至緬北。
3 月，金日成密訪史達林。 5 月，韓戰爆發。 7 月，聯合國通過制裁北韓。 9 月，聯軍登陸仁川，克復漢城。10 月抵鴨綠江邊。	2 月，蔣介石復任總統。 3 月，孫立人任陸軍總司令。 6 月，處決陳儀。 7 月，麥克阿瑟訪台。聯合國拒台灣派軍赴韓。	1 月，艾奇遜演講稱南韓及台灣在美國防禦範圍外。 6 月，美國第七艦隊巡弋台海。 10 月，杜魯門、麥克阿瑟威克島會面。

西元	中國大事記	日本大事記
1951	5 月，毛澤東批《武訓傳》。 12 月，三反運動。西藏暴亂，共軍入藏。	8 月，解除公職追放令。 9 月，日本與 48 國簽《舊金山和約》，又簽《日美安保條約》。
1952	1 月，五反運動。 8 月，五馬進京。	4 月，《美日安保條約》生效。 10 月，自由黨眾院敗選。 12 月，吉田茂三任首相。
1953	6 月，毛澤東提加速向社會主義過渡。 10 月，通過「統購統銷」，農村集體化。 12 月，農業合作社達 48 萬個。 ○ 推第一次五年經濟計畫。	2 月，NHK 開始放送電視。 6 月，內灘村抗爭事件。 9 月，第二次修訂獨佔禁止法。
1954	2 月，高饒事件。 5 月，周恩來發表「和平共存五原則」。 9 月，中共第一次人大。赫魯雪夫第一次訪中國。	1 月，造船疑獄事件。 7 月，成立日本自衛隊。 11 月，鳩山組民主黨。12 月，吉田下台，鳩山任首相。
1955	1 月，鄧子恢整頓農業合作社。 5 月，胡風反黨、反革命事件。 10 月，通過「漢字簡化草案」。	10 月，社會黨左、右派統一。 11 月，自由黨與民主黨合併成立自民黨，鳩山任總裁兼首相。五五年體制開始。 ○ 神武景氣持續至 1957。
1956	1 月，劉少奇、周恩來反冒進。 4 月，毛澤東發表「論十大關係」。 9 月，中共八大修改黨章，刪毛澤東思想。鄧小平任總書記至 1966。	10 月，鳩山訪蘇，簽日蘇國交回復共同宣言。 12 月，入聯合國。鳩山退休。石橋湛山繼任首相。
1957	2 月，毛提雙百運動。 4 月，開始建黃河三門峽水壩。 6 月，展開「反右運動」。 10 月，毛率團參加蘇聯革命 40 年慶。發表「東風壓倒西風」。	2 月，石橋病，辭總裁兼首相，岸信介繼任。 6 月，岸首相訪台、訪美。 10 月，日本當選聯合國安理會非常任理事國。
1958	5 月，八大二次會議，開始總路線、大躍進，引洮上山。 8 月，通過人民公社決議。赫魯雪夫訪華。冬，飢荒初現。	6 月，岸信介第二次組閣。 9 月，左派發起全國鬥爭。 10 月，日美開始談判修訂安保條約。《警職法》提案失敗。 ○ 岩戶景氣持續至 1961。
1959	3 月，西藏暴亂，達賴逃印度。 7 月，廬山事件。彭德懷遭黜。 8 月，反右傾運動。中印衝突。赫魯雪夫訪毛不歡而散。	3 月，反對黨組國民會議，全力阻止《安保條約》續訂。 4 月，皇太子明仁成婚。

韓國大事記	台灣大事記	世界大事記
2 月，居昌郡事件。原洲、砥平里之戰。 7 月，南北開始協商停戰。	1 月，美恢復對台軍經援。 5 月，美軍顧問團成立。 6 月，實施公地放領。	4 月，麥克阿瑟遭杜魯門撤職。李奇威繼任聯軍總司令。
1 月，國會否決修憲案。 2 月，巨濟島俘虜暴動事件。 8 月，李承晚再任南韓大統領。 10 月，上甘嶺之戰。	4 月，與日本簽和平條約。 10 月，蔣經國成立救國團。 11 月，制訂第 1 期四年經建計畫。	11 月，艾森豪當選美國總統。美國試爆氫彈成功。
6 月，談判換俘協議。 7 月，簽《板門店停戰協定》。 8 月，美韓簽共同防禦條約。	1 月，實施耕者有其田。 5 月，吳國楨流亡美國。 7 月，設經安會。 11 月，美副總統尼克森訪台。滇緬反共游擊隊撤台。	3 月，史達林病逝。 9 月，赫魯雪夫任蘇共第一書記。
7 月，李承晚訪美簽議定書。 9 月，中國軍隊開始撤出北韓。 11 月，國會修憲案，四捨五入通過。	3 月，蔣介石、陳誠獲選第二屆正、副總統。 9 月，杜勒斯訪台。12 月，台美簽《共同防禦條約》。	5 月，越南奠邊府之戰。 7 月，日內瓦九國會議協定分割南北越。
1 月，簽韓美軍事援助協議。 12 月，曹奉岩等組進步黨。北韓判朴憲永死刑，整肅蘇聯派，金日成提主體思想。	1 月，美國會通過台海決議案，授權總統武力保台灣。 8 月，孫立人事件。 12 月，楊子案尹仲容下台。	2 月，東南亞公約成立。 4 月，萬隆會議。 5 月，蘇聯成立華沙公約。 10 月，吳廷琰廢保大王。
5 月，李承晚第三次當選大統領，張勉當選副大統領。 8 月，北韓勞動黨宗派事件。 12 月，韓美簽友好條約。	1 月，杜勒斯重申防衛金馬。 7 月，尼克森再度訪台。 12 月，《自由中國》發行「祝壽專號」特刊。	2 月，蘇共二十大，赫魯雪夫秘密報告批史達林。 6 月，波蘭動亂。10 月，匈牙利、蘇伊士運河事件。
11 月，金日成清洗蘇聯派、延安派。 ○ 北韓完成三年計畫，推五年計畫。	5 月，五二四事件。 7 月，《自由中國》提「反攻無望論」。 8 月，尹仲容復出。 11 月，《文星》雜誌創刊。	1 月，艾森豪連任總統。 3 月，西歐組 EEC。 4 月，蘇聯流產政變。 10 月，蘇聯革命 40 週年。發射 Sputnik 衛星。
○ 失業達 420 萬人。 1 月，曹奉岩及進步黨多人以間諜罪被捕。 10 月，中國志願軍完成撤離。 12 月，強行通過國家保安法。	8 月，金門八二三砲戰。 9 月，設美援會。尹仲容、李國鼎任副主委，秘書長。 10 月，杜勒斯四度訪台，勸蔣介石放棄反攻大陸。	1 月，美國發射第一顆人造衛星探險者一號。 10 月，戴高樂任法國總統。
1 月，全國示威遊行反對國會通過《新國家安全法》。 4 月，政府查封報社。 7 月，曹奉岩遭處死。	1 月，《自由中國》反對蔣介石三選總統。 8 月，八七水災。 12 月，制訂《十九點財經改革措施》。	1 月，蘇共二十一大。 6 月，蘇聯通知中國停止協助發展核子武器。 8 月，赫魯雪夫訪美。

西元	中國大事記	日本大事記
1960	7 月，蘇聯召回援助中國技術專家，停止合同及合作項目。 10 月，信陽事件。 11 月，緊急指示允許農民保留自耕地，開放部分農村市場。	1 月，日美簽安保新約。 6 月，安保抗爭失敗。岸內閣總辭，池田勇人繼任首相。 12 月，池田公布所得倍增計畫。
1961	3 月，發布「農業六十條」。 8 月，制定「工業七十條」。 10 月，周恩來率團參加蘇共二十二大。中蘇決裂。	6 月，公布《農業基本法》。 11 月，創價學會成立公明政治聯盟。 12 月，三無事件。
1962	1 月，七千人大會。 4-5 月，大陸難民逃港潮。鄧子恢主張「包產到戶」，劉少奇、鄧小平支持。 9 月，毛解散農村工作部，重提階級鬥爭。中印邊境戰爭。	2 月，東京人口突破 1000 萬。 7 月，周恩來接見自民黨松村謙三，會談改善關係。 10 月，內閣通過決全國總和開發計畫。
1963	1 月，林彪發起「學雷峰」運動。 2 月，四清運動開始。 5 月，制訂《前十條》。 7 月，鄧小平率團訪蘇會談破裂。 9 月，制訂《後十條》。	6 月，修訂外匯管理法，資本自由化。 8 月，與美、英、蘇簽停止部分核試驗條約。 ○ 奧林匹克景氣。
1964	10 月，新疆試爆原子彈成功。 12 月，發布《二十三條》，強調階級鬥爭。	4 月，加入 OECD。 10 月，東海道新幹線通車。 東京奧林匹克運動會。 11 月，佐藤繼池田任首相。
1965	11 月，〈評《海瑞罷官》〉刊出。罷中央辦公廳主任楊尚昆，以汪東興代。 12 月，罷羅瑞卿，楊成武代總參謀長，葉劍英代軍委秘書長。	1 月，佐藤、詹森夏威夷會談，要求返還沖繩。 2 月，椎名外相訪韓，簽基本條約草案。 5 月，山一證券危機事件。 6 月，九州水俁病事件。家永三郎提教科書訴訟。
1966	5 月，「五一六通知」，文革爆發。 6 月，全國大中小學停課。 7 月，毛澤東泳渡長江。 8 月，發布〈關於無產階級文化大革命的決定〉。紅衛兵串連。	3 月，總人口突破 1 億。 6 月，鋼鐵對美輸出自我設限。 8 月，黑霧事件。 10 月，總評 54 工會決議統一反越戰行動。 ○ Isanagi 景氣。

韓國大事記	台灣大事記	世界大事記
3 月，三一五選舉舞弊。馬山暴動。4 月，四一九革命。 6 月，美總統艾森豪訪韓。 8 月，尹潽善當選大統領。張勉任總理。	3 月，國大修憲，蔣介石三任總統，陳誠連任副總統。 7 月，美金兌台幣訂 1：40。 9 月，雷震事件。實施《獎勵投資條例》。	9 月，OPEC 組成。 10 月，黎筍任越共第一書記。 11 月，甘迺迪當選美國總統，就任後開始增兵越南。
5 月，五一六政變。 7 月，公布《反共法》及「一五」經建計畫。逮捕張都暎。 11 月，朴正熙訪甘迺迪。 ○ 北韓推動七年經濟計畫。	1 月，發布第三次經建四年計畫。 3 月，蔣介石拒美英提兩個中國案。 9 月，蘇東啟事件。 10 月，葉公超遭罷黜。	7 月，蘇聯、中國分別與北韓簽友好合作條約。 8 月，東德建柏林圍牆。 10 月，蘇共二十二大。外蒙古入聯案，台灣棄權。
3 月，發布《政治活動淨化法》。朴正熙代大統領。 12 月，公布新憲法、《政黨法》、《集會及示威法》。	1 月，廖文毅台獨事件。 2 月，胡適病逝。 5 月，台獨聯盟事件。 10 月，電視開播。	2 月，南越空軍不滿分子轟炸總統府。 10 月，古巴危機事件。
1 月，民主共和黨成立。 2 月，陸士「五星會」成立。 10 月，朴正熙當選總統。 11 月，金一大平密簽建交協定。	1 月，尹仲容病逝。 4 月，余登發遭彈劾案。 12 月，陳誠辭行政院長，嚴家淦繼任。	6 月，南越高僧自焚事件。 11 月，越南政變，吳廷琰兄弟被殺。甘迺迪遇刺，詹森繼任。
1 月，美國務卿魯斯克訪韓。 3 月，大學生遊行反對日韓屈辱外交。 10 月，與南越簽雇傭兵協定。	8 月，余登發遭免職。 9 月，彭明敏等三人被捕。 10 月，第一家美商通用器材在台灣設廠。	8 月，北越東京灣事件。 10 月，蘇聯赫魯雪夫被黜，布里茲涅夫繼任。 12 月，詹森當選美國總統。
5 月，民政黨與民主黨合併。 6 月，頒非常戒嚴法。簽《韓日基本條約》，獲日本貸款。 8 月，61 名在野議員辭職。 10 月，南韓軍開始參加越戰。	2 月，吉田茂訪台，同意貸款1.5 億美金。 3 月，陳誠病逝。 5 月，台獨廖文毅返台。 7 月，設高雄加工出口區。 12 月，《文星雜誌》停刊。	2 月，南越政變，阮慶出亡。 3 月，美國開始轟炸北越。 11 月，莫里森自焚事件。 12 月，日、韓、台等 22 國簽亞銀協定。
3 月，韓日簽貿易協定。 10 月，南韓公布人口 2,900 萬。 ○ KCIA 陸續綁架旅歐留學生多人回漢城。 ○ 公布次年起推動「二五」。	1 月，美副總統韓福瑞訪台。 2 月，韓大統領朴正熙訪台。 3 月，蔣介石四度當選總統，嚴家淦當選副總統。 7 月，美國務卿魯斯克訪台。	2 月，詹森、阮文紹、阮高奇檀島會議。.

西元	中國大事記	日本大事記
1967	1 月，紅衛兵批鬥劉少奇。上海一月風暴。全國武鬥開始。 2 月，二月逆流。 7 月，武漢事件。 8 月，火燒英國北京代辦處事件。極左派王力、關鋒被捕。	4 月，美濃部當選東京都知事。 8 月，發布公害對策基本政策。 10 月，吉田茂病逝。 11 月，日、美發布小笠原群島返還聲明及反核三原則。
1968	5 月，北京清華及各大學武鬥。 7 月，毛下令停止紅衛兵運動。 10 月，中共開除劉少奇黨籍，撤除鄧小平一切職務。 12 月，毛號召知青上山下鄉。	6 月，小笠原群島返還。 9 月，厚生省發布水俁病原因。 10 月，新宿驛全共鬥學生與警方衝突。
1969	3 月，中蘇珍寶島衝突事件。 4 月，九大通過林彪為接班人。 8 月，中蘇新疆衝突事件。 9 月，柯錫金、周恩來北京會談。 11 月，劉少奇病逝開封。	1 月，東大安田講堂事件。 6 月，熊本水俁病患者向廠商提出求償訴訟。 11 月，美、日達成 1972 年返還沖繩協議。
1970	8 月，盧山會議，林彪提設國家主席，毛澤東對林彪起疑。	3 月，赤軍劫持航班事件。 3-9 月，大阪萬國博覽會。 6 月，《日美安保條約》自動延長。 11 月，三島由紀夫切腹事件。 12 月，沖繩反美運動。
1971	4 月，美、中乒乓外交。 7 月，季辛吉秘訪中國。 9 月，林彪逃亡墜機事件。 10 月，中共入聯合國。	6 月，纖維業提輸美自主限制。法院判痛痛病原告勝訴。 9 月，天皇訪歐洲。 11 月，國會議員成立日朝友好聯盟，次年組團訪平壤。
1972	1 月，毛參加陳毅追悼會。 2 月，尼克森訪中國。中美發布《上海公報》。 9 月，毛上調王洪文至北京。田中訪中國，中日建交。	1 月，日美簽纖維協定。 2 月，連合赤軍淺間山莊事件。 5 月，沖繩返還生效，設縣。 6 月，田中發布《日本列島改造論》。 7 月，田中繼佐藤任首相。
1973	4 月，鄧小平復出，出席歡迎施亞努招待會。 8 月，十大，王洪文升黨第二副主席，鄧小平、陳雲任常委。 12 月，鄧回任解放軍總參謀長。	3 月，親台議員組「日華關係議員懇談會」。 7 月，鷹派議員成立青嵐會。日航機劫持事件。 11 月，福田任藏相緊縮財政。 12 月，三木訪中東。
1974	1 月，批林批孔運動。中越西沙衝突。 4 月，鄧小平在聯合國大會演講「三個世界」理論。 5 月，英國前首相希斯訪華，與毛澤東談香港問題。	7 月，三木、福田、保利辭職。 10 月，《文藝春秋》刊登文章披露田中金脈秘聞。 12 月，田中辭首相。三木武夫繼任。

韓國大事記	台灣大事記	世界大事記
2 月，反對黨合併為新民黨。 5 月，朴正熙二任大統領。北韓金日成整肅甲山派。 12 月，政府起訴 34 名被綁架回國留學生。	2 月，成立國安會、國安局。 7 月，台北市改制院轄市。 8 月，決定實施 9 年國民義務教育。 9 月，日本首相佐藤訪台。	6 月，以阿六日戰爭。 8 月，ASEAN 成立。 9 月，越南阮文紹、阮高奇當選正副總統。 11 月，美國反戰高潮。麥納馬拉去職。
1 月，青瓦台事件。 4 月，朴正熙、詹森夏威夷會談，獲經濟援助。 10 月，宣布 1970 年起全面使用韓文。	1 月，《大學雜誌》創刊。 3 月，成立賦改會。 7 月，民主台灣聯盟事件。 10 月，蔣經國接見蘇聯密使路易斯。	4 月，黑人領袖金恩遇刺。 5 月，法國五月革命。 6 月，羅伯甘迺迪遇刺。 8 月，蘇聯入侵捷克。 11 月，尼克森當選美國總統。
5 月，金鐘泌辭議長。 6 月起，學生及在野黨反三選改憲。 10 月，通過三選改憲案。	1 月，開始實施第五次四年經建計畫。 3 月，剝蕉案。 7 月，設財經金融匯報。 12 月，增額國代立委選舉。	5 月，美國提越戰越南化。聯合國發布釣魚台報告。 9 月，胡志明病逝。 11 月，紐約時報報導「美萊村事件」。
4 月，浦項鋼鐵廠動工。 8 月，朴正熙發表統一宣言。 9 月，新民黨推金大中競選大統領。 11 月，全泰壹自焚事件。	4 月，蔣經國訪美遇刺。 8 月，釣魚台事件。 10 月，召開國是會議。 11 月，美國保釣運動開始。	3 月，柬埔寨龍諾政變；施亞努出亡。 4 月，美國出兵柬埔寨。肯特大學反戰事件。世界台獨聯盟組織成立。
2 月，公布「三五」計畫。 4 月，朴正熙擊敗金大中，三任大統領。 6 月，金鐘泌回任總理。 7 月，南北紅十字會對話。	4 月，台灣保釣運動開始。 10 月，台灣退出聯合國。大學雜誌發表國是諍言。 12 月，美國愛盟成立。	8 月，美國停止黃金與美元掛勾。蘇聯、印度簽和平友好條約。 11 月，麥理浩任港督。
7 月，發布《南北統一共同宣言》。 10 月宣布非常戒嚴。 11 月，通過《維新憲法》。 12 月，朴正熙四任大統領。	2 月，陳鼓應事件。 3 月，蔣介石五任總統。 6 月，蔣經國任行政院長。 9 月，台日斷交。	3 月，越共春季大攻勢。 6 月，水門事件曝光。 11 月，尼克森連任總統。
1 月，發表《重化工業宣言》。 6 月，金日成提統一方案；朴正熙發表「六二三宣言」。 8 月，綁架金大中事件。 12 月，百萬人反政府運動。	11 月，蔣經國宣布十大建設，5 年投資 50 億美元。成立經建會。	1 月，美、北越簽巴黎協定。 3 月，美軍完全撤出越南。 9 月，東西德分別入聯。 10 月，第四次中東戰爭，第一次石油危機。
2 月，北韓通過以金正日為金日成的繼承人。 8 月，文世光行刺朴正熙失敗，夫人陸英修身亡。 12 月，東亞日報白紙廣告案。	1 月，外交部聲明擁有南沙、西沙主權。 6 月，台大哲學系事件。	8 月，尼克森因水門案下台，福特繼任。

西元	中國大事記	日本大事記
1975	2 月起，鄧小平代周恩來主政，整頓鐵路、教育、軍隊。 9 月，鄧小平、江青山西農業學大寨會議中衝突。 11 月，「反右傾翻案風」運動。	7 月，自民黨擱置壟斷法修正案。 9 月，天皇出訪美國。 12 月，國鐵罷工。三木首相否認公共事業勞工罷工權。
1976	1 月，周恩來病逝。 4 月，天安門事件。鄧小平被黜。 7 月，唐山大地震。 9 月，毛病逝。華國鋒任黨主席。 10 月，四人幫被捕。	7 月，田中涉洛克希德案被捕。 11 月，內閣決定國防費用為 GDP 之 1%。 12 月，眾院大選，自民黨敗。三木辭首相，福田赳夫繼任。
1977	2 月，華、汪提「兩個凡是」。 7 月，十屆三中。鄧小平復出。決定恢復高考。 8 月，十一大。追認華國鋒為黨主席兼軍委主席。	2 月，日美廢纖維協定，同意完全自由化。 5 月，日蘇簽漁業協定。 6 月，修訂獨佔禁止法。 9 月，赤軍海外劫機事件。
1978	4 月，宣布為右派分子平反。 5 月，擁鄧派刊〈實踐是檢驗真理的唯一標準〉，批兩個凡是。 10 月，鄧小平訪日星馬泰。 11 月，平反天安門事件。 12 月，十一屆三中全會確立改革開放政策。	4 月，成田機場抗爭事件。 8 月，中日簽和平友好條約。 10 月，甲級戰犯入祀靖國神社。 12 月，大平正芳任首相。
1979	1 月，中美建交。鄧小平訪美。2 月，出兵越南，3 月撤軍。 3 月，逮捕魏京生，推倒民主牆，鄧小平提「四項堅持」。 7 月，准許深圳、珠海、汕頭、廈門試辦經濟特區。	4 月，甲級戰犯入祠，靖國神社事曝光。 6 月，美國總統卡特訪日。 10 月，大選，自民黨未過半。 12 月，大平首相訪中，簽文化交流協定。
1980	2 月，為劉少奇平反。胡耀邦任總書記。 5 月，鄧小平推「包產到戶」及四個現代化。 9 月，趙紫陽代華國鋒任總理。 11 月，鄧小平任軍委主席，胡耀邦任黨主席，華國鋒下台。	5 月，眾院通過不信任案。 6 月，大平首相大選中猝逝。參眾兩院大選，自民黨大勝。 7 月，鈴木善幸任首相。 ○ 日本生產 1,100 萬輛汽車，居世界第一。
1981	6 月，發布「關於建國以來黨的若干歷史問題的決議」。 9 月，葉劍英發表「葉九條」。 12 月，鄧小平批《苦戀》，決定如期收回香港。	5 月，對美出口汽車自主設限。鈴木首相訪美。 12 月，同意提供中國 3,600 億日圓貸款。

韓國大事記	台灣大事記	世界大事記
2 月，通過維持《維新憲法》。 3 月，發現北韓挖掘地道。 5 月，頒第 9 號緊急措施令。	4 月，蔣介石病逝，嚴家淦繼任總統。蔣經國獲選為國民黨主席。 12 月，中央民代增補選舉。白雅燦事件。	4 月，共軍攻陷金邊、西貢，柬埔寨、南越政權滅亡。
3 月，金大中、尹潽善被捕。 5 月，新民黨分裂。 10 月，「韓國門事件」。 12 月，金大中被判 5 年徒刑。	6 月，林洋港任台北市長。 11 月，國民黨中常會選蔣經國為黨主席，李登輝、林洋港等 16 人為中央委員。	2 月，美國國會召開洛克希德案聽證會。 7 月，南北越統一，黎筍續任共產黨第一書記。
3 月，在野黨及學生分別發表民主救國憲章、救國宣言。美國總統卡特宣布分 5 年撤出全部駐韓軍隊。	9 月，蔣經國宣布繼續進行十二大建設。 11 月，中壢事件。	2 月，美國新任總統卡特標榜人權外交，推動與中共關係正常化。 12 月，越南、高棉斷交。
7 月，朴正熙五任大統領。特赦金大中等人。 12 月，國會議員選舉，共和、新民黨分獲 68、61 席。工會運動熾烈。	3 月，蔣經國、謝東閔當選正、副總統。 5 月，孫運璿、林洋港、李登輝分掌行政院、台灣省、台北市。 12 月，美、台斷交。	5 月，布里辛斯基訪中，推動美中關係正常化。 11 月，蘇越簽友好條約。 12 月，越南入侵柬埔寨。逐赤柬波布，扶植橫山林政權。
6 月，卡特訪韓，收回撤出駐韓美軍決定。 8 月，YH 公司事件。 10 月，釜馬抗爭。10.26 事件，朴正熙遭槍殺。 12 月，全斗煥雙十二政變。	1 月，針對大陸「三通」，蔣經國提「三不政策」。 2 月，成立劉少康辦公室。 8 月，《美麗島》創刊。 9 月，中泰賓館事件。 12 月，高雄美麗島事件。	1 月，伊朗革命。第二次石油危機。 3 月，美國會通過《台灣關係法》。 5 月，柴契爾任英國首相。 12 月，蘇聯入侵阿富汗。
5 月，光州事件。內閣總辭。 8 月，崔圭夏辭總統，國會選全斗煥為第 11 任大統領。 10 月，公布新憲法。金大中遭判死刑。12 月，光州學生焚燒美國文化中心。	1 月，蔣經國入院手術。 2 月，林義雄滅門血案。 4 月，美麗島案宣判。 12 月，增額中央民代選舉。	8 月，波蘭團結工聯事件。 9 月，兩伊戰爭開打。 11 月，雷根、布希當選美國正、副總統。
1 月，全斗煥訪雷根。改判金大中無期徒刑。 2 月，選舉人團再選全斗煥為第 12 屆大統領。	7 月，陳文成事件。 12 月，李登輝任台灣省政府主席。	4 月，美國哥倫比亞號太空梭發射成功。 12 月，波共逮捕華勒沙。

西元	中國大事記	日本大事記
1982	1月，允許農村自由選擇各種責任制，人民公社此後逐漸解散。 8月，《八一七公報》。 9月，十二大，鄧小平提「建設有中國特色的社會主義」。 11月，陳雲提「鳥籠理論」。	7月，中、韓抗議教科書中歷史記載問題。 10月，全國農協反對擴大農產品進口。 11月，鈴木辭首相，中曾根繼任。
1983	3月，港澳辦提香港回歸《十二條》。 6月，人大選李先念為國家主席，趙紫陽為國務院總理。 9月，香港銀行擠兌。 10月，反精神污染運動。	1月，中曾根訪美，提「日本列島是不沈的航空母艦」。 3月，土光敏夫二次臨調報告。 10月，田中被判4年徒刑。 12月，中曾根第二次組閣。
1984	2月，鄧小平南巡，堅持「不是收，而是放」。 5月，開放14個沿海城市。 6月，鄧小平提「一國兩制」。 9月，中英發表《聯合聲明》。	3月，中曾根訪中同意4,700億日圓貸款，擴大經濟合作。 9月，全斗煥訪日，天皇為過去表示遺憾。
1985	2月，設長三角、珠三角、閩三角經濟開發區。 3月，確立價格雙軌制。 4月，起草香港《基本法》。 8月，學潮抗議日本首相參拜靖國神社。	1月，中曾根訪雷根，談戰略防衛（SDI）。 2月，田中腦梗塞住院。 4月，NTT、日本煙草民營化。
1986	5月，華航班機降落廣州事件。 6月，鄧小平重提政治改革。 9月，十二大六中，鄧小平提反自由化。 12月，發布破產法。全國學潮，中央定性為動亂。	1月起連續13個月調降利率。 9月，日美簽半導體協定。土井多賀子任社會黨委員長。 10月，藤尾正行「妄言事件」。 ○對美貿易順差 $514億。
1987	1月，胡耀邦辭總書記，趙紫陽代。 3月，中葡聯合聲明，比照香港模式1999年收回澳門。 10月，十三大。 11月，趙紫陽任總書記，辭總理，李鵬代。	4月，國鐵分割6家民營化。東京地價、股市狂飆。美日貿易糾紛。 11月，中曾根辭首相，竹下登繼任。 12月，日圓升值，兌美金達120：1。
1988	3月，七屆人大，楊尚昆任國家主席，鄧小平任軍委主席，李鵬任總理。 4月，朱鎔基任上海市長。 8月，取消雙軌制失敗物價飛騰，銀行擠兌。治理整頓。	1月，竹下訪雷根。 4月，奧野誠亮妄言事件。 8月，竹下訪中，同意第三次貸款8,100億日圓。 ○人均所得首次超過美國。

韓國大事記	台灣大事記	世界大事記
1 月，取消宵禁。 3 月，釜山學生焚燒美國文化中心。 12 月，金大中赴美流亡。	1 月，蔣經國提四大目標：民主化、本土化、發展經濟、對中國開放。	4 月，英、阿福克蘭戰爭。 9 月，柴契爾訪鄧小平，談香港問題。 11 月，布里茲涅夫死，安德洛波夫任蘇共總書記。
1 月，中曾根訪韓，同意貸款 40 億美元。 5 月，金泳三絕食抗爭。 8 月，明星集團非法融資案。 9 月，韓航被蘇聯擊落事件。 10 月，仰光爆炸事件。	5 月，撤「劉少康辦公室」。 9 月，王昇調巴拉圭大使。	8 月，菲律賓流亡領袖阿奎諾回國，遭槍殺。
6 月，丁來赫非法蓄財事件。 9 月，南韓大水，接受北韓救濟物資。 11 月，第一次南北韓經濟會談於板門店召開。	3 月，蔣經國、李登輝當選正、副總統。 9 月，「黨外公政會」成立。 10 月，江南案。 11 月，一清專案。	2 月，蘇聯總書記安德洛波夫死，契爾年科繼任。 11 月，雷根連任美國總統。
2 月，金大中返國遭軟禁。 5 月，漢城學生攻佔美國文化中心。 12 月，北韓簽 NPT。	2 月，十信案。 5 月，蔣經國入院開刀。 8 月，蔣經國對外媒表示蔣家第三代不會再競選總統。	3 月，契爾年科死，戈巴契夫任蘇共總書記。 9 月，廣場協議。日圓急升。
1 月，新民黨發起 1000 萬人簽名改憲運動。 8 月起，朝野為直選、間接選舉攻防。 10 月，軍警鎮壓建國大學學生示威運動。	2 月，蔣孝武外放新加坡。 8 月，美眾院外委會主席訪台促取消戒嚴。 9 月，民進黨成立。 10 月，蔣經國接受《華郵》專訪，宣布將解除戒嚴。	2 月，菲律賓革命，馬可仕流亡，科拉蓉任總統。 7 月，戈巴契夫聲明願與中國化敵為友。 8 月，美眾議院通過法案，促國民黨開放黨禁。
1 月，朴鐘哲拷打致死事件。 6 月，全民示威抗爭，政治危機。盧泰愚「六二九宣言」。 11 月，韓航班機爆破案。 12 月，盧泰愚當選大統領。	7 月，解除戒嚴。李煥任國民黨秘書長。 11 月，開放大陸探親。	10 月，紐約股市大暴落。 12 月，美蘇簽訂中程導彈及裁軍協議。
4 月，國會選舉，朝小野大。 7 月，盧泰愚「七七宣言」。 9 月，奧運於漢城舉行。 10 月，公布「北方政策」。 11 月，全斗煥承認不法斂財。	1 月，解除報禁。蔣經國病逝，李登輝繼任總統，代理國民黨主席。 7 月，李登輝當選國民黨主席。	4 月，蘇聯同意從阿富汗撤軍。 8 月，兩伊戰爭結束。 11 月，美國共和黨布希當選總統。

西元	中國大事記	日本大事記
1989	3 月，西藏動亂。 4 月，胡耀邦病逝，學潮起。 5 月，宣布戒嚴，戈巴契夫訪中。 6 月，六四事件。趙紫陽下台。 11 月，鄧小平辭軍委主席。江澤民任總書記兼軍委主席。	1 月，裕仁駕崩，明仁繼位。 4 月，竹下因瑞克魯特案辭職。 5 月起連續 16 個月調升利率。 6 月，宇野宗佑任首相。 8 月，海部俊樹任首相。 12 月，日經指數 38,915 點，創歷史高點。
1990	4 月，通過香港《基本法》。 7 月，世界銀行恢復對華貸款。 9 月，江澤民、李鵬與越南阮文靈、杜梅成都密會。	2 月，眾院大選，社會黨席次大增。 8 月，撥款 $40 億支援灣岸戰爭。 9 月，國會議員團訪北韓。 10 月，日經指數跌破 2 萬點。
1991	○ 改革派及保守派長期論戰「姓社姓資」。 2 月，皇甫平事件。 4 月，朱鎔基任副總裡。 9 月，中英簽香港機場備忘錄。 11 月，中越復交。 12 月，設海協會。	1 月，追加 $90 億支援灣岸戰爭。 9 月，海部提政改遭廢案，辭首相；11 月，宮澤繼任。 ○ 失落的十年開始。
1992	2 月，鄧小平二次南巡。 10 月，十四大，確立社會主義市場經濟理論。胡錦濤升任政治局常委。楊家將遭罷黜。	5 月，細川組日本新黨。 6 月，修法通過派兵參加 PKO。 8 月，佐川急便案。 10 月，天皇出訪中國。
1993	6 月，經濟過熱。朱鎔基宏觀調控，發布「十六條」。 7 月，朱鎔基自兼人民銀行行長，整頓金融體系。	6 月，眾院通過不信任案。新生黨、魁新黨成立。 7 月，眾院大選自民黨大敗。 8 月，細川組聯合內閣，五五年體制結束。 9 月，村山富市任社會黨魁。
1994	1 月，取消匯率雙軌制，美金兌人民幣固定為 1：8.7。 3 月，浙江千島湖事件。 5 月，香港立法局通過彭定康政改方案。	3 月，通過眾院小選舉區及政黨比例代表並行制。 4 月，細川辭首相，羽田繼任。 6 月，羽田辭首相，村山繼任。 12 月，新進黨成立。
1995	1 月，江澤民提對台「江八點」。 4 月，李登輝回應「李六點」。 7 月，開始對台試射飛彈及演習。北京市長陳希同事件。 12 月，成立香港特區籌委會。	1 月，社會黨議員退黨風潮。阪神大地震。 3 月，地鐵沙林毒氣事件。 8 月，「村山談話」。 9 月，沖繩美軍強姦小女生案。橋本任自民黨總裁。 12 月，小澤一郎任新進黨魁。

韓國大事記	台灣大事記	世界大事記
12 月，全斗煥被傳喚至光州特委作證。朝野同意推地方自治。 ○ 與東歐各國陸續建交。	5 月，財政部長郭婉容赴北京參加亞銀年會。 6 月，李煥任行政院長。宋楚瑜任國民黨秘書長。 12 月，參謀總長郝柏村改任國防部長。	9 月，越南從柬埔寨撤軍。 10 月起，東歐共產國家相繼崩潰。 11 月，柏林圍牆被推倒。 12 月，美蘇終結冷戰。
1 月，三黨合併成立民自黨。 7 月，在野黨議員全體辭職。 9 月，南、北韓第一次總理會談。韓、蘇建交。 10 月，金大中絕食事件。	2 月，國民黨二月政爭。 3 月，野百合學運。李登輝、李元簇當選正、副總統。 6 月，郝柏村任行政院長。召開國是會議。	3 月，美蘇同意削減戰略核子武器。 8 月，伊拉克入侵科威特。 10 月，東、西德合併。 11 月，柴契爾辭英國首相，梅杰繼任。
9 月，南、北韓同時入聯。美國宣布撤出駐韓核武。 12 月，南、北韓簽《和解、互不侵犯及交流協議書》。北韓設羅津、先鋒自由經濟區。	1 月，成立陸委會。 2 月，發布三階段國統綱領。 3 月，設海基會。 5 月，終止動員戡亂臨時條款。 12 月，國代全面改選。	1 月，灣岸戰爭。 4 月，戈巴契夫訪日韓無功。 7 月，華沙公約解體。 8 月，蘇聯流產政變。 12 月，蘇聯解體。
2 月，南、北韓簽《無核化共同宣言》及《基本協議書》。 3 月，國會大選，民自黨敗。 8 月，中韓建交，台韓斷交。 12 月，金泳三當選大統領。	7 月，發布《兩岸人民關係條例》。 10 月，兩岸九二香港會談。 12 月，立法委員全面改選。	4 月，彭定康任香港總督。 11 月，柯林頓當選美國總統。
2 月，金泳三就任大統領。 3 月，北韓宣布退出 NPT。 5 月，北韓蘆洞一號導彈試射。	2 月，以連戰取代郝柏村任行政院長。宋楚瑜任省主席。 4 月，辜、汪新加坡會談。 8 月，國民黨分裂，新黨出走。	9 月，柬埔寨恢復君主制，施亞努重登王位。
3 月，通過三大政改法案。 6 月，卡特訪北韓會金日成。 7 月，金日成死，金正日繼任。 8 月，金大中出版《三階段統一論》。	4 月，李登輝接受司馬遼太郎訪問談外來政權。 7 月，修憲通過總統直選。 12 月，宋楚瑜、陳水扁分別當選台灣省長、台北市長。	2 月，柯林頓解除對越南貿易禁運。 10 月，北韓與美國簽訂《核框架協議》。
1 月，實施不動產實名制。 6 月，全國總罷工。 11 月，盧泰愚涉貪被捕。 12 月，全斗煥涉貪被捕。 ○ 北韓飢荒，連續三年，餓死 250 萬人。	2 月，李登輝代表政府為二二八致歉。 3 月，全民健保開辦。 6 月，李登輝康乃爾演講。兩岸關係惡化。 12 月，國民黨政爭，開除林洋港、郝柏村黨籍。	1 月，WTO 成立。 ○ 聯合國提供北韓人道救援。

西元	中國大事記	日本大事記
1996	3 月，朱鎔基主持諸城會議，決定抓大放小政策。 9 月，日本首相橋本訪華。 12 月，香港推委會選出 60 名臨時立法會議員，董建華為特首。	1 月，村山辭首相，橋本繼任。 4 月，柯林頓訪日，達成沖繩普天間機場返還協議。 9 月，民主黨成立。 10 月，眾院選舉採小選舉區及比例代表制。社民黨崩潰。
1997	○ 下崗問題嚴重。 7 月，香港回歸。 9 月，十五大及一中全會，江澤民、李鵬、朱鎔基、李瑞環、胡錦濤續任政治局常委。江澤民續任總書記、軍委主席。	4 月，消費稅調高至 5%。 11 月，山一證券破產，日銀提供無擔保融資。 12 月，新進黨解散。
1998	3 月，李鵬轉任人大委員長，朱鎔基任總理，兼體改委主任。 7 月，中央下令軍隊禁止經商。 11 月，江澤民訪日，小淵首相表示反省及道歉。	1 月，長野冬季奧運。 7 月，自民黨參院大選慘敗。橋本辭首相，小淵惠三繼任，組聯合內閣。 10 月，通過金融再生法案。
1999	4 月，廈門遠華走私案爆發。 7 月，宣布法輪功非法。 12 月，澳門回歸。	2 月，注資 7 兆日圓救銀行。 5 月，通過周邊事態關連法。

韓國大事記	台灣大事記	世界大事記
7 月，金泳三、橋本會濟州。 8 月，全斗煥被判死刑，盧泰愚徒刑；12 月同獲特赦。 12 月，加入 OECD。	3 月，台灣在中國導彈試射威脅下舉行大選。李登輝、連戰當選正、副總統。 12 月，李登輝決定廢省，與宋楚瑜交惡。	3 月，美國第七艦隊奉派巡弋台灣海峽。 11 月，柯林頓連任美國總統。
1 月，韓寶事件。 7 月，起亞集團破產。 11 月，金融危機，求助 IMF。大選，金大中當選大統領。 12 月，收集金子運動開始。	7 月，通過凍結台灣省。 10 月，建國黨從民進黨中分裂。 11 月，民進黨在 21 縣市長選舉中取得 12 席。	7 月，亞洲金融風暴，波及泰國、印尼、馬來西亞、韓國、日本。
2 月，金大中推動政經改革。 6 月，鄭周永響應陽光政策，帶 500 頭牛赴北韓。 8 月，北韓發射人造衛星及大浦洞一號導彈。	4 月，民進黨直選林義雄為黨主席。 10 月，辜、汪上海會面。 12 月，馬英九當選台北市長，陳水扁連任失敗。	○ 亞洲金融風暴繼續。
5 月，美國防部長佩里訪平壤，會見金正日。 6 月，南北韓延坪島海戰。 7 月，大宇集團解散。 9 月，柯林頓宣布取消對北韓部分經濟制裁。	5 月，民進黨通過《台灣前途決議文》。 7 月，李登輝接受德國之聲訪問，發表「兩國論」。 9 月，921 大地震。	5 月，美國空軍誤炸中國駐南斯拉大使館事件。 12 月，葉爾辛辭俄羅斯總統，由總理普京代理。

附錄 2
主要參考書目

A. 有關中國部分

1. 《近代中國史綱》，郭廷以著，香港：香港中文大學出版社，1986。
2. 《蔣介石與國共和戰（1945-1949）》，蔣永敬、劉維開著，台北：台灣商務印書館，2011。
3. 《蘇俄在中國》，蔣介石著，台北：中央文物供應社，1956。
4. 《找尋真實的蔣介石：蔣介石日記解讀》，楊天石著，香港：三聯書店，2014。
5. 《從大歷史的角度讀蔣介石日記》（二版），黃仁宇著，台北：時報出版，2012。
6. 《費正清中國回憶錄》，John King Fairbank 著，閆亞婷、熊文霞譯，台北：五南圖書，2014。
7. 《若干重大決策與事件的回顧》（上、下冊），薄一波著，北京：中共中央黨校出版社，1991。
8. 《毛澤東選集》（第一～第五卷），北京：人民出版社。
9. 《在歷史巨人身邊：師哲回憶錄》，師哲口述，李海文著，北京：中央文獻出版社，1991。
10. 《毛澤東最後的革命》，Roderick MacFarquhar、Michael Schoenhals 著，關心譯，唐少傑審定，新北：左岸文化，2010。
11. 《文化大革命十年史》，嚴家其、高皋著，台北：遠流出版，1990。
12. 《毛澤東私人醫生回憶錄》，李志綏著，台北：時報出版，1994。
13. 《毛澤東的大飢荒：1958-1962 的中國浩劫史》，Frank Dikotter 著，郭文襄、盧蜀萍、陳山譯，台北：印刻文學出版，2012。

14. 《失落的一代──中國的上山下鄉運動》，Michael Bonnin 著，歐陽因譯，香港：香港中文大學出版社，2009。

15. 《費德林回憶錄：我所接觸的中蘇領導人》，尼・費德林著，北京：新華出版社，1995。

16. 《毛澤東與史達林、赫魯曉夫交往錄》，彭卓吾譯，北京：東方出版社，2004。

17. 《革命：毛澤東與莫斯科的恩恩怨怨》，楊奎松著，桂林：廣西師大出版社，2005。

18. 《無奈的選擇：冷戰與中蘇同盟的命運（1945-1959）》（上、下冊），沈志華著，上海：社會科學文獻出版社，2012。

19. 《周恩來傳》，許芥昱著，張北生譯，香港：明報出版社，1976。

20. 《彭德懷自述》，彭德懷自述編輯組著，北京：人民出版社，1981。

21. 《陳布雷回憶錄》，陳布雷著，台北：傳記文學出版社，1967。

22. 《鄧小平文選》（第一～三卷），北京：人民出版社。

23. 《我的父親鄧小平》，毛毛著，台北：地球出版社，1993。

24. 《文革前的鄧小平》，鍾延麟著，香港：香港中文大學出版社，2013。

25. 《大江大海 1949》，龍應台著，台北：天下雜誌出版社，2009。

26. 《國家的囚徒 – 趙紫陽的秘密錄音》，趙紫陽著，台北：時報出版，2009。

27. 《國史札記》（事件篇、史論篇及人物篇），林蘊暉著，上海：東方出版，2008-2012。

28. 〈出席蘇共二十一大追記〉，閻明復、朱瑞真著，《百年潮》，第 2 期，2007。

29. 〈隨周恩來出席蘇共二十二大〉，閻明復，朱瑞真著，《中共黨史資料》，第 1 期，2007。

30. 《中國改革年代的政治鬥爭》（修訂二版），楊繼繩著，香港：天地圖書，2011。

31. 《從追求到幻滅：一個中國經濟學家的自傳》，千家駒著，台北：時報

出版，1993。

32.《往事並不如煙》，章詒和著，台北：時報出版，2004。

33.《黃金秘檔：1949 年大陸黃金運台始末》，吳興鏞著，南京：江蘇人民出版社，2009。

34.《激盪三十年：中國企業 1978-2008》，吳曉波著，北京：中信出版社，2007。

B. 有關日本部分

1. 《昭和史》（第一、二部），半藤一利著，林錚顗譯，台北：玉山社，2011。

2. 《日本の近代，第 6 卷：戰爭、佔領、講和》，五百旗頭真著，東京：中央公論新社，2000。

3. 《日本の近代，第 7 卷：經濟成長の果實》，猪木武德著，東京：中央公論新社，2000。

4. 《日本の近代，第 8 卷：大国日本の搖うぎ》，渡邊昭夫著，東京：中央公論新社，2000。

5. 《戰後日本史》，王新生著，南京：江蘇人民出版社，2013。

6. 《日本現代史》，許介鱗著，台北：三民書局，2002。

7. 《吉田茂傳》，原彬久著，高詹燦譯，台北：台灣商務印書館，2007。

8. 《田中角榮的昭和時代》，保阪正康著，林祥瑜、汪平譯，南京：南京大學出版社，2013。

9. 《宮澤喜一回憶錄》，御廚貴、中村隆英訪談整理，姜春潔譯，北京：東方出版社，2009。

10.《國家的幻影》，石原慎太郎著，劉崇稜譯，台北：台灣商務印書館，2006。

11.《政治獻金》，古賀純一郎著，高泉益譯，台北：台灣商務印書館，2005。

12. 《日本改造計畫》，小澤一郎著，陳世昌譯，台北：聯經出版，1994。

13. 《日本經濟史》，石井寬治著，黃紹恆譯，台北：五南圖書，2008。

14. 《家永三郎自傳》，家永三郎著，石曉軍、劉燕、田原譯，北京：新星出版社，2005。

15. 《『村山談話』到底是什麼？》，村山富市、佐高信著，陳應和譯，北京：東方出版社，2013。

16. 日本貿易振興機構アジア經濟研究所（IDE-JETRO）、アジア動向 Database，包含中國、日本、南韓、北韓、台灣及香港等資料。

C. 有關韓國部分

1. 《韓國史新論》，李基白著，厲帆譯，北京：國際文化出版，1994。

2. 《韓國現代史》，文京洙著，東京：岩波書店，2005。

3. 《當代韓國史》，曹中屏、張璉瑰等編著，天津：南開大學出版社，2006。

4. 《韓國與朝鮮現代史》，簡江作著，台北：國立編譯館，2009。

5. 《最寒冷的冬天──美國人眼中的朝鮮戰爭》，David Halberstam 著，王祖寧、劉寅隆譯，重慶：重慶出版社，2006。

6. 《朝鮮戰爭》，Bruce Cumings 著，林添貴譯，台北：左岸文化，2013。

7. 《金大中自傳》，金大中著，李仁澤、王靜、高恩姬譯，北京：中國人民大學出版社，2012。

8. 《我在 38 度線的回憶》，黃天才著，台北：印刻文學出版，2010。

9. 《南韓轉型：政黨輪替與政經體制的轉變（1993-2003）》，蔡增家著，台北：巨流圖書公司，2005。

10. 〈南韓的民主轉型──以光州事件為分水嶺〉，朱立熙著，《台灣國際研究季刊》，第 7 卷，第 2 期，2011 夏季號。

11. 《韓國崛起──駐韓大使旅韓二十年的觀察與見證》，李在方著，台北：亞太文化學術交流基金會，2008。

12.《我們最幸福：北韓人民的真實生活》，Barbarra Demick 著，黃煜文譯，台北：麥田出版，2011。

13.《北韓：從游擊革命的金日成到迷霧籠罩的金正恩》，和田春樹著，許乃云譯，台北：聯經出版，2015。

14.〈北韓的飛彈外交與亞太安全〉，朱松柏著，台北：《問題與研究》，第 39 卷第 2 期，2000。

15.〈北韓威脅對日本飛彈防禦戰略發展的影響〉，林參賢著，台北：《全球政治評論》，第 33 期，2011。

D. 有關台灣、香港部分

1.《戰後台灣史記》，許介鱗著，台北：文英堂出版社，2008。

2.《史明口述史：穿越紅潮、橫過刀山、路上行舟》，史明口述史訪談小組著，台北：行人文化實驗室，2013。

3.《自由的滋味：彭明敏回憶錄》，彭明敏著，台北：彭明敏文教基金會，2004。

4.《二二八事件後的台灣：《觀察週刊》的報導》，黃文雄主編，台北：一橋出版社，2004。

5.《謝雪紅評傳》，陳芳明著，台北：麥田出版，2009。

6.《蕃薯人的故事》，張光直著，台北：聯經出版，1999。

7.《蔣經國傳》，Jay Taylor 著，林添貴譯，台北：時報出版，2000。

8.《蔣經國傳》，江南著，台北：前衛出版社，1997。

9.《蔣經國論》，曹聚仁著，台北：一橋出版社，1997。

10.《中日史料叢編（八）：金山和約與中日和約的關係》，中華民國外交問題研究會編，台北：中華民國外交問題研究會，1966。

11.《最後的帝國軍人：蔣介石與白團》，野島剛著，蘆荻譯，台北：聯經出版，2015。

12.《釣魚島的歷史與主權》，井上清著，賈俊琪、于偉譯，北京：新星出

版社，2013。

13. 《夜來臨 - 吳國楨見證的國共爭鬥》，吳國楨著，吳修垣譯，馬軍校定，香港：香港中文大學出版社，2009。

14. 《蕉神吳振瑞回憶錄》，林純美編著，台北：吳庭光、吳庭和發行，2010。

15. 《李潔明回憶錄》，James Lilley 著，林添貴譯，台北：時報出版，2003。

16. 《萬山不許一溪奔：胡適雷震來往書信選集》，萬麗鵑編註，台北：中研院近代史研究所，2001。

17. 《放聲集》（第一輯：台灣民權與人權，第二輯：蔣中正日記中的當代人物），阮大仁著，台北：台灣學生書局，2010-2014。

18. 《李國鼎口述歷史──話說台灣經驗》，李國鼎口述，康綠島著，台北：卓越文化，1993。

19. 《見證台灣：蔣經國總統與我》，李登輝筆記，李登輝口述歷史小組編註，台北：允晨文化，2004。

20. 《簡明香港史》，劉蜀永主編，香港：三聯書店，2009。

21. 《魯平口述香港回歸》，魯平口述，錢亦蕉整理，香港：三聯書店，2009。

22. 《回歸的歷程》，李後著，香港：三聯書店，1997。

E. 其他

1. 《孫中山與胡志明》，蔣永敬著，台北：台灣商務印書館，2011。

2. 《杜魯門回憶錄》（上、下卷），Harry Truman 著，李石譯，北京：東方出版社，2007。

3. 《赫魯曉夫回憶錄》，Nikita S. Khrushchev 著，述弢、王尊賢等譯，上海：社會科學文獻出版社，2006。

4. 《史達林與冷戰》，張盛發著，台北：淑馨出版社，2000。

5. 《鏖鬥的年代：1941 至 1975 年間的美越關係》，Robert Schulzinger 著，席代岳譯，台北：麥田出版，2001。

6. 《麥納瑪拉越戰回顧：決策與教訓》，Robert Mcnamara、Brain VanDeMark 著，汪仲、李芬芳譯，台北：智庫文化，2004。

7. 《出使越南記》，胡璉著，台北：中央日報社，1979。

8. 《李光耀回憶錄》，李光耀著，台北：世界書局，1998。

9. 《在歷史的祭壇上：戈爾巴喬夫的命運》，鄭建新著，廣州：南方日報出版社，2012。

10. 《蘇聯帝國興亡史》（上、下冊），Brian Crozier 著，林添貴譯，台北：智庫文化，2003。

11. 《戰後歐洲六十年》（共三卷），Tony Judt 著，黃中憲譯，台北：左岸文化，2012。

出版預告

　　本書作者呂正理先生於 2011 年榮獲「台北國際書展大獎」的作品《另眼看歷史》經修訂後，將由本社重新編排出版，分為以下兩冊。

1. 第一冊為《東亞大歷史——從遠古到 1945 年的中日韓及台灣多角互動歷史》，其中包括：
   第一卷：歷史源流篇
   第二卷：交織的歷史（西元 4-10 世紀）
   第三卷：交織的歷史（西元 10-18 世紀）
   第四卷：近代篇

2. 第二冊為《歷史的借鏡——論東亞的思想、宗教、價值觀及朝代興亡》，其中包括：
   第一卷：東亞的思想與宗教
   第二卷：論興亡之道
   第三卷：論人物、思想及價值觀

　　以上兩本書分別預定於本年（2016 年）7 月及 10 月出版，與本書同列【另眼看歷史系列】中。敬請期待！

國立清華大學出版社
NATIONAL TSING HUA UNIVERSITY PRESS

國家圖書館出版品預行編目(CIP)資料

從困境中奮起──另眼看 1945 年後的東亞史/

　呂正理著. ― 初版. ― 新竹市 ： 清大出版社，民 105.04

　448 面 ； 17x23 公分

　ISBN 978-986-6116-53-7(平裝)

　1.亞洲史　2.東亞

　730.1　　　　　　　　　　　　　　　　105004094

從困境中奮起──另眼看 1945 年後的東亞史

作　　者：呂正理
發 行 人：賀陳弘
出 版 者：國立清華大學出版社
社　　長：戴念華
地圖改繪：楊景涵
行政編輯：王小梅
地　　址：30013 新竹市東區光復路二段 101 號
電　　話：(03)571-4337
傳　　眞：(03)574-4691
網　　址：http://thup.web.nthu.edu.tw
電子信箱：thup@my.nthu.edu.tw
其他類型版本：無其他類型版本

展 售 處：水木書苑 (03)571-6800
　　　　　http://www.nthubook.com.tw
　　　　　五楠圖書用品股份有限公司 (04)2437-8010
　　　　　http://www.wunanbooks.com.tw
　　　　　國家書店松江門市 (02)2517-0207
　　　　　http://www.govbooks.com.tw
出版日期：中華民國 105 年 4 月（2016.4）初版
定　　價：平裝本新台幣 450 元

ISBN 978-986-6116-53-7　　　　　　　GPN 1010500393

本書保留所有權利。欲利用本書全部或部分內容者，須徵求著作人及著作財產權人
同意或書面授權。